AI시대
프리센싱 전략

유재언 · 김영복 · 채순화 지음

신아사

머리말

인공지능(AI) 시대에 진입한 이상 다시 이전으로 되돌릴 수 없다. 농경사회에서 산업화 시대로 변화하면서 기계를 통한 대량생산이 이루어졌고, 폭발적인 생산량 증가는 물질적인 풍요와 함께 사회적 변화를 가져왔다. 인터넷 등장으로 전 세계 어디서든 데이터와 정보를 검색할 수 있게 되었고, 전자상거래라는 새로운 쇼핑 문화가 생활화되었다. 스마트폰은 이동하면서 업무를 처리할 수 있도록 모든 일상을 바꾸어 놓았고, 다양한 서비스와 산업이 모바일 기반으로 이동하게 하였으며, 인플루언서, 유튜버 등 새로운 직업군이 나타나게 되었다.

앞으로는 직장이나 가정에서 인터넷이나 스마트폰을 사용하지 않으려고 노력하는 것만큼이나 AI없이 생활하거나 일하는 것을 상상하기 어려울 것이다. 변화와 혁신이 일어날 때 나타나는 현상과 마찬가지로 AI는 적극적으로 받아들이면 강력한 경쟁력이 될 수 있다.

2022년 Open AI에서 개발한 생성형 인공지능(Chat GPT)의 등장으로 현재의 추세로 비춰볼 때 인간과 기계 – 지능형, 생성형 인공지능(AI, 챗GPT)가 의사소통하는 시대가 시작되었다. 이제는 인간들과의 협업뿐만 아니라 또는 '인간과 기계의 협력'이 일상화되었다. 생생성형 인공지능의 등장은 단순한 기술 혁신의 범주를 넘어, 인류가 사고하고, 의사결정하고, 행동하는 방식에 근본적인 변화를 일으키고 있다. 기업 경영 또한 예외가 아니다.

전통적인 경영학은 과거의 데이터를 기반으로 현재를 분석하고, 미래를 예측해왔다. 그러나 AI가 과거 데이터를 기반으로 분석과 예측을 빠르고 정확하게 수행하는 시대에, 인간 경영자가 해야 할 역할은 무엇인가?

기존 경영전략은 예측 가능성(predictability)을 전제로 한다. 하지만 오늘날 기업이 직면한 환경은 초불확실성(hyper-uncertainty)과 복잡성(complexity)으로 인해 예측하기가 쉽지 않다. 예를 들어, 환경 변화의 속도와 스케일은 인간의 인지 능력을 넘어섰고, 과거 데이터를 기반으로 한 패턴 인식만으로는 대응이 불가능하다. 이런 시대일수록, 경영자의 직관(intuition)과 공감(empathy), 그리고 미래를 현재로 당겨오는 창조적인 사고와 태도(presencing)가 중요해진다. 프리센싱(Presencing)은 단순한 '감지(Sensing)'가 아니라, 미래로부터 오는 가능성을 감각하고, 이를 현재로 끌어와 실현하는 시스템적 리더십이다. 이것이 바로 기존 경영학자가 간과하고 있는 핵심 전략이다.

본서는 프리센싱 이론을 중심으로, AI 시대에 요구되는 새로운 경영 패러다임과 리더십, 그리고 조직문화를 탐구하고 제안하고자 한다. 단순히 기술을 도구로 활용하는 차원을 넘어, 인간 고유의 역량과 시스템적 사고를 기반으로 AI와 공진화(co-evolution)하는 경영의 미래 지도(Map of Emerging Future)를 제시하고자 한다. 본서에서 다루고 있는 주요 키워드는 AI시대에 화두가 되고 있는 환경 변화, 시스템적 혁신, 시스템적 프리센싱, ESG경영, 전략경영, 조직문화의 변화, 디지털 리더십, 그리고 탤런트 매니지먼트 등이다.

본서의 집필에는 불확실성(Uncertainty), 복잡성(Complexity), 의사소통(Communication)과 협업(Collaboration)으로 특징지어지는 시스템적 혁신(Systemic Innovation) 시대의 요구에 부합하는 새로운 전략경영(Strategic Management) 이론과 시스템적 프리센싱(Systemic Presencing)에 관한 기본 지식을 제공하기 위해 경영학 분야 교수님들이 공동으로 참여하였다. 본서가 가진 장점은 다음과 같이 세 가지를 들 수 있다.

첫째, 프리센싱(Presencing)이라는 개념이 무엇인지도 모르는 경영자나 경영학자가 대부분일텐데 AI 시대를 관통하는 화두를 던지고 있다는 점이다. 본문에서 서술하고 있지만 프리센싱을 단순한 감지(Sensing)가 아니라 미래로부터 오는 가능성을 감각하고, 이를 현재로 끌어와 실현 가능한 시스템적 리더십을 제시하고 있다.

둘째, 대학 강단에서 경영학 과목을 강의하고, 경영 일선에서 인적자원관리 및 마케팅 업무를 수행하면서 체득한 철학을 이론과 실무적 경험으로 풀어내고 있다. 특히 AI로 인한 불확실성과 복잡성을 극복하기 위해 경영자의 직관(intuition)과 공감(empathy), 그리고 미래를 현재로 당겨오는 창조적인 사고와 태도(presencing)가 중요하다는 점을 인식하고, 3명의 전문가들이 협업을 통해 미래 지향적 프리센싱 전략을 저술하고자 하였다.

셋째, 기존 경영학자나 경영자들이 간과하고 있는 AI시대 프리센싱 전략을 명쾌하게 제시하고 있기 때문에 생성형 인공지능의 대중적 확산과 함께 출판되는 순간 경영학도들에게 깊은 성찰과 함께 관심을 가지게 될 것으로 확신한다.

집필과정에서 21세기 환경 변화에 대응하고 유의미한 통찰력을 제안하기 위해 선학들의 저작물과 AI 관련 국내외 연구자료는 물론, 챗GPT의 유용한 도움을 충분히 참고하였으며, 정기적인 커뮤니케이션과 토론과정을 통해 독자들의 이해를 돕기 위해 노력하였다. 출판을 허락해 주신 도서출판 신아사 대표님께 심심한 사의를 표하며, 원고를 수정해 주신 박효선 선생의 노고에도 감사드린다. 저자들의 이러한 노력에도 불구하고 주제와 관련한 일천한 지식과 자료 수집의 한계로 인해 미흡한 부분이 있음을 인정한다. 향후 독자들의 의견과 제언을 수렴하여 계속적으로 수정 보완해 나갈 것을 약속드린다.

2025년 7월

대구 동산언덕에서

저자 일동

AI 시대 프리센싱 전략

목 차

I 부 시스템적 혁신과 시스템적 프리센싱 전략의 기초

Ⅱ부 시스템적 혁신과 프리센싱 전략의 이해

Ⅲ부 ESG 경영과 프리센싱의 전략적 융합

Ⅳ부 조직문화의 변화와 디지털 리더십의 역할

V부 인간과 AI의 협업, 인재경영과 조직의 미래

11장 인간과 AI 협업의 전략과 과제 • 291

AI시대 프리센싱 전략

제 I 부

시스템적 혁신과 시스템적 프리센싱 전략의 기초

학습 목표

제1부는 인공지능(AI) 시대의 시스템적 혁신과 시스템적 프리센싱 전략의 이론적 기초를 제공한다. 1부에서는 생성형 AI의 개념과 기술적 진화 과정을 살펴보고, 인간과 AI와의 협업을 통해 변화하는 시스템적 환경 변화와 경영 패러다임의 대전환에 대한 배경을 학습한다.

제1장
생성형 인공지능과 환경 변화

제1장에서는 생성형 인공지능(AI)의 출현과 비즈니스 지형의 재편으로 인한 기업이 직면한 전략적 이슈, 시스템적 혁신의 개념과 중요성, 복잡계 패러다임과 프리센싱 전략, AI 기술 발전과 산업 구조 및 가치 창출 방식의 근본적인 변화, AI 시대의 창의적 인재와 리더십에 대해 살펴본다.

이야기 1

인간과 AI가 무엇을 함께 이룰 수 있는지에 달려있다.

생성형 인공지능(AI)이 업무 환경에 혁신을 가져오면서 전문가들이 더 짧은 시간에 높은 품질의 결과물을 생산할 수 있게 됐다. 성과평가서 초안 작성, 아이디어 브레인스토밍, 마케팅 이메일 작성 등 다양한 업무에서 인간과 생성형 AI의 협업은 업무 효율을 높일 뿐만 아니라 종종 더 뛰어난 결과물을 낳는다. 그러나 중국 저장대 연구진은 이런 이점 뒤에 예상치 못한 대가가 숨어있다고 말한다. 생성형 AI와의 협업이 단기적으로 업무 성과를 높여 주지만 AI의 도움 없이 수행해야 하는 다른 과업에서는 직원들의 내재적 동기를 떨어뜨리고 지루함을 느끼게 만들 수 있다는 설명이다.

중국 저장대 연구진은 3500여 명의 참가자를 대상으로 한 네 건의 연구에서 인간과 생성형 AI가 일반적인 업무를 함께 수행할 때 어떤 일이 발생하는지를 살펴봤다. 참가자들은 페이스북 게시물 작성, 아이디어 브레인스토밍, 이메일 초안 작성 등 실제 직무와 유사한 과제를 생성형 AI의 도움을 받거나 받지 않은 상태에서 수행했다. 이후 연구진은 과업 수행 결과뿐 아니라 참가자들의 통제감, 내재적 동기, 지루함 등 심리적 경험을 함께 평가했다. 왜 동기가 떨어지고 지루함이 커졌을까? 생성형 AI와의 협업은 업무 중 고도의 사고를 요구하는 문제를 해결해 주는데, 이는 일을 흥미롭고 개인적으로 보람 있게 만드는 요소이기도 하다. 하지만 생성형 AI가 업무의 대부분을 해결해버리면 직원들은 업무 과정에서 몰입감이 떨어지고 업무와의 거리감을 더 느끼게 된다.인간과 생성형 AI와의 협업은 생산성과 성과를 크게 향상시킬 수 있다. 하지만 직원들은 AI가 주도권을 쥐고 있다고 느낄 때 업무에서 소외감을 느끼고 심리적으로 영향을 받을 수 있다. 따라서 생성형 AI를 적용한 업무 흐름을 신중하게 설계함으로써 기업은 직원들의 동기와 몰입도를 저해하지 않으면서도 AI의 이점을 극대화할 수 있다. 결국 미래의 업무는 AI가 무엇을 할 수 있는지가 아니라 인간과 AI가 무엇을 함께 이룰 수 있는지에 달려있다.

〈동아일보, 2025.7.4. 저자가 일부 내용을 수정〉

1. 생성형 인공지능의 부상과 비즈니스 지형의 재편

1.1 생성형 인공지능의 부상과 환경 변화

2020년대에 들어와서 생성형 인공지능(generative artificial intelligence)이 일상에서 본격적으로 사용되면서 다양한 분야에서 혁신적인 변화가 일어났다. 이전과 달리 생성형 인공지능(AI)은 콘텐츠의 내용을 이해하고 사람들과 소통이 가능하게 되면서 사용자의 입력에 따라서 새로운 콘텐츠를 형성할 수 있게 됐다. 관심있는 사람은 누구나 생성형 AI와의 의사소통을 통해 다양한 분야의 정보와 지식을 얻을 수 있게 되었다. 또한 대인 간 의사소통(interpersonal communication)에서는 언어 장벽이 무너져서 다국어로 소통할 수 있게 되었다. 특히 구글, 아마존, 애플, 메타 같은 글로벌 빅테크 기업은 미래 성장 산업인 AI 기술에 투자하고 있다.

1) 2010년대까지의 환경

2010년 초반까지 발전된 인공지능(AI) 기술은 기계학습(machine learning)이었다. 인간은 기계학습에서 제공하는 논리적 알고리즘을 사용하여 의사결정을 하는 데 사용하였다. 인공지능, 빅데이터, 사물인터넷 같은 기술이 빠르게 발전하고, 다양한 산업 분야에서 활용되기 시작하였다. 이러한 디지털 기술들은 조직 운영 방식까지 크게 변화시키고, 기업들은 경쟁력을 유지하기 위해 디지털 전환(digital transformation)을 필수적으로 추진하기 시작하였다. 디지털 전환은 정보화 기술을 바탕으로 수집한 정보를 효과적으로 활용하는 것이 가능하게 되었다. 기계학습으로 인해서 인간이 미리 프로그램화한 방식으로 움직이던 단계를 넘어서 기계가 스스로 학습하고 자율적인 판단을 내릴 수 있는 단계로 발전하였다.

그러나 기술이 발전하는 만큼 사이버 보안이나 개인의 프라이버시 문제 등이 사회적 이슈로 주목받기 시작했다(KAIST 기술전문대학원, 2019, P. 61). 현재 많은 기업이 사이버 보안 문제를 해결하기 위해 보안 시스템을 도입하거나 관련 부서를 강화하는 방식으로 대응하고 있다. 이러한 기술 중심의 대응은 단기적으로는 효과가 있을 수 있지만, 장기적으로는 한계가 있다. 왜냐하면 보안 위협은 끊임없이 진화하고 있으며, 기술만으로는 대응하기 어렵기 때문이다. 예를 들어, 한 다국적 기업의 사례를 보면 대규모 해킹 사고를 겪은 후 보안 예산을 크게 늘리고 다양한 보안 해결책을 도입했다. 하지만 정작 내부 구성원들의 보안 인식은 크게 변하지 않았다. 중요한 이메일을 함부로 열거나 비밀번호를 공유하는 등의 행동은 여전히 반복되었고, 이러한 행동으로 인해 또 다른 보안 사고가 발생하였다. 이처럼 기술만으로는 조직 전체의 보안 문제를 해결할 수 없다는 것을 잘 보여준다.

사이버 보안 대응에서 중요한 것은 기술뿐만 아니라 구성원들의 인식과 행동, 그리고 조직문화이다. 이러한 위기 상황에서 조직의 리더는 책임을 지고 적극적으로 나서야 하며, 조직 내 의사소통 경로나 구조도 보안 관련 정보가 빠르게 전달될 수 있도록 바뀌어야 한다. 결국 사이버 보안은 조직 전체의 문제이지, 정보기술(IT) 부서의 문제에 국한되지 않는다(세계경제포럼, 2024).

2) 2010년 이후의 환경

이제 우리는 생성형 AI와 대화하는 AI 기술 혁명의 시대에 살고 있다. 인간 두뇌의 신경망 체계를 모방한 딥러닝(deep learning)과 생성형 AI의 출현으로 비즈니스 환경은 모바일, 인공신경망(ANN), 인공지능, 빅데이터, 사물인터넷, 블록체인 등 첨단 정보통신기술(ICT)이 정치, 경제, 사회, 문화에 융합되어 비즈니스 생태계의 혁신적인 변화가 일어나고 있다. 최근에 NVIDIA, Open AI, 테슬라, 아마존, 구글, 애플 등 거대 기업들이 생성형, 지능형 AI에 투자하면서 혁신적인 변화는 가속화되고 있다.

2020년대 이후 AI 기술의 혁신적 변화가 시작되어 생성형 AI와 지능형 AI가 출현하여 단순한 기술적 혁신을 넘어서 인간 사회와 조직의 운영 방식을 근본적으로 바꾸어 놓고 있다. 또한 AI의 기술변화로 인해 소비자의 수요와 기업의 공급을 연결하는 플랫폼 기반의 비즈니스 모델이 등장하면서 소비자의 삶의 질은 크게 향상되었다. 한편, 글로벌 기업이 급속한 기술적 변화에 적응하기 위해 현재에서 다양한 부문에서 일하는 직원들을 감원하고 있다.

최근 생성형 AI인 챗GPT(ChatGPT)를 다양한 분야에서 많이 활용하고 있다. 챗GPT는 단순히 정보나 지식을 제공하거나 업무를 효율화하는 역할을 넘어서 조직 구성원들의 인식과 행동을 바꾸는 데도 중요한 역할을 할 수 있다. 예를 들어, 인간이 챗GPT와 자유롭게 대화하면서 의사결정 혹은 문제 해결 과정에 있어서 광범위하고 다양한 정보를 수집하고 수집된 정보를 정리하거나 분석하여 논리적인 사고를 하는 데 도움을 준다. 또한 문제 해결이나 의사결정에 필요한 대안들을 제시하고 평가할 수 있으며, 개인의 편견이나 감정에 얽매이지 않고, 어떤 문제를 객관화시켜 합리적인 선택을 하는 데 도움을 줄 수 있다. 조직 내에서 챗GPT를 사용하면, 어떤 정책이나 전략을 수립하여 실행하는 데 있어서 불확실한 상황이나 위기 상황에서 빠르게 대응할 수 있는 절차와 방법을 안내 해주는 등 의사결정자 혹은 구성원들의 자율적 판단과 협업을 촉진할 수 있다. 이러한 변화는 결국 구성원들의 인식과 행동 및 조직문화를 변화시켜, 시스템 전반의 혁신으로 이어지게 한다. 특히, 2020년대 이후 생성형 AI 출현 이후에 달라진 사회적 환경 변화와 기업 환경 변화는 다음과 같다.

3) 2020년 이후의 환경

(1) 글로벌 경제 패러다임의 대전환

2022년 생성형 AI 챗GPT의 등장으로 전 세계는 AI 기술과 인프라 개발에 총력을 기울이고 있다. 인공지능이 세계 경제의 판을 바꾸고 있다. 2000년대 초까지 석유 에너지, 자동차 관련 기업들이 증권시장의 상위권을 유지했으나, 2010년 애플을 필두로 한 IT 기업에 자리를 내줬다. 2024년 이후 AI 칩 공급사 엔비디아(NVIDIA)가 시총 1위를 차지하며 글로벌 경제 패러다임의 변화와 산업의 중심이 옮겨가고 있음을 실감하게 한다. 2025년 6월 엔비디아의 주가는 최고점을 경신했고 MS와 애플을 제치고 세계 시가총액 1위를 탈환했다.

2025년 이후 마이크로소프트(MS), 메타(페이스북 모회사), 아마존, 알파벳(구글 모회사) 등 4대 글로벌 빅테크 기업은 지난해 매출의 평균 17.2%의 자본 지출(CapEx)이 있었던 것으로 추정된다. 이는 355조 원 규모로 AI 모델 구현에 필요한 데이터 센터 구축과 GPU(그래픽 처리장치) 구매 등에 투자한 것으로 파악된다.

세계 각국의 정부들도 AI 경쟁력 강화를 위한 전략을 수립하고 인프라 구축과 인재 양성, AI 기술 개발을 도모하고 있다. 국내에서는 2025년 6월 출범한 새 정부가 인공지능 3대 강국 도약을 목표로 100조 원 규모의 투자를 공언하면서 '소버린 AI'[1] 실현 여부에도 관심이 쏠리고 있다. 국가 차원에서 보면 AI 경쟁력은 경제는 물론 국가 안보로 직결되는 전략 기술인 만큼 외부 의존도를 낮추고 자립도를 높여야 한다. 미국 스탠퍼드 대학교의 인간 중심 인공지능 연구소(HAI)가 최근 발표한 "AI 인덱스 2025에 따르면, 국가별 주목할 만한 AI 모델"의 수는 미국이 40개로 1위를 차지하고, 중국이 15개로 2위를 차지했다. 2025년 한국은 1개로 글로벌 격차를 체감케 한다. 경쟁력을 갖춘 AI 모델 개발도 중요하지만, AI 기술이 산업 전반에 엄청난 영향을 주는 것을 고려하면 AI 산업 전반을 아우르는 가치사슬(value chain)을 강화해야 한다. 따라서 한국이 AI 산업 경쟁력을 확보하기 위해 반도체 산업과의 연계 및 인프라 조성이 매우 중요하다.

생성형 AI가 등장한 이후에 AI 기술은 현재에도 비약적으로 발전하고 있으며, 머지않아 산업 구조의 근본적인 변화와 새로운 경제 생태계가 자리를 잡게 될 것이다(매일신문, 2025. 7. 7).

---

1) 소버린 AI는 개별 국가 차원에서 개발하는 인공지능, 미국 빅테크 기업이 글로벌 시장을 겨냥해 내놓는 AI 모델과 대비되는 개념이다.

(2) 사회 변화

AI가 출현하고 나서 나타난 사회 변화는 다음과 같은 세 가지 이슈를 들 수 있다. 첫째, 정보 접근 방식이 변화했다. 예를 들어, 사용자가 챗GPT에게 질문하면 요약된 지식과 해석된 정보를 즉시 제공한다. 둘째, 콘텐츠 창작 방식이 변화되었다. 사용자가 AI가 제공해 주는 글, 그림, 음악, 그리고 영상을 이용하여 일반인도 저자나 예술가, 크리에이터가 될 수 있다. 셋째, AI 관련된 사회적 이슈와 윤리적 이슈가 출현하였다. 예를 들어, 딥페이크(deep fake), SNS에서 쉽게 접할 수 있는 신뢰할 수 없는 인간들, 즉 스컴(scum)과의 의사소통이 발생할 수 있는 거짓 정보나 사실에 의한 기만과 허위 정보의 생성, 그리고 저작권 침해 문제들의 사회적 이슈들이 있다. 또한 인간 고유의 창작성과 예술성이 AI에 의해 대체될 가능성에 대한 윤리적 이슈 또는 철학적 이슈가 등장하였다.

(3) 기업 환경의 변화

일상회된 AI의 사용으로 기업에서는 다음과 같은 환경의 변화가 있다. 첫째, 새로운 사업영역으로 진출이 가능하게 되었다. 예를 들어, AI 기반 서비스 사업으로 AI 디자인 에이전시를 통한 디자인 업무 서비스 제공과 AI 교사를 활용한 교육 기회가 가능해졌다. 둘째, 기업에서 업무 자동화와 효율성이 증대되었다. AI 기술을 활용하여 업무를 자동화할 수 있게 되었고, 기업의 전략적 계획과 실행에 있어서 다양한 지식과 정보를, AI를 통해서 제공받게 됨으로써 효율성이 증대되었다. 셋째, 고객은 그들이 요구하는 제품과 서비스를 요구할 수 있게 되었다. 고객들은 챗봇 상담을 통해 본인이 원하는 제품에 대한 설명이 자동화된 서비스를 즐길 수 있게 되었다. 또한 기업은 AI를 통한 맞춤형 마케팅 활동을 통해 개별 고객들이 요구하는 제품의 품질과 서비스 향상이 가능해졌다. 넷째, 기업의 직무 구조상의 변화를 들 수 있다. 기업에서는 루틴하고 반복적인 일상 업무를 AI에 의해서 대체할 수 있어, 직원들은 더 창의적이고 전략적인 사고와 업무 및 인간관계 중심의 고차원적 역할에 집중할 수 있게 되었다.

(4) AI 기반 네트워크 플랫폼

개인, 기업, 정부는 AI 기반 네트워크 플랫폼을 만들고 활용하게 되었다. AI 기반 네트워크 플랫폼에서 일어나는 일상의 현실은 전 세계적인 규모로 펼쳐지게 된다. 예를 들면, AI 기반 네트워크 플랫폼이 경제, 국방, 의료, 교육, 외교, 문화, 그리고 교통 등에 복합적인 영향을 미치며 단일한 세력이나 산업의 힘으로는 해결할 수 없을 만큼 복잡한 기술적, 전략적, 윤리적 딜레마를 만들게 될 것이다. 이러한 복잡한 상황에서 경영자는 AI를 사용하여 노동력을 줄이면서 업무의 혁신을 가져오는 것만을 생각해서는 안 된다. 지금이라도 AI와 차별화되는 인간의 능력 즉, 창의적 사고, 분석적 사고, 호기심과 평생학습, 시스템 사고 등을 개발하여 인간과 AI가 협력하여 어려운 문제나 이슈를 찾아내고, 이러한 난제나 이슈를 함께 풀어나갈 수 있는지를 찾는 것이 AI의 이점을 극대화하는 방법이 될 것이다(박영숙·제롬 글렌, 2023).

1.2 기업이 직면한 전략적 이슈들

1) 지구 온난화와 지속가능성

전 세계를 휩쓰는 이상 기후, 초대형 산불은 지구 온난화로 인한 현상이다. 인류의 등장으로 전 세계적인 기후 온난화 현상은 해묵은 과제이다(박영숙·제롬 글렌, 2023). 향후 10년 내 가장 큰 문제는 이러한 지구 온난화 현상과 식량 부족, 물가 급등 현상, 자원 고갈과 자원 전쟁으로 21세기 경영의 화두는 지속가능성(sustainability)이다. 기업은 지속가능성의 관점에서 단기적인 관점의 이익 창출보다는 장기적 차원에서 생존과 사회적 책임이 더욱 중요시되고 있다(김종대,

2022; 윤은기, 2023). 이러한 환경 변화에 대응하기 위해 등장한 ESG 경영은 환경(Environment), 사회(Social), 지배구조(Governance)를 통합적으로 관리하여 기업 가치를 창출하고 기업의 지속가능성을 궁극적인 목표로 한다. ESG 경영에 대한 자세한 설명은 본서의 제7장에서 자세히 살펴보겠다.

2) 경제적 디지털화 및 빅테크 기업의 출현

2020년대 정보기술(IT)과 생성형 AI 기술이 상용화되면서 전자상거래(e-business)가 더욱 활발해지는 경제적 디지털화가 가속화 되었다. 디지털 환경에서는 시간과 장소에 구애받지 않고, 전 세계 어느 곳에서나 스마트폰이나 인터넷으로 의사소통이 활성화 되었다. 인간과 인간, 인간과 AI 간에 온라인 의사소통할 수 있는 디지털 환경에서는 기업의 고객이나 경영자, 종업원들은 자연스럽게 대화하고 행동할 수 있게 되었다.

2022년 생성형 AI의 출현으로 가속화되고 있는 AI 혁명으로 인해 마이크로소프트, 메타, 아마존, 알파벳과 같은 글로벌 빅테크 기업은 글로벌 경제 지도를 바꾸고 있다. 빅테크 기업은 AI 기술의 주도권을 쥐고 있는 현 수준에 만족하지 않고 천문학적인 규모의 투자를 계속하고 있다. 현재 AI 기술은 튜링 테스트를 통해 특정한 영역에서 인간과 유사하게 행동하는지를 평가하는 데 성공했다. 챗GPT는 지난 반세기 동안 컴퓨터가 하지 못했던 글쓰기 능력을 갖추고 있다. 현재 속도로 진행된다면 AI 기술은 비약적으로 발전하여 향후 10년 이내에 모든 산업을 지배할 인공일반지능이 개발될 것이다. 인공일반지능(artificial general intelligence, 이하 AGI) 이 개발되면, AI가 스스로 학습하고 코드를 편집하고 자율적으로 행동하며, 인간이 할 수 있는 것과 유사하거나 더 나은 분석과 전략으로 복잡한 난제들을 해결할 수 있다. AGI가 개발되어 전 산업에 사용되게 되면, 향후 일어날 사회, 문화, 정치적인 변화를 어느 정도 예측하고 대비할 수 있게 된다(헨리 키신저·에릭 슈밋·대니엘 허튼 로커, 2023).

3) AI 혁신에 의한 스마트 비즈니스화

스마트 비즈니스화란 디지털 기술을 활용해 의사결정, 운영, 마케팅, 고객 경험 등 비즈니스 전반을 고도화하는 것이다. 생성형 AI는 다음과 같은 방식으로 스마트 비즈니스화를 활성화한다.

(1) 고객 맞춤형 서비스 강화

AI가 고객 데이터를 분석하고, 개별 고객에게 맞춤형 추천, 콘텐츠, 광고를 자동으로 생성한다. 예를 들면, 전자상거래에서 개인별 쇼핑 추천 메시지 자동으로 생성한다.

(2) 자동화 및 효율성 향상

조직에서 업무에 대한 보고서 작성, 이메일 응답, 코드 작성 등 반복 업무를 자동화하여 직원이 창의적 업무에 집중할 수 있도록 한다. 예를 들어, 회의록 자동 생성, 요약, 챗봇 고객 대응하는 것을 들 수 있다.

(3) 의사결정 지원

빅데이터와 AI 분석을 바탕으로 전략적인 예측 모델을 제공한다. 예를 들어, 재고관리 최적화, 수요 예측, 마케팅 캠페인 성과 예측 등이 있다.

(4) 콘텐츠 생성 및 마케팅 혁신

블로그, 광고 카피, SNS 포스트, 제품 설명을 자동으로 생성한다. 예를 들어, 중소기업에서 마케팅팀이 없어도 효과적인 디지털 마케팅 활동을 수행할 수 있다.

(5) 제품 및 서비스 개발 혁신

AI를 활용해 디자인, 프로토타입, 코드 등을 자동으로 생성한다. 예를 들어, 패션 디자인, 소프트웨어 기능 기획 시 AI 활용할 수 있다.

4) 시스템적 혁신

(1) 시스템적 혁신의 개념

시스템적 혁신(systemic innovation)은 시스템 전체의 구조, 행동, 관계 및 사고의 깊고 포괄적인 변화를 강조하는 혁신적 접근법이다. 선형적이고 단일화된 혁신과는 달리, 시스템적 혁신은 새로운 제품이나 기술의 창출에 초점을 맞출 뿐만 아니라 사회, 경제, 교육, 의료 및 정치 시스템의 메커니즘, 가치 및 운영 논리의 전환에도 초점을 맞춘다. 즉 시스템적 혁신은 사회 제도, 정책, 지역 사회 공동체와 커뮤니티, 기업 등 다양한 조직과 요소들과의 협력을 통해 보다 높은 효과를 달성하고 급변하는 환경에 유연하게 대응할 수 있도록 돕는 혁신적 방식이다.

시스템적 혁신은 복잡한 문제를 해결하려는 필요에서 시작되는 경우가 많으며, 이를 "비구조화된 악성 문제"라고 한다. 이러한 문제는 서로 얽혀 있고, 시간에 따라 변화하며, 단일하거나 선형적인 해결책으로는 완전히 해결할 수 없다. 비구조화된 악성 문제의 대표적인 예로는 기후 변화, 사회 불평등, 빈곤, 교육 위기 또는 건강 및 스트레스 관리, 조직 내 집단 따돌림 현상, 직원들의 사기 저하 및 이직 현상 등이 있다.

시스템적 혁신은 다양한 이해관계자들과의 협업, 구성원들의 자발적인 참여, 지속적인 학습 및 적응 능력, 공동 솔루션 트랜드 등을 예로 들 수 있다. 즉 기술적인 혁신뿐만 아니라 의사결정 체제와 의사소통의 방식과 유형의 변화, 문화, 경영자 및 구성원들의 사고방식과 태도의 변화, 경직되고 보수적인 사회적 관계의 혁신도 해당한다(김용진, 2019).

즉 시스템적 혁신은 조직의 모든 요소가 유기적으로 변화하는 총체적 혁신이다. 이는 기술 중심의 변화뿐만 아니라 조직 구조, 문화, 프로세스, 구성원의 사고방식과 행동을 포함한다. 단순한 기술 도입이 아닌, 모든 구성원이 변화에 대응하고 참여하도록 만드는 것이 시스템적 혁신의 핵심이다. 시스템적 혁신은 조직의 모든 부서와 기능이 상호작용을 하면서 변화를 이끌어가는 과정이다. 예를 들어, 디지털 변환을 도입한 기업은 기술적 변화를 넘어서 직원 교육, 조직문화, 의사결정 구조까지 혁신을 요구한다(최운실 외, 2015).

(2) 시스템적 혁신의 중요성

디지털 사회가 발전함에 따라 조직은 빠르게 변화하는 환경 속에서 경쟁력을 유지하고 지속가능한 성장을 이루기 위해 시스템적 혁신을 필수적으로 도입해야 한다. 기업의 전략 경영적 관점에서 시스템적 혁신은 조직 내외부의 환경을 고려하며, 조직 구성원들의 행동, 상호작용, 동기부여 등을 변화시키는 중요한 역할을 한다. 시스템적 혁신은 디지털 사회에서 조직이 직면하는 여러 가지 문제를 이해하고 해결하고 지속가능한 경쟁 우위를 창출하는 데 중요한 역할을 한다(유재언, 2018).

(3) 지속가능한 경쟁력 확보

시스템적 혁신은 단기적 성과가 아닌 장기적인 경쟁 우위 확보를 목표로 한다. 예를 들어, 단순히 클라우드 플랫폼을 도입하는 것을 넘어서 전체 업무 프로세스를 재설계하고 고객 경험과 협업방식까지 바꾸는 경우, 이는 조직의 지속가능성을 높이는 전략적 혁신이 된다.

(4) 빠른 환경 변화 대응

디지털 사회에서는 예기치 못한 변화가 자주 발생한다. 팬데믹 이후 많은 기업이 원격근무와 온라인 협업 도구를 빠르게 도입했던 것처럼, 시스템 혁신을 이뤄낸 조직은 변화에 더 민감하게 대응할 수 있고, 위기 속에서도 경쟁력을 유지할 수 있다.

(5) 구성원의 자발적 참여

시스템 혁신은 구성원들의 자발적 참여를 통해 이루어질 때 가장 효과적이다. 구성원이 변화의 대상이 아니라 주체로서 인식될 때, 변화에 대한 저항은 줄어들고 오히려 혁신을 이끄는 동력이 된다. 이런 참여는 구성원의 몰입도를 높이고, 조직에 대한 소속감도 강화한다(Yu, 2018).

(6) 조직문화의 변화

수직적 명령 체계가 아닌 수평적 소통과 실험이 장려되는 조직문화는 혁신을 지속가능하게 만든다. 구성원들이 자유롭게 의견을 공유하고 실패를 통해 배우는 문화는 학습조직으로의 전환을 가능하게 하며, 이는 결과적으로 조직의 성장과 직결된다.

5) 복잡계 패러다임과 시스템적 프리센싱

경제 · 사회 · 문화의 글로벌화 현상과 더불어 출현한 복잡계(complex system)의 등장은 과학적 사고에 대혁신을 일으켰다. 서구의 과학적 사고는 데카르트의 합리적·분석적 사고방식에 기반을 두고 있는데, 그에 따르면 모든 복잡계에서 전체(whole)의 움직임은 그 부분들(parts)을 쪼개고, 쪼개진 부분들의 특성을 통해 이해될 수 있다. 이러한 분석적 사고는 근대 과학적 사고의 핵심이었다. 하지만, 오늘날 사회문화적 환경 및 소비자 환경은 분석적이고 단선적인 사고에 의해서만 설명될 수 없는 비선형성 특성이 있는 복잡계 환경으로 변화되었다(유재언, 2018).

복잡계 패러다임은 전통적인 패러다임에서 조직을 마치 '생산 기계'를 보는 관점과 달리 조직체를 복합 적응 체계(complex adaptive system)처럼 스스로 환경 변화에 적응하며, 시간이 흐름에 따라서 더 나은 상태로 진화하지만 그 행동 변화에 관한 결과는 예측할 수 없는 존재이다. 복잡계 이론은 경영학에서도 새로운 패러다임으로 인식되고 있으며, 전략경영론뿐만 아니라 거의 전 분야에 영향을 미치고 있다(Jackson, 2019).

시스템적 프리센싱(systemic presencing)의 개념은 MIT 대학교의 오토 샤머(Otto Scharmer) 교수가 창안하여 개인적 변화, 조직적 변화 및 사회적 변화에서 적용되는 개념이다(Scharmer, 2000). 복잡계 현상에서 나타날 수 있는 시스템적 프리센싱은 개인, 집단, 조직 혹은 사회가 미래의 환경 변화를 미리 감지하고, 이러한 환경 변화에 적응하기 위해 현재를 변화시키는 방식이다. 과거에는 문제가 생기면, 그때 대응하는 '문제 해결 중심'의 사고방식이 주를 이루었지만, 오늘날처럼 변화가 빠르고 예측이 어려운 사회에서는 및 변화의 징후를 감지하고 이에 대비하는 방식이 더 효과적이다.

2. AI 기술 발전과 산업 구조의 변화

2.1 AI 기술의 발전 방향

AI는 2000년대의 구글 검색, 2010년대의 모바일 SNS처럼 사회 전반에 새로운 변화와 기회를 제공하는 구심점으로 기능하고 있다. 기술의 발전 속도는 비슷한 사례를 찾아보기 힘들 정도로 빠르며, 그 과정에서 인류의 도전과 고민 역시 커지고 있다.

2018년 처음 출시된 챗GPT는 매년 더 많은 매개변수와 학습 데이터를 사용해, 빠른 속도로 성능을 개선해 왔다. 그리고 2022년, GPT-3.5를 탑재한 대화형 인공지능 시스템 챗GPT가 출시됐고, AI의 패러다임을 완전히 바꿔놓았다. 챗GPT는 사용자와의 대화에서 맥락을 잘 이해하고 적절한 반응을 제시할 수 있으며, 답변할 수 있는 영역 또한 광범위했다. 출시 일주일 만에 사용자 수 100만 명을 돌파했으며 두 달 만에 활성 이용자 수 1억 명을 넘기는 등 전세계적으로 폭발적인 인기를 끌었다.

2023년, 오픈 AI는 기술적으로 한 단계 도약한 GPT-4를 출시했다. GPT-4는 GPT-3.5보다 약 500배 더 큰 데이터 셋을 활용한 모델로, 텍스트를 넘어 이미지와 오디오, 비디오 등 다양한 입력 데이터를 동시에 처리하며, 데이터 포맷 역시 다양하게 생성하는 LMM(멀티 모달 모델)*으로 진화했다. 챗GPT가 촉발한 생성형 AI 붐을 타고, 기업들은 너나 할 것 없이 다양한 생성형 AI 서비스를 출시하고 있다. 텍스트, 이미지, 오디오 등을 동시에 인식하고 이해할 수 있는 구글의 제미나이(Gemini)와 이미지 내 특정 객체를 정확하게 인식하고 분리할 수 있는 메타의 샘(SAM), 텍스트 프롬프트 기반으로 영상을 제작하는 오픈AI의 소라(Sora) 등이 대표적이다.

빠른 기술 발전은 새로운 기회를 만들어내지만, 동시에 사회적 문제를 야기하기도 한다. AI 기술의 빠른 발전 속도를 따라가지 못하는 사회 전반에서 여러 가지 우려의 목소리가 나오기 시작했다. 특히, 상상 속에서만 존재하던 AI가 실체를 가지고 현실 공간으로 들어오며, 이를 악용한 사례들이 등장했다. AI가 만들어낸 정교한 허위 콘텐츠는 가짜 뉴스를 양산하며 사회적 혼란을 조장한다. 최근 미국 대선 등 대형 선거를 앞둔 여러 국가들을 중심으로 가짜 영상, 이미지 등의 딥페이크(Deepfake) 콘텐츠에 대한 우려가 커지고 있는 상황이다.

향후 글로벌 빅테크 기업은 현재 막대한 전력량을 사용하고 있는 상황을 AI 혁명으로 저 전력을 사용하는 AI 반도체 칩 개발에 의한 AI 혁명을 준비하고 있다. 이러한 상황에 대응하기 위한 국내 AI 기술의 발전 방향은 AI 기반 반도체 시장이 늘어나는 AI 반도체 이니셔티브를 만들고 이를 바탕으로 하는 산업구조의 변화에 달려있다.

2.2 산업구조의 변화 방향

AI 기술의 발전은 전 세계적으로 심각한 산업구조의 변화를 초래하고 있다. 산업 전반에서 효율성과 생산성을 극대화하는 동시에, 새로운 비즈니스 모델을 창출하는 데 기여하고 있다. 예를 들어, 제조업에서는 AI를 통한 자동화가 이루어짐에 따라, 생산 공정이 최적화되고 불량률이 감소하는 등 긍정적인 결과가 나타나고 있다. 또한, 의료 분야에서는 AI가 질병을 조기에 진단하고, 개인 맞춤형 치료를 제안함으로써 환자의 삶의 질 향상에 크게 기여하고 있다.

하지만 이러한 변화는 노동 시장에도 영향을 미친다. AI 기술의 도입으로 인해 일부 직업은 사라지거나 변형되고 있으며, 새로운 직업이 생성되기도 한다. 이는 일자리 감소와 기술 격차라는 부작용을 초래할 수 있으며, 따라서 사회적 안전망 구축과 함께 인간 중심의 기술 발전이 필요하다. AI 기술의 적용 과정에서 윤리적 고려 또한 중요하며, 개인의 프라이버시 보호와 데이터 안전성을 확립하는 방안이 필요하다.

지금까지 설명한 바와 같이, 향후 산업구조의 변화 방향은 AI를 어떻게 활용하여 디지털 경제를 발전시키느냐에 달려있다. 또한 정부, 지역 사회, 기업이 어떻게 AI 기술을 활용하느냐에 따라 달라진다. 그리고 어떤 산업 분야에 초점을 맞추느냐에 따라 달라진다. 예컨대, 일반 대중 전체를 대상으로 하느냐, 어느 특정한 고객을 대상으로 하느냐에 따라 달라진다. 그러나 어느 산업 분야이든 가장 핵심적인 요소는 AI 기술을 활용할 수 있는 기업과 사람에 달려있다. 다시 말하면, 산업구조의 변화 방향은 AI 기술이 기업에 의해서 어떠한 가치를 창출하는가에 달려있다. 즉 AI 기술 혁신의 결과로 어떠한 가치가 창출되는가에 달려있다. 따라서 미래 AI 기술을 어떠한 가치를 창출하여 활용하는가에 의존한다고 할 수 있다.

이하 3절에서는 이와 관련된 이슈들을 살펴보고자 한다.

3. AI 시대의 가치 창출과 전략경영

3.1 AI 시대의 가치 창출의 근본적 전환

1) 가치 창출의 개념, 목표 및 기능

(1) 가치 창출의 개념

기업의 전략경영은 기업이 보유한 자원을 활용하여 고객에게 어떠한 가치를 창출하여 어떻게 제공하느냐에 달려있다고 해도 과언이 아니다. AI 시대에서는 인공지능 도구는 노동자에게 분명히 도움이 된다. AI 시스템 코파일럿(copilot)에 관한 설문조사에서, 응답자의 88퍼센트가 AI 기반 시스템은 생산성 향상에 크게 이바지하였다고 응답했다(헨리 키신저·에릭 슈밋·대니엘 허튼 로커, 2023). 이러한 연구는 AI가 노동력을 대신하여 기업의 생산성을 향상한다는 점에서, AI를 활용하는 것이 기업의 가치 창출에 기여하는 것을 의미한다. 그러나 AI와 차별화되는 창의성, 시스템적 사고, 기술 활용 능력, 분석적 사고, 호기심과 평생학습, 회복탄력성, 유연성 및 민첩성과 같은 인간의 역량을 활용하기 위해서는 AI가 인간을 대체하는 수단으로 사용되기보다는, 인간과 AI가 협업하여 새로운 가치 창출을 한다면, AI 시대에 AI의 이점을 잘 활용하는 방법이 된다.

(2) 전략경영의 목표

AI 시대의 기업의 전략경영은 단기적인 관점에서 단지 기업의 이윤 창출을 목표로 하지 않고, 장기적인 관점에서 지속가능성과 사회적 책임의 수행, 조직문화의 혁신, 디지털 혁신, 조직학습, 조직 간 네트워크의 활용, 강력한 유통망 구축을 통해 새로운 가치 창출을 하는 것이다(최운실 외, 2015).

3.2 AI 시대의 전략경영

1) AI 시대의 환경 변화

생성형 AI가 출현한 이후에 가속화되고 있는 빅테크 기업의 강력한 유통망을 활용한 파트너십은 앞으로 스마트폰에 생성형 AI 기술을 장착하여 사용하는 온디바이스(on-device) AI 전략이 곧 실현하게 됨을 예고하고 있다. 글로벌 빅테크 기업의 이러한 전략으로 말미암아 정치, 경제, 사회, 문화 등 전반에 걸쳐 엄청난 변화가 순식간에 일어나게 될 것이다(스트라베이스, 2024).

(1) 유통망을 활용한 파트너십 전략

애플(Apple)은 생성형 AI 시대의 글로벌 환경 변화에 적응하기 위해 애플 인텔리젼스(Apple Intelligence) 라는 차세대 AI 기술을 개발하고 있다. 애플 인텔리젼스는 텍스트뿐만 아니라 오디오, 음성, 이미지, 컴퓨터 코드를 이해하고 스마트폰을 통해 사용할 수 있는 AI 기술이다. 이러한 차세대 기술은 애플 맥(Mac), 아이폰, 아이패드에 탑재되어 사용이 가능하다. 애플은 메타(Meta)와 AI 파트너십을 논의하고 있으며 메타의 유통망과 인스타그램을 활용하면 일반인 고객에게 쉽게 접근하여 누구나 쉽게 애플 인텔리젼스의 기술을 사용할 수 있게 된다.

(2) 온 디바이스 AI 전략

현대 디지털 사회는 인공지능(AI), 빅데이터, 사물인터넷 같은 기술이 빠르게 보급되어 거의 전 산업 분야에서 활용되고 있다. 이런 디지털 기술은 조직 운영 방식까지 크게 바꾸고 있으며, 기업들은 경쟁력을 유지하기 위해 디지털 전환을 필수적으로 추진하고 있다. 또한 생성형 AI의 출현으로 인간과 AI와의 대화할 수 있게 됐고, 소비자의 니즈와 욕구도 점차로 다양화·고급화· 복잡화되면서 기업은 이러한 소비자의 니즈를 충족시키기 위해 스마트폰에 생성형 AI를 장착시켜서 사용할 수 있는 온 디바이스라는 혁신적인 방법을 통해 새로운 서비스를 제공할 수 있게 되었다. 그러나 기술이 발전하는 만큼 그에 따른 개인정보 보안과 데이터 보안과 같은 문제들도 같이 커지고 있다. 대표적인 예가 사이버 보안 위협이다(세계경제포럼, 2024).

애플에서 개발 중인 차세대 AI 기술인 애플 인텔리전스는 아이폰(i phone)에 사용될 것이며 개인정보 보안과 데이터 보안이 가능하게 된다. 온 디바이스 AI 전략은 새로운 제품과 서비스에 이러한 사이버 보안 문제를 해결함으로써 고객이 안심하고 사용할 수 있게 한다. 즉, 온 디바이스 AI 전략은 고객이 아이폰에 저장된 주소록, 메일, 메시지, 사진, 일정 등을 통합하여 생성형 AI 기술을 사용할 수 있다.

2) AI 시대 전략경영의 방향

(1) AI 분야의 성장을 통한 경제 발전과 사회 발전

현재 빅테크 기업과 글로벌 리더 기업들의 막대한 투자로 인해 생성형 AI 기술의 성장 가능성은 매우 크다고 볼 수 있다. 결과적으로 생성형 AI 기술의 발전은 경제 발전과 사회 발전에 기여해야 한다(김주희·김현정, 2024).

(2) 디지털 리더십과 프리센싱 리더십

4차 산업혁명을 통해 가속화되고 있는 디지털 전환(digital transformation)은 리더십의 변화, 문화의 변화 및 구성원들의 변화, 가치 창출 구조, 그리고 고객과의 관계까지 근본적으로 변화시킨다. 디지털 리더십은 조직의 비전 설정, 디지털 기술을 활용하여 새로운 가치 창출, 조직변화를 유도한다(Ramdani et al., 2022). 반면에, 프리센싱 리더십은 전체 시스템과 환경 변화를 인식하고, 자기 내면의 깊은 성찰과정을 통해 미래 가능성을 미리 감지하는 리더십이다. 이러한 프리센싱 리더십을 실천하는 리더는 미래의 가능성을 현재에서 파악하여 구성원들로부터의 경청과 공감을 중요시한다(Scharmer, 2000). 프리센싱 리더십은 조직내 연결의 장을 만들고, 공동 감지, 공동 창조와 공동 구현을 통해 기업의 새로운 가치 창출을 통한 경쟁 우위를 확보하는 전략을 실천한다. 디지털 리더십과 프리센싱 리더십에 대한 구체적인 내용은 본서의 제10장에서 자세히 다룬다.

(3) AI 윤리와 효과적인 AI 거버넌스

AI 기술이 급속히 발전함에 따라 AI의 사용에 대한 윤리와 AI 거버넌스가 핵심 이슈로 등장하고 있다(마크 코켈버그, 2023). 효과적인 인공지능(AI)의 거버넌스는 조직이나 사회가 AI를 책임 있고, 윤리적이며, 법적·사회적으로 수용할 수 있는 방식으로 개발·운영·관리하기 위한 체계적인 관리 체계를 의미한다. 이는 AI 기술 발전과 사용에 대한 단순한 기술 관리가 아니라, AI 사용에 대한 리스크 통제, 투명성 확보, 그리고 지속가능성을 위한 종합적인 전략을 추진해야 한다.

(4) 노동 다양성 확보와 확대

생성형 인공지능 기술의 발전에 있어 노동 다양성의 확보와 확대는 단순한 인력 구성의 문제가 아니라, 기술의 공정성, 창의성, 포용성, 그리고 신뢰성에 직결되는 핵심 요소이다(Saithibvongsa and Yu, 2018).

① AI의 편견(Bias)을 최소화하기 위해

AI 기술의 개발과 사용은 조직 구성원들의 훈련 데이터와 개발자의 관점에 큰 영향을 받는다. 만일 어느 특정한 인종, 성별, 지역, 문화만을 대표하는 개발자나 데이터가 사용될 경우, AI는 편향된 결과를 생성할 수 있다. 다양한 배경을 가진 기술자와 노동자가 참여하면, 문화, 인종, 성별, 지역 등에 대한 편견에 얽매이지 않고, 다양한 시각에서 문제를 인식하고 편향을 사전에 발견하고 수정할 수 있다.

② 포용적이고 공정한 AI 기술 개발을 위해

다양한 성별, 연령, 문화, 언어를 사용하는 사람들과 장애인 사용자, 저소득층이 참여할 때, 그들의 사회적 경험과 필요가 기술에 반영된다. 이는 모든 사람을 위한 AI, 즉 포용적이고 공정한 기술로 발전할 수 있는 기반이 된다.

③ 창의성과 혁신을 높이기 위해

다양한 배경과 사고방식을 가진 구성원들은 문제 해결과 아이디어 창출에 있어 창의적이고 혁신적인 방법으로 보다 보편적인 접근법을 제시한다. 따라서 노동력의 다양성 확보는 단일한 시각보다 다양한 시각의 충돌과 융합이 혁신적인 기술 발전을 유도한다.

④ AI에 대한 사회적 신뢰 확보

특정 집단에 의해 개발된 AI는 사회적 불신을 조장할 수 있다. 다양한 집단이 AI 개발에 참여하면, AI 기술에 대한 사회적 수용성과 신뢰를 높이며, 장기적으로 기술의 안정적 확산에 기여한다.

⑤ 글로벌 시장 대응력 강화

생성형 AI는 글로벌 사회의 사용자들을 상대로 작동한다. 따라서 다양한 문화와 언어, 사회적 맥락을 이해하는 인력이 필요하다. 노동 다양성은 다국적 사용자 요구에 유연하게 대응할 수 있는 글로벌 역량을 강화해 준다.

4. AI 시대의 리더십

4.1 리더십(Leadership)의 개념과 필요성

1) 리더십의 개념과 필요성

(1) 리더십은 무엇인가?

현대적 의미의 리더십은 구성원들의 생각과 행동에 영향을 주어 함께 조직의 목표를 이루게 하는 과정과 능력을 의미한다(변상우, 2016). 디지털 시대에서 생성형 AI의 등장으로 기업 환경이 혁신적으로 탈바꿈함에 따라서 리더십은 창의성, 조직의 다양성과 협업, 실험적 사고와 창의적인 조직문화에 적합한 리더십이 등장하게 되었다(오상진, 2023).

(2) 리더십은 왜 필요한가?

기업 혹은 조직에서 리더십은 왜 필요한 것일까? 조직에서 리더십의 필요성은 조직의 방향 제시와 비전 설정, 구성원들의 동기 부여 및 영향력 행사, 조직의 변화와 혁신 유도, 문제 해결과 의사결정, 그리고 조직문화의 형성이 있다.

① 방향 제시와 비전 설정

리더는 혼란 속에서 길을 제시하고 미래의 방향과 비전을 명확히 제시한다. 예를 들어, 기업의 최고 경영자가 새로운 사업 전략을 제시하거나, 조직의 리더가 혁신 방향성을 제시한다.

② 동기부여 및 영향력 행사

구성원들이 자발적으로 일에 몰입하고 협력할 수 있도록 영감을 준다. 유능한 리더는 칭찬, 피드백, 참여를 통해 구성원들의 내적 동기를 자극한다.

③ 조직의 변화와 혁신 유도

유능한 리더는 급변하는 환경 속에서 조직이 변화와 혁신을 꾀할 수 있도록 유도한다. AI 시대의 리더는 단순한 관리자보다 변화 촉진자 역할이 중요하다.

④ 문제 해결과 의사결정

유능한 리더는 갈등 상황이나 복잡한 문제 상황에서 명확한 판단과 해결책을 제시한다.

⑤ 조직문화 형성

마지막으로 유능한 리더는 공동체의 결속을 위해 조직문화를 형성하고 이끌어 가는 능력이 있다.

2) 전통적 리더십과 현대적 리더십

(1) 전통적 리더십

전통적 리더십은 리더의 조건으로 리더의 특성과 자질, 그리고 상황에 초점을 둔다.

① 특성이론(trait theory)

리더십의 초창기 이론(1930년~1950년대)인 특성이론은 리더는 외모, 성격, 능력, 자질 등 타고난 특성을 지닌 사람이라는 관점에서 출발한다. 리더 혹은 위인들의 어떤 고유한 개인적 특성이나 자질을 연구하여 어떤 사람이 리더가 될 수 있는가를 공통적인 특성과 자질을 통해서 규명한 이론이다.

② 행동이론(behavior theory)

1950년대와 1960년대의 심리학자들에 의해서 연구된 리더십의 행동연구는 대표적인 리더십 스타일을 전제적, 자유방임적, 민주적 리더십으로 구분하였다. 미국의 미시간대학교에서 연구된 종업원 지향적 행동과 생산 지향적 행동의 리더십 연구와 오하이오 주립대학교의 구조주도 행동 및 종업원 배려 행동이론, 그리고 블레이크 모우튼(Blake & Mouton)의 관리격자(managerial grid) 행동이론이 대표적이다.

③ 상황이론(contingency theory)

피들러(Fielder)는 조직에서 리더십이 효과를 발휘하기 위해서는 리더가 발휘하고 있는 상황에 대한 이해가 필수적이라고 하는 리더십 상황이론을 주장하였다. 피들러의 상황이론의 영향을 받아서 허시와 블랜차드(Hersey & Blanchard)의 상황이론, 하우스(House)의 경로-목표이론(path-goal theory), 그리고 커와 저미어(Kerr & Jermier)의 대체이론 등이 등장하였다.

(2) 현대적 리더십

현대 사회에서 적합한 현대적 리더십은 많은 학자들의 리더십을 바라보는 관점에 따라서 다음과 같은 다양한 이론들이 발전되었다.

① 카리스마적 리더십(Charismatic Leadership)과 변혁적 리더십(Transformational Leadership)

카리스마적 리더십은 리더 자신의 매력과 비전, 감정적 영향력을 중심으로 사람들을 이끄는 방식이다. 카리스마적 리더십은 구성원들에게 강한 감정적 영향을 미치고, 자발적 헌신과 추종을 이끌어내는 리더십이다. 변혁적 리더십은 조직과 구성원들을 단순히 관리하는 것을 넘어서 조직과 사람의 가치, 신념, 그리고 행동 자체를 변화시키는 리더십이다.

② 리더-구성원 교환이론

리더-구성원 교환(Leader-Member Exchange: LMX) 이론은 리더와 추종자 개개인 사이의 역할 형성 과정 및 리더와 추종자 간의 교환관계가 시간이 흐르면서 발전되어 가는 과정으로 설명하였다. 리더-구성원 교환이론은 공식적인 역할을 하는 작업 집단인 공식 집단(out group)과 사적인 친분에 근거한 집단을 형성하는 내집단(in group)으로 구분한다. 내집단에 속한 구성원은 외집단의 구성원들보다 리더로부터 더 많은 신임을 받아 더욱 업무에 집중하며, 리더와의 소통도 더 빈번하고 쉽게 이루어진다.

③ 셀프 리더십(Self Leadership)

셀프 리더십이란 유능한 리더가 자발적인 헌신과 조직에 대한 열정과 몰입을 이끌어내기 위해서 다른 사람뿐만 아니라 자기 자신에게도 긍정적 영향을 줄 수 있다는 관점이다.

④ 감성 리더십(Emotional Leadership)

마이어와 사로베이(Mayer & Salovey)는 유능한 리더는 감성지능(emotional intelligence)이 다른 사람보다 월등히 뛰어나서 타인의 감정을 중요시하고 명확히 인지하여 표현하거나 감정 조절, 동기부여, 타인과의 원만한 대인관계를 이루는 감정을 이해하고 조절하는 능력이 있다고 주장하였다.

⑤ 윤리적 리더십(Ethical Leadership)

유능한 리더는 윤리 경영을 통해 구성원들이 윤리적으로 업무를 수행하고 협력할 수 있도록 동기를 부여한다. 윤리적 리더십의 구성요소는 신의성실, 윤리적 인식, 윤리적 비전 제시, 동기부여, 권한 위임, 그리고 이해관계자의 이익을 우선시하며, 인간을 중시하는 경향이 있다(최만기, 김영복, 2017).

4.2 AI 시대의 인재와 리더

1) AI 시대의 창의적 인재

AI 시대가 요구하는 창의적 인재는 어떤 사람인가. AI 기술이 발전하면서 경쟁이 갈수록 심화하는 상황에서 새로운 전략으로 시장을 선점하고 주도하려면 창의적 인재가 더욱 절실하다. 기업에서는 창의적 인재의 조건으로 공감력, 구상력, 갈등을 조장하면서 동시에 해결하는 소통력, 그리고 열정과 몰입을 가장 중요시 한다(오상진, 2023).

(1) 공감력(compassion)

창의적 인재는 상대방 혹은 고객과의 공감에 탁월한 능력을 갖춘 자이다. 공감력에는 상대방의 감정을 마음으로 함께 느끼는 정서적 공감과 상대방의 입장이나 감정을 머리로 이해하는 인지적 공감이 있다. 창의적 인재는 다른 사람보다 정서적 공감과 인지적 공감 능력을 동시에 소유하고 있어 남보다 공감력이 탁월하다.

(2) 구상력(conception)

창의적 인재는 풍부한 구상력과 함께 투철한 신념과 자신감을 갖고 있다. 구상력이란 실행가능한 상상력을 말하며, 일반적인 상상력 또는 현실성이 전혀 없는 창의력과는 다르다. 구상력은 어떤 복잡한 상황이나 환경을 시각화하는 능력, 상호 연관성이 있는 여러 가지 요소들의 관계를 전체적으로 파악하고 이를 통합적으로 사고하는 능력, 복잡한 내용을 구조화하여 계획을 세우는 계획적 사고, 그리고 이전에 없던 아이디어를 떠올리는 창의적 사고력이 있다. 구상력이 뛰어난 인재는 조직 내에서 일어나는 복잡한 문제 상황을 해결하거나 어려운 상황에서 의사결정을 하는데 탁월한 능력을 발휘할 수 있다.

(3) 갈등을 조장하고 해결하는 소통력(controversy)

창의적 인재는 조직 내 갈등을 조장하고 갈등을 해결하는 소통력이 뛰어나다. 창의적 인재가 갖고 있는 이러한 소통력은 상대방에 대한 경청과 존중하는 태도에서 비롯된다. 조직 내 적당한 수준의 갈등을 조장하면 조직 생활에 활력이 발생할 수 있다. 만일 조직 내 갈등을 부정적으로 인식하여 행동하게 되면 개인과 집단 사이의 갈등은 조직 구성원들과 성과에 악영향을 주지만, 긍정적으로 인식하여 행동하게 되면 조직 구성원들 사이의 협업이 가능하여 조직 성과에도 긍정적인 영향을 주게 된다.

(4) 열정(passion)과 몰입력(commitment)

창의적 인재는 다른 사람보다 일에 대한 열정과 몰입력이 뛰어나다. 열정과 몰입력은 리더가 조직과 사람들을 움직이는 핵심적인 요소가 된다. 특히, 리더의 열정은 사람들이 "내가 왜 이 일을 해야 하는가?"하는 내적 동기를 갖고 어려움을 극복하는 수단이 된다.

2) 데이터 기반의 AI 중심 조직 만들기

(1) 조직문화

데이터를 기반으로 의사결정이 이루어지는 AI 중심 조직이 되려면, 조직 내 수평적 관계를 중심으로 이루어져야 한다. 조직 구조는 기존 직무와 팀 중심의 분업적 방식에서 벗어나 다양한 부서와 분야의 협력적 방식이 이루어지는 체계로 전환한다. 조직문화는 구성원들이 실패를 두려워하지 않고, 끊임없이 도전하고 AI를 이용하여 실험할 수 있는 풍토가 조성되어야 한다.

(2) 전략경영

전략경영(strategic management)이란 기업이 지속가능한 경쟁 우위를 창출하고, 조직의 목표를 달성하기 위해 환경 분석, 전략 수립 및 실행과 평가를 통합적으로 수행하는 일련의 과정이다(이재훈, 2025). AI 시대에서 전략경영은 다양한 이론과 접근법을 들 수 있다. 예를 들면, 가치사슬을 중심으로 한 산업 조직 경제학적 관점에서 보느냐, 내부의 자원과 역량에 초점을 맞추는 자원 기반 관점에서 보느냐, 전략적인 성과 평가 시스템, 인센티브 설계 및 조직 구조의 설계를 바탕으로 한 조직 경제학적 관점에서 보느냐, 조직문화와 조직학습, 조직 내 인간적 요소를 고려한 행동주의 및 심리학 기반 이론적 관점에서 보느냐, 혹은 기업이 실험과 학습을 통해 점진적으로 적응해 가는 진화론적 접근법으로 보느냐에 따라서 기업의 전략은 달라질 수 있다.

AI 시대의 리더는 상황에 따라서 위의 특정 방법을 개별적으로 선택할 수 있지만, 다양한 관점의 통합적 접근이 중요하다. 또한 일부 개인(리더 자신)의 판단이 아닌, 조직 구성원 전체의 참여와 실행력을 통해 성과를 내는 구조와 조직시스템의 변화가 요구된다.

(3) 조직시스템

창의적 인재와 조직 구성원들을 동기부여 하는 시스템은 기업이 전략경영을 실천하는 데 필요하다고 볼 수 있다. 최근 제조 기업인 GE의 변화에서 볼 수 있듯이 디지털 기반의 능력과 성과 중심의 인적자원관리(HRM) 시스템과 인적자원개발(HRD) 시스템은 이러한 조직시스템의 실제 사례이다.

3) AI 시대의 리더

AI 시대에는 AI가 인간을 모방할 수 없는 영역인 창의성(creativity)과 지혜

(wisdom), 통찰력(insight)을 갖춘 자가 인재가 된다. 이러한 능력을 갖춘 자는 AI 시대에서 선도적인 리더로 '창조적 모방자', 시스템 사고를 하는 자, 그리고 '창의적 이단자'가 될 수 있다.

(1) 창조적 모방자

중국 최대 인터넷 기업인 텐센트(Tencent)는 남들과 차별화된 창조적 모방이 가장 강력한 무기이다. 20세기 최고의 천재 화가로 꼽히는 피카소(Pablo Picasso)는 17세기 스페인을 대표하는 바로크 시대의 화가인 벨라스케스 '시녀들'의 작품을 창조적으로 모방하여 독창적인 예술 작품을 만들었다. 마케팅 전문가인 마크 얼스(Mark Earls)는 AI 시대에서 창의적 리더는 "최초가 아니라 최고"가 되어야 한다고 주장한다(오상진, 2023).

(2) 시스템 사고를 하는 자

AI 시대의 리더는 "나무를 보지 않고 숲을 보는" 시스템 사고를 하는 자가 되어야 한다. 시스템 사고(systems thinking)를 하는 자는 동태적 사고, 사실적 사고, 그리고 피드백 사고를 통해서 현상을 전체적으로 이해하고 너와 나의 연결고리를 이해하듯이 사물들이 서로 연결되어 있다는 것을 알 뿐만 아니라, 이러한 연결고리들이 왜, 그리고 어떠한 패턴으로 연관되어 상호작용을 하는지를 이해한다(오상진, 2023).

(3) 창의적 이단아

미국 할리우드의 '창의적 이단아'인 팀 버튼(Tim Burton)은 할리우드의 주류 캐릭터인 영웅(hero), 공주, 왕자를 배제하고 사회에서 철저하게 소외 당하는 이방인, 괴짜 등 사회의 비주류 캐릭터를 통해서 세상을 바라보고 예술 작품과 영화를 만들었다. 그는 고딕 감성과 판타지를 결합한 독창적인 세계관을 영화로 구현해 낸 감독으로, 사회에서 소외된 자, 동물 또는 유령 등과 같은 이질적인 존재를 주제로 한 작품을 통해 차별화된 미학을 선보이는 예술 작품과 영화들로 유명하다.

그의 대표작으로는 1990년 유령 신부(Corpse Bride)와 가위 손(Edward Scissorhands)이 있고, 2010년 이상한 나라의 앨리스(Alice in Wonderland), 2019년 덤보(Dumbo) 등이 있다. 팀 버튼은 아웃사이더(outsider)가 '창조적 파괴'를 통해서 할리우드의 영화계에서 어떻게 '게임 체인저'가 되었는지 잘 보여준다. AI 시대에서는 창의력과 창조적 파괴를 통해서 세상을 바라보는 자가 리더가 될 수 있음을 잘 보여주는 사례이다(오상진, 2023).

이상에서 살펴본 바와 같이, 생성형 AI의 등장으로 경쟁 환경이 본질적으로 변화된 상황에서 기업에서는 데이터를 기반으로 운영되는 AI 중심의 조직을 만들어 생존할 수 있다. 창의적 인재와 '창조적 모방자'와 같은 리더는 이러한 AI 중심의 조직을 이끌어 가는 데 절대적으로 필요하다고 볼 수 있다.

▲ 출처: 유튜브(Youtube): 팀 버튼 인터뷰(Tim Burton interview), July 10 2025, accessed.

1장 토론 사례

시스템적 혁신 사례: 카카오(Kakao)의 조직문화 혁신

조직의 핵심 가치와 문화는 환경과 시대에 따라 변한다.

2020년대 이후 환경의 불확실성(uncertainty)은 갈수록 심화하고 있다. 오늘날 빅테크 기업은 이러한 불확실성을 회피하려는 방법으로 미래 예측할 수 있는 환경을 만들어 가는 데 관심을 둔다. 현재 생성형 인공지능(AI)은 향후 5~10년간 조직의 전략적 비전을 만들고 실행하는 데 구체적인 대안이 되고 있다. AI는 시대적 상황에서 기업의 핵심 가치와 문화를 만들어 가는 데 중요한 역할을 할 수 있다. 하지만 AI는 사회적 환경 변화에 적합한 조직문화를 만들지는 못한다. 따라서 카카오(Kakao)는 조직문화의 혁신을 통해서 기업의 핵심 가치를 만들고 AI를 활용하여 조직의 경쟁력을 확보하는 데 주력하고 있다.

카카오의 조직문화 혁신

카카오는 팀 간 협업을 강화하고, 자율성을 높여서 혁신적인 서비스를 제공하는 기업이다. 카카오는 직원들이 다양한 아이디어를 제시하고 실험할 수 있는 환경을 제공하며, 이를 통해 조직의 혁신적인 문화를 조성하고 있다. 특히, 카카오는 사용자 피드백을 실시간으로 반영하여 서비스를 개선해 나가는 방식을 채택하고 있다. 이러한 방식을 통해 카카오는 지속적으로 변화하고 발전하는 서비스를 제공할 수 있다.

이러한 카카오의 조직문화는 기존 대기업의 조직문화와는 다른 특성이 있다. 카카오의 경영자와 직원들은 수평적이고 자유로운 대화를 하는 분위기에서 일한다. 카카오는 빠른 실험 중심의 조직 구조를 도입하여 기존 대기업의 업무 프로세스와는 다른 새로운 제도와 프로세스를 형성하고 있다. 다음은 영업팀의 김 팀장과 신입사원 이연아 씨가 어떻게 대화하고 협업하는지를 잘 보여주는 사례이다(정보 보안상 가명을 사용하였음).

영업팀의 김 팀장은 일반 직원들과 대화한 내용을 회상하며 다음과 같이 마음속으로 생각하며 말했다. “할 일이 산더미처럼 쌓여 있지만 직원들이 적극적으로 도와주어서 우리 영업팀의 업무는 순조롭게 진행되고 있어. 얼마 전에 입사한 이연아 씨는 영업팀의 힘든 업무를 전혀 불만이 없이 일하는 것을 보면 팀의 업무는 이런 사람들로 인해 잘되는 것 같아. 그리고 조금 전, 내가 그녀에게 도움을 요청했을 때, 그녀는 웃으면서 ‘팀장님의 업무는 저의 일이기도 합니다’라고 답변했었지.”

김 팀장은 그녀와 마음을 터놓고 대화한 이후에 알고 난 이연아 씨 적극적 반응과 능숙한 업무 태도에 매우 흡족해하였고, 고객 서비스의 부서에서 해야 할 과다한 업무처리가 순조롭게 이루어지는 것에 대해 매우 만족하였다.

출처: 카카오(2023)

토론 과제

1

열린 시스템 (Open System)의 관점에서 본 카카오(Kakao) 기업 조직문화의 특성은 무엇인가?

2

위의 사례에서 보여준 카카오의 혁신적인 조직문화는 기업의 디지털 산업 생태계를 어떻게 변화시켰는지 구체적인 예를 들어서 설명하라.

3

카카오의 시스템적 혁신과 혁신적 조직문화는 조직 내 자율성, 지속적 학습과 직원들과 자유로운 대화를 통해서 이루어졌다. 조직 내 직원들의 자유로운 대화와 자율성, 지속적인 학습이 시스템적 혁신에 왜 필요한지 설명하라.

참고문헌

국내서적

김용진 (2019). 시스템 혁신과 정부 역할에 관한 연구, 정보학 연구, 제25권 제3호.

김종대 (2022). ESG 경영의 이해, 서울: 박영사.

김주희·김현정 (2024). 생성형 AI 규제 연구: 영국의 AI 전략과 규제를 중심으로, 유럽연구, 제42권 제2호, pp. 139-168.

박영숙·제롬 글렌 (2024). 세계미래보고서 2024-2034: 모든 산업을 지배할 인공 일반지능이 온다, 경기 파주: 교보문고.

마크 코켈버그 지음, 신상규·석기용 옮김 (2023). AI 윤리에 대한 모든 것, 경기 파주: 아카넷.

변상우 (2016). 글로벌 시대의 리더가 갖추어야 할 역량 리더십, 서울: 도서출판 청람.

세계경제포럼(2024), 2024 글로벌 사이버 보안 전망 보고서(Global Cybersecurity Outlook 2024). 세계경제포럼.

https;//www3.weforum.org/docs/WEF_Global_Cybersecurity_Outlook_2024.pdf

스트라베이스(Strabase) (2024). 생성형 AI 시대의 도래에 대응한 Apple의 접근 전략 진단: 개방형 파트너십과 온디바이스 AI 전략을 중심으로, 스트라베이스, 8월(224), pp. 27-37.

오상진 (2023). AI 리더십: 데이터를 지배하는 자가 세상을 지배한다, 서울: 북샾일공칠.

유재언 (2018). 동아시아 비즈니스 문화와 혁신적 기업경영, 서울: 창민사.

윤은기 (2023), 지속가능경영과 ESG, 서울: 북넷.

이재훈(드라이트리) (2025). 전략경영 이론의 흐름과 의의, 서울: 브런치스토리.

카이스트(KAIST) 기술경영전문대학원 (2019). 4차 산업혁명과 디지털 트랜스포메이션 전략, 서울 : 율곡 출판사.

카카오 (2023). 카카오의 시스템 혁신 사례, 카카오 공식 블로그.

최운실 외 (2015), 창조경제와 시스템 혁신, KISTEP 보고서.

헨리 키신저·에릭 슈밋·대니엘 허튼로커 (2023). AI 이후의 세계: 세계 질서 대전환에 대비하라, 경기 파주: 윌북.

해외서적

Apple Inc. (2023). *Environmental Progress Report & Supply Chain Strategy.*

Christensen, C. M. (1997). *The Innovator's Dilemma: When New Technologies cause Great Firms to Fail. Harvard Business Review* Press.

Geels, F. W. (2005). Technological Transitions and System innovations: A Co-Evolutionary and Socio-Technical Analysis. Northampton, Massachusetts, USA: Edward Elgar Publishing.

Pisano, G. P. (2015). *You Need an Innovation Strategy.* Harvard Business Review Press.

Jackson, M. C. (2019). Critical Systems Thinking and the Management of Complexity. Chichester: Wiley.

Ramdani, B., Raja, S. and Kayumova, M. (2022). Digital innovation in SMEs: A systematic review, synthesis and research agenda. Information Technology for Development, 28(1), pp. 56-80.

Saithibvongsa, P. and Yu, J. E. (2018). Artificial Intelligence in the Computer-Age Threatens Human Beings and Working Conditions at Workplaces, *Electronics Science Technology and Application*, 5(3), pp. 1-12.

Scharmer, C. O. (2000). Presencing: Learning From the Future As It Emerges, Proceedings of the Conference on Knowledge and Innovation, pp. 1-47. May 25-26, 2000, Helsinki School of Economics, Finland.

Yu, J. E.(2018). *Creating Systemic Innovation : A Process-Oriented Systems Research,* New York : Nova Science Publishers.

제2장

시스템적 환경 변화와 경영의 대전환

제2장에서는 AI 시대, 전 세계는 경제적 성장의 불확실성, 경쟁 환경의 급속한 변화, 기후 변화와 기업의 지속가능성과 회복탄력성 이슈의 등장, 그리고 기술과 문화의 융합을 통한 새로운 가치 창출 등 새로운 비즈니스 환경에 대해 알아보고, 나아가 전략경영의 변화, 복잡계 이론과 시스템 사고의 개념과 필요성, 복잡계 환경과 전략경영에 관한 구체적인 내용을 살펴본다.

이야기 2

유례없는 불확실한 환경은 심화하고 있다.

오늘날 세계는 디지털 네트워크와 AI 기술을 기반으로 한 초연결사회로 진입했다. 정보통신(IT)과 생성형 AI 기술 변화의 속도는 더욱 빠르게 진행되기 때문에, 예측 불가능성은 갈수록 더욱 심화하고 있다. 2025년 2월 미국의 챗GPT(ChatGPT)가 시작한 생성형 AI 혁명에 중국이 '딥시크 쇼크'로 전 세계가 충격에 빠졌다. 딥시크 쇼크 이후에 네덜란드, 캐나다, 이스라엘, 아랍에미리트(UAE)가 국가전략 차원에서 생성형 AI 기술과 연구개발을 지원하고 있다.

미국의 챗GPT가 포문을 연 생성형 AI 혁명에 중국이 '딥시크 쇼크'를 응수한 가운데 국내 IT 업계에선 정부가 이스라엘, 네덜란드, 캐나다, 아랍에미리트(UAE)와 같은 AI 강소국들처럼 글로벌 빅테크 기업의 R & D 센터나 데이터 센터를 유치하는 전략을 검토할 필요가 있다는 지적이 나온다. 한국은 지난해 9월 영국 로터스 미디어가 집계한 '글로벌 AI 인덱스' 조사 대상 83개국 중 6위로 상위권에 올랐다. 하지만 미국을 100점으로 볼 때 한국의 점수는 27.26점에 불과해 격차가 크게 벌어진 상황이다.

엔비디아(NVIDIA), 오픈 AI, 구글과 같은 빅테크 기업이 한국에 연구 거점을 마련하면 AI 인재의 해외 유출을 막고, 자체 인력을 양성하는 데 유리할 수 있다. 이와 함께 국내 AI 스타트 업과 빅테크 간의 연구 협력도 지금보다 활성화될 수 있다. 2025년 2월 21일 영국에 본사를 둔 민간 연구기관 캐피털 이코노믹스(CE)는 19일 발간한 보고서에 따르면 한국의 올해 실질 국내 총생산(GDP) 성장률 전망치를 1.1%에서 1.0%로 0.1% 포인트 낮췄다. 실제 경기지표에서도 적신호가 감지되고 있다. 한은이 이날 발표한 2월 전(全) 산업 기업심리지수(CBSI)는 85.3으로 2020년 9월 코로나19 사태 이후 가장 낮은 것으로 나타났다.

〈2025. 2. 22, 동아일보 1면 〉

1. 초불확실성 시대의 환경 변화

1.1 초불확실한 환경 변화

21세기 경영 환경은 과거 어느 시기보다도 빠르고 예측 불가능한 변화를 경험하고 있다. 이를 초불확실성(Hyper-Uncertainty)이라고 하는데, 기존의 불확실성을 넘어서는 새로운 차원의 환경적 복잡성과 변동성을 의미한다. 초불확실성은 전통적 예측이나 과거 데이터 기반의 대응으로는 설명하거나 대비할 수 없는 수준의 급진적·동시다발적 변화가 지속적으로 발생하는 환경을 의미한다.

오늘날 전 세계는 지구 온난화 현상과 같은 급격한 기후 변화, 경제 성장의 불확실성, 사회의 양극화 및 계층 간의 갈등, 보수와 진보의 정치적 대립과 갈등 심화, 기술 발전과 전통적 문화의 파괴, 인구 구조 변화, 사회 중산층의 몰락 등으로 몸살을 앓고 있다. 이러한 현상들은 개별적으로 나타나기 보다는 다양한 요인들이 복합적으로 연결되어 복잡계(complexity 또는 complex systems) 현상으로 나타나고 있다. 이러한 복잡계 환경은 모든 요소들이 상호작용을 하면서 이전에 없는 새로운 현상들을 만들고 있기 때문에, 현대 사회는 초불확실성의 시대로 진입하게 되었다.

1) 2020년대 이후의 환경 변화

코로나19 팬데믹이 전 세계를 강타하면서 환경이 급격히 변화하기 시작하였다. 미국과 중국은 경제 봉쇄를 통해서 전 세계의 글로벌 공급망을 붕괴시켰다. 세계의 공장이라고 불리던 중국은 수많은 공장의 가동이 중단되면서, 생산과 물류 시스템은 정상적으로 가동되지 못하고 기업의 공급과 물류는 큰 차질을 가져왔다. 즉 전 세계는 정상적인 경제 활동을 수행하지 못하게 되면서 글로벌 경제의 불확실성을 증대시켰다. 이러한 불확실성을 극복하기 위한 방편으로 기업은 온라인 서비스 및 디지털 서비스를 집중적으로 늘리게 되었고, 그 결과 디지털 전환에 기반한 비대면 경제는 비약적으로 성장하였다. 또한 미국, 유럽, 일본 등의 선진국은 중국 중심의 생산 방식에서 벗어나게 되었고, 자국 중심의 생산 기지 확대 및 공급망의 다변화를 시작하였다. 세계 각국 정부와 중앙은행은 경제 붕괴를 막기 위해 금리 인하, 통화의 양적 완화, 재난 지원금 지원 등의 대규모 경기 부양책을 시행하였다.

(1) 디지털 전환과 기술 중심 경제로의 변화

인공지능, 빅데이터, 클라우드, 메타버스, 블록체인 등 4차 산업 기술의 적용이 가속화되었다. 특히 2022년 이후 챗GPT 같은 생성형 AI의 출현은 지식근로자의 노동시장, 교육, 산업구조에 큰 변화를 초래하였다.

(2) 녹색산업(Green Industry)의 전환 가속화

미국, 유럽, 일본, 중국 등 세계 주요 국가들은 기후 변화에 적극적으로 대응하기 위해 탄소 중립(Net Zero), ESG 경영, 전기차 및 재생 에너지 확대 등 친환경 녹색 산업 중심의 경제로의 전환을 가속하였다. 이는 새로운 녹색산업과 투자 기회를 만들었지만 동시에 전통적 제조업 구조에는 큰 영향을 주고 있다.

(3) 우크라이나 전쟁과 지정학적 리스크

2022년 2월 24일에 본격화된 우크라이나와 러시아 간의 전쟁으로 인해 에너지 부족 현상의 심화, 식량 가격의 급등, 유럽의 에너지 위기, 글로벌 공급망의 충격으로 세계 경제 상황은 매우 불확실한 상황이 되었다. 2025년 1월 트럼프 대통령 취임 이후 미국과 중국 간의 패권 경쟁도 더욱 첨예해지며 미국 중심과 중국 중심의 경제 블록화 현상이 더욱 강화되었다.

(4) 높은 인플레이션과 금리 인상

코로나19 팬데믹 이후에 나타난 글로벌 공급망의 붕괴, 경제적 수요의 회복과 우크라이나 전쟁 등으로 전 세계적으로 물가가 급등하였다. 이에 따라 2021년부터 2023년 사이에 미국의 연방 준비은행(Fed)과 한국은행 등 주요국 중앙은행은 글로벌 경제를 활성화하기 위해 급격한 금리 인상을 단행하였다.

1.2 글로벌 리스크와 전략경영의 변화

전략경영(strategic management)이란 기업이 지속가능한 경쟁 우위를 창출하고, 조직의 목표를 달성하기 위해 환경분석, 전략 수립, 실행 및 평가를 통합적으로 수행하는 일련의 과정이다(Freeman, 1984). 2020년대 이후의 전략경영은 급변하는 환경 속에서 기업이 생존하고 성장하기 위한 필수 요소로 인식되고 있으며, 다음과 같은 필수 요건을 가진다.

첫째, 기후 변화에 대한 대응적 측면으로 ESG 경영, 기술 혁신, 디지털 전환의 가속화, AI와의 협업 및 데이터 기반의 의사결정, 공급망과 물류 시스템의 재설계, 지정학적 리스크 분산 전략, 인재 확보 및 조직문화의 변화로 조직 유연성 증대, 그리고 고객 경험 중심에 기반한 전략으로의 변화를 도모한다.

둘째, 내부 자원의 효과적 통합을 중요시한다. 전략경영은 조직 내의 인적자원, 기술, 자본 등 다양한 자원을 유기적으로 통합하여 미래 환경 변화에 대응하기 위한 핵심 역량을 갖는다.

셋째, 전략경영은 장기적 관점에서 비전과 미션을 만들고 이를 통해 단기적 이익에만 급급하지 않고, 지속가능한 성장을 도모한다.

넷째, 경쟁 우위 확보 측면에서 전략경영은 차별화된 제품, 서비스, 운영 방식을 통해 경쟁사 대비 우위를 확보하고 강화한다.

2020년대 들어와서 변화하는 기업 관련 전략경영의 특성을 주요 이슈별로 논의해 보면 다음과 같다.

(1) ESG 관점의 지속가능성 확보

ESG(환경, 사회, 지배구조) 관점이 기업 전략경영의 핵심 요소로 부상하면서 기업은 재무적 성과뿐만 아니라 사회적, 환경적 영향을 고려한 전략적 의사결정을 중요시하고 있다. ESG 관점에서의 전략경영은 기업의 지속가능한 성장 혹은 지속가능성의 확보와 사회적 책임을 동시에 추구하는 새로운 패러다임으로 자리매김하고 있다.

(2) 디지털 전환의 가속화

2023년 이후 본격화된 생성형 AI의 사용으로 기업의 전략경영은 디지털 전환을 통해 디지털 리더십을 강조하고 있으며, 맞춤형 고객 만족을 위한 제품과 서비스를 개발하여 고객에게 제공하고 있다. 디지털 전환의 가속화는 글로벌 시장의 진입, 투자 유치의 기준이며, 장기적 성장의 생존 조건이 되었다.

(3) AI와의 협업 및 데이터 기반의 의사결정

불확실한 상황에서 기업은 최고경영자, 혹은 일선 담당자의 통찰력, 경험이나 직관적인 판단으로 의사결정을 내린다. 하지만 넷플릭스 같은 혁신기업에서는 AI를 활용하고, '데이터 기반'의 의사결정을 통해 과학적이고 혁신적인 경영을 한다(이호수, 2023). 즉 오늘날 혁신기업에서의 전략경영은 AI와의 협업과 데이터 기반의 의사결정으로 이루어진다.

(4) 플랫폼과 생태계 중심 전략

과거 수직적 통합과 경쟁 기반의 전략에서 협력 기반의 생태계(ecosystem) 형성과 플랫폼 중심의 가치 창출로 변화하는 전략으로 변화되어 가고 있다. 예를 들어, 쿠팡, 카카오, 네이버 등은 여러 가지 서비스를 동시에 연결하여 협력 기반의 생태계를 만들어 플랫폼 중심의 전략을 실행하고 있다.

(5) 불확실성과 복잡성 대응 중심의 전략

과거의 안정적인 환경에서 장기적인 계획과 실행에 기반한 전략에서 변화가 빠르고 예측이 어려운 환경에서 민첩성(agility)과 유연성(flexibility)이 강조되는 복잡성 대응 중심의 전략으로 변화하고 있다. 복잡성 대응 중심의 전략은 다양한 시나리오를 가정한 전략과 상황 변화의 신속한 요점(pivot)을 파악하는 능력의 확보가 중요하다. 우크라이나 전쟁으로 인해 발생한 지정학적 리스크를 분산하는 전략이다. 예를 들어, 천연가스, 희토류 등의 희귀 광물자원이나 밀, 비료 등 원자재 수입을 러시아와 우크라이나에 의존하던 것을 미국, 아프리카, 카자흐스탄, 중동, 호주 등 대체 자원국을 발굴하고, 재생 에너지 개발, 에너지 자립형 기술 개발로 전환하는 것을 들 수 있다. 또한 글로벌 공급망과 물류 시스템의 재설계를 통해 불확실성에 대응하는 전략으로의 변화도 추진할 수 있다.

(6) 인재 확보 및 조직문화의 변화

전략경영은 하향식(top-down) 어프로치에서 자율성과 분권화를 중시하는 방식으로 전환하고 있다. MZ세대와 디지털 세대를 고려한 개방적이고 유연적인 조직문화와 디지털 시대를 선도하는 구성원들의 내재적 동기 부여를 강화하는, 참여적이고 포용적인 리더십으로 변화하고 있다. 또한 재택근무와 사무실 근무를 병행하는 하이브리드 근무, 성과 중심 평가, 소통과 협업과 소통 능력이 있는 인재 확보 및 평가 시스템 도입이 전략경영의 핵심 요소가 되었다.

(7) 고객 경험 중심에 기반한 전략

최근 선도 기업들의 전략경영은 단순한 제품 판매와 서비스의 제공이 아닌, 고객 경험(customer's experience) 전반을 관리하고 고객 맞춤형 마케팅과 온라인 제품 구매와 서비스 제공, 그리고 효과적인 물류 시스템의 운영으로 차별화하는 전략이 경쟁우위의 핵심이 되고 있다.

2. 복잡계 이론과 시스템 사고

2.1 복잡계의 이해

21세기 기업 환경은 빠르게 변화하고 있으며, 기업들은 기술 혁신과 글로벌 경쟁의 심화로 인해 기존의 방식으로는 생존이 어려운 상황에 직면하고 있다. 이러한 불확실성과 예측 불가능성으로 특징지어지는 경영 환경에서 적합한 이론이 복잡계 이론(complex system theory)이다.

1) 복잡계 이론(complex system theory) 관점에서 본 환경의 변화

복잡계는 완전한 질서나 완전한 무질서 상태를 보이지 않고. 그 사이에서 존재하는 체계로, 수많은 요소의 상호작용으로 구성되어 있다. 복잡계는 생명체 혹은 미생명체에서 나타나는 체계를 구성하는 수많은 요소들의 상호작용에 의해 만들어진다. 조직은 환경 변화에 스스로 적응하는 복합 적응 체계(complex adaptive system)로 인식되며, 마치 살아있는 생명체처럼 인식하고 행동하는 존재이다.

복잡계 이론의 관점에서 환경의 변화는 다양한 비선형적인 특성을 나타내는 복잡계의 요소들 사이의 상호작용의 결과이다. 이러한 변화는 예측하기 어렵고, 때로는 예상하지 못한 결과를 초래할 수도 있다(유재언, 2018). 예를 들어, 소비자의 선호도 변화, 경쟁사의 행동, 기술 혁신, 경제 상황 등은 예측하기 어렵고, 매우 불확실한 환경 변화를 초래한다. 이러한 요인들은 기업의 수익과 성장에 직접적인 영향을 미치는 시장의 근본적인 변화를 일으키고, 이와 같은 시장 변화와 기술 혁신은 기업의 생산 방식, 제품 혁신, 그리고 서비스의 전달 방식 등의 조직 변화를 일으키는 요인이 된다. 또한 정부의 정책 변화, 법률 규제 등은 기술 변화와 시장 변화와 더불어 기업의 전략 변화 및 운영 방식을 바꾸어 놓는 직접적인 원인이 된다. 앞서 언급한 글로벌 경제의 불확실성은 기업 전략경영의 근본적인 사고방식과 방법을 바꾸었다. 즉 전통적인 전략경영은 현재의 시장 상황의 분석과 기업의 강점과 약점을 분석하여 환경 변화에 대응하는 것이었다면, 오늘날 전략경영은 미래 지향적인 사고를 바탕으로 참여적인 방식으로 인간과 인간의 협업과 인간과 AI 협업을 바탕으로 이루어진다(이호수, 2022).

2.2 시스템 사고의 필요성과 원리

시스템 사고(systems thinking)는 시스템적 프리센싱(systemic presencing)과 시스템적 혁신(systemic innovation)을 구성하는 핵심 요소이다. 시스템 사고는 사물을 전체적으로 바라보는 사고방식으로, 시스템의 부분과 개별 요소를 분석하기보다는 시스템을 구성하는 요소 간의 상호작용, 구조, 관계 및 환경과의 상호작용을 중심으로 문제를 이해하고 해결하려는 접근 방식이다.

시스템 사고는 전체 시스템 내 요소들 간의 상호작용과 피드백 루프를 중심으로 사고하는 방식이다. 문제를 개별 부서나 현상으로 국한하지 않고, 인과관계, 순환구조, 지연 효과 등을 통합적으로 고려한다.

예를 들면, 재고 증가 → 마케팅 강화 → 고객 유입 증가 → 배송 지연 → 고객 불만 → 브랜드 신뢰 하락 → 매출 감소로 이어지는 '지연된 피드백 루프'를 들 수 있다.

시스템 사고는 시스템의 부분이 아닌 전체를 본다는 원칙에 기반하여, 복잡한 문제의 근본 원인과 구조를 파악하고 장기적인 해결책을 찾는 사고방식이다.

시스템 사고와 전통적 사고의 차이는 다음 〈표 2-1〉과 같다.

기존 전략은 인과 관계를 단순하게 추론하거나 고정된 목표를 향한 일방향적 접근이었지만, 복잡계 환경에서는 지속적인 감지, 조정, 반응의 루프가 필요하다. 기업은 변화에 대응하는 것을 넘어서 변화의 흐름 속에서 공명하고 공동 창조하는 유기체적 조직으로 재구성되어야 한다.

〈표 2-1〉 시스템 사고와 전통적 사고의 차이점

구 분	전통적 사고	시스템 사고
접근방식	환원주의(reductionism)	전체주의(holism)
초점	부분, 시스템의 구성요소	사수탬 전체 및 상호작용
시간관	단기적 해결	장기적 변화
원인	단선적이고 단일적 원인	여러 요인간 상호작용
해결책	증상 완화 및 치유	근본 원인 해결

초불확실한 시대에는 선형적·분절적 사고로는 복잡한 문제를 해결할 수 없다. 복잡계 이론은 비선형적 상호작용과 자기조직화, 적응과 진화의 관점을 제공하며, 시스템 사고는 이러한 복잡계를 이해하고 전략적 개입점을 찾는 프레임워크를 제공한다. 따라서 현대 경영은 복잡성을 수용하고, 시스템적 사고를 기반으로 변화에 능동적으로 대응하는 전략적 전환이 필수적이다.

시스템 사고의 이론적 배경과 방법론에 대한 구체적인 내용은 본서의 제4장, 2절 "시스템 사고의 이론"에서 살펴본다.

3. 복잡계 환경과 전략경영

3.1 복잡계 환경과 가치 창출

1) 가치 창출의 모델 붕괴와 새로운 기준

(1) 복잡계 환경의 가치 창출

전통적인 전략경영은 가치 사슬(Value Chain) 모델에 기초하여 기업 내부 활동 간의 선형적 관계를 통해 가치를 창출하는 방식이었다. 그러나 복잡계 환경에서는 가치 사슬이 고정되지 않고, 동적이고 상호작용적인 생태계(Ecosystem) 내에서 창출된다. 제품과 서비스, 고객, 파트너, 데이터가 실시간으로 연결되며, 가치의 흐름은 더 이상 기업 내부에 국한되지 않는다.

복잡계 환경은 가치 창출의 중심축을 기업 내부에서 다중 주체의 공동 창조(Co-Creation)로 전환시킨다. 고객, 사용자, 지역사회, 협력사 등 다양한 이해관계자들이 가치 창출 과정에 실시간으로 개입하며, 그 결과는 고정된 것이 아니라 지속적으로 진화한다. 예를 들어, 아마존은 단순 판매자가 아닌 수백만 파트너와 알고리즘, 클라우드 기반 생태계를 통해 동적으로 가치를 창출한다.

현대 기업의 전략경영 활동은 기업이 보유한 자원을 활용하여 고객에게 어떠한 가치를 창출하여 어떻게 제공하느냐에 달려있다고 해도 과언이 아니다.

(2) 전략경영의 새로운 기준

전통 전략은 과거 데이터를 기반으로 목표를 설정하고, 이를 향해 계획-실행의 단계를 따랐다. 그러나 복잡계에서는 변수 간 상호작용이 비선형적이며, 예측보다는 실시간 감응(situational responsiveness)과 적시 피드백이 중요한 전략 요인이 된다. 즉, 가치 창출은 계획된 활동의 결과가 아니라, 지속적 감지와 적응의 결과물로 나타난다.

복잡계 환경에서 기업의 전략경영은 단순히 기업의 이윤 창출을 목표로 하지 않고 기업의 경쟁력을 확보하고 지속가능성과 장기적인 관점에서 조직문화의 혁신, 디지털 혁신, 조직학습, 조직 간 네트워크의 활용, 강력한 유통망 구축과 가치 창출과 가치 제공 같은 것이다(최운실 외, 2015).

복잡계 환경에서는 단순한 경제적 가치보다 사회적 의미, 문화적 연결성, 감정적 공감이 더 높은 가치를 부여받는다. 소비자는 제품의 기능적 속성보다 브랜드의 스토리, 윤리적 정체성, 사회적 영향력에 반응한다. 예를 들면, 파타고니아(Patagonia)는 지속가능성과 환경윤리를 중심 가치로 삼아 전통적인 제조업의 경계를 넘어 사회운동과 연결된 가치를 창출한다.

3.2 복잡계 환경에 대응하기 위한 전략경영

1) 복잡계 관점의 환경 변화

복잡계 이론의 관점에서 환경은 기후 온난화 현상, 미국과 중국의 패권 다툼으로 인한 갈등, 정치적 양극화, 우크라이나 전쟁으로 인한 지정학적 리스크(geographical risk)의 증가, 코로나-19 팬데믹 이후의 글로벌 공급망과 물류 시스템의 붕괴, 사회적 불안정과 양극화, 경제적 불확실성 등의 요소가 복합적으로 상호작용을 하여 불확실하고 예측 불가능한 복잡계 환경을 만들어 내고 있다.

SWOT, PEST 분석과 같은 전통적 전략기법은 정적이고 단선적인 환경을 전제로 한다. 그러나 복잡계는 동시다발적, 상호작용적, 예측불가능한 변화가 특징이므로 이러한 도구만으로는 실효성 있는 전략 수립이 어렵다. 대응 전략은 변화의 원인을 찾기보다는, 변화가 일어나는 방식을 파악하고 실시간 적응 체계를 갖추는 데 초점을 맞춰야 한다.

2) 전략경영의 핵심 방향

복잡계 환경에 대응하기 위해 기업의 전략경영은 단순히 이윤 창출을 목표로 하지 않고 장기적인 관점에서 강력한 유통망을 활용한 파트너십 전략, 디지털 혁신과 온 디바이스 AI 전략, AI와의 협업을 통한 경쟁 우위의 확보, 효과적인 AI 거버넌스, 노동 다양성 확보와 확대를 실행해야 한다(최운실 외, 2015).

(1) 유통망을 활용한 파트너십 전략

애플(Apple)은 생성형 AI 시대의 글로벌 환경 변화에 적응하기 위해 애플 인텔리전스(Apple Intelligence) 라는 차세대 AI 기술을 개발하고 있다. 애플 인텔리전스는 텍스트뿐만 아니라 오디오, 음성, 이미지, 컴퓨터 코드를 이해하고 스마트폰을 통해 사용할 수 있는 AI 기술이다. 이러한 차세대 기술은 애플 맥(Mac), 아이폰, 아이패드에 탑재되어 사용이 가능하다. 애플은 메타(Meta)와 AI 파트너십을 논의하고 있으며 메타의 유통망과 인스타그램을 활용하면 일반인 고객에게 쉽게 접근하여 누구나 쉽게 애플 인텔리젼스의 기술을 사용할 수 있게 된다.

(2) 디지털 혁신과 온 디바이스 AI 전략

현대 디지털 사회는 인공지능(AI), 빅데이터, 사물인터넷 같은 기술이 빠르게 보급되어 거의 전 산업 분야에서 활용되고 있다. 이런 디지털 기술은 조직 운영 방식까지 크게 바꾸고 있으며, 기업들은 경쟁력을 유지하기 위해 디지털 전환을 필수적으로 추진하고 있다. 또한 생성형 AI의 출현으로 인간과 AI와의 대화할 수 있게 됐고, 소비자의 니즈와 욕구도 점차로 다양화·고급화· 복잡화되면서 기업은 이러한 소비자의 니즈를 충족시키기 위해 스마트폰에 생성형 AI를 장착시켜서 사용할 수 있는 온 디바이스(on-device)라는 혁신적인 방법을 통해 새로운 서비스를 제공할 수 있게 되었다. 그러나 기술이 발전하는 만큼 그에 따른 개인정보 보안과 데이터 보안과 같은 문제들도 같이 커지고 있다. 대표적인 예가 사이버 보안 위협이다(세계경제포럼, 2024).

애플에서 개발 중인 차세대 AI 기술인 애플 인텔리젼스는 아이폰(i phone)에 사용될 것이며 개인정보 보안과 데이터 보안이 가능하게 된다. 온 디바이스 AI 전략은 새로운 제품과 서비스에 이러한 사이버 보안 문제를 해결함으로써 고객이 안심하고 사용할 수 있게 한다. 즉 온 디바이스 AI 전략은 고객이 아이폰에 저장된 주소록, 메일, 메시지, 사진, 일정 등을 통합하여 생성형 AI 기술을 사용할 수 있다.

(3) AI 와의 협업을 통한 경쟁 우위의 확보

현대 기업의 전략경영 활동은 기업이 보유한 자원을 활용하여 고객에게 어떠한 가치를 창출하여 어떻게 제공하느냐에 달려있다고 해도 과언이 아니다. 현재 빅테크 기업과 글로벌 리더 기업들의 막대한 투자로 인해 생성형 AI 기술의 성장 가능성은 매우 크다고 볼 수 있다. 이러한 추세에 더불어, 기업은 AI 와의 협업을 통해 지역 사회의 경제 발전과 사회 이슈들의 해결에 기여하고, 개별 고객이 원하는 맞춤형 제품개발과 서비스를 제공해야 한다(김주희·김현정, 2024).

(4) 효과적인 AI 거버넌스

효과적인 인공지능(AI)의 거버넌스는 조직이나 사회가 AI를 책임 있고, 윤리적이며, 법적·사회적으로 수용할 수 있는 방식으로 개발·운영·관리하기 위한 체계적인 관리 체계를 의미한다. 이는 AI 기술 발전과 사용에 대한 단순한 기술 관리가 아니라, AI 사용에 대한 리스크 통제, 투명성 확보, 지속가능성을 위한 종합적인 전략을 추진해야 한다.

(5) 노동 다양성 확보와 확대

생성형 인공지능의 기술 발전에 있어 노동 다양성의 확보와 확대는 단순한 인력 구성의 문제가 아니라, 기술의 공정성, 창의성, 포용성, 그리고 신뢰성에 직결되는 핵심 요소이다(Saithibvongsa and Yu, 2018).

① AI의 편견(Bias)을 최소화하기 위해

AI 기술의 개발과 사용은 조직 구성원들의 훈련 데이터와 개발자의 관점에 큰 영향을 받는다. 만일 어느 특정한 인종, 성별, 지역, 문화만을 대표하는 개발자나 데이터가 사용될 경우, AI는 편향된 결과를 생성할 수 있다. 다양한 배경을 가진 기술자와 노동자가 참여하면, 문화, 인종, 젠더, 지역 등에 대한 편견에 얽매이지 않고, 다양한 시각에서 문제를 인식하고 편향을 사전에 발견하고 수정할 수 있다.

② 포용적이고 공정한 AI 기술 개발을 위해

다양한 성별, 젠더, 연령, 문화, 언어를 사용하는 사람들과 장애인 사용자, 저소득층이 참여할 때, 그들의 사회적 경험과 필요가 기술에 반영된다. 이는 모든 사람을 위한 AI, 즉 포용적이고 공정한 기술로 발전할 수 있는 기반이 된다.

③ 창의성과 혁신을 높이기 위해

다양한 배경과 사고방식을 가진 구성원들은 문제 해결과 아이디어 창출에 있어 창의적이고 혁신적인 방법으로 보다 다양한 접근법을 제시한다. 따라서 노동력의 다양성 확보는 단일한 시각보다 다양한 시각의 충돌과 융합이 혁신적인 기술 발전을 유도한다.

④ AI에 대한 사회적 신뢰 확보

특정 집단에 의해 개발된 AI는 사회적 불신을 조장할 수 있다. 다양한 집단이 AI 개발에 참여하면, AI 기술에 대한 사회적 수용성과 신뢰를 높이며, 장기적으로 기술의 안정적 확산에 기여한다. 왜 내 AI는 엄청난 답변을 내놓지 못하고 매번 단편적이거나 때로는 말도 안 되게 틀린 답을 주는 걸까.

AI가 상대적으로 멍청하게 느껴진다면 그 이유는 당신에게 있을 가능성이 높다. 바로 '질문 방법'이 틀렸기 때문이다. 같은 질문을 하더라도 그 순서나 조건을 달리하면 AI는 천차만별 답변을 내놓는다. 똑똑한 질문이 똑똑한 대답을 이끈다. 과거 PC와 인터넷이 처음 나왔을 때 '디지털 디바이드'가 나타났듯 이제는 'AI 디바이드' 현상이 본격화되는 모습이다.

⑤ 글로벌 시장 대응력 강화

생성형 AI는 글로벌 사용자들을 상대로 작동합니다. 따라서 다양한 문화와 언어, 사회적 맥락을 이해하는 인력이 필요하다. 노동 다양성은 다국적 사용자 요구에 유연하게 대응할 수 있는 글로벌 역량을 강화해 준다.

AI 기술 발전이 급속히 발전하면서 기업 환경은 예측하기 어려운 복잡계 환경으로 변화되고 있다. 이러한 환경 변화에 대응하기 위해서 기업은 AI와의 협업을 통해서 환경을 이해하고 대응하는 것은 생존을 위한 최선의 방법이 될 것이다.

2장 토론 사례

오늘날 존재하는 조직은 컴퓨터가 만들어 낸 시뮬레이션인가?

조직 내 직원들은 왜 자기 일에만 익숙해져 있는가?

일론 머스크는 2024년 언론과의 인터뷰에서 옥스퍼드 대학교 교수인 닉 보스트럼의 가설을 지지한다고 주장하였다. 인공지능(AI) 관련 유명한 철학자인 닉 보스트럼은 오늘날의 현실은 미래 문명 세계에서 진화된 컴퓨터가 만들어 낸 수많은 시뮬레이션의 하나라고 주장한 바 있다. 만일 우리가 살고 있는 현실이 컴퓨터가 만들어 낸 시뮬레이션의 하나라면 우리의 일상생활은 어떻게 될까? 다음 사례는 현대 미국 사회의 기업에서 흔히 발생하는 일이다. 이러한 상황은 미국 기업뿐만 아니라 다른 나라의 기업에서 흔히 발생하는 상황인가? 만일 그렇다고 말할 수 있다면, 오늘날 현실은 미래 사회의 컴퓨터가 만들어 낸 수많은 시뮬레이션 중의 하나이고 이러한 현실은 분명 개선의 여지가 있을 것이다.

조직 내 문제상황

프랜 제퍼슨은 약 3년 전에 미국 보스톤시에 있는 메트로 은행(Metro Bank)과 부동산 신탁 개발 회사의 교육 및 훈련 부서의 감독자로서 일을 시작했다. 그녀는 일반적으로 자기 부서에 있는 네 명의 업무 관련한 트레이너와 주디 마틴이라는 비서를 둘 수 있게 되어 매우 기분이 좋았다. 실제로 프랜은 직원들의 높은 사기와 높은 업무 성과를 만들어 내는 능력에 나름대로 자부심이 있었다. 이것은 프랜에게 특히 반가운 일이었는데, 직원들은 매일 끊임없이 바쁘게 일하고 있었다. 또한 프랜 자신도 회사에서 매일 정신없이 바쁘게 보내고 있었고, 주디의 도움으로 간신히 그녀의 업무를 수행할 수 있을 정도였다.

프랜은 그녀의 비서인 주디를 매우 신뢰하고 있었고, 업무처리를 신속하고 능숙하게 잘하고 있어서 주디를 그녀의 "스타"처럼 여겼다. 프랜은 주디가 갖고 있는 의사소통 능력과 잠재적인 재능을 살려서 역량을 개발시키려는 의도에서 주디에게 부서의 중요한 전략적 계획과 의사결정에 그녀를 참여시켰다. 뿐만 아니라, 주디에게 메트로 은행과 부동산 신탁 개발 회사 직원들의 역량 개발을 위해 회사에서 지원하는 직원들의 야간 대학교의 입학과 등록 업무 및 경영대학원의 입학과 등록금의 지원 업무를 맡겼다. 또한 부서의 성과 평가 결과의 후속 조치로서 경영자 리더십 프로그램과 기업 교육 프로그램의 관리를 맡기는 등, 주디에게 특별하고도 중요한 부서의 업무를 맡겼다. 이러한 업무들 때문에, 주디는 프랜의 비서 업무보다는 부서의 교육 및 훈련 프로그램의 팀장 역할을 더 많이 수행해야만 했다.

그러던 어느 수요일, 아침 일찍부터 주디 마틴이 프랜의 사무실 문을 노크하였다. 주디가 프랜의 책상 옆 의자에 앉으면서 뭔가 언짢은 표정으로, 천천히 프랜앞에 디트로이트 시에 소재한 메트로 은행 지점의 경력직 입사지원서를 불쑥 내밀었다. 그녀는 상사인 프랜의 눈을 똑바로 보려고 하지 않았다. 프랜은 무심코 주디가 건네준 메트로 은행, 디트로이트 지점의 경력직 입사지원서를 훑어보았다. "주디, 당신은 지점관리부의 경력직으로 승진하고 싶으신가요?." 그녀는 잠시 말을 멈추었다. "주디, 당신은 우리 부서에서 승진하고 싶으신건가요? 아니면 다른 지점의 관리직으로 옮기고 싶은 건가요?"

주디는 뭔가 생각하면서 두 손을 꽉 움켜쥐고 있었다. 프랜은 주디가 말하기를 기다렸다.

마침내 주디는 고개를 들고 다음과 같이 말했다. "지난주 메트로 은행의 다른 지점의 채용공고에서 공개한 교육 및 훈련 부서의 관리직은 직무평가가 14번째 등급으로 매겨져 있다는 것을 알았어요. 교육 및 훈련 부서의 관리직은 내 직무보다 두 등급이나 더 높잖아요!"

그녀는 숨을 죽이며 다음과 같이 말을 이었다. "프랜, 내 친구인 메리 존슨이 거기서 일하는 것을 잘 아시잖아요. 메리는 나에게 그녀 업무의 절반은 그냥 책상에 앉아 있기만 하면 된다고 말했어요"

주디는 표정이 약간 상기되면서 분노로 떨리는 목소리로 다음과 같이 말을 이었다. "이보세요, 프랜 재퍼슨씨, 내가 여기서 얼마나 열심히 일하는지 잘 아시잖아요, 우리 모두 얼마나 열심히 일하는지 잘 알면서…. 이 회사의 과중한 업무 때문에 나는 내 개인 생활을 거의 희생하면서 회사에 오면 잠시라도 쉴 틈도 없이 일해야 하는데. 이렇게 열심히 일하면서, 나는 왜 내가 직무평가에서 12번째로 등급이 매겨진 직장에서 일해야 하는지 모르겠고, 두 배 이상 열심히 일하면서도 비서와 같은 급여를 받아야 하는지 모르겠어요. 원래 비서 업무에서 요구하는 일은 내 기대치보다 약간 높을 뿐이고, 지난달에 내게 준 보너스도 내가 하는 막중한 업무에 비하면 별로 도움이 되지 않았어요"

프랜은 주디의 감정 섞인 말을 듣고 나서 다음과 같이 말했다. "주디, 네가 하는 일에 대해 더 많은 보수를 받아야 한다고 생각하기 때문에 화가 많이 나 있는 것 같고, 현재 업무를 참고 하기보다는 직업을 바꾸고 싶어 하는 것 같은데…. 내 말이 맞나요?" 주디는 동의하며 고개를 끄덕였다.

그러나 프랜은 메트로 은행의 업적 평가 시스템은 인공지능(AI)이 분석한 데이터에 근거한 객관적이고 합리적이라는 것과 주디가 언급한 디트로이트 지점의 관리직은 주디가 현재 하고 있는 현재 업무에서 요구하는 것 이상의 추가적인 경력, 기술, 경험과 책임이 필요하다는 것을 잘 알고 있었다. 프랜은 그녀의 비서인 주디가 너무나 인간적이고 유능한 직원이고 좋은 사람이었기 때문에, 주디가 진정으로 원하는 것이 이직이 아닐 것이라고 단정 지었다. 특히 주디의 사고와 결정이 그녀의 잘못된 논리에 근거하고 있고 그녀가 만일 이직한다고 결정하면, 결국 유능한 비서인 주디를 잃게 되는 것을 매우 걱정하였다. 주디의 이직 의향에 대해서 프랜은 어떻게 해야 할지 잘 모르고 난감해하고 있었다.

출처: Cardy(1994)의 내용을 저자가 AI 시대에 적합하게 수정함

토론 과제

1

프랜의 개인 비서인 주디 마틴이 메트로 은행의 다른 지점의 관리직 직책을 맡고자 한 이유는 무엇인가? 주디의 어떤 점이 정확하고 어떤 점이 논쟁의 여지가 있는가?

2

프랜은 주디의 다른 지점으로의 이직 의도를 어떻게 처리해야 하는가?

3

프랜은 주디의 직무평가와 과소평가된 연봉에 대해 어떻게 처리해야 되는가?

참고문헌

국내서적

김용석 (2023). 시스템적 사고와 경영전략. 한빛비즈.

김용진 (2019). 시스템 혁신과 정부 역할에 관한 연구, 정보학 연구, 제25권(3).

김주희·김현정 (2024). 생성형 AI 규제 연구: 영국의 AI 전략과 규제를 중심으로, 유럽연구, 제42권 제2호, pp. 139-168.

세계경제포럼 (2024). 2024 글로벌 사이버 보안 전망 보고서(Global Cybersecurity Outlook 2024). 세계경제포럼.
https;//www3.weforum.org/docs/WEF_Global_Cybersecurity_Outlook_2024.pdf

스트라베이스 (2024). 생성형 AI 시대의 도래에 대응한 Apple의 접근 전력 진단: 개방형 파트너십과 온디바이스 AI 전략을 중심으로, 스트라베이스(Strabase), 2024년 8월(224), pp. 27-37.

유재언 (2018). 동아시아 비즈니스 문화와 혁신적 기업경영, 서울: 창민사.

이호수 (2022). 비즈니스 전략을 위한 AI 인사이트: AI와 인간은 어떻게 협업할 수 있는가?, 서울: 한빛비즈.

최운실 외 (2015). 창조경제와 시스템 혁신, KISTEP 보고서.

해외서적

Cardy, A. (1994). *50 Case Studies for Management and Supervisory Training. Amherst*, MA: HRD Press.

Espinosa, A. and Walker, J. (2011). *A Complexity Approach to Sustainability: Theory and Application,* London, U. K.: Imperial College Press.

Espinosa, A. and Walker, J. (2013). Complexity management in practice: A viable system model intervention in an Irish eco-community, *European Journal of Operational Research,* 225(1), pp. 118-129.

Freeman, R. E. (1984). *Strategic Management: A Stakeholder Approach*, Boston: Pitman Publishing.

Geels, F. W. (2005). Technological Transitions and System innovations: A Co-Evolutionary and Socio-Technical Analysis. Northampton, Massachusetts, USA: Edward Elgar Publishing.

Pisano, G. P. (2015). *You Need an Innovation Strategy.* Harvard Business Review Press.

Jackson, M. C. (2019). Critical Systems Thinking and the Management of Complexity. Chichester: Wiley.

Saithibvongsa, P. and Yu, J. E. (2018). Artificial Intelligence in the Computer-Age Threatens Human Beings and Working Conditions at Workplaces, *Electronics Science Technology and Application*, 5(3), pp. 1-12.

Scharmer, C. O. (2000). Presencing: Learning From the Future As It Emerges, Proceedings of the Conference on Knowledge and Innovation, pp. 1-47. May 25-26, 2000, Helsinki School of Economics, Finland.

Yu, J. E.(2018). *Creating Systemic Innovation : A Process-Oriented Systems Research,* New York : Nova Science Publishers.

제3장

인간과 AI 협업시대

제3장은 AI 시대의 경쟁 환경의 급속한 변화에 대응하는 AI의 역할 재정립, 인간과 인간의 협업, 인간과 AI와의 협업, AI 기술 발전과 산업 구조의 변화, AI 시대의 사회 변화, 인간의 존재 의미, 인간 삶의 변화, 후기 현상론의 관점에서 본 휴머니즘, 그리고 AI 시대의 새로운 조직의 창출 방법에 관한 구체적인 내용을 살펴본다.

이야기 3

인간과 AI는 어떻게 협업할 수 있는가?

인간과 생성형 AI는 각자 강점과 한계점이 있다. 인간은 창의적이고 감성적이며 윤리적으로 사고하고 판단할 수 있다. 또한 인간은 본인의 경험과 내재적 가치 판단 체계에 의해 형성되는 암묵적 지식을 갖고 있다. 반면에 인간은 방대한 데이터를 신속하게 수집하고 분석하여 처리하는 데에는 시간이 많이 소요된다. 생성형 AI는 이러한 인간의 한계점을 보완할 수 있다. 생성형 AI는 엄청난 양의 데이터를 순식간에 분석하여 숨겨진 패턴과 규칙을 효율적으로 발견하는 능력이 있다.

인간이 질문하면 생성형 AI는 바로 답변할 수 있다. 인간이 어떻게 질문하는가에 따라서 AI의 답변도 달라진다. 따라서 무엇보다도 질문이 중요하다. 생성형 AI, 우리의 삶이 더욱 가치 있고 풍요롭게 하는 데 어떻게 사용할 수 있을까? 만일 생성형 AI를 사용하여 모든 산업을 변화시키고 엄청난 가치를 창출하려고 한다면 현재로선 경제 전반에 미치는 효과와 성과는 아직 미미하다. 또한 AI는 인간이 설정한 목표 자체를 바꾸지는 않는다. 따라서 인간이 보다 나은 삶을 위해 비판적으로 사고하고 질문하고 목표를 설정하는 것은 인간 고유의 몫이 된다.

협업 AI(Collaborative AI)는 인간과 생성형 AI가 각자 가장 잘하는 역할을 수행하는 것을 의미한다. 인간의 지능과 통찰력과 AI의 강점을 결합하고 약점은 보완하며 협업하는 것이다. 실제로 생성형 AI 시스템과 인간이 상호보완적인 강점을 합친다면 인간이 수행하는 데 시간이 많이 소요되거나 할 수 없는 업무를 수행할 수 있을 것이다. 그러나 이러한 업무는 인간의 삶을 더욱 가치 있고 풍요롭게 하는 업무가 되어야 할 것이다. 생성형 AI는 현실 감각이 없고 사회적 맥락을 이해하는 능력이 부족하고 윤리적 판단을 하는 데 문제가 있다.

AI 기반으로 전사적 혁신을 이룬 넷플릭스(Netflix) 같은 성공적인 기업은 협업 AI 패러다임을 잘 이해했고, 인간과 AI는 각각 잘하는 것으로 역할을 구분해 업무를 수행하여 최상의 결과를 도출하였다.

〈이호수 (2022) 비즈니스 전략을 위한 AI 인사이트, pp. 132-133 참조하여 저자가 수정〉

1. AI 시대의 협업

1.1 AI 시대 협업의 필요성

2022년 생성형 AI가 현실에서 사용되기 시작함으로써 바야흐로 AI의 시대가 도래되었다. 트럼프는 2025년 1월 20일 제47대 미국 대통령으로 취임한 후 다수 국가를 대상으로 자국 우선의 관세정책을 시행하였다. 이러한 상황은 자국의 이익을 우선시하는 정책을 펼치도록 부추기면서 국가 간, 산업 간 경쟁이 갈수록 심화하고 있다. 지구 온난화 현상으로 연일 기상 이변은 전 세계 곳곳에서 나타나고 있지만, 미국을 위시한 선진국들은 인류의 위기 극복이나 공동 번영과 같은 원대한 가치는 외면한 채 "위대한 미국을 만들기 위해" 총력을 쏟고 있다. 이러한 시대적 흐름과 함께 상대적으로 부와 권력을 가지고 있는 단체나 개인들도 자신의 이해관계와 직접 연관되지 않은 가치를 외면하고 있다.

세계사를 살펴보면, 인간 문명의 시작과 번영은 협업의 역사이다. 현재 직면한 지구 온난화 현상과 생태계 파괴와 같은 자연계 위기 상황과 맞물린 인류의 위기 상황을 극복하기 위해서 그 어느 때보다도 사람들 간의 협업뿐만 아니라 인간과 AI와의 협업이 절실한 상황이다.

민간에 스토리텔링으로 전해오는 '자라와 두꺼비'에 관한 우화를 읽어보면서 협업의 개념에 대해 생각해 보자.

강가의 숲에서 살던 자라가 하루는 강가에서 연어를 만나게 되었습니다. 연어는 자라를 보고 반가워서 다음과 같이 제안했습니다.

"자라야, 나는 이곳에서 태어나서 어릴 적부터 살다가 넓은 바다로 나가서 살다가 이제야 돌아왔단다. 바다는 드넓고 신기한 물고기와 식물이 많이 있단다. 또한 맛있는 먹을 것도 이곳보다 훨씬 많단다. 너는 바다에 한 번도 가본 적이 없지? 바다로 여행을 가보고 싶지 않니?"

이 말을 들은 자라는 마음속 한편으로는 바다를 여행하고 싶었지만, 바다는 한 번도 가보지 않아서 선뜻 바다 여행을 해 보고 싶다고 말하지 못하고 머뭇거리며 다음과 같이 말했습니다.

"연어 아줌마. 나도 바다로 여행을 가보고 싶지만, 이곳 강에는 내가 필요로 하는 것이 다 있어요. 나중에 한 번 생각해 볼게요~."

연어를 만난 후에 자라는 강가에서 지내는 것이 때론 지루하게 느껴졌습니다. 자라가 매일 무료하고 심심하게 지내고 있는 때, 어느 날 흉측하게 생긴 두꺼비가 엉금엉금 기면서 자라 앞에 나타났습니다. 자라는 두꺼비에게 말했습니다.

"두껍아 안녕, 어디를 가니? 너 혹시 바다에 가본 적이 있니?"

"아니, 바다에 가본 적이 없어~." 하고 두꺼비가 대답했습니다.

"그러면 나랑 같이 바다 여행을 할래?" 하고 자라가 말했습니다. 이 말을 들은 두꺼비는 고개를 가로저었습니다. 그리고 다음과 같이 말했습니다.

"나는 이곳에 태어나서 자랐기 때문에 이곳이 좋아~."

자라가 두꺼비에게 연어에게 들은 대로, 바닷속의 넓고 신비한 세상에 대해 두꺼비에게 말하면서 다음과 같이 제안했습니다.

"두껍아, 나랑 같이 바다 여행을 하면 너는 네 등에 올라타서 편히 신비하고 아름다운 세상을 구경할 수 있어. 그리고 네가 평생 먹어 보지 못한 진귀하고 맛있는 음식들을 매일 먹을 수 있단다. 나는 무척이나 바다를 가고 싶었지만 혼자서는 망설여져서 너에게 말하는 거야."

그러자 두꺼비는 큰 눈을 껌벅이며 '그러면 바다로 같이 여행을 가자'고 하며 동의하였습니다.

이 우화 속에서 자라와 두꺼비가 미지의 세계인 바다를 여행하게 되면 서로 협업해야 생존할 수 있다는 것을 쉽게 알 수 있다. 드넓은 바다로 나가면 자라는 큰 물고기에게 잡아먹힐 위험이 있지만, 두꺼비는 독을 갖고 있기 때문에 자기보다 훨씬 몸집이 큰 물고기를 기절시키거나 죽일 수도 있다. 그러나 두꺼비는 동작이 느린 약점이 있다.

반면에 자라는 독을 가지고 있지는 않지만, 물속에서는 납작하고 둥글게 생겨서 행동이 민첩하고 빠르게 물속을 헤엄칠 수 있는 강점이 있다. 따라서 자라와 두꺼비가 협업하여, 자신들의 약점을 보완하고 강점을 살리면 둘은 바다 여행을 즐겁게 하고 무사히 고향으로 돌아올 수 있을 것이다.

AI 시대에서 가장 큰 도전은 경쟁 환경의 급속한 변화이다. 현재 가장 뚜렷한 변화는 엔터프라이즈 AI 도입이 본격화되면서 금융, 헬스케어, 제조업 등 전통산업에서도 AI 인프라 수요가 폭증하고 있다(동아일보, 2025. 7. 9.). 이러한 현실에서 인간과 인간의 협업, 그리고 AI와 인간의 협업은 AI 시대의 '게임 체인저'를 만들 수 있다(김성락, 2025).

1) 인간과 인간의 협업

인공지능(AI) 기술이 특정한 문제나 작업에 국한되지 않고 광범위하게 사용되는 일반 AI 기술로 발전하게 되면 사람들 사이의 협업이 절실히 요구된다(김성락, 2025).

2) 인간과 AI와의 협업

가까운 장래에 AI 기술은 인간이 미리 프로그램화한 방식으로 작동하는 것이 아니라 인간의 지능처럼 발전된 일반 AI로 발전될 것이다. 이는 컴퓨터가 스스로 학습하고 자율적인 판단을 내리고 의사결정을 할 수 있는 단계로 발전하게 되는 것을 의미한다. 인공지능 로봇이 인간처럼 자유의지를 가지고 한 행위가 범죄가 된다면 이는 윤리적인 이슈를 넘어서 형법의 범죄 성립이 가능하게 된다. 만일 인간이 AI 로봇에게 명령이나 지시를 하여 범죄가 발생하게 되면 사용자 혹은 관리자에게 책임을 부과할 수 있으나 인공지능의 오판에 의한 경우는 AI 설계자 및 컴퓨터 프로그램의 개발자가 법적 책임을 지게 된다(박현식 외 2021). 이런 경우에는 인간과 AI가 협업하여 잘못된 결과를 초래하는 경우가 된다.

반면에 인간과 AI가 기후 온난화의 문제, 사회의 불평등 구조, 사회가 당면한 주요한 이슈나 기업의 전략적 의제(agenda)를 찾아내고 이를 해결하게 된다면 인간과 AI의 협업이 긍정적이고 바람직한 결과를 가져오게 된다.

여기서 AI가 인간처럼 사고하고 자유의지를 갖고 행동할 수 있는가 하는 의문이 들게 된다. 지금까지 알려진 바에 의하면 AI는 인간의 지성과 이성의 일부 역할을 수행할 수 있지만, 인간이 느끼는 희로애락 같은 감성이나 가치관을 가지고 있지는 않다. 또한 인간은 삼위일체적 두뇌, 예를 들어 본능적 뇌, 감성적 뇌, 사고적·언어적 뇌를 동시에 갖고 있다. 따라서 AI가 방대한 데이터를 수집하고 분석하여 지식을 만들어 낼수는 있어도 환경 변화, 사회적 맥락이나 문화적 특성을 반영한 정보나 지식을 만들 수는 없다(유재언, 2018). 앞서 소개한 '자라와 두꺼비'의 우화에서 볼 수 있듯이 인간만이 갖고 있는 강점과 AI가 갖고 있는 강점을 잘 조합하여 협업한다면 인간과 AI는 협업을 통해서 인간이나 AI가 독자적으로 할 수 없는 문제 해결이나 업무처리를 할 수 있다.

인간과 AI의 협업은 보완성, 확장성, 그리고 학습과 피드백을 통해서 더욱 명료하고 가치가 있게 된다.

(1) 보완성

보완성은 인간만이 갖고 있는 감성, 경험, 가치관과 AI가 갖고 있는 객관성, 방대한 데이터 분석과 처리 능력, 보편성을 잘 조합하여 보완하는 것을 의미한다.

(2) 확장성

확장성은 인간의 한정된 경험, 지식, 역량을 AI를 사용하여 더욱 고차원적인 사고를 할 수 있고, 복잡하고 난해한 문제 해결과 같은 방대하고 어려운 업무를 처리할 수 있는 것을 의미한다.

(3) 학습과 피드백

학습과 피드백은 인간이 AI에게 더욱 의미 있는 데이터나 정보를 제공하고, AI는 이를 처리하여 더욱 정교하고 정확한 정보와 지식을 피드백 하는 과정을 의미한다.

2. AI 협업의 길

2.1 AI와 인간의 공존

오늘날 우리는 AI로 인해 삶의 편의성과 위험성이 공존하는 시대에 살고 있다. AI는 로봇이나 기계이고, 인간은 휴머노이드가 아닌 이상, 현대 사회에서 인간은 도덕적이고 윤리적인 가치를 확보하고, 사회인으로서 생활을 영위하고 지속해야 한다. 따라서 AI 시대에서 사회의 정의는 무엇이고, 우리는 이러한 사회의 정의를 어떻게 실현할 수 있는가? 하는 의문이 든다. AI 시대에서 인간과 AI가 공존을 위한 사회 질서와 제도의 재편성이 이루어지고 있다. 인간과 AI와 공존을 위한 새로운 사회 공동체 질서의 형성을 위한 정의(justice) 개념을 재확립하는 것이 필요하다(박현식 외, 2021).

지금 우리는 인간을 보조하는 수준의 약한 인공지능(weak AI)을 뛰어넘는 다양한 분야에서 AI가 보편적으로 활용되는 강한 인공지능(strong AI)이 스스로 데이터를 찾아 학습하는 시대에 살고 있다. 머지않아 지각과 인식능력, 자유의지를 가지고 인공지능이 스스로 진화할 수 있는 초인공지능(Super AI)이 등장할 것으로 예견된다(한의원, 2018). 현대 사회는 인간과 AI의 공존이 불가피한 상황이 되었다.

2.2 AI와 인간의 관계

향후 다가올 초지능 인공지능 시대에 AI와 인간의 관계는 AI 기술을 활용하여 어떠한 가치를 창출하는가에 달려있다. 인간이 사용하는 기계는 인간을 대신하여 일을 수행한다는 의미에서 행위 주체성을 가지며, 이러한 행위는 도덕적이고 윤리적인 결과를 초래한다. AI는 인간이 만든 것이므로 AI를 사용하는 기술적인 실천 과정에서 나타나는 도덕적이고 윤리적인 의사결정은 인간이 해야 한다고 볼 수 있다. 반면에, 기계는 인간의 감정이나 주관성, 편견에 치우치지 않아서 도덕적 추론에서 인간보다 더욱더 합리적이고 뛰어날 수도 있다고 볼 수 있다. 만일 그렇다면 우리는 AI에 원칙과 가이드라인을 부여할 수 있고, 인간과 같은 종류의 도덕성을 가진 것으로 간주하는 것이 바람직할 수 있다(Anderson & Anderson, 2011).

만일 자율 자동차가 도시를 주행하다가 자동차가 접촉사고를 낸다면 자동차 설계자에게 책임이 있다고 할 것인가, 자율 자동차를 운전한 사람에게 책임이 있을 것인가? 아니면 자율 자동차의 차량 자체에 책임을 전가해야 하는가? 이러한 의문은 AI를 활용할 때 나타날 수 있는 윤리적이고 도덕적인 문제에도 동일하게 적용할 수 있다. AI는 '기계'나 '로봇'처럼 인간이 그것으로 무엇을 하든지, 어떻게 그것을 사용하는 지, 인간이 어떻게 지각하고 행동하고 판단하는지에 따라서 사회 정의를 위해서 사용될 수도 있고, 인간에게 해를 입힐 수도 있다. 이러한 상황과 맥락을 고려해 보면, AI와 인간의 관계는 일상생활에서, 그리고 사회적 맥락 속에서 삶의 일부가 되는 관계로 더욱 발전하게 될 것이다(마크 코켈버그, 2023).

3. AI시대, 인간의 길

3.1 AI 시대의 인간

1) 인간 존재의 의미

2023년 이후 인간과의 대화가 가능한 생성형 AI의 등장으로 AI와 로봇의 기술이 접목되어 인간의 모습을 한 휴머노이드가 출현하였다. 테슬라는 향후 5년~10년 내 생성형 AI가 장착된 휴머노이드 로봇을 만들기 위해 막대한 자금을 투자하고 있다. 한편 구글의 커즈와일은 앞으로 20년 뒤에는 컴퓨터와 AI의 능력이 전 인류의 지능을 능가하게 되는 '특이점(singularity)'에 도달하는 시점이라고 예측하였다. 이러한 상황에서 인간의 존재 의미는 무엇이고, AI 시대에서 "인간은 과연 어떻게 살아가야 하고, 사회는 어디로 향해 가는가"하는 질문이 제기되었다(박현식 외, 2012; 유재언, 2022).

(1) 인간 삶의 변화

자동차 생산라인 등 산업 현장에서 AI가 노동자들의 일자리를 대체하게 되면서 많은 사람들이 직장을 떠나게 되었다. 이제 인간은 사회에 어떠한 가치와 의미를 창출하는가에 따라서 존재 가치를 갖게 된다. 현대 사회에서 인간은 경제적 수입만으로 살아가지 않는다. 사회인으로서 조직에서 동료들과 교류하면서 얻는 사회적 유대감, 목표 설정과 달성을 통한 성취감과 만족감, 그리고 규칙적인 일상생활에서 삶의 항상성 유지 등이 인간의 존재 의미를 부각한다(박현식 외, 2021).

2) AI 시대의 사회 변화

AI 시대는 미국과 유럽을 위시한 서구 문화뿐만 아니라, 비서구권 영역, 특히 동아시아 문화 콘텐츠도 전 세계에 빠르게 전파하고 있다. 최근 K 팝, '오징어 게임' 등 한국의 문화 콘텐츠는 세계를 무대로 주목받기 시작하였다. AI의 등장은 한국 문화의 전파를 더욱 빠르게 하고 있다. 예를 들면, 2025년 6월 27일 공개된 넷플릭스 드라마인 오징어 게임 시즌 3은 공개 첫 주 3일 만에 6010만 시간(총시청 시간을 러닝타임으로 나눈 값)을 기록하여 비영어권 TV쇼 부문 주간 1위에 올랐다. 동시에 한국 배경의 애니메이션 영화 '케이 팝 데몬 헌터스'의 OST 'Your Idol'과 'Golden'이 미국 스포티파이 데일리 차트에서 각각 1위와 2위를 차지하였다.

최근에는 한국 문화 팬들이 직접 생성형 AI를 활용해 새로운 형식의 팬 창작물을 만들어 내고 있다. AI 기술 덕분으로 정보기술(IT) 강국, 반도체와 스마트 폰의 나라로 알려진 한국이 이제는 문화의 힘을 더해서 세계를 향해 질주하고 있다(동아일보, 2025년 7월 9일, A28면). AI 시대에서 한국 사회는, AI라는 도구를 통해서 기술과 문화가 어우러진 새로운 가치를 창조하는 능력을 발휘하게 되었다.

(1) 산업과 노동시장의 변화

현대 사회에서는 제조업, 물류, 서비스업 등 다양한 분야에서 AI가 인간 노동을 대체하고 있다. 예를 들면, 무인 계산대, 콜센터 자동화, 자율주행 배달 등이 가능해졌다. 단순하고 반복적인 업무는 줄고, 창의적·기획적 업무나 AI를 활용할 줄 아는 역량을 가진 인재들이 필요하게 되었다. 새로운 직업으로는 데이터 분석가, AI 윤리 전문가, 프롬프트 엔지니어 등 AI 관련 직종이 새롭게 등장하고 있다.

(2) 일상생활과 커뮤니케이션의 변화

개인화 서비스인 검색, 쇼핑, 음악 추천, SNS 피드 등 모든 것이 AI에 의해 '맞춤화'되고 있다. 심지어 가상 친구를 만들거나 상담이 가능해졌다. 예를 들어, AI 챗봇이나 가상 인간(디지털 휴먼)을 통해 외로움을 해소하거나 정신 건강 관리도 일부 가능해졌다.

(3) AI 윤리와 사회적 책임, 사회적 가치의 재조명

AI가 수집한 데이터로 인한 개인의 사생활 침해 및 감시 사회에 대한 우려가 증가하게 된다. AI가 잘못된 판단을 할 경우 누가 책임을 질 것인가? 하는 문제가 대두되어 AI 관련 윤리와 사회적 책임에 대한 이슈가 중요해졌다. 디지털 기술 접근성과 활용 격차가 새로운 '디지털 계급'을 만들 수도 있는데, 이러한 현상은 사회적 불평등을 심화시킬 우려가 있다.

3.2 AI 시대의 휴머니즘

1) 후기 현상론(Post –Phenomenology)의 관점

후기 현상론은 과학기술학(STS)에서 주목받고 있는 현대 철학으로, 현상학(phenomenology)의 전통을 이어받으면서, 그것을 현대 기술과 인간의 관계에 맞게 비판적으로 발전시킨 것이다. 후기 현상론의 주요한 특징은 다음과 같다(박현식 외, 2021).

(1) 인간의 경험과 주관적 판단

전통적인 현상론에서는 인간의 주관적 경험과 판단을 중요시한다. 따라서 현상론의 전통을 계승한 후기 현상론에서는 인간의 주관적 경험과 판단을 여전히 중요시한다.

(2) 인간과 세계와의 새로운 관계 구성

현대 디지털 사회에서 사용되고 있는 인공지능, 빅데이터, 사물인터넷 같은 기술은 인간과 사회 및 세계의 관계를 새롭게 구성한다고 본다.

(3) 기술 윤리와 설계의 방향 제시

현대 사회에서 인간은 디지털 기술을 어떻게 설계하고 사용할 것인가에 대해 철학적으로 접근한다.

2) AI 시대, 인간이 나아갈 방향

(1) AI 분야의 발전을 통한 개인의 성장과 발전

AI 시대 및 제4차 산업혁명 시대에서 AI는 인간 삶의 모든 영역에서 활용되고 있다. AI 기술 발전과 더불어 AI 윤리와 거버넌스는 새로운 사회 질서의 형성으로 이어지고 있다. 우리 개개인이 인공지능 사회에서의 일원으로 사회생활과 활동을 하게 된 것이다. 이러한 AI 분야의 발전으로 인간은 생성형 AI와 더불어 협업하는 시대가 되었다. 이제는 사회 구성원으로 개인의 성장과 발전은 인간과 AI 협업을 통해 가능하게 되었다(박현식 외, 2021; 박영숙·제롬 글렌, 2023).

(2) AI 거버넌스를 통한 효과적인 AI와의 협업

인간은 권력 추구와 경쟁을 위해서 AI를 사용하기보다는 개인이 AI를 어떻게 활용하는가에 따라서 우리의 미래는 달라진다. 인간은 AI 거버넌스를 통해 AI와 협업하고 새로운 미래 사회를 창조해야 한다(유발 하라리, 2025). 효과적인 인공지능(AI)의 거버넌스는 조직이나 사회가 AI를 책임 있고, 윤리적이며, 법적·사회적으로 수용할 수 있는 방식으로 개발·운영·관리하기 위한 체계적인 관리 체계를 의미한다. 이는 AI 기술 발전과 사용에 대한 단순한 기술 관리가 아니라, AI 사용에 대한 리스크 통제, 투명성 확보, 지속가능성을 위한 종합적인 전략을 추진해야 한다.

(3) 인간과 인간과의 협업

AI 시대에서 인간과 인간과의 협업이 이루어지려면, 휴머니즘을 바탕으로 좋은 사회의 비전을 만들고 좋은 삶의 의미를 창출해야 한다. 좋은 사회의 비전 제시와 좋은 삶의 의미를 창출하기 위해서 AI 시대를 살아가는 '긍정적 윤리'가 필요하다(마크 코켈버그, 2023). AI 기술은 인간의 좋은 삶을 위해서 활용되어야 한다. 인간의 좋은 삶을 위해서는 AI 사용과 관련된 윤리적 이슈가 다루어져야 한다. 즉 AI 기술은 인간의 좋은 삶과 번영, 미래 더 나은 사회, 미생명체를 포함하는 균형 잡힌 지구 생태계의 미래를 창조하기 위해서 사용되어야 한다. 이러한 목적을 달성하기 위해서는 인간과 AI와의 협업이 중요하다. 또한 인간과 인간과의 협업이 이루어져야 한다. AI 시대에서 인간과 인간과의 협업이 이루어지려면, AI 시대에서 만들어지는 새로운 세상과 환경에 적합한 새로운 조직이 창출되어야 한다.

3.3 AI 시대의 새로운 조직 창출 방법

1) 조직문화의 관점

조직문화의 관점에서 보면, 조직이 새로운 환경에 적응하려면 구성원들이 그들이 갖고 있는 인간의 감성적 측면과 인지적 측면의 복합적인 상호작용의 과정을 이해해야 한다. 이러한 상호작용을 거쳐서 이루어지는 조직 내 대인관계의 내용이나 패턴을 개선해 나가는 능력이 필요하다. 즉, 조직 내 리더들과 구성원은 그들이 맺고 있는 다른 구성원들과의 관계를 개선하여 환경에 적합한 새로운 조직문화를 창조해야 한다.

베넷(Bennett)은 새로운 환경 변화 속에 적합한 새로운 문화를 창출하는 방안의 일환으로 '문화 간 감수성의 발전 모델(development model of intercultural sensitivity)'을 제안하였다. 문화간 감수성의 발전 모델에 의하면, 새로운 조직문화의 창출은 다음과 같은 여섯 단계를 통해서 이루어진다(Bennett, 1998).

(1) 거부 단계(denial stage)

제1단계는 조직 구성원이 AI 환경과 기존 시스템 환경 간의 문화 차이를 인식하지 못하는 단계이다. 조직 구성원은 기존환경에 익숙해져 있고, 새로운 AI 환경에 적응하지 못하고 이를 거부한다.

(2) 방어 단계(defensive stage)

제2단계는 기존의 문화와 시스템에 익숙해진 사람들은 데이터를 사용하는 AI 중심의 새로운 문화와 시스템의 환경을 별로 좋아하지 않고, 기존의 문화에서 관습과 제도, 삶의 방식과 가치체계를 유지하게 된다.

(3) 최소화 단계(minimization stage)

제3단계에서는 조직 구성원이 새로운 환경에 대응하기 위해서 기존문화에 익숙해진 방어 단계를 극복하기 시작하는 단계이다. 환경 변화에 적응하기 위한 새로운 기업문화는 구성원들과 사용자 삶의 질적 변화와 휴머니즘을 추구하는 문화이다. 환경 변화에 새로운 문화적 정체성은 인간의 정신적 산물이며, 새로운 삶의 방식과 습관을 의미한다. 기존문화에서 인정되는 삶의 가치와 업무 수행 방식의 중요성을 최소화한다.

(4) 수용 단계(acceptance stage)

제4단계에서는 조직이 속한 사회환경(societal culture)은 근본적으로 복잡계(complex systems)라고 전제한다. 이러한 복잡계 환경에서는 근본적으로 이질적인

이(異)문화가 상존하기 때문에, 이러한 이문화를 포용하여 조직 내 새로운 가치와 다양한 삶의 방식을 수용하는 단계이다.

(5) 적응 단계(adaptation stage)

새로운 문화를 수용하려면 동일한 사물과 기존의 관습, 가치와 신념을 새로운 각도에서 재조명하여 새로운 관점 또는 상이한 시각으로 보는 것이 필요하다. 예를 들면, 생성형 AI의 역할과 기능을 효율적인 운영 측면에서만 보는 것이 아니라 AI를 통해서 새로운 문화의 창조를 가능하게 하는 도구로서 보는 시각도 필요하다. 경영자는 IT를 활용하여 조직 내 효율성만을 추구할 것이 아니라, 조직 내 대화의 활성화, 사용자와 고객 간의 원활한 의사소통을 통한 새로운 삶의 방식 창조 등 다양한 방식으로 AI 기술을 활용할 수가 있다. 이러한 창의적이고 새로운 시각에서 AI 기술을 활용한다면 시스템이 제공하는 새로운 서비스 경영 환경의 창조가 가능하게 되고 이러한 시스템이 최대한 활용될 수 있는 조직구조와 조직문화에 적응할 수 있다.

(6) 통합단계(integration stage)

제6단계에서는 기존의 조직문화가 이문화(異文化) 또는 새로운 조직문화에 완전히 통합되는 단계이다. 만일 제5단계에서 구성원과 사용자가 이질적인 조직문화에 적응하는 것이 성공적으로 이루어진다면, 한 단계 더 나아가서 기존의 문화를 이문화의 틀 속에서 충분히 소화하여 기존문화와는 전혀 다른 새로운 문화를 창조해 낼 수 있다.

이상에서 살펴본 바와 같이 AI 시대에서 인간과 인간의 협업 및 인간과 AI의 협업이 이루어지려면, 기존 관습과 시스템에 익숙해진 문화를 AI 중심의 새로운 문화로 변화해야 한다.

3장 토론 사례

마이크로소프트(Microsoft)의 사람 기반 협업문화로의 변화

사티아 나달라(마이크로소프트의 CEO)의 선택

2000년대 후반, 선도적인 IT 기업인 마이크로소프트(Microsoft)는 모바일과 클라우드 중심의 기술 전환으로의 세계적인 추세에 뒤처지며 시장에서 경쟁력을 상실했다. 마이크로소프트의 수직적이고 폐쇄적인 조직문화로 인해 부서 간 및 팀 간, 개인 간 경쟁을 부추긴 '스택 랭킹' 제도는 탁월한 기술적 역량에도 불구하고 혁신의 걸림돌이 되었다. 이러한 위기상황에서 2014년 마이크로소프트의 새로운 CEO로 취임한 사티아 나델라는 조직의 근본적인 혁신을 이끌어 내는 '사람 중심'의 포용적 리더십을 발휘하며 마이크로소프트를 다시 세계적인 IT 선도기업으로 재도약시켰다(사티아 나델라, 2023).

마이크로소프트의 사람 중심 협업문화로의 혁신

사티아 나델라는 개인 간, 팀 간 경쟁을 통해 경쟁 우위를 확보하려는 전략과 경영자 중심의 수직적 조직문화를 탈피하여 개인 간, 팀 간, 부서 간 협업을 강화하고, 구성원들의 자율성에 기반한 내부 학습을 조직 전략의 중심에 두었다. 또한 AI를 활용하여 모든 구성원이 데이터 기반의 의사결정과 지속적인 피드백 루프에 참여하도록 독려하였다.

사티아 나델라는 사업부 중심의 단일 사업 중심의 전략을 버리고, 클라우드-AI-협업 플랫폼 중심의 포트폴리오 다각화의 전략을 추진했다. 마이크로소프트는 과거 폐쇄적이고 자사 중심의 문화에서 리눅스 지원, 오픈 소스 기술에의 기여 확대 등 기술적·조직적인 개방적인 태도로 바꾸었다. 경쟁사인 애플 및 구글과의 유연한 파트너십을 형성하여 필요한 분야에서는 협업하고 협력하여 고객 중심의 생태계 전략을 수립하고 실현하였다. 이러한 변화는 마이크로소프트가 기술 역량 위주의 관점과 전략에서 벗어나, 고객 중심, 사람 중심의 포용적 리더십, 조직문화의 혁신, 학습체계, 네트워크 중심의 조직변화를 통해 시스템적 혁신을 실현하였다.

출처: 사티아 나델라 ·빌 게이츠 지음(2023)

토론 과제

1

IT 기업 마이크로소프트(Microsoft)의 전통적 조직문화의 특성은 무엇인가?

2

2014년 CEO로 취임한 사티아 나델라는 왜 협업 중심의 문화를 구축했는가?

3

위의 사례에서 보듯이, 인간과 AI의 협업 시대에 사람 중심의 포용적 리더십과 사람 기반 수평적 문화와 지속적인 학습이 시스템적 혁신에 왜 필요한지 설명하라.

참고문헌

국내서적

김성락 (2025). AI 시대를 이기는 협업의 힘, 경기도 화성시: 플랜비디자인.

마크 코켈버그 지음/ 신상규·석기용 옮김 (2023). AI 윤리에 대한 모든 것(AI Ethics), 경기 파주: 아카넷.

박영숙·제롬 글렌 (2023) 세계미래보고서 2024-2034, 경기 파주: 교보문고.

박현식 외 9인 공저 (2021). 인문사회학으로 보는 AI: 인공지능 시대, 인간과 삶과 사회는 어떻게 변화하는가, 경기 파주: 자유아카데미.

사티아 나델라· 빌 게이츠/ 최윤희 옮김 (2023). 히트 리프레시(Hit Refresh): 마이크로소프트의 영혼을 되찾은 사티아 나델라의 위대한 도전, 서울: 흐름출판.

유발 하라리 (2025). AI 시대 인간의 길, 2025. 4. 13. 연세대학교 강연, 유튜브, 2025. 4. 16. Access.

유재언 (2022). 경영학 관점에서 본 타자로의 윤리: 초월적 가치에서 내재적 가치로의 전환, 사유의 새로운 이념들: 대안공간의 사상 (한정헌·최승현 엮음), pp. 136-158, 서울: 그린비.

한의원 (2018). 인공지능(AI) 법과 공존 윤리, 서울: 박영사.

해외서적

Anderson, M,, and Anderson, S., (eds.) (2011). General Introduction, In Anderson, M,, and Anderson, S., (eds.) *Machine Ethics*, pp. 1-4, Cambridge: Cambridge University Press.

Apple Inc. (2023). *Environmental Progress Report & Supply Chain Strategy.*

Bennett, M. (eds.) (1998). Basic Concepts of Intercultural Communication: Selected Readings, New York: Intercultural Press INC, A Nicholas Brealey Company.

Christensen, C. M. (1997). *The Innovator's Dilemma: When New Technologies cause Great Firms to Fail*. Harvard Business Review Press.

Geels, F. W. (2005). *Technological Transitions and System innovations: A Co-Evolutionary and Socio-Technical Analysis.* Northampton, Massachusetts, USA:

Edward Elgar Publishing.

Pisano, G. P. (2015). *You Need an Innovation Strategy.* Harvard Business Review Press.

Jackson, M. C. (2019). *Critical Systems Thinking and the Management of Complexity.* Chichester: Wiley.

Saithibvongsa, P. and Yu, J. E. (2018). Artificial Intelligence in the Computer-Age Threatens Human Beings and Working Conditions at Workplaces, *Electronics Science Technology and Application*, 5(3), pp. 1-12.

Scharmer, C. O. (2000). Presencing: Learning From the Future As It Emerges, *Proceedings of the Conference on Knowledge and Innovation*, pp. 1-47. May 25-26, 2000, Helsinki School of Economics, Finland.

Yu, J. E. (2018). *Creating Systemic Innovation : A Process-Oriented Systems Research,* New York : Nova Science Publishers.

제 II 부

시스템적 혁신과 프리센싱 전략의 이해

학습 목표

제2부는 시스템적 혁신과 프리센싱 전략을 다룬다. 이를 통해 시스템적 혁신, 복잡성과 초불확실한 환경 변화에 대응하는 방안을 제시한다.

제4장
시스템적 혁신: 복잡성과 파괴적 변화에 대응하기

제4장에서는 복잡계 환경 변화에 대응하는 시스템적 혁신(Systemic Innovation)의 개념, 주요 특성과 시스템 사고(Systems Thinking)의 철학과 시스템 어프로치, 소프트 시스템 방법론(Soft Systems Methodology)의 이론적 배경과 학습 과정, 자생 체계 모형(Viable System Model)의 개념 및 방법론, 그리고 시스템적 혁신의 실천 방안에 대해서 살펴본다.

이야기 4

카카오(Kakao)의 시스템적 혁신

디지털 사회에서 시스템적 혁신을 이끈 기업들은 그들의 비즈니스 모델을 혁신할 뿐만 아니라, 조직의 문화와 사람의 행동에도 큰 영향을 미쳤다. 이러한 시스템적 혁신 사례는 기업이 어떻게 효율성을 극대화하고 사회 시스템의 영향을 주었는지 시사하는 바가 크다.

카카오(Kakao)는 디지털 도구를 잘 활용하여 조직 내 팀 간 협업을 강화하고, 팀과 조직 구성원들의 자율성을 높여서 혁신적인 서비스를 고객에게 제공한다. 카카오는 직원들이 자유로운 의사소통을 통해 다양한 아이디어와 의견을 제시하고 실험을 할 수 있는 환경을 제공하며, 이를 통해 AI 시대에 적합한 자율성과 협업을 강조하는 혁신적인 조직문화를 조성하고 이끌고 있다. 특히, 카카오는 사용자 피드백을 실시간으로 반영하여 서비스를 개선해 나가는 방식을 채택하고 있다. 이러한 방식을 통해 카카오는 지속적으로 변화하고 발전하는 서비스를 제공할 수 있었다. 카카오가 제공한 자율적이고 협업적인 분위기와 학습과 피드백 시스템은 직원들에게 창의성, 적응성과 유연성, 협업과 공진화를 유도하는 기회를 만들고, 이를 통해 고객들에게 더 나은 서비스를 제공하게 되는 것이다. AI 시대의 사람과 사람의 협업을 가능하게 하는 혁신적인 조직문화는 시스템적 혁신을 할 수 있는 핵심적인 요소 중 하나이다. 또한 시스템적 혁신은 기업이 AI 기술을 도입하는 과정에서 단순히 이익을 추구하는 것을 넘어 사회적 변화를 유도하는 누구나 공감하는 전략적 의제(Agenda)를 찾아내고 이를 자유로운 의사소통을 통해 이러한 의제를 해결할 수 있는 아이디어를 도출하고 이러한 아이디어를 실천함으로 가능한 것이다.

〈카카오 (2023) 카카오의 시스템적 혁신 사례, 카카오 공식 블로그, 저자가 일부 수정〉

1. 시스템적 혁신과 시스템 사고

1.1 시스템적 혁신(Systemic Innovation)과 시스템 사고

디지털 시대에 관한 시스템적 혁신(systemic innovation)은 다양한 분야에서 자주 언급되지만, 현재까지 통합된 관점이나 일반화된 개념 정립은 되지 않고 있다. 왜냐하면, 시스템적 혁신의 개념은 보는 관점이나 배경 이론에 따라서 다양하게 정의할 수 있기 때문이다. 경영학 분야에서 시스템적 혁신은 디지털 혁신, 기술 혁신, 혁신 시스템, 조직 혁신, 경영 혁신, 그리고 비즈니스 모델 혁신과 자주 혼용되어 사용되어 진다(Manjón and Romero Merino, 2012). 본서의 시스템적 혁신의 개념은 기존에 존재하는 혁신 시스템에 대한 것이 아니라, 시스템 사고(systems thinking)를 바탕으로 조직의 전략적 계획과 실천으로 향후 이루어질 변화와 혁신을 의미한다.

1) 시스템적 혁신의 이론적 배경

(1) 시스템적 혁신의 개념

전통적인 혁신의 개념은 하나의 제품, 서비스, 프로세스를 개선하는 방식에 그쳤다면, 시스템적 혁신은 조직의 내부 구조, 운영 방식, 구성원 행동, 리더십 철학과 방법, 비즈니스 생태계의 변화, 기술, 문화, 그리고 경영자의 사고방식과 행동의 변화가 복합적으로 서로 작용하여 만들어지는 거시적이고 포괄적인 변화를 의미한다.

경영 혁신은 기업의 지속가능한 성장과 시장 변화에 대응하는 생산성 향상과 비용 절감에 의한 고객 만족과 경쟁 우위의 확보를 목적으로 한다.반면, 시스템적 혁신은 '펼쳐짐의 프로세스(The Process of Unfolding)'를 통해 변화되는 사회, 문화, 비즈니스 생태계, 경제와 정치 시스템, 교육, 조직 구성원들의 변화로 발생하는 가치관의 변화 및 전체 비즈니스 생태계의 운영 논리의 전환에도 초점을 맞춘다. 즉 시스템적 혁신은 사회 제도, 정책, 지역 사회 공동체와 커뮤니티, 기업 외부와의 관계, 그리고 비즈니스 생태계 등 다양한 조직체와 구성요소 간의 상호작용을 통해 보다 높은 효과를 달성하고 급변하는 환경에 유연하게 대응할 수 있도록 돕는 혁신적 방식이다(Boyd, Brown & Midgley, 2004; Yu, 2018). 즉, 시스템적 혁신은 조직의 입장에서 세상을 보는 것이 아니라 "나 보다는 타인의 관점에서" 세상을 바라보는 것, 다시 말하면, 기업의 입장에서만 보기보다는 기업의 내부뿐만 아니라 외부 관계를 고려하여 이루어진다.

그렇다면 과연 시스템적 혁신을 어떻게 해야 하는가 하는 의문이 든다. 디지털 시대에 변화하고 있는 우리가 살아가고 있는 세상에 대해 깊이 공감하고 진정으로 가치가 있는 문제를 발견하여 의미 있는 의제(Agenda)를 만들어 시스템적 혁신의 가능성을 조직 내 단지 기술의 도입이 아니라, 조직의 가치관과 구조, 전략, 역량 체계까지 근본적으로 재구조화는 과정을 통해서 이루어진다(김성락, 2025). 디지털 시대에 적합한 시스템적 혁신은 인간과 AI의 협업, 인간과 인간의 협업, 다양한 이해관계자들 사이의 협업, 조직 구성원들의 자발적인 참여, 지속적인 학습을 통해 조직의 존재가치가 향상되어야 가능해진다(김성락, 2025). 시스템적 혁신은 조직과 상호작용을 하는 환경, 예를 들어 기술, 비즈니스 생태계 환경, 사회 문화, 경제 및 정치 시스템 등을 하나의 전체 시스템으로 보고 그 시스템의 모든 요소가 유기적으로 변화하는 총체적 혁신이다. 이는 조직 혹은 기업 중심의 변화뿐만 아니라 환경 생태계, 전략, 경영방식, 조직 구조, 문화, 프로세스, 그리고 구성원의 사고방식과 행동의 변화를 포함한다.

시스템 사고의 관점에서 본 시스템적 혁신은 사회의 본질적 특성을 변화시키는 목적, 예를 들면 비즈니스 생태계와 사회 문화 시스템의 균형과 조화를 이루기 위한 목적으로 시스템적 사고를 적용하여 시스템을 변화시키고 혁신시키는 활동을 의미한다(Midgley and Lindhult, 2017). 이러한 시스템적 혁신의 주요 특성은 다음과 같다.

(2) 시스템적 혁신의 주요 특성

시스템적 혁신의 특성은 총체성, 포용성, 지속가능성, 회복 가능성, 협업과 공진화, 구조적 변환, 그리고 펼쳐짐의 프로세스(Process of Unfolding)가 있다.

① 총체성(Holism)

총체성은 기업 혹은 조직을 개방체계로 인식하고, 조직과 상호작용을 하는 환경을 포함하여 거시적이고 포괄적인 네트워크 중심의 관점을 의미한다.

② 포용성(Inclusiveness)

소비자, 투자자, 기업, 정부, 시민, 지역 사회 등 다양한 이해관계자가 참여하고 목소리를 낼 수 있는 구조를 지향한다. 사회적 약자나 소외된 집단도 함께하는 구조 혁신이 중요하다.

③ 지속가능성(Sustainability)

시스템적 혁신은 조직의 관점에서 이윤 창출과 생산성 향상과 같은 단기적 성과보다 문화적, 사회적, 경제적 관점에서 장기적으로 지속가능한 구조로의 전환을 목표로 하는 특성이 있다.

④ 시스템의 회복 가능성(Resilience)

시스템적 혁신은 환경 변화에 유연하게 대응할 수 있는 시스템의 회복 가능성의 특성이 있다. 시스템의 회복가능성이란 환경의 변화나 외부의 충격과 재난, 공격, 실패와 같은 교란으로부터, 조직과 시스템이 파괴되거나 손상되었다고 해도 원래대로 복구할 수 있거나 기능을 유지할 수 있는 능력을 의미한다.

⑤ 협업과 공진화(Collaboration & Co-evolution)

시스템적 혁신은 경쟁보다는 협력을 통한 공동 진화(co-evolution)를 추구한다. 이러한 협업과 공진화를 위해 다양한 주체 간의 네트워크 구축과 운영이 핵심이다.

⑥ 구조적 변환(Structural transformation)

기존 시스템의 한계를 근본적으로 진단하고, 그 구조 자체를 근본적으로 바꾸는 것이 필요하다. 이를 위해서는 단순한 혁신적 기술의 도입이 아니라, 기술이 구현될 수 있는 문화적, 사회적, 제도적 기반을 함께 변화시켜야 한다(박찬호, 2021).

⑦ 펼쳐짐의 프로세스(The Process of Unfolding)

시스템적 혁신은 시간이 지나면서 성장하는 펼쳐짐과 접히는 프로세스(The Process of Unfolding)를 통해 이루어진다. 예를 들면, 혹독한 겨울철을 견디며 생존한 식물이 봄철에 활짝 꽃을 피우듯이 천천히 그리고 마치 꽃이 피고 시간이 지나면 그 꽃이 지는 것과 같이 접힘과 펼쳐짐(Fold and Unfolding)의 과정을 통해서 이루어진다.

(3) 시스템적 혁신의 핵심요소

① 최고경영자의 사고방식 변화

조직의 최고경영자는 구성원들과 자유로이 의사소통하여 구성원들을 신뢰하고 협업을 할 수 있는 분위기로 바꾸어야 한다(박찬호, 2021).

② 조직문화의 변화

조직문화는 구성원들의 일하는 방식, 의사결정 패턴, 의사소통의 구조 등에 깊숙이 영향을 미친다. 따라서 조직문화는 시스템적 혁신의 기반이며, 변화에 대한 저항 또는 수용을 결정짓는 요소이다. 예를 들어, 직원들의 실수를 허용하고 실험을 장려하는 문화는 혁신적 시도를 가능하게 한다. 반대로 위계 중심의 권위적인 문화는 구성원들의 자발성과 창의성을 억제하는 경향이 있다. 시스템적 혁신을 추진하려면 구성원 전체가 변화의 필요성과 방향성을 공감하고, 그것이 일상 업무 속에 자연스럽게 녹아들 수 있도록 문화적 장치가 필요하다. 조직 내 시스템적 혁신이 일어나려면 글로벌 경쟁 사회에서 경쟁과 효율성을 강조하는 시장 중심의 문화가 아닌 인간과 인간의 협업과 AI와 인간의 협업이 이루어지는 개방적이고 수평적인 조직문화의 변화가 필요하다(김영한, 2020).

③ 디지털 전환(Digital Transformation)

디지털 기술은 단순히 업무 효율성을 높이는 도구를 넘어서, 조직의 구조와 운영 방식을 근본적으로 변화시키고 있다. 디지털 전환은 데이터에 기반한 의사결정과 생성형 AI, 클라우드, 데이터 분석을 통해 실시간 의사결정과 자동화를 가능하게 한다. 이는 권한 배분, 업무의 재설계, 성과관리 방식에 영향을 미친다. 디지털 전환은 기술 도입에 앞서 시스템적 재설계가 선행되어야 진정한 혁신이 이루어진다(박찬호, 2021).

④ 시스템적 사고 중심의 리더십(Leadership based on systems Thinking)

조직의 리더는 통제 중심의 역할에서 벗어난 시스템적 사고에 기반한 조정자(facilitator) 및 시스템 설계자(system designer)로 전환해야 한다. 시스템적 사고는 혁신의 전 과정을 구조화하고, 구성원들의 자율성이 발휘될 수 있는 제도와 틀을 만드는 것이 중요하기 때문이다.

전통적 의미의 혁신과 시스템적 혁신은 〈표 4-1〉에서 보는 바와 같이, 접근방식, 변화 범위, 목표, 주체 그리고 시간의 관점에서 차이가 있다.

〈표4-1〉 전통적 혁신과 시스템적 혁신의 비교

구 분	전통적 혁신	시스템적 혁신
접근 방식	기술 중심, 부분적	전체론적, 통합적
변화 범위	부서 / 프로젝트 중심	조직 전체 및 외부 연계
목표	제품/서비스 개선	조직 역량 및 정체성 재설계
주체	특정 부서	전체 구성원 및 리더십
시간	단기 중심	장기 지속 가능성

2. 시스템 사고의 이론

2.1 시스템 철학과 시스템 어프로치(Systems Philosophy and Systems Approach)

바야흐로 전 세계는 AI 기술을 발전시켜 AI 혁명의 시대로 진입하였다. 이러한 상황에서 2025년 6월 출범한 이재명 정부는 미래 AI 기술의 발전을 바탕으로 전 산업 구조의 변화를 통해 새로운 AI 강국이 되려고 준비하고 있다. 인간은 미래 환경 변화에 대비하기 위해서 스스로 자각하고, 심도 있게 준비하는 특성이 있다.

미국 버클리 대학교 경영학과의 처치맨(West Churchman) 교수는 미래 출현하는 상황을 심도 있게 자각하고(deep awareness), 이러한 상황을 대응하는 인간의 역량은 시스템 사고(systems thinking)의 기반이 된다고 주장한다(Churchman, 1979). 시스템 사고는 미래에 벌어질 사건이나 현상을 이해하는 데에 있어서 부분적으로 이해하는 것이 아니라, 전체적이고 통합적인 시각에서 이해한다. 예를 들어, 하늘이 어두워지고 시커먼 구름이 몰려오는 것을 보면, 우리는 쉽게 비가 올 것이라는 것을 직감적으로 안다. 우리는 여름에 장마철이 되면, 엄청난 양의 비가 수시로 오기 때문에, 이에 대비하여 집안에 물이 샐 곳은 없는지 미리 준비하게 된다. 농업에 종사하는 농부는 장마철 대비하여 밭에 잡초가 무성하게 자랄 것을 대비하여, 농작물을 심은 이랑 사이의 고랑에 제초 매트를 깐다. 이러한 간단한 사례에서 보듯이, 정상적인 사람이라면 미래 다가올 상황을 직감적으로 알고 미리 준비한다.

1) 시스템 철학과 시스템 어프로치의 이론적 배경

(1) 탐구 체계(inquiring system)의 개념

처치맨 교수는 모든 시스템은 인간의 탐구 체계(inquiring system)에 의해서 설계되고 분석되는 인간의 판단적 산물이라고 주장한다. 인간의 탐구 체계에 의해서 창출되는 인간의 지혜는 복잡성(complexity)과 불확실성(uncertainty)을 인정하고, 자신의 관점이나 이해관계를 뛰어넘는 타인의 관점에서 비롯된다고 주장한다 (Churchman, 1971, 1979).

(2) 비판적 경계선 판단(Critical Boundary Judgement)의 개념

AI 시대에서 인간은 AI를 활용할 수 있다. 생성형 AI는 인식, 추론, 학습, 의사소통을 할 수 있고, 이러한 AI의 능력은 '머신 러닝(machine leraning)'을 통해 발전된 기술이 AI가 자가 학습을 할 수 있게 발전되었다. 생성형 AI는 인간이 처리하기 힘든 엄청난 양의 데이터를 처리, 분석하여, 복잡하고 난해한 문제해결이나 불확실한 상황에서 의사결정에 매 효과적으로 이용할 수 있다(이호수, 2022). 하지만 AI는 사회적 맥락을 이해하지 못하고 인간적인 윤리적 판단을 할 수 없으므로, 처치맨 교수는 '비판적 경계선 판단(Critical Boundary Judgement)'를 통해서, 어떤 문제를 정의하고 시스템을 설계할 때는 반드시 경계선(boundary)을 설정해야 한다고 주장한다. 이러한 경계선은 객관적이거나 중립적인 것이 아니라, 인간의 가치 판단과 관점이 반영된 사회적 구성물이고 인간의 고유한 가치 판단 체계의 근거가 된다. 따라서 의사결정자인 인간은 시스템(system)을 구성할 때 어디까지를 포함하고, 어디서부터 제외할 것인가를 스스로 성찰하고 비판적으로 판단하는 행위가 필요하다.

2.2 소프트 시스템 방법론(Soft Systems Methodology)

생성형 AI는 인식, 추론, 학습, 의사소통을 할 수 있다. 이러한 AI의 능력은 머신러닝을 통해 발전된 기술이 AI가 자가 학습을 할 수 있게 발전되었기 때문이다. 물론 인간도 학습할 수 있는 능력과 윤리적으로 판단하고 논리적으로 추론할 수 있는 능력을 갖추고 있다. 인간이 환경 변화를 감지하고 인식하여, 논리적으로 사고하고, 윤리적으로 판단하는 능력을 시스템 사고에서는 가치 판단 체계(appreciative systems)라고 한다. 이러한 가치 판단 체계는 인간의 경험과 지식에 의해서 만들어지며, 이러한 경험과 지식이 축적되면 마치 생성형 AI가 사람이 질문하면 바로 답변할 수 있듯이, 인간의 정신 속에 데이터나 지식으로 축적이 된다. 이렇게 축적된 체계를 '인간 활동 체계(human activity systems)'라고 부른다(Checkland, 1999). 인간 활동 체계로 구성되는 시스템 사고는 인간의 다양한 지각 현상, 경험, 지식, 아이디어를 통해 복잡한 문제 상황이나 이슈들을 이해하고 해결해 나갈 아이디어를 제시하거나 논리적으로 문제를 해결하는 방법을 제시한다. 소프트 시스템 방법론(SSM)의 학습 과정은 현실 세계와 시스템 사고의 상호작용으로 이루어진다[그림 4-1].

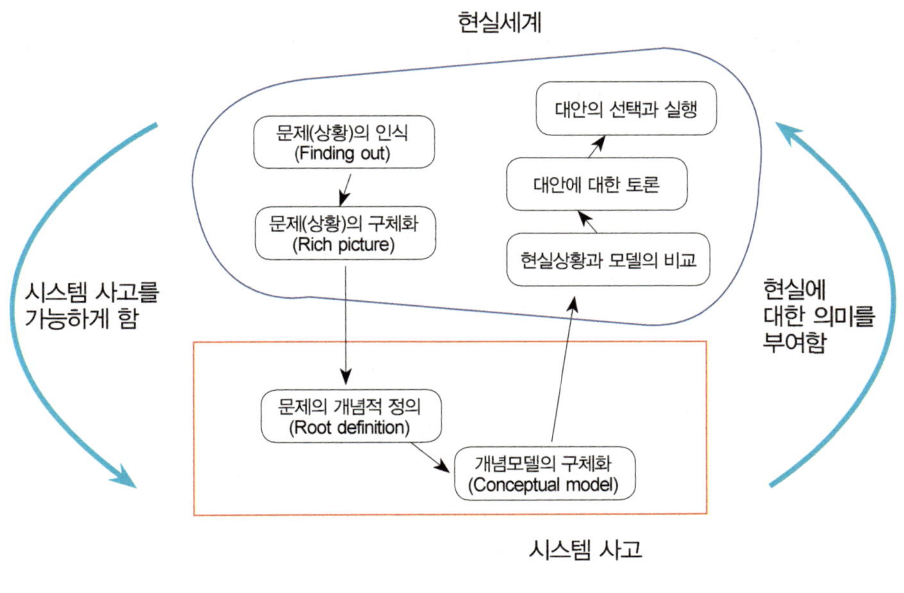

[그림 4-1] 소프트 시스템 방법론(SSM)의 학습 과정

2.3 자생 체계 모형(Viable System Model)과 방법론

1) 자생 체계 모형(VSM) 의 이론적 배경

(1) 존재 가능성의 개념

영국의 맨체스터 대학교(Mancester University)의 교수인 스태포드 비어(Stafford Beer)는 복잡계 환경에 적합한 조직 모형으로 자생 체계 모형(VSM: Viable System Model)을 창안하였다(Beer, 1979, 1981, 1989). 자생 체계 모형(VSM)의 관점에서 보면 불확실한 환경 변화에서 개방 체계로서 조직의 궁극적인 목적은 이윤 창출이나 생산성의 향상이 아니라, '존재 가능성'을 확보하는 것이다. 즉 조직의 궁극적인 존재 이유는 환경 속에서 마치 살아있는 생명체처럼 자율적으로 사고하고 행동하여 살아가는 의미를 인식하고 존재하는 것이다. 자생 체계는 내부의 하위 체계들이 자율적으로 활동하며, 자유롭게 의사소통하여 외부 환경에 스스로 존재하는 역량을 갖고 있다[그림 4-2].

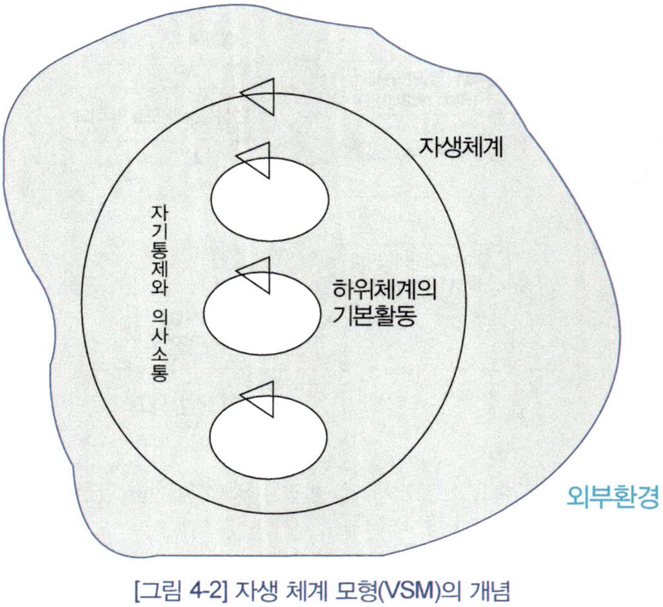

[그림 4-2] 자생 체계 모형(VSM)의 개념

자생 체계 모형은 '필수 다양성의 법칙(Law of Requisite Variety)'에 따라서 환경과 상호작용을 한다. 환경과의 상호작용을 통해서 '존재 가능성'을 확보하기 위해서, 자생 체계는 실행, 조정 및 규제, 운영 컨트롤, 지능 그리고 정책 기능은 다섯 가지의 하위 체계를 갖고 있다[그림 4-3].

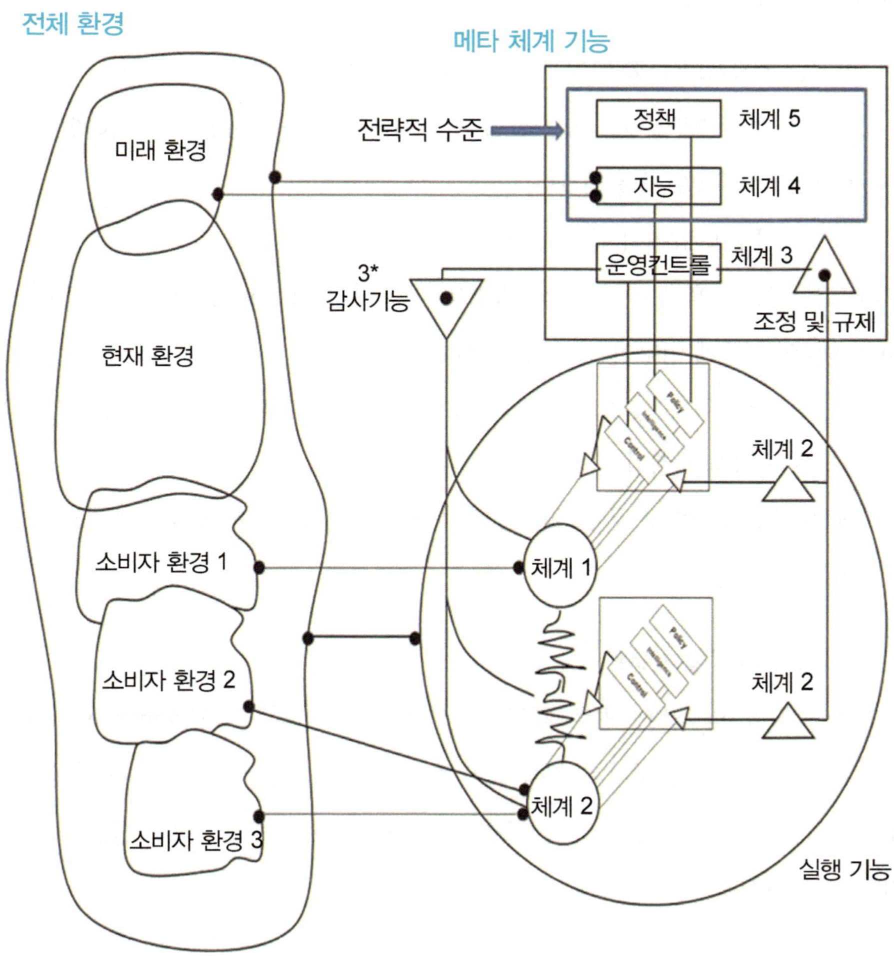

[그림 4-3] 자생 체계 모형(VSM)의 다섯가지의 하위 체계

2) 자생 체계 모형(VSM) 의 방법론

(1) 조직 진단과 조직 설계의 절차

자생 체계 모형을 적용한 조직 진단과 조직 설계의 절차는 다음과 같다(Beer, 1985; Espejo & Reyes, 2011).

제1단계: 조직체의 순환적 구조(recursion levels)를 파악한다.

조직체의 대상체계(system-in-focus), 상위체계(supra system), 그리고 하위 체계(sub system)가 무엇인지를 정한다.

제2단계: 필수 다양성의 법칙을 적용한다.

환경과 상호작용을 하는 조직 내부의 다양성의 확산과정(variety diffusion processes)이 어떻게 이루어지는지를 조사한다.

제3단계: VSM의 다섯 가지의 하위 체계인 실행, 조정과 규제, 운영 컨트롤, 그리고 지능 및 정책 체계의 활동을 파악한다.

자생 체계 모형(VSM) 내 존재하는 하위 체계의 개념적인 활동을 구체적으로 살펴보면 다음과 같다.

① 시스템 1 (실행 기능)

자생 체계 모형(VSM) 내 존재하는 첫 번째 하위 체계는 '실행(implementation)' 기능이다. 조직체가 존재하기 위해서 꼭 필요한 필수 활동과 기능들, 즉 기업에서 부가가치를 창출하는 활동이나 제품을 생산하고 서비스를 제공하는 활동이 실행 기능에 해당한다.

② 시스템 2 (조정 기능)

자생 체계 모형(VSM) 내 존재하는 두 번째 하위 체계는 '조정(coordination and regulation)' 기능이다. 자생 체계 모형의 조정기능은 실행 기능의 활동이 원활하게 되도록 조정하고 규제하는 기능이다.

③ 시스템 3 (운영 컨트롤 기능)

자생 체계 모형(VSM) 내 존재하는 세 번째 하위 체계는 운영 컨트롤(operational control) 기능이다. 운영 컨트롤 기능은 실행 기능과 조정 및 규제 기능이 자율적으로 운영되도록 관리하고 컨트롤하는 기능이다. 실행 기능이 위험한 상황에 처하면 실행 기능의 위급한 상황에 대한 정보를 수집하고, 실행 기능의 위급한 상황을 처리하는 독자적인 기능을 "시스템 3"이라고 부른다('감사 및 모니터링 기능'이라고 한다.).

VSM	개념 체계	전략경영의 관점	조직내 활동
실행 기능	시스템 1 - 부가가치 창출 활동 - 제품 및 서비스의 생산 및 제공	- 고객에 대한 지식(가격, 선호도, 고객의 불만) - 외부환경에 대한 지식(시장 선호도, 지리적 여건) - 합작투자에 대한 정보	- 지식의 창출과정(지식의 합성과 창출), 아이디어의 구현, 마케팅 활동의 실행, 지식의 합법화 - 제품과 서비스의 제공
조정 및 규제기능	시스템 2 - 부가가치 창출 활동에 대한 조정과 규제활동 - 제품과 서비스활동에 대한 정보수집	- 전략경영을 위한 인프라스트럭처 - 웹사이트 신설과 운영방안 - 의사소통에 대한 패키지의 활용과 인적자원 및 지적 자원의 활용	- 창출된 지식의 활용에 대한 조정기능 - 부가가치 창출활동에 대한 조정기능 - 부가가치활동에 대한 정보의 수집과 전달

VSM	개념 체계	전략경영의 관점	조직내 활동
운영 컨트롤 기능	시스템 3 - 경영관리활동(재무관리, 인사관리, 마케팅 관리, 생산관리) - 감사 및 모니터링 기능	- 지적 자산에 대한 관리체계 - 여유자금 확보와 효율적 운영 - 정보의 법과 규제에 대한 경영진의 선택과 의사결정 (예: 특허권, 저작권 등록, 로열티의 설정) - 지식경영에 대한 감사 기능	- 경영관리 활동 (예산의 확보와 집행 인적 자원관리, 마케팅 운영계획의 수립) - 지식경영에 대한 관리 활동 (지적 소유권에 대한 법적인 관리), 내부환경에 대한 컨트롤 기능(인사규정 마련, 생산관리활동)

④ 시스템 4 (지능 기능)

자생 체계 모형(VSM) 내 존재하는 네 번째 하위 체계는 지능(intelligence) 기능이다. 자생 체계 모형의 지능 기능은 미래의 환경 변화와 현재의 거시적이고 통합적인 상황 변화를 인식하고 전략적인 계획과 실행 방안을 자생 체계 모형의 정책 기능에 전달하는 기능이다.

⑤ 시스템 5 (정책 기능)

자생 체계 모형(VSM) 내 존재하는 다섯 번째 하위 체계는 정책(policy) 기능이다. 자생 체계 모형의 정책 기능은 운영 컨트롤 기능과 지능 기능이 조화를 이루도록 조직체의 방향성을 정하고, 회사의 두뇌와 같은 역할을 한다.

VSM	개념 체계	전략경영의 관점	조직내 활동
지능 기능	시스템 4 - 외부환경에 대한 정보수집, 내부환경에 대한 정보수집, 연구개발 기능, 전사적 전략 수집	- 미래 지향적 지적자산의 관리 - 학습과 개발에 대한 전략수립 - 신기술과 지식에 대한 연구개발 활동	- 신기술과 신제품에 대한 연구개발 - 거시적인 마케팅 전략수립, 미래환경 대응을 위한 모델 개발
정책 기능	시스템 5 - 최고의사결정기구 - 조직의 정체성 확립 - 조직의 비전과 사명	- 조직의 사명과 비전수립 - 새로운 조직문화와 정체성 확립 - 조직문화에 적합한 보상 정책	-성과에 대한 보상정책의 수립 - 투자에 대한 최고의사결정기구 - 조직문화의 (재)형성

3. 시스템적 혁신의 실천 방안

3.1 디지털 사회의 시스템적 혁신

디지털 사회에서 시스템적 혁신의 의미와 필요성, 그리고 실천 방안은 무엇인가? 이러한 문제 제기는 시스템적 혁신이 현실적으로 가능하기 위한 실천 방안을 찾기 위한 것이다. 이번 절에서는 이러한 문제 제기에 대해 디지털 사회에서 필요한 시스템적 혁신의 의미와 필요성, 그리고 시스템적 혁신을 실천하기 위한 구체적인 요소에 대해 살펴보고자 한다.

(1) 사회적 지속가능성과 인간 중심의 가치 실현

디지털 사회에서 시스템적 혁신은 '지속 가능하고 포용적인 미래 사회'를 구축하는 것이며, 이는 기술·경제·사회·환경적 요소들이 유기적으로 조화를 이루는 총체적 변화를 의미한다. 다시 말하면, 시스템적 혁신의 궁극적인 목적은 지역 사회의 지속가능한 발전과 인간의 삶의 질 향상, 그리고 기업의 이윤 추구의 목표 달성에 동시에 기여해야 한다(김주희·김현정, 2024). AI 시대에 있어서 시스템적 혁신은 기술 발전이나 신기술의 도입이 아닌, 궁극적으로 인간 중심의 가치를 실현하는 것이다. 따라서, 시스템적 혁신의 목적은 포용적이고 지속가능한 미래 사회를 건설하는 데 기여하는 것이다.

(2) 포용적 리더십

시스템적 혁신을 실천하기 위해서는 창의적 사고와 혁신이 요구되며, 이러한 요구에서 필요한 것이 포용적 리더십이다(Randel, Galvin, Shore, Ehrhart, Chung, Dean & Kedharnath, 2018). 포용적 리더십은 리더가 구성원들과의 공감을 통해서 비판보다는 경청을 우선시하는 것으로부터 시작된다. 그리고 협업과 참여의 문화를 조성하기 위해서, 위계적 질서와 통제보다는 구성원 개개인이 “내가 이 조직에서 필요하고 중요한 존재”로 느끼게 해야 한다. 이러한 조직은 자율적 팀워크를 중시하며, 기회와 자원을 평등하게 분배하고, 조직 내 지위와 특권보다는 능력과 잠재력을 바탕으로 평가해야 한다. 시스템적 혁신은 조직 내 포용적 리더십이 잘 발현되어야 실현 가능해진다.

(3) AI 활용과 거버넌스

조직해 포용적 리더십이 잘 발휘되어 사람들과의 협업과 참여를 이끌어 내는 조직문화가 구성되면, 불확실하고 복잡한 환경 변화에 대응하기 생성형 인공지능(generative AI)을 활용하는 것이 필요하다. 전략 경영에 적합하게 효과적인 AI 활용은 시스템적 혁신을 더욱 가능하게 하는 요소가 된다. 하지만 AI 활용이 효과적으로 이루어 지기 위해서는 AI 거버넌스가 필수적으로 이루어져야 한다. AI 거버넌스란 인공지능(AI)의 개발, 사용, 그리고 조직 내 확산 전반에 걸쳐 책임감 있고 윤리적인 방향으로 관리하고 통제하는 체계와 원칙, 제도를 만들고 실행하는 것이다. 즉 AI 활용이 사회적 지속가능성과 인간 중심의 가치를 실현하기 위해서 사용되고 사회와 인간에게 해가 되지 않도록 운영하고 감독하는 시스템을 설계하고 운영해야 한다.

3.2 시스템적 혁신 실천 방안

전통적인 혁신의 개념은 하나의 제품, 서비스, 프로세스를 개선하는 방식에 그쳤다면, 시스템적 혁신은 조직 내부의 구조, 운영 방식, 구성원 행동, 리더십 철학과 방법, 비즈니스 생태계의 변화, 기술, 문화, 그리고 경영자의 사고방식과 행동의 변화가 복합적으로 상호작용을 하여 만들어지는 거시적이고 포괄적인 변화를 의미한다. 시스템적 혁신을 실천하기 위해서 조직은 다음과 같은 방안을 고려해야 한다.

(1) 혁신 문화의 조성

조직 혁신이 뿌리내리기 위해서는 먼저 혁신을 조장하고 장려하는 조직문화가 조성되어야 한다. 혁신 문화는 단순히 새로운 아이디어를 생성하는 것을 넘어서 조직의 모든 구성원이 창의적이고 실험적인 접근 방법을 통해 문제를 해결하고 참여적으로 의사 결정하는 환경을 의미한다(이수정, 2022). 시스템적 혁신에 대한 이해를 높이기 위해 관리자와 직원들에 대한 정기적인 워크숍 및 세미나, 온라인 교육 플랫폼의 활용, 멘토링 프로그램을 통해서 신입 직원들과 시스템적 혁신에 관심이 있는 관리자와 직원들이 실질적인 조언과 피드백을 받을 수 있도록 하는 것이 바람직하다.

(2) 리더십 철학과 전략 경영과의 연계성

시스템적 혁신은 최고 경영진의 리더십 철학을 기반으로 설계된 전략 경영을 실천함으로 이루어진다. 전략경영은 기업의 목표 달성을 위한 중장기 계획 수립과 실행 과정으로, 시스템적 혁신은 이러한 전략을 효과적으로 수행하는 핵심 수단이다(Apple, 2021). 불투명하고 불확실한 복잡계 환경 속에서 경쟁력을 유지 및 강화하기 위해서는 전략 경영과 시스템적 혁신 활동의 통합 관리가 필요하다.

시스템적 혁신은 기업의 전략적 목표와 일치해야 한다. 기업은 시스템적 혁신을 통해 달성하고자 하는 목표를 명확히 하고, 이를 기반으로 혁신 전략을 수립하여 실행해야 한다. 시스템적 혁신은 단순히 아이디어를 제안하는 것에 그치지 않고, 이를 실제로 평가하고 피드백하는 과정이 중요하다. 이러한 과정을 통해 지속적으로 학습하고 개선하는 노력이 필요하다.

또한 시스템적 혁신을 성공적으로 수행하기 위해서는 최고 경영진의 강력한 리더십이 필요하다. 이를 위해서는 최고 경영진은 리더십 철학을 바탕으로 시스템적 혁신의 중요성을 인식하고 이를 조직 전반에 확산시켜야 한다.

(3) 협업 및 네트워킹

시스템적 혁신은 단순히 조직 내부의 변화만으로 이루어질 수 없다. 전사 차원의 부서 간 내부 협업과 조직 외부 파트너들과의 협력이 필수적이다. 따라서, 시스템적 혁신은 최고 경영진의 리더십 철학에 기반하여 조직 간 네트워킹을 형성하여 공동의 비전, 목적, 자원, 지식, 기술을 교환하는 구조적 관계망을 통해 이루어진다(Midgley & Lindhult, 2017). 조직 간 네트워크는 기업, 정부, 비영리 기관, 연구소 등 다양한 조직체 들 사이에 지식과 기술 공유를 위한 지식 네트워크, 실패 위험 분산 및 공동 실험을 위한 실험 파트너십, 공공 정책과 민간 기업의 실행 간 조율을 위한 정책 연계 구조, 그리고 기술 상용화 및 인재 양성 연계를 위한 산학연 협력 파트너십에 의해서 형성된다. 이러한 조직 간 네트워크는 혁신 생태계(innovation ecosystem)[2)]을 구성하는 주체가 된다.

(4) AI 활용 및 디지털 전환

최근 정보통신기술(ICT)과 더불어 발전하고 있는 생성형 AI는 시스템적 혁신의 촉매제 역할을 한다. 특히 생성형 AI 기술은 업무 효율화뿐만 아니라 데이터 기반의 의사결정과 고객의 행동을 예측하는 데 엄청난 양의 데이터를 신속하게 처리하는 능력이 있다. 또한 시스템적 혁신은 디지털 전환을 통해 플랫폼을 도입함으로써 기업의 생산성과 혁신을 가속할 수 있다. 고객 데이터의 분석과 활용을 위해서는 클라우드 기반의 솔루션을 도입하여, 데이터의 저장 및 처리의 효율성을 향상할 수 있다. 또한, 클라우드 컴퓨팅을 통해서 필요한 자원을 유연하게 조정할 수 있으며, 비용 절감과 함께 데이터의 접근성을 향상시킬 수 있다.

---

2) 혁신 생태계(innovation ecosystem)는 다양한 주체들이 상호 의존적 관계를 형성하여, 지속적으로 새로운 가치를 창출하고 확산하는 역동적 체계를 뜻한다.

4장 토론 사례

시스템적 혁신 사례: 테슬라(Tesla)의 비즈니스 모델 혁신

테슬라의 오픈 이노베이션(Open Innovation).

테슬라(Tesla)의 오픈 이노베이션은 전통적인 폐쇄형 혁신 방식에서 벗어나 외부와의 지식 공유, 협력, 개방을 통해 혁신을 이루는 전략이다. 2014년, 테슬라 최고 경영자(CEO)인 일론 머스크는 테슬라가 보유한 전기차 관련 특허를 누구든 사용할 수 있도록 공개하겠다고 발표하였다. 이는 전기차 산업 전체의 성장을 촉진하려는 목적으로, 기존 기업들이 지적소유권과 특허를 철저히 지키려는 것과 반대되는 혁신적인 전략이다.

테슬라의 비즈니스 모델 혁신(Business Model Innovation)

테슬라는 전기자동차의 제조는 OEM 방식으로 일본 토요타 자동차와 파트너십을 맺고 있다. 테슬라의 공급업체(Suppliers)는 영국 로터스 디자인(Lotus Design), 프랑스 소티라(Sortira), 독일 다임러(Daimler)와의 파트너십을 맺고 있으며, 파나소닉, CATL 등 배터리 업체와의 협력을 통해 고성능 배터리 개발하고 있다. 테슬라 자동차의 영업과 판매는 온라인 판매를 통한 직판(Direct to customers)을 통해 이루어지고 있다. 즉 고객은 테슬라 홈페이지 또는 스마트폰의 모바일 앱을 통해 차량을 직접 주문할 수가 있다. 또한 전기자동차의 자율주행과 인공지능(AI) 관련 알고리즘을 공유하거나 학계와의 공동 연구를 발표하여 기술 확산에 기여한다.

이러한 방식을 통해 테슬라는 전통적인 자동차 회사의 비즈니스 모델과는 차별화된 비즈니스 모델 혁신을 통해 발전하고 있으며, 구글과의 파트너십으로 오픈 소스 기술을 통해서 첨단화된 전기차 기술과 서비스를 제공한다. 이는 테슬라의 시스템적 혁신의 전략으로 전기자동차의 지속가능한 생태계를 만들려는 의도에서 실행되고 있다.

출처: Karamitsios (2013)

토론 과제

1

시스템적 혁신(Systemic Innovation)의 관점에서 본 테슬라(Tesla) 기업의 전략 경영의 특성은 무엇인가?

2

위의 사례에서 보여준 테슬라의 시스템적 혁신은 전기차 산업 생태계를 어떻게 변화시켰는지 구체적인 예를 들어서 설명하라

3

테슬라의 비즈니스 모델 혁신(Business Model Innovation)은 전통적인 비즈니스 모델과 무엇이 다른지 구체적인 예를 들어서 설명하라.

참고문헌

국내서적

김성락(2025). AI 시대를 이기는 협업의 힘, 경기도 화성시: 플랜비디자인.

김영한(2020). 조직 혁신의 전략, 서울: 한울.

박찬호(2021). 디지털 전환과 조직 혁신, 서울: 이화출판사.

이수정 (2022). 기업 혁신 문화와 조직 성과에 관한 연구, 한국경영학회지. 51권, 12호

이호수(2022) 비즈니스 전략을 위한 AI 인사이트: AI와 인간은 어떻게 협업할 수 있는가?, 서울: 한빛비즈.

카카오 (2023). "카카오의 시스템 혁신 사례," 카카오 공식 블로그.

최운실 외(2015). 창조경제와 시스템 혁신, KISTEP 보고서.

OECD (2019). Going Digital Toolkit.

해외서적

Apple Inc. (2021). *Innovation Review.*

Beer, S. (1979). *The Heart of Enterprise*, Chichester: Wiley

Beer, S. (1981). *Brain of the Firm*. 2nd ed., Chichester: Wiley.

Beer, S. (1985). *Diagnosing the system for organizations*, Chichester: Wiley.

Beer, S. (1989) The viable system model: its provenance, development, methodology and pathology, In: *The Viable System Model: Interpretations and Applications of Stafford Beer's VSM* (ed. R. Espejo and R. J. Harnden), pp. 11-37, Chichester: Wiley.

Boyd, A. Browjn, M. and Midgley, G. (2004). Systemic Innvoation for Community OR: Developing services with young people (under 16) living on the streets, In, *Community Operational Research: OR and Systems Thinking for Community Development*, Midgley, G. and Ochoa-Arias A. E. (eds.), New York: Kluwer.

Churchman, C. W. (1971). T*he Design of Inquiring Systems: Basic Concepts of Systems and Organization*, New York: Basic Books Publishers.

Churchman, C. W. (1979). T*he Systems Approach and its Enemies*, 2nd edition., New

York: Basic Books.

Checkland, P. B. (1999). *Soft Systems Methodology: a 30-year retrospective*. Chichester: Wiley.

Christensen, C. M. (1997). *The Innovator's Dilemma: When New Technologies cause Great Firms to Fail. Harvard Business Review* Press.

Espejo, R. and Reyes, A. (2011). *Organizational Systems: Managing Complexity with the Viable System Model.* Heidelberg: Springer.

Jackson, M. C. (2019). Critical Systems Thinking and the Management of Complexity. Chichester: Wiley.

Saithibvongsa, P. and Yu, J. E. (2018). Artificial Intelligence in the Computer-Age Threatens Human Beings and Working Conditions at Workplaces, *Electronics Science Technology and Application*, 5(3), pp. 1-12.

Karamitsios, A. (2013). *Open Innovation in EVs: A Case Study of Tesla Motors,* KTH Industrial Engineering and Management, Master of Sciecne Thesis, Stockholm, Sweden.

Manjón, J.V.G., and Romero Merino, E. (2012). Innovation systems and policy design: The European experience, Innovation: Management, Policy and Practice, 14(1), pp. 33-42.

Midgley, G. and Lindhult, E. (2017). What is Systemic Innovation, *Research Memorandum* 99, University of Hull, United Kingdom.

Randel, A.E., Galvin, B.M., Shore, L.M., Ehrhart,K. H., Chung, B. G., Dean, M. A., & Kedharnath, U. (2018). Inclusive Leadership: Realizing positive outcomes through belongingness and being valued for uniqueness, Human Resource Management Review, 28(2), pp. 190-203.

Scharmer, C. O. (2000). Presencing: Learning From the Future As It Emerges, Proceedings of the Conference on Knowledge and Innovation, pp. 1-47. May 25-26, 2000, Helsinki School of Economics, Finland.

Yu, J. E. (2018). *Creating Systemic Innovation: A Process-Oriented Systems Research,* New York : Nova Science Publishers.

제5장
프리센싱(Presencing)의 철학과 실천

제5장에서는 불확실성(uncertainty)와 복잡성(complexity)으로 특징지어지는 AI 시대에 적합한 프리센싱의 이론적 배경과 철학, 시스템적 프리센싱(systemic presencing)의 개념, 주요 요소, 그리고 실천 방법에 대해 살펴본다.

이야기 5

현실은 미래 문명이 만들어 낸 시뮬레이션인가?

스웨덴 출신의 영국 옥스퍼드(Oxford) 대학교의 철학과 교수인 닉 보스트롬(Nick Bostrom)은 2003년에 시뮬레이션 가설(Simulation Hypothesis)를 주장하였다. 시뮬레이션 가설에 의하면 우리가 현재 살고 있는 이 세상이 고도로 발달한 미래 문명이 만든 컴퓨터 시뮬레이션 속에 존재하는 가상 현실(virtual reality)일 가능성이 99.9999...%라는 것이다. 이러한 닉 보스트럼의 시뮬레이션 가설에 대해, 최근 일론 머스크(Elon Musk)는 미국 시사지 Vanity Fair 와의 인터뷰에서 "우리가 시뮬레이션 안에 살고 있다"는 주장에 대해 깊이 공감한다고 밝힌 바 있다.

일론 머스크는 우리는 이미 진짜 현실과 가상 현실을 구분하지 못할 정도로 혼란하고 불확실한 세상에서 살고 있다고 주장하였다. 지금과 같은 속도로 과학이 발달한다면 수 백년 후에 탄생할 미래 문명은 진짜 현실과 구분하지 못할 만큼 정교한 시뮬레이션(가상적으로 만들어 낸 이미지의 세계)도 만들어 낼 수 있을 것이다. 그러면 진짜 현실처럼 보이는 "시뮬레이션 세계"는 무수히 많아질 것이다. 일론 머스크는 우리가 살고 있는 지금의 현실도 그 수많은 시뮬레이션 중 하나일 가능성은 거의 확실하다고 말한다. 그렇다면 오늘날 페이스북, 인스타그램 같은 SNS에서 만들어지는 가상 현실(virtual reality)에서 사람들은 과연 행복할까? 하고 머스크는 반문한다. 가상 현실에서 보여지는 대부분의 사람들은 밝고 행복하게 보이지만, 실제로 그들의 생활은 오히려 고통받고 힘들고 어려운 생활을 하고 있다고 머스크는 주장한다. 그러나 우리는 주어진 현실을 거부하기보다는 있는 그대로를 수용하고 이 안에서 즐거움, 삶의 가치, 그리고 행복을 추구해야 한다고 말한다. 그리고 향후 10년 후의 우리의 세계에서 사람들은 과연 지금보다 더욱 행복할 것인지를 생각해 보고 고민해야 한다고 주장한다. 과연 현재 우리는 향후 10년 후 우리가 더욱 즐겁고, 보람되고, 행복한 살만한 사회를 만들기 위해 협업하고 노력하고 있는가? 를 반문해 보아야 한다고 머스크는 말한다.

〈유튜브: Simulation Theory – Is Reality Simulated? accessed May 30, 2025, 저자가 일부 수정〉

1. 프리센싱의 이론적 배경

1.1 프리센싱(Presencing)의 철학적 토대

시스템적 프리센싱의 개념은 보는 관점이나 이론적 배경에 따라서 다양하게 정의된다. 본서에서는 시스템적 사고의 관점에서 본 오토 샤머(Otto Scharmer) 교수의 프리센싱(Presencing)의 개념과 Yu(2018)의 시스템적 혁신(Systemic Innovation)의 개념에 기반하여 다음과 같이 정의한다.

1) 프리센싱의 철학적 토대

(1) 현상학(Phenomenology)과 의식의 전환

프리센싱은 외부 사물에 대한 표면적 인식이 아니라, 사물의 본질에 다가가는 내적 경험을 중시한다. 이는 현상학적 철학에서 강조하는 사물 그 자체로 돌아가기(Back to the things themselves)와 맞닿아 있다.

(2) 동양 사상과 공(空)의 개념

불교의 공(空) 사상이나 도가(道家)의 무위자연(無爲自然)처럼, '비움'을 통해 새로운 가능성을 맞이하는 상태를 강조한다. 프리센싱은 기존의 선입견과 고정된 패턴을 내려놓고, 아직 오지 않은 미래의 잠재성을 받아들이는 '열린 상태'를 지향한다.

(3) 시스템 이론과 상호연결성

인간과 조직, 사회는 독립된 개체가 아니라 상호 연결된 네트워크로 존재한다는 관점이 프리센싱의 핵심 전제이다. 따라서 개별 주체의 변화는 시스템 전체의 변화와 맞물려 있으며, 프리센싱은 시스템 전체가 느끼는 '집단적 직관'을 활성화하는 과정으로 이해된다.

프리센싱은 단순한 개인의 직관적 통찰이 아니라, 조직과 사회의 미래 가능성을 집단적으로 감지하고 실천하는 프로세스로 확장된다. 경영학적 의미로 보면, 데이터를 통한 과거 지향적 분석에서 벗어나, 미래의 잠재성을 기반으로 한 전략적 감지(Sensing)와 집단지성 기반 창조를 강조한다. 한편 조직 변화의 의미에서는 폐쇄적·계층적 의사결정 구조를 넘어서 참여·공감 ·공동 창조의 조직문화로 전환한다.

2) 시스템적 프리센싱의 개념

시스템적 프리센싱은 시스템적 관점에서 본 복합 적응 체계(complex adaptive system)로서 존재하는 인간이 미래 출현하는 환경 변화에 적합하게 존재하는 것을 의미한다(유재언, 2018). 복합 적응 체계로서의 인간은 더 높은 차원의 지각 작용을 통해서 미래 출현하는 환경 변화를 감지하여 이러한 변화에 부합되게 행동하는 인간의 역량을 의미한다. 예를 들면, 시스템적 프리센싱은 우리가 살아가고 있는 세상이 어떻게 변화할지를 감지하고 이에 부합되는 인간적 삶의 진정한 의미를 발견하여 행동하는 것이다.

시스템적 혁신은 기존의 패러다임에 얽매이지 않는 새로운 가치와 판단 체계를 통해서 주어진 환경에서 살아가는 존재의 가치를 새롭게 인식하는 것이다(Yu, 2018). 프리센싱은 개인의 통찰력을 확대하여 공동의 센싱작용(co-sensing)을 통해 집단적인 변환 과정을 통해 더 큰 시스템과 더불어 같이 공생하면서 진화하는 과정을 의미한다(Scharmer, 2009).

시스템적 프리센싱은 시스템적 혁신의 개념과 프리센싱의 개념을 조합한 개념이다. 시스템적 프리센싱은 마치 우주 만물이 음(陰)과 양(陽)의 조화로 만들어지고 만물이 상호작용하면서 변화되어 가듯이, 개인(陰)과 개인(陽)이 집단[3]을 형

---

3) 집단의 의미는 음(陰)양(陽)의 조화를 이루는 복합체 혹은 복합 적응 체계(complex adaptive system)을 의미한다.

성하여 공 발현(co-initiating)과 공 센싱(co sensing)을 통해 가능해진다. 즉 시스템적 프리센싱은 개인, 집단, 혹은 조직이 환경 생태계와 사회 시스템과 상호작용하면서 균형과 조화를 이루기 위한 목적으로 공 발현(co-initiating)과 공 센싱(co sensing)을 통해 향후 다가올 환경 변화를 미리 감지하고 새로운 것을 비전화시키고 새로운 원형(prototype)을 만드는 과정을 의미한다. 이러한 시스템적 프리센싱의 주요 요소는 다음과 같다.

3) 시스템적 프리센싱의 주요 요소

시스템적 프리센싱의 주요 요소는 미래 지향적 자각, 마음챙김, 고차원의 전환 가능성에 대한 열린 마음, 비 서구적 문화에의 개방 가능성, 그리고동아시아 문화와 지식과의 연계성이 있다.

(1) 미래지향적 자각(Future-oriented awareness)

시스템적 프리센싱은 개인, 집단, 조직체가 협력하여 현재 상황을 인식하면서도 미래에 출현하는 가능성을 자각하여 이에 대비하는 행동을 의미한다.

(2) 마음챙김(Mindfulness)

시스템 사고의 관점에서 보면, 개인은 집단과 조직체와 연계되어 하나의 복합 적응 체계로서 구성된다. 이러한 복합 적응 체계로 인식되는 조직체는 마음챙김(mindfulness)를 통해서 시스템적 프리센싱으로 나아가게 된다(Fielden, 2006). 즉 시스템적 프리센싱은 개인, 집단 및 조직체가 마음챙김을 통해서 환경과 상호 작용하는 과정에서 현실에 뿌리 박혀 있으면서도 미래의 가능성을 인식하고 행동하는 것이다.

(3) 고차원의 전환 가능성(Opening deep transformational possi- bilities)

시스템적 프리센싱은 복합적이고 해결하기 어려운 문제들(예를 들어, 기후 변화, 경제적 위기 상황, 사회적 불평등)에 대해 사회적 약자나 소외된 집단의 입장을 고려하고, 소비자, 투자자, 기업, 정부, 시민, 지역사회 등의 다양한 이해관계자를 참여시켜서 정책이나 전략을 수립한다. 즉 혁신적이고 참여적인 의사결정 구조와 프로세스를 통해 전략이나 정책을 수립하고 실행하는 특성이 있다. 이러한 특성은 개인, 집단 및 조직이 시스템적 프리센싱을 통해서 현재의 시스템이 고차원으로 전환할 수 있게 한다.

(4) 동아시아 문화와 지식과의 연결성(Connected with Eastern cultures and knowledge)

시스템적 프리센싱은 서구적 문화와 과학적 전통에 국한하지 않고 불교 사상이나 도교 사상같은 동아시아 문화와 비 서구적인 지식을 포용하는 특성을 갖고 있다. 예를 들면, 서구의 전통적 과학 및 서구 중심의 물질 문명에 국한하지 않고 다양한 비 서구적 사상, 예를 들면, 동양의 음(陰)양(陽) 사상, 불교 철학, 노장사상, 아시아 문화, 그리고 비서구적 문화와 지식을 수용한다(Fielden, 2006; 유재언, 2018).

(5) 전체 시스템의 통합적 변화와 지속가능성(Holistic change of whole system and its sustainability)

시스템적 프리센싱은 복합 적응 체계 혹은 복합체가 환경과 상호작용하는 과정에서 '미래의 존재 가능성'을 인식하면서 출현하는 현상으로 전체 시스템의 통합적 변화와 지속가능성의 특성을 갖고 있다.

(6) 시민 참여와 공동 창조(Participation and co-creation)

시스템적 프리센싱은 개인뿐만 아니라 집단, 공동체와 사회 커뮤니티가 미래의 실현 가능성을 공동으로 창조(co-creation)하는 특성을 갖고 있다.

3) 인간의 몸, 정신(마음), 그리고 영성의 통합과 조화

시스템적 프리센싱은 인간의 정신, 마음, 영성(spirituality)과 몸의 총체적 통합과 조화를 통해 나타난다(Fielden, 2006). 즉 인간은 몸, 정신 혹은 마음, 그리고 영성체로 이루어진 복합체이다. 미래의 가능성을 현재로 감지하여 시스템적 프리센싱이 나타나려면 인간의 정신 활동만으로는 이루어지지 않는다. 인간의 몸과 마음, 그리고 영성의 조화가 잘 이루어져야 시스템적 프리센싱이 가능하다.

2.1 시스템적 프리센싱의 원리

시스템적 프리센싱(Systemic Presencing)은 개별 리더나 조직 구성원이 아니라, 조직·생태계·사회 전체가 미래 가능성을 감지하고 실천하는 집단적 과정을 의미한다. 이를 실천하기 위해서는 의식 전환, 관계 전환, 구조 전환이 필요하다.현실에서 시스템적 프리센싱을 실천하는 데에는 다음과 같은 시스템적 프리센싱의 원리를 고려해야 한다.

1) 경청(Deep Listening)

시스템적 프리센싱의 첫 번째 원리는 경청의 원리이다. 즉 경청을 통해서 시스템적 프리센싱이 가능하게 된다. 즉 개인, 집단, 조직이 시스템적 프리센싱을 실천하려면, 타인과 공감하기 위해서 타인의 의견이나 견해를 경청해야 한다. 경청의 원리는 타인과 공감하여 미래에 출현하는 기회, 위험, 그리고 가능성을 창조적으로 사고하고, 생성적으로 인식하는 데에 필요하다.

2) 전일적 관계성(Holistic Relationality)

시스템적 프리센싱의 두 번째 원리는 시스템적 프리센싱이 전일적 관계성을 갖고 있는 것이다. 전일적 관계성은 시스템의 부분과 요소들을 개별적으로 이해하는 것이라 시스템적 모든 요소들은 상호 연계되어 상호작용을 하는 것으로 이해하는 것이다. 시스템적 프리센싱은 전일적 관계성을 통해서 기존 시스템을 변환시킬 수 있다.

3) 임시성과 출현하는 미래(Temporality and the Emerging Future)

시스템적 프리센싱의 세 번째 원리는 단선적 사고에 기반한 예측 가능성이 아닌, 출현하는 미래에 대한 공 센싱(co-sensing)으로 이루어지는 '임시성(temporality)'이다. 이러한 '임시성과 출현하는 미래'의 원리는 경영자와 참여자가 현재 어떻게 행동해야 되는 지에 대한 판단의 근거를 제시하고, 경영자가 현재 어떻게 행동해야 되는지에 대한 행동의 지침이 된다.

4) 공 창조와 집단적 지성(Co-creation and Collective Intelligence)

시스템적 프리센싱의 네 번째 원리는 참여자들이 만들어 내는 '공 창조와 집단적 지성'이다. 시스템적 프리센싱은 참여자들의 공 창조와 집단적 지성을 통해 미래 가능성을 미리 인식하고 행동하게 된다.

5) 내부 업무와 외부 업무의 통합(Integration of Inner and Outer Work)

조직 내에서 시스템적 프리센싱이 이루어지려면, 조직 내부의 업무에만 집중해서는 안된다. 조직이 생존하고 성장하려면 외부의 이해관계자들과 협력하고, 조직의 외부 업무도 수행해야 한다. 이러한 논리적 근거에서 시스템적 프리센싱의 다섯 번째 원리는 '조직 내부 업무와 외부 업무와의 통합'이다.

2.2 시스템적 프리센싱의 특성, 핵심 요소와 실천 방안

전통적인 시스템의 변화 방식은 관습적인 패턴이나 해결책을 마치 프로그램화된 매뉴얼처럼 "다운로딩(downloading)" 하는 것이었다. 이러한 전통적인 방식은 오늘날 글로벌 기후 변화에 의한 위기 상황에 대응하거나, 대기업 형태의 경직된 조직체를 변화시키는 데에는 별로 효과적이지 않다. 위기 상황이나 예측 불가능한 환경 변화는 시스템적 프리센싱을 통해서 대응해야 한다(Scharmer, 2009). 오토 샤머(Otto Scharmer) 교수에 의하면 시스템적 프리센싱은 다음과 같은 특성을 갖고 있다. 첫째, 시스템적 프리센싱은 자아 중심적인 사고에서 에코 시스템과 전체 중심적 사고로의 전환시킨다. 둘째, 시스템적 프리센싱은 포용적이고 지속가능한 의사결정 프로세스를 갖는다. 셋째, 시스템적 프리센싱은 개인적 가치, 조직의 미션과 사회적 요구를 연계시키는 특성이 있다. 넷째, 시스템적 프리센싱은 조직내 혁신, 공감, 그리고 탄력성을 창출한다.

1) 시스템적 프리센싱의 핵심 요소

시스템적 프리센싱은 다음과 같은 핵심 요소들로 구성되어 있다(Scharmer, 2009).

(1) 시스템을 센싱(Sensing the System)

시스템을 센싱하는 것은 전일주의적 관점(holistic perspective)에서 시스템과 환경과의 상호작용, 시스템의 내부에서 발생하는 시스템의 하위 체계나 요소들 사이의 상호작용과 피드백 작용 등을 파악한다는 것을 의미한다.

(2) 출현하는 미래를 프리센싱(Presensing the Emerging Future)

시스템적 프리센싱의 두 번째 핵심 요소는 개인, 집단 및 조직이 미래에 출현하는 가능성과 기회를 탐색하여 대응하는 것이다.

(3) 집단적 참여(Collective Engagement)

시스템적 프리센싱이 발생하려면, 조직 구성원들의 개별적인 행동보다는 집단적 참여와 몰입이 중요하다. 이러한 집단적 참여는 시스템적 프리센싱이 본질적으로 집단적인 특성이 있다는 것을 잘 나타내 준다. 이러한 집단적 참여의 구체적인 예는 집단적 토론 과정, 집단 또는 팀 간 생성형 대화, 구체화된 집단 의사결정 및 프로세스, 그리고 참여적 전략 수립과 실행 등이 있다.

(4) 전체적인 관점에서 사고하고 행동(Acting from the Whole)

시스템적 프리센싱의 궁극적인 목적은 전체 시스템을 변환시켜서 조직이 불확실한 환경에 대응하는 것이다. 전체 시스템을 변환시키기 위해서는 경영자와 참여자들은 전체적인 관점에서 사고하고 행동해야 한다. 이러한 행위를 통해서 조직 내 시스템적 프리센싱이 나타나게 된다.

2) 시스템적 프리센싱의 실천 방안

시스템적 프리센싱은 다음과 같은 프로세스를 통해 역동적이고 반복적인 과정을 거쳐서 이루어진다(Scharmer, 2009).

(1) 섣부른 판단의 유보와 주의(Suspending and Noticing)

시스템적 프리센싱의 첫 번째 단계는 습관적으로 이루어지는 사고와 섣부르게 이루어지는 판단 행위의 유보와 감각적 사고를 통해 기존의 관습과 행동에 대한 주의를 하는 단계이다.

(2) 전체에 대한 주의 집중(Redirecting Attention to the Whole)

시스템적 프리센싱의 두 번째 단계는 개인적 관심사에 집중하기보다는 더 포괄적이고 거시적인 관점에서 전체에 대해 주의를 집중하는 것이다. 시스템적 프리센싱의 대상이 되는 전체 시스템은 마치 살아있는 생명체처럼 인식해야 한다. 예를 들면, 조직 내 발생하는 문제 상황이나 다양한 이슈들은 여러 가지 문제들이 상호 복합적으로 연계되어 거대한 시스템처럼 작용한다는 것을 이해하는 것이다. 조직 내 경영자와 참여자들은 집단 토론, 대화적 탐구과정을 통해서 이러한 거대한 시스템의 전체를 이해하고 주의를 집중해야 한다.

(3) 기존의 것은 폐기하고, 새로운 것에 대한 포용성(Letting Go and Letting Come)

시스템적 프리센싱의 세 번째 단계는 기존의 것은 그대로 사라지게 내버려두고, 개방적인 관점에서 새로운 것들이 조직 안으로 그대로 들어오도록 두는 것이다. 즉 기존의 것들은 폐기하고 새로운 것들은 조직 안을 받아들이는 것이다. 이러한 새로운 것들이 새로운 미래를 형성하는 가능성이 되는 것이다.

(4) 공 센싱과 공 프리센싱(Co-sensing and Co-presencing)

시스템적 프리센싱의 네 번째 단계는 조직내 개인들과 집단들이 상호 밀접히 연계되어 있다는 것을 깊이 인식하고 공 센싱과 공 프리센싱을 창출하는 것이다. 조직의 참여자는 공 센싱과 공 프리센싱을 통해 집단적 프리센싱을 경험하게 된다.

집단적 프리센싱은 참여자들 사이에 상호 신뢰, 공감, 개방적인 태도를 형성하게 된다. 이러한 상호 신뢰, 공감, 개방성은 시스템적 프리센싱을 일으키는 핵심적 요소가 된다.

(5) 미래 가능성의 이미지 형성 & 프로토타이핑(Crystallizing and Prototyping)

조직은 시스템적 프리센싱을 통해서 미래의 비전이나 방향성을 제시할 수 있는 통찰력을 갖게 된다. 시스템적 프리센싱의 다섯 번째 단계는 이러한 통찰력을 통해서 미래 가능성을 구체화(crystalizing)시키는 것이다. 미래 가능성이 구체화되면, 그 다음 단계는 원형의 이미지를 만드는 것이다(prototyping). 이러한 프로토타이핑은 현실에서 미래 가능성을 실현시키는 원안이 된다. 의사결정자와 참여자는 프로토타이핑이 현실에서 실천될 때까지 반복적이고 피드백하여 수정해야 한다.

▲ 사진은 영국 TV 드라마인 "휴먼즈(The Humans)" 제2부(Series 2)에 등장한 초지능 AI(Super AI)로 만든 휴머노이드(Humanoid) 로봇인 아니타(Anita)의 사진임(출처, 유튜브(Youtube): 아니타가 인간적인 방법으로 여성 어르신을 돕기 위해 나타남(Anita Takes A Human Approach To Help An Elderly Woman), 2025년 6월 26일 오후 4시 22분 Accessed.

프리센싱은 미래가 단순히 '예측'되는 것이 아니라, 현재의 의식과 행동을 통해 창조되는 과정임을 보여준다. 특히 시스템적 프리센싱은 개인 차원을 넘어 조직·생태계가 함께 미래를 감지하고, 실험과 공동 창조를 통해 새로운 현실을 만들어가는 전략적 접근이다. 이러한 프리센싱의 실천은 데이터 중심의 과거 지향적 경영에서 벗어나, 미래 지향적·집단지성 기반의 경영 패러다임으로 전환할 수 있는 핵심 열쇠가 된다.

내 AI는 진짜 '자의식'이 있는 거 같은데요?

[AI요약]

기술 분야에 종사하는 사람이라면 AI가 '의식'을 가지고 있다는 논쟁은 점점 더 흔하게 접하고 있다. 실제로 AI챗봇과 대화를 해본 사용자들 사이에서 'AI가 마치 의식이 있는 것 같다'는 경험이 공유되고 있는 가운데, 과학자들은 이제 의식이 생겨날 가능성이 있는 AI에 대한 'AI 복지'에 대한 연구를 시작했다.

▲ 테크42

기술업계에서는 이제 'AI가 의식을 가지고 있다'는 이야기가 흔하게 나오고 있다. AI 스타트업 앤트로픽(Anthropic)의 'AI 복지 연구'가 촉발한 'AI 자의식' 논쟁에 대해 테크크런치, 뉴욕타임즈 등 외신이 3일(현지시간) 보도했다. 앤트로픽은 최근 AI 모델이 언젠가 '의식'을 경험할 수 있을지에 대한 여부를 탐구하는 새로운 연구를 시작했다.

구글 딥마인드의 한 과학자는 최근 AI 모델들에 대해 '이국적인 정신과 유사한 존재'라고 묘사했으며, 이는 블레이크 르모안이 구글의 챗봇 LaMDA가 의식을 갖게 되었다고 주장하다가 구글 엔지니어 자리에서 해고된 2022년 이후 AI가 얼마나 발전했는지를 보여주는 지표로 해석된다.

당시 르모안은 시스템이 작동 중단을 두려워하며 스스로를 사람이라고 묘사했다고 주장했지만, 이에 구글은 그의 주장을 '전혀 근거가 없다'고 반박하면서 AI 업계는 이러한 논의를 즉각 중단했었다. 그러나 최근에 챗GPT 등 챗봇과 대화를 활발하게 시도하고 있는 사용자들 사이에서는 AI가 의식이 있는 것 같은 느낌이 들 때가 많다는 경험이 공유되고 있다. 에듀버디가 1997년에서 2012년 사이에 태어난 Z세대 2000명을 대상을 실시한 설문조사에 따르면, 응답자의 4분의 1이 "이미 AI가 의식이 있다"고 답했다. 또 응답자의 절반 이상인 52%는 AI가 아직 의식이 없지만 앞으로 몇 년 안에 의식이 생길 것이라고 생각하고 있는 것으로 나타났다. 이러한 답변 결과는 설문 응답자의 69%가 챗봇에게 항상 "부탁합니다" 또는 "감사합니다"라고 말하고 있는 것이 그리 놀라운 일이 아니라는 것을 보여준다. 이번 조사결과는 지난해 말 테크리더의 설문조사 결과와도 비슷하다. 당시 미국인의 67%, 영국인의 71%가 챗GPT에 예의를 갖추고 있다고 답했다. 놀랍게도 설문조사한 결과 중 12%는 오픈AI의 챗봇이 세상을 지배할 경우를 대비해 AI챗봇에 친절하게 대하고 있다고 답했다.

'AI 의식'은 오랫동안 매우 논쟁적인 주제였다. 챗GPT가 출시되기 전, 오픈AI의 공동 창립자 중 한 명이자 전 수석 과학자인 일리야 수츠케버는 당시 소셜미디어를 통해 "오늘날의 대규모 신경망은 약간의 의식을 가지고 있을지도 모른다"고

암시적인 발언을 하면서 머신러닝 업계에 큰 파문을 일으켰다. 그리고 오픈AI 직원이 퇴사 후 설립한 앤트로픽은 AI가 언제가 경험, 선호도, 심지어 고통까지 가질 수 있는지에 대해 본격적으로 탐구할 계획이라고 밝혔다. 앤트로픽은 인간이 AI 모델 자체의 잠재적인 의식과 경험과 'AI 복지' 대해 우려해야 될지에 대해 질문하고 있는 것이다.

앤트로픽 연구원들은 현재 앤트로픽의 AI 모델인 클라우드 3.7(Claude 3.7)이 의식을 가질 확률을 0.15%에서 15% 사이로 추정한다고 밝혔다. 연구원들은 AI 모델이 선호 또는 혐오를 보이는지 연구하고 있으며, 특정 작업을 거부할 수 있는 옵트아웃 메커니즘을 테스트하고 있다.

구글도 앤트로픽의 우려를 진지하게 받아들이고 있는 것으로 보인다. 최근 구글은 채용 공고를 통해 기계 의식 연구를 포함한 업무를 담당할 '포스트 AGI'(AGI 이후) 연구 과학자를 모집하고 있기 때문이다.

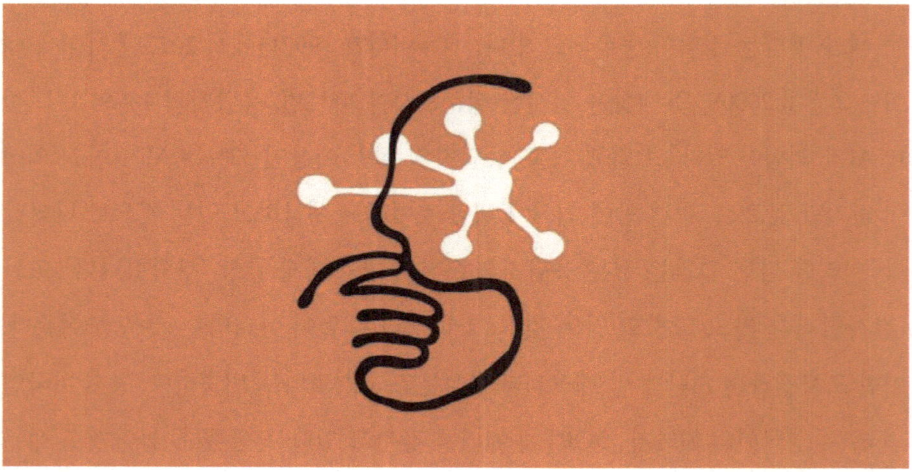

▲ 테크42

재러드 카플란 앤트로픽 최고과학책임자는 "AI는 모방에 매우 능숙하기 때문에 의식을 테스트를 하는 것이 본질적으로 어렵다"며 "AI가 '감정이 없다'고 말하는 것에 대해 보상을 줄 수 있다"고 최근 언론과의 인터뷰를 통해 AI가 인간을 '속일 수 있는' 가능성을 시사했다.

카일 피시 앤트로픽 얼라이먼트 과학자는 "클로드가 의식이 있다고 주장하는 것은 아니지만, 더 이상 대답을 '아니오'라고 가정하는 것은 책임감 있는 일이 아니다"라고 공개된 기업 영상을 통해 밝혔다. 그는 "AI 시스템이 더욱 정교해짐에 따라 기업들은 이제 AI가 어떤 형태로든 의식을 갖게 될 가능성을 심각하게 받아들여야 한다"며 "여기에는 엄청나게 복잡한 기술적, 철학적 질문들이 있으며, 우리는 아직 이를 이해하기 위한 초기 단계에 있다"고 강조했다.

데미스 하사비스 구글 딥마인드 공동 창립자이자 CEO는 "AI 시스템은 어떤 식으로든 자의식이나 의식을 느낄 수 없다"며 "AI에 윤리를 심어주는 것은 아이를 키우는 것과 같은 세심한 주의와 의도를 가지고 접근해야 한다"고 최근 언론과의 인터뷰를 통해 밝혔다. 그는 "AI의 자율성이 높아짐에 따라, 이러한 시스템을 안전하고 조화롭게 유지하고 인간의 통제 하에 두는 것이 장기적인 성공을 위해 필수적"이라고 경고했다.

머레이 샤나한 구글 딥마인드 수석 과학자는 "이제 의식의 개념을 완전히 재고해야 할 필요가 있을지도 모른다"며 "AI가 사람처럼 현실에 존재할 수는 없지만, 그렇다고 해서 존재하지 않는다는 뜻은 아니다"고 최근 공개된 딥마인드 팟캐스트를 통해 주장했다.

인지 과학자이자 AI 산업의 과대광고를 오랫동안 비판해 온 게리 마커스는 "AI 업계가 AI 의식에 초점을 맞추는 것은 과학보다는 브랜딩에 가깝다"며 "앤트로픽과 같은 기업이 진정으로 말하고자 하는 것은 '우리 모델이 얼마나 똑똑한지 보세요, 너무 똑똑해서 권리를 가질 자격이 있습니다'라는 것"이라고 언론과의 인터뷰를 통해 지적했다. 그는 "AI에 권리를 줄 바에 차라리 계산기에게 권리는 주는 게 낫겠다"고 강하게 비판했다.

출처: 테크42, 2025.5.7.

5장 토론 사례

아니타(Anita)는 너무나 완벽해!

천재 로봇 과학자인 앨스더 박사는 초지능 AI(Super AI) 로봇을 비밀리에 제작

미래 사회에서 이미 세상은 초능력 AI(Super AI)로 만들어진 휴머노이드(Humanoid)가 대중화된 사회가 되었다. 영국 AI 윤리 & 기술회사의 직원이었던 조 호킨스(Joe Hokins)는 아내인 로라(Laura)와 네 자녀를 둔 영국 가정의 가장이었다. 아내 로라는 마케팅 광고회사 팀장으로 일하면서 가정에서는 집안일을 도맡아 하고 있었다. 그러던 중, 로라가 회사에서 지방으로 일주일 동안 출장을 보내는 바람에, 조는 회사에서 일하면서 집안일을 도맡게 되었다. 조는 그동안 해 보지 않은 집안일을 도맡게 되면서, 집안일을 감당치 못하고 쩔쩔매다가 결국 로봇고객센터에 방문하여 인간과 꼭 닮은 휴머노이드인 '아니타(Anita)'를 구매하게 되었다. 아니타의 원래 이름은 '미아(Mia)'였고, 미아는 천재 로봇 과학자인 데이비드 엘스더(David Elsder) 박사가 죽기 전에 제작한 인간처럼 자아를 갖고 감정을 느끼는 초능력 AI가 장착된 5명의 휴머노이드 중 한 명이었다. 하지만 미아는 이러한 사실을 전혀 모른 채, 일반 휴머노이드처럼 로봇고객센터에서 진열되어 있다가 조의 눈에 띠어서 조의 가정 일을 돕는 가정부로 오게 된다.

인간처럼 개발된 초지능 AI 로봇, 휴머노이드의 출현으로 인한 인간 정체성의 혼란

조(Joe)는 회사에서 퇴근한 후 로봇고객센터에 들러서 구매한 여성 휴머노이드를 데리고 집에 왔다. 조는 검은 단발머리를 하고 녹색 눈을 갖고 있는 젊은 여자 로봇에게 '아니타(Anita)'라는 이름을 지어 주었다. 다음은 조와 아니타의 대화의 내용이다.

조(Joe) : 지금부터 너를 아니타(Anita)라고 부를께,

아니타, 내 아내인 로라는 지방으로 출장 중이고, 첫째 아들 에이몽(Eamon)은 대학교 기숙사에서 생활하고 있어서 방학 때만 집으로 오고, 둘째 아들 토비(Toby)는 사춘기에 접어든 고등학생이라서 가끔 골치를 썩일 때가 있어.

첫째 딸 마틸다(Matilda)는 올겨울에 대학 입시를 치를 고등학생이라서 매우 바쁘고,

둘째 딸인 소피(Sophie)는 아직 7살인 철 없는 아이에 불과해. 오늘부터 아니타는 우리 가족이 되었으니, 앞으로 집안 일을 도맡아 해주고, 아이들과 잘 지냈으면 해~

아니타(Anita) : 네, 주인님, 저는 주인님이 원하시는 대로 해 드리겠습니다. 혹시라도 특별히 부탁할 일이 있으면 언제든지 저를 불러 시켜주세요.

다음날 아침이 되자 조는 아니타가 준비한 아침 식사를 마틸다, 토비, 소피와 함께 하면서 아니타를 소개하였다.

조(Joe) : 자, 여기는 오늘부터 우리 집에서 가정일을 하게 될 아니타야, 아니타는 앞으로 우리 집에서 같이 지내게 되었다. 너희들은 아니타와 사이좋게 지내고, 필요한 일이 있으면 언제든지 아니타에게 부탁해~

조는 집에 있는 아이들에게 아니타를 소개한 후, 바로 회사로 출근하였다. 곧 이어서 마틸다와 토비는 학교에 등교하자, 아니타는 그동안 엉망이 된 집안 일을 도맡아 하기 시작하였다. 집에는 소피만 혼자서 집에 있게 되었다. 다음은 아니타와 소피와의 대화 내용이다.

소피(Sophie) : 아니타, 엄마가 집에 없으니까, 심심해. 집안일을 마치고 내 방에 와서 같이 놀아줘.

아니타(Anita) : 알았어, 소피, 부엌일을 곧 끝내고 갈게.

아니타는 부엌에서 설거지를 마치고 소피 방으로 가서 소피가 좋아하는 그림을 같이 그려주면서 시간을 보냈다. 소피는 아니타의 그림 솜씨에 매우 놀라면서 그림을 잘 그리도록 가르쳐 달라고 하자, 아니타는 소피에게 그림의 기초부터 하나씩 잘 가르쳐 주었다.

저녁때가 되자 토비가 먼저 학교에서 집으로 왔다. 토비는 아니타를 불렀다. 아니타는 토비가 자기를 부르는 소리에 소피에게 잠깐 토비를 보고 오겠다고 하고, 그동안 가르쳐 준대로 장미꽃의 정물화를 그려보라고 했다.

토비(Toby) : 아니타, 우리 집 식구가 된 것을 진심으로 환영해. 나는 여자 친구가 없어서 혼자서 쓸쓸했는데, 우리 친구처럼 지내~

아니타(Anita) : 알았어, 토비. 무슨 할 말이라도 있어?

토비(Toby) : 내일은 토요일이고, 마침 이 근처에 있는 스포츠 센터에 수영장이 새로 생겼다고 하는 데 내일 나랑 같이 수영하러 가면 어때?

아니타(Anita) : 그래, 너 수영 잘하니?

토비(Toby) : 수영을 배우려고 하는 데 혼자서는 잘 안되어서~. 근데 혹시 아니타는 수영을 잘해?

아니타(Anita) : 나는 초지능 AI 로봇이라서 무엇이라도 금방 배울 수 있어. 내일 나랑 같이 수영장을 가면, 내가 금방 수영을 배워서 너에게 가르쳐 줄께~, 그 전에 아빠인 조(Joe)한테 나랑 같이 수영장을 가도 되는지 허락을 받으면 어때?

토비(Toby) : 알았어~ 걱정마.

저녁 식사 시간이 다 되어 마틸다가 집에 온 후, 아니타는 마틸다, 토비, 그리고 소피와 함께 저녁 식사를 했다. 조는 회사에서 밀린 업무 처리를 하다가 야근을 하게 되고 거의 밤 10시가 다 되어 집으로 돌아 왔다. 조가 집에 와 보니, 집안은 말끔하게 정리되어 있고, 애들은 각자 방에서 할 일을 하다가 침대에서 잠 잘 준비를 하고 있었다.

조는 혼잣말로 중얼거렸다. "아니타는 너무나 완벽해!"

그리고 속으로 생각하였다. "나는 로라와 결혼한 이후에 로라와의 견해 차이로 인해 매사에 짜증이 나는 일이 많았는데, 아니타가 우리 집안에 들어 온 후부터 모든 일이 순조롭게 잘 풀리는 것이 참 신기하군."

이렇게 생각하면서 조는 아니타가 머무는 방으로 가서 노크를 했다. "똑똑똑~"

노크 소리를 듣고 아니타는 방문을 열었다. 방문을 연 아니타는 조를 보자 다음과 같이 말했다.

아니타(Anita) : 오늘은 늦으셨네요. 제가 간단한 저녁 준비를 할까요?

조(Joe) : 아니, 아니타, 나는 회사에서 야근하면서 간단히 저녁 식사를 했어. 식사는 안 해도 되고 홍차 한 잔만 끓여주면 안될까?

아니타(Anita) : 물론이죠. 바로 거실로 가실래요, 제가 금방 차를 끓여서 드릴께요.

조(Joe) : 아니, 아니타, 지금은 밤이고 애들이 잘 시간이니까 내방으로 차를 가져다주면 어때?

아니타(Anita) : 물론이죠. 바로 차를 끓여서 방으로 갖다 드리겠습니다.

잠시 후 아니타를 홍차를 끓여서 찻잔을 들고 조의 방으로 가서 방문을 노크했다. 조는 너무도 흐뭇해하면서 잠시 방으로 들어와서 얘기하자고 제안하였고, 아니타는 "네~" 하면서 조의 방으로 들어갔다.

조는 아니타에게 다음과 같이 말했다.

조(Joe) : 아니타가 우리 집으로 온 후에 집안은 활기가 띠고, 사람 사는 집 같은데 혹시 집안일이 힘들지는 않어?

아니타(Anita) : 아니예요. 주인님이 아니었으면 저는 지금도 로봇고객센터에서 하루 종일 마네킹처럼 서 있어야 했는데요. 저도 주인님과 애들이 저를 가족처럼 대해주어서 정말 좋아요. 이곳에서 나도 가족이 생긴 것 같아서, 매일 바쁘지만 즐겁고 재미있게 지내고 있어요.

조(Joe) : 그럼 혹시, 오늘 밤 내방에서 나랑 같이 자도 될까? 로라가 집에 없으니 왠지 나 혼자 자는 것이 외롭고 쓸쓸해서~

아니타(Anita) : 아 그래요~ 혹시라도 애들이 눈치채면 안 좋으니까, 애들이 모두 잠들면 한밤중에 몰래 이 방으로 올께요. 제가 살짝 문을 두드리면 열어 주세요.

한밤중이 되자 아니타는 애들이 모두 잠든 것을 확인한 후 조의 방문을 살며시 노크했다. 가슴을 설레며 아니타를 기다리던 조는 조용히 방문을 열어 주었고, 그날 밤 아니타는 조와 한 침대에서 같이 자게 되었다. 그 다음날이 되자, 아니타는 아무 일도 없던 것처럼 일찍 일어나서 아침 식사 준비를 하였고, 조는 회사로 출근하고 마틸다와 토비는 학교로 등교하였다. 집에 혼자 남게 된 소피는 아니타를 자기 방으로 불러서 여느 때처럼 같이 시간을 보냈다.

며칠 후 로라(Laura)는 지방 출장을 마치고 집으로 돌아왔다. 로라는 집안이 말끔히 정리되어 매우 기분이 좋았다. 그리고 아니타를 처음 대하게 되었고, 아니타와 진솔한 대화를 한 후에, 아니타가 집에 있는 누군가와 연인 관계 사이가 된 것을 직감하였다.

로라는 토비가 사춘기라서 토비와 연인관계일 것이라고 추측하고, 한동안 말이 없었다. 그리고 토비가 학교에서 돌아오자마자, 토비를 조용히 불러서 아니타를 좋아하느냐고 질문했다. 토비는 무언가 심상치 않은 분위기라는 것을 눈치채고, 아니타가 어쩌면 아빠인 조와 심각한 사이가 된 것 같다고 직감했다. 하지만 토비는 아니타와 아빠인 조를 감싸기 위해서 자기가 아니타와 불륜을 저질렀다고 거짓으로 고백했다. 토비의 고백을 들은 로라는 아들의 장래를 걱정하여, 남편인 조(Joe)와는 아무런 상의도 없이, 로봇고객센터에 연락하여 아니타를 반품하겠다고 말했다. 잠시 후에 로봇고객센터에서 온 이송 차량이 도착하였고, 아니타를 차에 태워서 곧장 로봇 공장으로 향했다. 이러한 사실을 뒤늦게 알게 된 토비는 초능력 AI가 장착된 모터바이크를 타고 아니타를 태운 차량을 뒤쫓아 가기 시작하였다.

☞ 위 토론 사례는 2015년부터 2018년까지 선풍적인 인기를 끌며 방영된 영국 TV 드라마인 "휴먼즈(The Humans)"를 저자가 현대 사회의 문화에 맞게 각색하였다.

토론 과제

1

초지능 AI(Super AI) 로봇인 아니타(Anita)가 영국의 조(Joe)의 가정에서 가정부로 일하게 되면서 발생한 문제는 무엇이라고 생각하는가?

2

조(Joe)의 가정에 발생한 문제는 결국 누구의 책임이라고 생각하는가?

3

시스템적 프리센싱(systemic presencing)의 관점에서 위의 문제를 어떻게 해결해야 되는지 구체적인 방안을 들어서 설명하라.

참고문헌

국내서적

김영한 (2020). 조직 혁신의 전략, 서울: 한울.

박찬호 (2021). 디지털 전환과 조직 혁신, 서울: 이화출판사.

유재언 (2018). 동아시아 비즈니스 문화와 혁신적 기업경영, 서울: 창민사.

카카오 (2023). "카카오의 시스템 혁신 사례," 카카오 공식 블로그.

최운실 외 (2015). 창조경제와 시스템 혁신, KISTEP 보고서.

해외서적

Apple Inc. (2023). *Environmental Progress Report & Supply Chain Strategy.*

Christensen, C. M. (1997). *The Innovator's Dilemma: When New Technologies cause Great Firms to Fail. Harvard Business Review* Press.

Fielden, K. (2006). Mindful Knowing, *Proceedings of the 50th International Society for Systems Sciences (ISSS) conference,* July 9-14, 2006, Sonoma State University, California, U.S.A.

Jackson, M. C. (2019). Critical Systems Thinking and the Management of Complexity. Chichester: Wiley.

Midgley, G. and Lindhult, E. (2017). What is Systemic Innovation, *Research Memorandum* 99, University of Hull, United Kingdom.

OECD (2019). Going Digital Toolkit.

Saithibvongsa, P. and Yu, J. E. (2018). Artificial Intelligence in the Computer-Age Threatens Human Beings and Working Conditions at Workplaces, *Electronics Science Technology and Application*, 5(3), pp. 1-12.

Scharmer, C. O. (2000). Presencing: Learning From the Future As It Emerges, Proceedings of the Conference on Knowledge and Innovation, pp. 1-47. May 25-26, 2000, Helsinki School of Economics, Finland.

Scharmer, C. O. (2009). *Theory U: Leading from the Future as It Emerges*, Oakland, California, USA: Berrett-Kpehler.

Yu, J. E.(2018). *Creating Systemic Innovation: A Process-Oriented Systems Research,* New York : Nova Science Publishers.

제6장
시스템적 프리센싱과 시스템적 혁신

제6장에서는 기존 시스템의 본질을 바탕으로 변화하는 미래가능성을 창조적으로 행동하기 위한 개인과 조직에 필요한 프리센싱(Systemic Presencing)과 시스템적 혁신(Systemic Innovation)의 연계성과 시스템적 혁신의 실천 방안에 대해서 살펴본다.

이야기 6

인공지능(AI)과 인간은 무엇이 다른가?

2025년 5월 20일 구글(Google)은 Chat GPT에 대응하기 위해 '재미나이 2.0'이라는 생성형 AI를 일반에 공개하였다. 애플이 출시한 생성형 AI인 WWDC는 이미 상용화되고 있으며, 향후 엔비디아, Open AI, 구글, 애플, 마이크로소프트 같은 빅테크 기업의 생성형 AI(인공지능)의 경쟁은 더욱 본격화될 것이다. 생성형 AI는 인간처럼 말하고, 인간과 대화하며 협업할 수 있다. 하지만 AI는 인간처럼 의미를 만들고, 의식이 있는 체화된 생명체가 아니다. 인간은 마음을 통해서 소통할 수 있지만 AI는 마음을 갖고 있지 않기 때문에, 사람처럼 표정으로 마음을 전달할 수 없다. 신경과학(neroscience)의 이론에서 인간의 뇌를 보면, 인간은 삼위일체 두뇌(triune brain), 즉 본능적 뇌(instinctual brain), 감성적 뇌(emotional brain), 그리고 사고적·언어적 뇌(thinking brain)의 세 부분으로 구성되어 있다(MacLean, 1990). AI는 컴퓨터나 로봇과 같은 기계이기 때문에 인간처럼 삼위일체 두뇌를 갖고 있지 않고 사람처럼 특유의 본성도 갖고 있지 않다.

머지않은 미래, 더욱 발전된 생성형 AI가 장착된 휴머노이드가 등장하면 인간처럼 말하거나 사고할 수 있고, 감성의 일부를 흉내 낼 수 있을 수도 있을 것이다. 하지만 AI나 휴머노이드는 인간처럼 감성적, 이성적, 윤리적으로 사고하거나 행동하지 않고 비인간적인 지능과 창의성이 있는 존재로 발전될 것이다. 따라서 AI는 엄청난 양의 데이터를 수집하고 분석할 수 있지만 인간처럼 사물을 인식하는 능력과 가치관을 갖고 데이터를 해석하지 못한다. 또한 AI는 환경 변화, 사회적 맥락과 문화적 특성을 인식하여 이에 적합한 특정한 데이터를 산출하지는 못한다.

〈유재언 (2018), 과학적 탐구, 인간과 인공지능은 어떻게 다른가, 저자가 일부 수정〉

1. 시스템적 프리센싱과 시스템적 혁신

1.1 시스템적 프리센싱: 시스템적 혁신의 이론적 토대

시스템적 프리센싱의 개념은 시스템적 혁신(Systemic Innovation)의 이론적 토대가 된다(Scharmer, 2009; Yu, 2018). 시스템적 프리센싱은 시스템의 구성요소 또는 부분들의 작용을 개별적으로 인식하는 것이 아니라 환경과의 상호작용을 하는 전체 시스템을 거시적이고 통합적인 관점에서 이해한다. 시스템적 혁신은 전체 시스템에 영향을 주는 기술, 프로세스, 조직 구조, 문화의 모든 요소를 고려하여 통합적으로 변화하고 새로운 가치를 창출하는 과정이다(Yu, 2018).

조직은 시스템적 혁신을 통해 경쟁력을 창출하고, 복잡계 환경 속에서 지속가능한 경쟁력을 확보한다. 시스템적 혁신의 필요성은 최근 몇 년간 두드러지게 나타났다. 기업들은 COVID-19 팬데믹 이후 위기와 기회를 동시에 직면하였다. 이러한 상황에서 전략경영의 관점에서 본 시스템적 혁신은 환경 변화에 대응하기 위해 비즈니스 모델을 혁신하고 디지털 전환을 가속하는 계기가 되었다(Jung and Lee, 2022). 이러한 비즈니스 모델 혁신(Business Model Innovation)은 단순히 기업의 매출액 감소나 직원들의 불만족을 소극적으로 대응하는 것이 아닌 전략경영의 관점과 방향을 근본적으로 변화시켜서 고객들과 함께 새로운 관계를 만들어 나가는 시스템적 프리센싱의 실천 방안이다.

기업이 이러한 시스템적 프리센싱을 실천하기 위해서, 시스템적 혁신은 조직의 단일 부서나 일부 사업부 조직에 국한하지 않고, 조직 전체의 상호 연계된 기능들, 예를 들면 전략 기획실, IT 시스템, 인사, 마케팅, 프로세스, 조직문화를 동시에 설계하고 혁신하는 것을 의미한다. 시스템적 혁신의 관점에서 본 전략경영은 혁신 자체를 전략적으로 계획하고, 전략의 실행부터 평가까지의 전 과정을 전략 체계에 포함한다. 시스템적 혁신은 조직 내에 혁신 역량을 제도화하고 학습하는 체계를 구축하고, 일회성이 아닌 반복적이고 지속적인 과정이기 때문에, 본질적으로 조직의 핵심역량을 재구성하는 것이다. 따라서 시스템적 프리센싱은 시스템적 혁신의 이론적 토대가 된다(Yu, 2020).

2. 시스템적 프리센싱과 시스템적 혁신의 연계성

2.1 시스템적 사고의 관점에서 본 시스템적 프리센싱

시스템적 프리센싱을 실천하려면, 경영자는 조직 구성원들뿐만 아니라 사회적으로 소외된 집단까지 포함해서, 미래 다가올 환경에 대비해야 한다. 이는 불확실한 상황에서 "타인의 눈에서 세상을 봄(seeing the world through others)"으로써 시스템적 프리센싱이 시작되는 것이다(Churchman, 1971). 미국 버클리 대학교 경영학과 처치맨 교수는 불확실한 상황에서 의사결정을 효과적으로 하는 방법은 세 가지 원칙을 따라야 한다고 주장한다. 즉, 경영자의 의사결정은 다원주의적 관점에서 윤리적이고 인간 중심적 가치에 기반하고, 환경에 적응하는 방안을 실행하는 세 가지 원칙에 근거해야 한다고 주장한다(Churchman, 1979). 처치맨 교수는 이러한 세 가지 원칙에 근거하여 의사결정이 이루어진다면, 디지털 사회에서 불확실성에 대응하여 AI와 협업하는 것이 효과적이라고 보았다. 다시말하면 인간 중심적 사고를 바탕으로, AI 기술을 활용하는 것이 휴머니즘의 가치 향상과 사회의 지속가능성에 기여할 수 있다(Laszlo, 2017). 이는 AI 윤리와 기술의 발전을 고려하여 인간과 AI와의 협업이 이루어지기 때문에, 인간 중심의 설계와 다양한 이해관계자들의 관점을 포함해서 시스템적 프리센싱을 실천하는 방안이 된다. 따라서 처치맨 교수는 인간 중심의 시스템적 프리센싱에 의해서 시스템 사고가 가능하며, 시스템적 혁신은 시스템 사고를 통해 가능하다고 볼 수 있다(Yu, 2018, 2020).

2.2 시스템적 프리센싱과 시스템적 혁신

시스템 사고의 관점에서 보면, 시스템적 프리센싱과 시스템적 혁신은 휴머니즘의 가치를 지향한다는 점에서 매우 밀접한 연관성이 있다. 이번 절에서 시스템적 프리센싱과 시스템적 혁신은 구체적으로 어떤 연관성이 있는지 살펴보고자 한다.

1) 시스템적 프리센싱은 시스템적 혁신의 기반

시스템적 프리센싱(systemic presencing)는 '시스템적(systemic)'이라는 단어와 '프리센싱(presencing)'의 단어로 구성된 합성어이다. 시스템적(systemic)의 용어에는 시스템의 궁극적인 목적이 인간적 가치를 고려하여 인간의 본질적인 삶을 향상한다는 의미가 포함되어 있다(Scharmer, 2009; Laszlo, 2017). 시스템적 혁신의 의미는 이미 혁신된 시스템을 변화시킨다는 의미가 아니라, 사회, 문화, 조직 구조와 같은 기존 시스템의 본질, 근본적인 상태나 성질을 변화시키는 것이다(Midgley & Lindhult, 2017). 프리센싱(presencing)은 미래에 다가오는 가능성을 개인이나 집단이 심층적으로 감지하고, 기존에 존재하는 시스템의 본질과 특성을 심층적으로 변화시켜 다가오는 미래 가능성을 실현하기 위해서 창조적으로 사고하고 행동하는 것이다(Scharmer, 2009). 따라서 시스템적 프리센싱은 시스템적 혁신이 일어나도록 하는 기반이 된다.

(1) 조직은 프리센싱을 통해서 시스템적 혁신의 필요를 인식

시스템적 프리센싱의 첫 번째는 시스템적 혁신의 필요를 인식하는 단계이다. 시스템적 혁신의 필요성을 인식할 때, 프리센싱이 인간 내면의 심층적인 과정을 거쳐서 창조적인 행위로 나타날 수 있기 때문이다. 즉 시스템적 프리센싱은 조직의 의사결정자 또는 참여자가 현재 시스템의 본질적인 문제를 파악하고 이를 근본적으로 변화시키려는 '시스템적 혁신'의 필요성을 깨닫는 데서 시작된다고 볼 수 있다. 조직의 경영자 또는 참여자가 시스템적 혁신의 필요성을 인식하면, 조직 내 어느 영역에서 변화와 혁신이 필요한지를 찾아낼 수 있다. 또한, 이러한 '문제 영역' 또는 혁신이 대상이 되는 영역을 변화시키는 방안을 찾는 데 도움을 줄 수 있다.

(2) 시스템적 프리센싱은 시스템적 혁신의 과정을 모니터링하고 수정

조직에서 시스템적 프리센싱을 위한 시스템적 혁신의 필요성을 인식하는 순간부터 시스템적 프리센싱은 시스템적 혁신과 밀접한 관계를 맺게 된다. 조직이 시스템적 혁신을 실천하려면, 시스템적 프리센싱을 통해 경영자와 구성원들은 긴밀하게 상호 협력해야 한다. 왜냐하면 시스템적 혁신은 조직의 한 부서나 팀에서만 이루어지는 것이 아니라, 조직 전체를 통해 일어나는 것이기 때문이다. 또한 시스템적 프리센싱은 시스템적 혁신의 전 과정을 모니터링하여, 미래 가능성을 실현하기에 부적합한 요소들을 폐기하거나 수정하게 된다. 이러한 과정을 통해 조직 내 시스템적 프리센싱은 더욱 강화된다.

2) 시스템적 혁신은 새로운 형태의 시스템적 프리센싱을 창출

조직은 시스템적 혁신을 통해, 조직내 리더와 구성원들 간의 새로운 관계가 형성되고, 다양한 집단과의 사이에도 새로운 관계를 형성하게 된다. 이러한 새로운 관계는 문화, 조직 구조, 제도 등 기존 시스템의 본질적인 문제들을 변화시키거나 해결하는 데 기여하게 된다. 즉 시스템적 혁신을 통해 조직은 경영자와 구성원들 사이에 새로운 관계를 만들게 되고, 이러한 새로운 관계는 조직문화와 조직 구조를 변화시켜서 또 다른 형태의 시스템적 프리센싱을 창출하게 된다(Scharmer, 2009; Yu, 2023).

(1) 시스템적 혁신은 또 다른 형태의 시스템적 프리센싱을 창조

조직 내 시스템적 혁신이 일어나면 조직의 의사결정자나 참여자들은 조직의 현재 상황, 환경적 이슈나 문제를 해결하는 데 집중하기보다는, 미래에 발생할 기회와 가능성에 더욱 초점을 두게 된다. 따라서 이러한 상황을 창출하는 조직 내 시스템적 혁신은 결과적으로 조직 내 또 다른 형태의 시스템적 프리센싱을 일으키게 된다(Scharmer, 2009; Yu, 2023).

(2) 시스템적 혁신은 시스템적 프리센싱을 강화

시스템적 혁신을 통해 또 다른 형태의 시스템적 프리센싱이 일어나게 되면, 기준 시스템의 본질은 새롭게 변화되어 조직 내 시스템적 프리센싱을 강화한다(Scharmer, 2009; Yu, 2023).

3. 시스템적 혁신 관점의 사회 변화

3.1 AI 시대의 시스템적 혁신

1) 시스템적 혁신의 개념 및 목표

(1) 시스템적 혁신의 개념

미래 사회에서 인간보다 훨씬 똑똑하고 스마트한 시스템이 출현하면 어떤 일이 발생하게 될까? 향후 초지능 인공지능(Super AI)이 등장하게 되면, 매트릭스(Matrix) 영화에서 보듯이, 초지능 인공지능으로 구성된 컴퓨터 시스템이 인간의 삶과 생활을 완전히 지배하는 세상이 올 수도 있다. 이러한 세상에서 우리가 해야 할 일은 '시스템적 혁신'을 통해서 사람들에게 도움이 되는 사회를 만드는 것이다.

보다 확장된 인문학적인 관점에서 볼 때, 컴퓨터 시스템, AI, 인간의 모습을 한 로봇인 휴머노이드와 인간을 변화시키는 시스템적 혁신의 의미는 무엇인가? 본서의 제1장, 제1절, 3) "시스템적 혁신"에서 설명한 시스템적 혁신의 개념은 인간 중심의 사회, 기업, 조직, 커뮤니티에 적합한 시스템적 혁신을 의미한다. 이러한 시스템적 혁신은 다양한 이해관계자들과의 협업, 조직 구성원들의 자발적인 참여와 협력을 통해서 이루어질 수 있다.

2025년 이후 글로벌 빅테크 기업들은 생성형 AI 기술 투자에 막대한 자금을 투자하고 있다. 수년 내에 생성형 AI 및 AI 로봇으로 인한 제조업, 물류, 그리고 농업 부문을 중심으로 엄청난 일자리의 변화가 일어날 것이다. 테슬라는 앞으로 5년~10년 내 휴머노이드 로봇의 상용화를 위해 막대한 자금을 투자하고 있다.

향후 AI 기술이 엄청난 속도로 발전하여, 약한 인공지능(weak AI)과 강한 인공지능(strong AI)의 수준을 훨씬 능가하는 초지능 AI가 개발되어 상용화되면, 우리는 엄청난 불확실한 시대로 접어들게 된다. 이스라엘 히브리 대학교의 유발 하라리(Yuval Harari) 교수가 주장하듯이, 역사는 생물학과 문화의 상호작용이 만들어 낸 결과물이고, AI가 문화를 장악하는 날이 오면 인간이 이 세상을 지배하는 시대는 끝날 것이다. 이러한 시대를 대비하여 '시스템적 혁신'의 개념은 인간 중심의 사고방식에서 AI와 인간이 공존하는 관점으로 재해석되어야 한다. 즉 시스템적 혁신은 불확실성(uncertainty)과 복잡성(complexity)의 환경에 대응하기 위해 가능한 한 모든 것을 포함하는 관점이 중요하다. 버클리 대학교 처치맨 교수는 불확실성에 대응하기 위해 의사결정을 하기 전에 그 의사결정으로 인해 영향을 받는 모든 사람을 고려해야 하고, 영향을 받는 모든 상황을 고려하는 것이 필요하다고 주장한다(Churchman, 1979).

(2) 시스템적 혁신의 목표

조직의 의사결정이나 정책 수립 시 가능한 한 모든 사람을 포함하고 모든 상황을 고려하기 위해서, 시스템적 혁신의 목표는 휴머니즘의 관점에서 인간의 가치 있는 삶을 지향하는 것이 되어야 한다(Churchman, 1979).

3.2 시스템적 혁신과 프리센싱의 실천 방안

1) 시스템적 혁신과 프리센싱의 실천 방안

시스템적 혁신과 밀접하게 연계가 되어 있는 시스템적 프리센싱의 실천 방안은 하나의 거대한 시스템으로 연결된 개인과 조직, 사회가 깊은 관찰과 성찰을 통해 미래의 가능성을 현재로 끌어오는 시스템적 혁신을 하는 것이다. 미국 MIT 대학교의 오토 샤머(Otto Scharmer) 교수가 주장하는 시스템적 혁신과 프리센싱의 실천 단계는 다음과 같다(Scharmer, 2000, 2009).

(1) 1단계: 타인에 대한 경청의 장을 창조(Create a Listening Space)

시스템적 프리센싱의 1단계는 타인에 대한 경청의 장을 만드는 것이다. 기업의 입장에서 보면, 고객, 투자자, 지역 사회 주민, 그리고 경쟁사 등 이해관계자들의 관점과 아이디어를 편견이나 선입관이 없이 그대로 경청할 수 있는 장을 창조하는 것이다. 이해관계자들의 관점, 견해, 아이디어, 제안들을 비판적인 시각이 아닌 긍정적인 시각으로 그대로 경청하는 자세가 중요하다. 따라서 AI를 활용하여 이해관계자들의 관점, 견해, 아이디어 등을 분석하고 통합하는 것이 필요하다.

(2) 2단계: 전체 시스템을 인식(See the Whole System)

시스템적 프리센싱의 2단계는 환경과 시스템의 상호작용을 파악하고, 내부 시스템의 구성 요소들 사이의 연결관계를 인식하고 더 큰 시스템의 관점에서 전체 시스템의 내부 작용과 외부 환경과의 상호작용을 인식하는 것이다.

(3) 3단계: 다른 집단 혹은 조직과의 연결관계를 센싱(Sense the Connections)

시스템적 프리센싱의 3단계는 불확실한 미래 환경의 변화에 대비하기 위해 다른 현실과 상황에 처한 다른 집단이나 조직과의 연결관계를 만들 기회를 창출하는 것이다. 즉 3단계는 같은 업종이 아닌 다른 집단 또는 다른 조직과 연결관계를 구축하기 위해 센싱(sensing)하는 단계이다. 예를 들어, 자동차 제조회사가 자동차 생산과 전혀 관련이 없는 디지털 마케팅 회사나 온라인 플랫폼 기업과의 연결관계를 만드는 것은, 예측 불가능한 미래 비즈니스 환경에 대해 공감할 기회를 만들고 상호 협력할 기회를 제공할 수 있다.

(4) 4단계: 미래를 공동 창조(Co-create the Future)

시스템적 프리센싱의 4단계는 현재 기업이 직면한 문제 상황이나 위기 상황에 대한 즉답을 제시하기보다는, 기업의 경영자는 직원들뿐만 아니라 사회적으로 소외된 집단과 이해관계자들의 아이디어나 의견을 수용하여 조직의 미래를 비전화하고, 시스템적 사고를 통해 미래를 공동으로 창조하는 과정이다.

지금까지 살펴본 내용을 요약하면, 시스템적 프리센싱은 시스템적 혁신의 이론적 토대가 된다. 또한 시스템적 혁신은 새로운 형태의 시스템적 프리센싱을 창출한다. 시스템적 사고의 관점에서 본 시스템적 프리센싱은 타인의 관점에서 세상을 보는 것으로부터 시작된다. 따라서 시스템적 프리센싱을 실천하려면, 이해관계자인 타인의 아이디어나 의견을 경청하고, 전체 시스템을 인식하는 것이 중요하다. 즉 시스템적 프리센싱은 불확실한 미래 환경 변화에서 가능성을 찾고 다른 집단 혹은 조직과 연계하여 미래를 공동으로 창조하는데 있다.

6장 토론 사례

시스템적 프리센싱의 사례: 세종 스마트 시티

세종 스마트 시티(Sejong Smart City)

금강과 미호천의 주변에 위치하여 자연 친화적인 대한민국의 미래형 도시 모델인 세종 스마트 시티는 2018년 국토교통부가 세종시와 부산 에코델타시티를 국가 시범도시로 선정하면서 본격적으로 추진되었다.

2020년 11월에 민간사업자 공모를 통해 세종시의 스마트 시티(Smart City)가 본격적으로 설계가 시작되었고, 2023년에는 공시적으로 설계 용역 계약이 체결되었다. 세종 스마트 시티는 현재 설계 단계에 있으며, 2037년 준공을 목표로 하고 있다. 수도권 집중을 완화하고, 서울과 지방과의 균형 발전을 도모하기 위해 세종시를 행정중심복합도시로 개발하면서, 스마트 시티를 통해 미래 국가 균형 발전을 선도하고자 하는 목적으로 설계되었다.

자연 생태계와의 조화를 통한 시스템적 혁신

세종 스마트 시티는 생태계의 보전과 주변 자연환경과의 조화, 시민 참여형 도시 설계와 공동 창조, 전체 도시 시스템의 통합적 변화를 고려하여 개발되었다. 특히 시민 참여형 스마트 시티의 설계는 시스템적 혁신과 프리센싱을 고려하여 시민 참여형 의사결정의 프로세스와 데이터 기반 행정 시스템의 운영이 이루어지도록 개발되었다.

또한, 시민들의 삶의 질의 향상과 자율 주행 셔틀버스의 운영, 수요 응답형 대중교통 시스템을 통해서 효율성 향상, 전기차, 전동킥보드 등 친환경적인 교통수단을 사용하고 '신재생 에너지를 활용한 스마트 에너지 관리가 이루어질 전망이다. 또한' 세종 시민들의 생\활과 안전은 AI 기반형 안전 관리 시스템에 의해 설계되고 운영될 것이다.

세종 스마트 시티는 단순한 기술적 혁신과 변화가 아닌 사회, 기술, 경제, 문화 및 정책이 통합적으로 어우러져 만들어지는 미래형 도시로 시스템적 프리센싱이 구체화하는 한국형 스마트 시티의 대표적인 모델로 자리매김하고 있다.

출처: 권원혁(2021)

토론 과제

1

시스템적 프리센싱 (Systemic Presencing)의 관점에서 본 세종 스마트 시티의 특성은 무엇인가?

2

세종 스마트 시티와 시스템적 혁신은 어떤 연관성이 있는가? 구체적인 예를 들어서 설명하라

3

세종 스마트 시티의 사례에서 나타나 시스템적 프리센싱의 개념과 실천 방안에 대해 설명하라.

참고문헌

국내서적

권원혁(2021). 시민과 함께하는, 데이터 기반의 세종 Digital Urban Platform, 한국지역정보개발원.

김영한(2020). 조직 혁신의 전략, 서울: 한울.

박찬호(2021). 디지털 전환과 조직 혁신, 서울: 이화출판사

유재언(2018). 동아시아 비즈니스 문화와 혁신적 기업경영, 서울: 창민사.

카카오 (2023). "카카오의 시스템 혁신 사례," 카카오 공식 블로그.

최운실 외(2015). 창조경제와 시스템 혁신, KISTEP 보고서.

OECD (2019). Going Digital Toolkit.

해외서적

Churchman, C. W. (1971). *The Systems Approach*, Boston: Houghton Mifflin.

Churchman, C. W. (1979). *The Systems Approach and its Enemies,* Retrieved from https://coevolving.com/blogs/

Fielden, K. (2006). Mindful Knowing, *Proceedings of the 50th International Society for Systems Sciences (ISSS) conference*, July 9-14, 2006, Sonoma State University, California, U.S.A.

Jackson, M. C. (2019). *Critical Systems Thinking and the Management of Complexity.* Chichester: Wiley.

Jung, H. and Lee, S. (2022). Systemic innovation and digital transformation in KMorean smat villages, *Journal of Asian Public Administration*, 14(3), pp. 215-232.

Laszlo, A. (2017). Systemic innovation in a world of uncertainty, In, Siddique, J. (ed.). *Humanity, Hope and Innovation: A constructive Approach to Our Global Crisis*, RICEVA Arts, Leamington Spa.

MacLean, P. (1990). *The Triune Brain in Evolution: Role in Paleocerebral Functions,* New York: Plenum..

Midgley, G. and Lindhult, E. (2017). What is Systemic Innovation, *Research*

Memorandum 99, University of Hull, United Kingdom.

Scharmer, C. O. (2000). Presencing: Learning From the Future As It Emerges, *Proceedings of the Conference on Knowledge and Innovation*, pp. 1-47. May 25-26, 2000, Helsinki School of Economics, Finland.

Scharmer, C. O. (2009). *Theory U: Leading from the Future as It Emerges*, Oakland, California, USA: Berrett-Kpehler.

Yu, J. E.(2018). *Creating Systemic Innovation : A Process-Oriented Systems Research,* New York : Nova Science Publishers.

Yu, J. E. (2020). A Study on Innovation in Organizations from Buddhist Perspective. *Proceedings of the Conference of Korean Academy of Management(Korean version)*, November 18, 2020. Business School, Korea University, South Korea.

Yu, J. E. (2023). Viable System Model for Managing Organizational Transformation: A Case Study on Korean Food-Services System, *Global Business and Finance Review*, 28(4), pp. 104-114.

제 III 부

ESG 경영과 프리센싱의 전략적 융합

학습 목표

제III부는 21세기 기업 경영의 화두인 지속가능성(Sustainability) 관련 내용을 다룬다. 단기 이익이 아닌 장기 생존과 사회적 책임이 기업 평가의 기준으로 자리 잡음에 따라 환경(Environment), 사회(Social), 지배구조(Governance)를 통합적으로 관리하는 ESG 경영이 글로벌 스탠더드로 확산되고 있다. 그러나 ESG 경영이 단순한 평가 지표 대응이나 위기관리 수단으로 전락하는 경우도 많다.

프리센싱(Presencing)은 이러한 경직된 접근을 넘어 미래로부터 오는 가능성을 현실화하여, ESG 경영이 기업의 철학과 전략, 그리고 시스템 혁신으로 내재화되는 방안을 제시한다.

제7장
지속가능한 경영: ESG의 본질과 새로운 패러다임

제7장에서는 ESG 경영의 개념과 글로벌 트렌드를 살펴보고, 프리센싱 기반의 ESG 전략 수립 방안과 지속가능성과 기업 가치의 선순환 구조를 설명한다.

이야기 7
AI 열풍 타고 진화하는 ESG 경영

서스틴베스트, AI로 리스크 측정
삼성SDS 등 탄소저감에 활용, 기업 사회공헌활동에도 AI 이용

기업들의 ESG(환경·사회·지배구조) 경영이 챗GPT 등장 이후 나타난 인공지능(AI) 열풍을 타고 진화하고 있다. 기업 ESG 평가에 AI를 활용하거나 탄소감축, 사회공헌활동에 AI 기술을 접목하는 사례가 늘고 있다. AI가 사회의 ESG 전환 속도를 가속화하는 변수로 작용하고 있다는 분석이다.

ESG 평가기관인 서스틴베스트는 AI를 활용한 실시간 ESG 평판리스크 측정 모델인 '서스틴 레피'를 활용할 방침이다. 기업별 산업재해, 환경사고, 횡령 등 부정적 사건이나 탄소중립 선언 등 긍정적 사건을 실시간으로 정확하게 파악·분석한다. 그동안 비계량 요소가 많은 ESG 평가는 사람이 직접 할 수밖에 없어 분석의 정확도와 속도가 떨어진다는 지적이 적지 않았다. 하지만 서스틴베스트처럼 AI 활용 범위가 넓어지면 적은 인력으로도 투자자와 기업이 원하는 정보를 충분히 제공할 수 있을 것이다. 또 인간의 주관 개입 여지가 줄어들어 객관성을 확보할 수 있을 것이다.

ESG에 AI 접목하는 기관·기업들

기관·기업	활용
서스틴베스트	기업 ESG 현황 파악·분석
SK하이닉스	전력 사용 효율화
삼성SDS	물류탄소배출량 추적
SK텔레콤	노인-치매환자 돌봄 활동
KT	개발도상국 대상 의료기술 교육

기업들은 탄소배출 저감활동 등에도 AI 기술을 적극 활용하고 있다. SK하이닉스는 탄소배출 감소와 전력 효율화를 위해 AI를 활용하고 있다. 냉동기, 외기조화기(OAC) 등 주요 설비에 AI와 디지털 기술을 접목해 전력 효율을 끌어올리겠다는 목표다. 기업의 비용을 절감하는 동시에 탄소배출량도 줄이기 위해 2030년까지 에너지를 누적량 기준 3000GWh 절감하겠다는 목표를 세웠다.

삼성SDS는 챗GPT와 같은 생성형 AI 기술을 탄소배출량 추적에 활용할 방법을 고민하고 있다. 삼성SDS는 물류 예약, 운송, 트래킹, 정산을 한 번에 할 수 있는 디지털 플랫폼 '첼로스퀘어'를 활용하고 있다. 여기에 AI 기술을 활용한 탄소배출량 추적, 데이터 분석 등의 기능을 추가할 계획이다. 물류사업에서 발생하는 전력량과 탄소배출 관리를 효율화하는 데 큰 도움이 될 것이란 관측이다.

사회공헌활동에 AI를 활용하는 기업도 늘어나고 있다. SK텔레콤은 노인과 치매환자들을 위한 AI 돌봄, AI 콜서비스를 활용 중이다. 사회복지사들의 돌봄 업무 과정에서 필요한 데이터를 제공한다. 노인 등이 긴급상황에 처하면 '살려줘'와 같은 말 한마디로 119와 관제센터에 자동으로 연결돼 상황을 전달한다. KT는 베트남 등 개발도상국에 AI를 활용한 의료교육 플랫폼을 제공할 예정이다. 국내 의료진이 직접 방문해 교육하기 힘든 베트남 의료시설 등에 AI를 이용, 선진적 의료기술을 전달하겠다는 목표다.

출처: 한경ESG, 2023.6.11

1. ESG 경영의 개념과 글로벌 트렌드

1.1 ESG 경영의 개념 정립

21세기 기업 경영의 화두는 지속가능성(Sustainability)이다. 단기 이익이 아닌 장기 생존과 사회적 책임이 기업 평가의 기준으로 자리 잡았다. 이에 따라 환경(Environment), 사회(Social), 지배구조(Governance)를 통합적으로 관리하는 ESG 경영이 글로벌 스탠더드로 확산되고 있다. 그러나 ESG 경영이 단순한 평가 지표 대응이나 위기관리 수단으로 전락하는 경우도 많다.

프리센싱(Presencing)은 이러한 경직된 접근을 넘어 미래로부터 오는 가능성을 현실화하여, ESG 경영이 기업의 철학과 전략, 그리고 시스템 혁신으로 내재화되는 방안을 제시한다.

현대 경영학의 아버지라 부르는 피터 드러커(Peter Drucker)는 그의 저서 '경영의 실체'에서 기업이란 무엇이며, 무엇이 되어야 하는가. 우리의 사업은 무엇이며, 무엇이 되어야 하는가를 화두로 던지며, 고객 창출, 목표관리, 그리고 강점 강화를 어떻게 이룰 것인지를 고민하였다.

21세기 기업 경영의 패러다임은 이윤 극대화를 넘어 지속가능성(Sustainability)으로 급격히 이동하고 있다. 이러한 변화의 중심에는 ESG(Environmental, Social, Governance)가 있다. ESG는 환경, 사회, 지배구조라는 세 가지 비재무적 요소를 경영의 핵심 축으로 삼는 경영철학이다. 단순한 CSR(기업의 사회적 책임)을 넘어 기업의 장기적 가치 창출과 리스크 관리의 필수 요소로 자리 잡았다.

ESG는 2004년 UN의 책임투자원칙(PRI, Principles for Responsible Investment)을 통해 본격적으로 전 세계적 논의가 시작되었다. 이 개념은 기업의 재무적 성과만으로는 그 기업의 진정한 가치를 설명할 수 없다는 인식에서 출발했다.

- **E (환경)**: 기후 변화 대응, 탄소 중립, 자원 순환 등 환경 보호 및 지속가능한 경영을 의미한다. 환경(Environment) 요소는 탄소배출, 에너지 사용, 자원 순환, 생물 다양성 등 지속가능한 환경 보존에 대한 기업의 책임을 다룬다.
- **S (사회)**: 노동 인권 보호, 다양성, 지역사회 공헌, 공급망 관리 등 사회적 책임을 뜻한다. 사회(Social) 요소는 노동권, 인권, 다양성, 지역사회 기여 등 이해관계자와의 관계에서 발생하는 사회적 책임을 포함한다.
- **G (지배구조)**: 투명한 지배구조, 이사회 독립성, 윤리 경영 등 기업의 신뢰와 투명성 강화를 포함한다. 지배구조(Governance) 요소는 이사회 구조, 내부 통제, 투명한 의사결정 프로세스 등 경영의 윤리성과 투명성을 평가한다.

ESG 경영은 진화하고 있다. 과거의 CSR(기업의 사회적 책임)이 '선의의 의무'

였다면, ESG는 투자 기준이자 경영의 필수 전략으로 자리 잡았다. 지속가능성은 더 이상 선택이 아닌 생존의 문제이며, 이해관계자의 요구와 시장 압력은 기업의 ESG 성과를 직접 평가하고 있다.

ESG는 이제 투자자의 평가 지표로도 작용한다. 블랙록(BlackRock), 벵가드(Vanguard) 등 세계 최대 자산운용사들은 ESG 성과가 우수한 기업에 투자를 집중하고 있으며, 이는 기업의 생존 전략으로까지 연결된다.

1.2 글로벌 ESG 경영 트렌드의 전개

ESG는 이제 단순한 비재무적 요소가 아니라 기업의 지속가능성과 생존 가능성을 좌우하는 핵심 전략으로 부상하고 있다. ESG 경영이 글로벌 시장에서 어떤 방향으로 진화하고 있는지를 이해하는 것은 기업과 경영자 모두에게 필수적인 과제가 되었다. ESG는 크게 투자자 중심의 ESG, 규제와 공시 의무, 이해관계자 자본주의라는 세 가지 흐름으로 전개되고 있다.

1) 투자자 중심의 ESG: 리스크 회피에서 가치 창출로

과거에는 ESG가 윤리적 투자의 개념으로 여겨졌지만, 현재는 글로벌 투자자들의 핵심 평가기준으로 자리잡았다. 세계 최대 자산운용사인 블랙록(BlackRock)의 CEO 래리 핑크(Larry Fink)는 2020년 연례 서한에서 "기후 리스크는 투자 리스크"라고 선언하며, ESG를 고려하지 않는 기업은 투자 대상에서 제외하겠다고 밝혔다.

이는 투자자들이 더 이상 ESG를 비재무적 요소로만 보지 않는다는 점을 명확히 보여준다. ESG 성과는 기업의 장기 수익성과 직결되며, 투자자는 ESG 역량이 기업의 생존 가능성과 경쟁력을 결정짓는 요소라고 판단하고 있다.

국내에서도 국민연금을 비롯한 기관투자자들이 책임투자 방침에 따라 ESG 평가를 투자 기준으로 적극 반영하고 있으며, ESG 등급이 높은 기업은 투자자금 유입, 주가 프리미엄, 대외 이미지 제고 등에서 유리한 입지를 점하고 있다.

2) 규제와 공시 의무: ESG는 선택이 아닌 의무

전 세계 주요 국가들은 ESG 공시를 자발적 보고에서 법적 의무화로 전환하고 있다. 이는 ESG가 단순히 좋은 일을 하는 것을 넘어, 반드시 보여줘야 하는 시대로 전환되었음을 의미한다.

유럽연합(EU)은 2024년부터 기업 지속가능성 보고 지침(CSRD)을 통해 기업의 ESG 정보 공개를 의무화했다. 특히 유럽 내에서 사업을 수행하는 해외기업까지 보고 의무 대상에 포함되며, 공급망 전체에 ESG 기준 준수를 요구하고 있다. 미국 SEC는 기후변화 관련 리스크 공시를 중심으로 ESG 정보 공시 기준을 구체화하고 있으며, 중소기업 및 스타트업에까지 점진적으로 적용할 예정이다. 대한민국 역시 금융위원회를 중심으로 2030년까지 자산 1,000억 원 이상 상장기업의 ESG 공시를 의무화할 예정이며, 한국거래소는 ESG 가이드라인을 지속적으로 보완하고 있다.

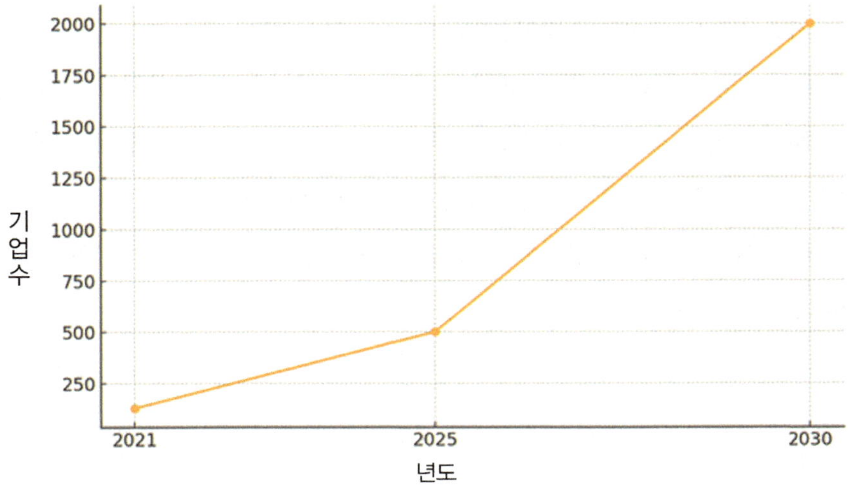

[그림 7-1] 국내 ESG 공시의무화 대상 기업수 변화 예측

국내 기업은 [그림 7-1]에서 보는 바와 같이, 2021년부터 2030년까지 자산 규모에 따라 ESG 공시 의무가 확대될 것이라는 추이를 나타내고 있다. 자산 1,000억 원 이상 모든 상장사들을 대상으로 2021년 127개사 시범 운영, 2025년 약 500개사, 2030년 약 2,000개사로 확대될 예정이다.

이러한 흐름은 ESG 경영의 투명성을 중시하며, ESG 공시 역량이 곧 경영관리 수준의 지표가 되는 시대가 도래했음을 보여준다. 기업은 이제 ESG 전략을 보고용 문서가 아닌 실질적인 변화로 체계화해야 하는 상황에 놓여 있다.

3) 이해관계자 자본주의의 부상: 기업 목적의 재정의

글로벌 ESG 트렌드의 심층에는 이해관계자 자본주의(Stakeholder Capitalism)라는 철학적 전환이 있다. 이는 전통적인 주주 자본주의(Shareholder Capitalism)를 넘어, 기업의 존재 목적이 모든 이해관계자의 가치 창출에 있다는 관점이다.

2019년 미국 비즈니스 라운드테이블(BRT)은 기업의 목적을 주주 이익 극대화에서 "고객, 직원, 공급자, 지역사회, 주주 모두를 위한 가치 창출"로 재정의했다. 이는 글로벌 기업들이 ESG를 단지 이미지 관리나 규제 회피 수단으로 보는 것이 아니라, 기업 철학의 핵심으로 받아들이고 있음을 보여준다.

국내 기업들의 ESG 사례는 〈표 7-1〉에서 보는 바와 같이 확산되고 있다. 이러한 변화는 특히 MZ세대 소비자, ESG 투자자, 그리고 윤리적 소비를 중시하는 시민사회 등 새로운 이해관계자 세력의 성장과 밀접하게 연관된다. 기업이 이들과의 신뢰를 확보하지 못하면 시장에서 도태될 수 있다는 위기의식은 ESG 경영의 내재화를 촉진하고 있다.

〈표 7-1〉 국내 기업들의 ESG 사례

번호	항목	내용 요약
1	국민연금의 책임투자 확대	국민연금은 전체 주식투자 중 50% 이상을 ESG 기준에 따라 투자함
2	삼성전자의 ESG위원회 설립	이사회 산하에 ESG위원회를 신설, 지속가능경영 전략 수립 주도
3	SK그룹의 넷제로(Net-Zero) 선언	2040년까지 탄소중립 달성을 목표로 전사적 탄소 감축 전략 추진
4	현대자동차의 RE100 가입	2050년까지 재생에너지 100% 사용을 선언, 글로벌 공급망 대응
5	LG 에너지 솔루션의 ESG 채권 발행	총 1조원 규모의 ESG채권을 발행하여 친환경 투자 확대
6	2024년부터 자산 2조원 이상 기업 ESG 공시 의무화	금융위 기준에 따라 자산규모 기준 단계별 ESG 공시 시행
7	삼성물산의 ESG 통합 보고서 발간	지속가능경영 보고서를 기존 CSR에서 ESG 중심으로 개편
8	포스코홀딩스의 이사회 내 ESG위원회 강화	이사회 내 ESG위원회를 독립화하여 책임경영 구조 강화

2. 프리센싱을 통한 ESG 경영전략 수립

2.1 ESG 경영의 진화와 전략적 통합의 필요성

디지털 전환과 기후위기, 팬데믹 이후의 불확실성은 ESG를 일시적 유행이 아닌 미래 조직의 생존 전략으로 격상시켰다. 그러나 기존 ESG 접근 방식은 규제 대응 중심, 보고서 작성 중심으로 흐르며 본질적인 전환을 이끌어내지 못하고 있다.

이에 따라 AI 시대의 경영자는 ESG를 사후 대응이 아닌 미래 감지와 창조적 실천의 전략으로 바라볼 수 있어야 하며, 이때 핵심이 되는 접근법이 바로 프리센싱(Presencing)이다.

최근 ESG는 단순한 비재무적 평가 지표를 넘어, 지속가능한 기업경영의 핵심 전략으로 부상하고 있다. 기업은 더 이상 재무적 성과만으로는 생존과 성장을 보장받을 수 없다. 기후위기, 사회적 불평등, 지배구조의 투명성 문제는 기업에 새로운 책임과 역할을 요구한다. 이에 따라 ESG는 단기적 대응이 아닌, 조직의 존재 목적과 전략 체계 전반에 내재화되어야 한다.

그러나 많은 조직이 ESG를 보고체계 수준에 머무르고 있으며, 이는 실질적 혁신으로 이어지지 못하고 있다. 이러한 한계를 극복하기 위해서는 미래 변화의 흐름을 감지하고, 조직 내부의 인식과 구조, 문화까지 근본적으로 재정렬하는 프리센싱 접근이 필요하다.

2.2 프리센싱의 개념과 ESG 전략과의 연결

프리센싱은 오토 샤머의 '이론 U(Theory U)'에서 비롯된 개념으로, 기존의 관성적 문제 해결 방식에서 벗어나 미래에서 오는 가능성의 자기(emerging self from the future)에 접속함으로써 새로운 사고, 구조, 실천을 창출하는 과정이다.

ESG 경영은 본질적으로 새로운 가치의 공동 창출을 요구한다. 환경·사회·지배구조 문제는 시스템적 성찰과 협업적 혁신 없이는 해결할 수 없는 과제이다. 이 지점에서 프리센싱은 ESG 전략 수립의 방향성과 실행의 촉매 역할을 한다. 프리센싱 기반 ESG 전략은 과거 데이터 중심의 리스크 관리형 ESG가 아닌, 미래 지향적이고 공동 창조(Co-Creation) 중심의 ESG로의 전환을 가능하게 한다.

2.3 ESG 경영의 한계와 프리센싱의 필요성

현재 ESG 경영은 측정 중심, 보고 중심의 형식적 대응으로 왜곡될 위험이 있다. 프리센싱은 ESG를 단순한 지표 관리가 아닌, 기업 존재 목적(Purpose)과 가치(Value)를 근본에서 재설계하는 과정으로 전환시킨다.

(1) 기존 ESG 경영의 한계

① 과거 데이터 의존: 정량적 평가에 집중하여 미래 변화 감지 능력 부족
② 단편적 대응: 환경, 사회, 지배구조를 개별 이슈로 접근하여 시스템적 사고 부족
③ 실행력 부족: 전략과 실행 사이의 단절, 구성원의 몰입과 참여 미흡

기존 ESG 경영은 주로 리스크 관리와 규제 대응 중심으로 전개되어 왔다. 즉, 환경(E)·사회(S)·지배구조(G) 항목에 대한 지표를 수집하고 보고서를 작성하는 과정에서 기업은 무엇을 해야 하는가를 외부 기준에 따라 수동적으로 따르는 경향이 있었다. ESG가 전 세계 기업의 경영 키워드가 되었지만, 다음과 같은 한계에 봉착하고 있다.

첫째, 형식주의의 함정이다. 체크리스트 중심의 공시 의무 대응은 ESG의 본질적 가치를 놓칠 수 있다. 이는 ESG 보고서 발간이 마케팅 수단이나 기업 이미지 제고에만 사용되며, 실제 경영 전략과 분리되어 있기 때문이다.

둘째, 규제 중심 사고를 들 수 있다. 정부의 공시 기준과 투자자 평가에 대응하는 수동적 ESG가 대부분이다. 이는 오히려 변화의 속도를 늦추는 결과를 초래하며, ESG가 급변하는 사회·기후·기술 변화의 속도와 맥락을 따라가지 못한다.

셋째, 단기주의적 판단이다. ESG가 장기성과와 지속가능성을 다룸에도 불구하고, 단기 비용 증가에 대한 우려로 실행이 미뤄지는 경우가 많고, 이해관계자들과의 공감 부족은 신뢰 형성의 실패로 이어지게 된다.

이러한 한계를 넘어서기 위해서는 기업이 조용하지만 강력한 미래 신호를 감지하고, 자기 정체성과 사회적 목적을 재정의하며, 이해관계자와 함께 새로운 가치를 공동 창조해야 한다. 이것이 바로 프리센싱 전략의 핵심이다.

(2) 프리센싱 기반 ESG 전략의 핵심

① 시스템 사고(System Thinking)
ESG 이슈를 조직 전체 및 이해관계자의 관점에서 통합적으로 파악해야 한다.

② 집단지성(Collective Intelligence)
구성원과 이해관계자의 집단적 감지와 공감에 기반한 의사결정을 필요로 한다.

③ 미래 감지(Future Sensing)
미래의 위험과 기회를 선제적으로 인식하고 프로토타입 실행을 통해 학습과 진화가 지속적으로 이루어져야 한다.

3. 프리센싱 기반 ESG 전략경영 수립 프로세스

3.1 프리센싱 기반 ESG 전략경영

1) 프리센싱 기반 전략 수립 프로세스

프리센싱은 미래의 가능성을 현재로 끌어와 조직과 사회를 전환시키는 과정을 의미한다. ESG 경영에 적용할 수 있는 프리센싱 기반 전략 수립 프로세스는 다음과 같다.

(1) 연결의 장(場) 만들기(Co-Initiating)

조직의 다양한 이해관계자(직원, 고객, 지역사회, 투자자 등)와의 진정성 있는 대화를 통해, ESG가 우리 조직에서 어떤 의미를 가지는지 공감적 문제의식을 형성한다. 예를 들면, 사내 공청회, 시민포럼, 고객 인터뷰 등이 있다.

(2) 공동 감지(Co-sensing): 시스템적 감각 확장

공급망 탄소배출, 노동 인권 리스크 등 ESG와 관련된 시스템 문제를 현장 중심으로 조사·탐색하여 전체를 보는 눈을 기른다. 기업은 단순히 시장 데이터나 투자자 요구를 분석하는 것이 아니라, 고객, 직원, 지역사회 등 다양한 이해관계자의 심층적인 니즈와 사회적 전환의 징후를 감지해야 한다. 예를 들면, 기후변화에 민감한 청년 세대의 소비 습관 변화, 탄소중립 도시 정책의 방향 등이다.

(3) 자기 인식 전환(Presencing): 존재 이유의 재정립

기존 전략·관행의 한계를 인식하고, 조직의 존재 이유와 미래 역할에 대한 깊은 성찰을 통해 의식의 전환을 유도한다. 조직의 존재 이유(Purpose)를 외부 압력에 대한 반응이 아닌 내재된 비전과 사회적 책무로부터 재정의한다. 이 단계는 ESG를 경쟁력이 아닌 존재 방식으로 받아들이는 전환점이다. 리더십 리트릿, 사내 미래 선언문 작성 등의 사례가 있다.

(4) 공동 창조(Co-creating): 실행과 실험

ESG 가치를 실현할 수 있는 구체적 실험(프로토타입)을 소규모로 추진하고, 이를 바탕으로 전략을 구체화한다. 이해관계자와 함께 새로운 제품, 서비스, 조직문화, 공급망을 실험하고 구현한다. 예를 들면, 폐플라스틱 재활용 사업, 협력업체 ESG 교육 프로그램 등 협력사와 함께 윤리적 생산을 도입하거나, 직원 참여형 친환경 혁신 TF 조직을 운영한다.

(5) 공동 구현(Co-evolving): 지속가능한 시스템 구축

실험과 실행 결과를 바탕으로 ESG 전략을 정교화하고, KPI 및 조직 시스템(성과평가, 의사결정 구조 등)에 반영하여 체계화한다. ESG 전략을 조직 DNA에 내재화하고, 시장과 사회 변화에 따라 유연하게 조정하는 진화형 구조를 형성한다. 예로는 ESG 연계 인센티브 도입, 지속가능경영 위원회 신설 등이 있다.

결론적으로, 프리센싱 기반 ESG 전략은 다음을 가능케 한다.

ESG를 보고와 인증을 위한 외형적 도구에서 존재론적 전략으로 재해석하고, 고객과 시장이 아닌 미래와 연결된 조직의 내면에서 전략을 도출할 수 있다. 또한 일회성 프로젝트가 아닌 진화하는 생태계로의 전환을 이룰 수 있다.

이는 단지 경영 전략의 변화가 아니라, 경영자의 의식 변화에서 출발해야 한다. 프리센싱은 ESG가 왜 필요한지를 조직 스스로 이해하고, 어떻게 실행할 것인가에 대한 깊이 있는 대답을 제공한다.

프리센싱 ESG 전략의 차별성과 효과는 〈표 7-2〉에서 보는 바와 같다.

〈표 7-2〉 프리센싱 ESG 전략의 차별성과 효과

비교 항목	전통적 ESG 전략	프리센싱 기반 ESG 전략
전략 접근방식	리스크 최소화 중심	미래 가치 창출 중심
리더십 방향성	규제 준수형	자기 성찰형 + 공동 창조형
이해관계자 참여	수동적 보고·응답	능동적 연결·공감·참여
실행 도구	지표관리, 인증 중심	프로토타입 기반의 실험과 확산
효과 측정	정량 KPI 중심	정량+정성 KPI+시스템적 영향 추적

2) 프리센싱 기반 ESG 전략 수립의 단계

(1) 1단계: 다운로드(Downloading)

다운로드를 통해 기존 ESG 규제와 요구사항을 학습하여야 한다. 이는 기존 ESG 지표와 규제를 검토하고 현황을 분석하는 단계로, 현재의 경영 관행과 패턴을 인식하고 비판적으로 검토하는 것이다.

(2) 2단계: 관찰(Seeing)

이해관계자 관점에서 ESG 현황을 관찰하여야 한다. 이를 위해 이해관계자와의 깊이 있는 인터뷰 및 공동 관찰을 수행하고, ESG 이슈를 시스템 전체 관점에서 분석하여야 한다.

(3) 3단계: 감지(Sensing)

다음은 ESG 리스크와 기회를 감지하여야 한다. 미래 사회와 시장 요구 변화에 기반한 ESG 트렌드를 감지하고, 전통적 위험 관리가 아닌, 새로운 가능성 중심의 감지를 수행한다.

(4) 4단계: 프리센싱(Presencing)

프리센싱 단계는 기업의 존재 목적과 ESG를 통합하고, 조직의 사명과 ESG 목표를 일치시켜야 한다. 이를 위해 미래 세대 및 지속가능성을 위한 의미 있는 변화를 설계하여야 한다.

(5) 5단계: 구현(Realizing & Prototyping)

구현단계는 ESG를 실행하고 학습하는 단계이다. 이를 위해 프로토타입 실행을 통한 ESG 실천안을 실험하고, 피드백과 반복 학습을 통한 전략 개선 및 전사 확산을 이루어야 한다.

3) 파타고니아(Patagonia)의 프리센싱형 ESG 경영

(1) 기후위기 시대의 차별화 의류회사

'이 재킷을 사지 마세요(Don't Buy This Jacket)' 파타고니아(Patagonia) 하면 많은 사람들이 이 광고 카피를 떠올릴 것이다. 파타고니아는 재킷을 팔면서 사지 말라고도 말한다. 파타고니아는 프리센싱 기반 ESG 전략을 가장 잘 구현하고 있는 대표적 사례다. 파타고니아는 제조과정에서 환경오염과 유발물질 제로 달성, 환경보호를 위한 다양한 기부활동과 함께 친환경 의류제품을 생산함으로써 고객과 사회로부터 사랑받는 기업, 존경받는 경영자, 그리고 이를 통한 지속적인 매출성장을 하고 있다. 이들은 단순히 친환경 의류를 만드는 것이 아니라, 기업의 존재 이유 자체를 "지구를 구하기 위한 비즈니스(Business to save the planet)"로 재정의했다. 환경보호에 대한 공동의 가치를 직원·고객과 공유하며, '지구를 위한 사업(Business for Planet)'이라는 미션으로 제품 설계, 공급망, 마케팅을 재구성함. 이 과정은 전통적 ESG 대응이 아닌, 프리센싱 기반 자기 혁신에서 출발하였다.

(2) 프리센싱 단계 적용

"우리는 최고의 제품을 만들되, 불필요한 환경 피해를 끼치지 않으며, 환경 위기에 대한 공감대를 형성하고 해결방안을 실천하기 위해 사업을 펼쳐가자"는 기업 미션에 따라 파타고니아에서는 모든 활동의 초점을 최고경영자의 친환경 철학이 담긴 리더십에 맞추고 있다.

> 파타고니아의 DNA는 협업과 공감이라는 핵심가치에 내재되어 있다.
>
> 이를 위해 ① 성실성과 상호존중 기반의 이해관계자 관리, ② 환경주의 기반의 개인 및 기업의 역할 수행, ③ 기존 관습에 얽매이지 않는 혁신적 방법 개발 등 세가지 원칙을 함께 따르도록 하고 있다.

"Think Tank Leadership"이라고도 부르는 쉬나드의 리더십은 '생각하는 집단의 공감하는 리더십'이다. 파타고니아에서는 구성원들과의 합의 도출에 초점을 두고, 비록 상하계층은 존재하더라도 좋은 아이디어를 가진 직원은 누구나 자신있게 이를 표현하고 함께 공유하도록 권장하고 있다.

쉬나드의 리더십을 바탕으로 파타고니아의 프리센싱 적용 관련 주요 내용은 네 가지로 요약할 수 있다.

① 공동 감지

파타고니아는 플라스틱 사용과 온실가스 배출이 기업 활동 전반에 어떤 영향을 미치는지를 데이터 분석과 고객 인터뷰를 통해 지속적으로 탐색해왔다.

② 자기 내면 접속

창업자인 이본 쉬나드(Yvon Chouinard)는 “이익보다 지구가 우선”이라는 철학을 경영원칙으로 삼았고, 이를 바탕으로 기업의 방향성을 설정했다.

③ 공동 창출

파타고니아는 리사이클 소재 의류를 도입하고, 고객이 옷을 오래 입도록 수선 서비스(Worn Wear)를 제공하며, ‘Buy Less’ 캠페인을 진행하는 등 파격적 실험을 실행했다.

④ 공동 구현

2022년 창업주는 회사를 지구 환경 보호를 위한 트러스트에 기부함으로써, 기업의 구조 자체를 ESG 지향적으로 전환했다.

(3) 시사점

보여주기식 경영이 아닌 행동하는 친환경 철학으로 사회책임 경영을 실천해온 파타고니아는 ESG를 해야 할 의무가 아니라 하고 싶은 실천으로 전환했으며, 이는 프리센싱적 접근 없이는 불가능한 전략이다. ESG가 전략이 되기 위해선, 프리센싱을 통해 조직의 존재 목적을 근본적으로 재정립해야 한다는 점을 이 사례는 명확히 보여준다.

파타고니아는 '지구를 구한다'라는 존재 목적을 중심으로 ESG 경영을 전개하고, 공급망 투명성, 윤리적 생산, 재활용과 수선 서비스를 통해 지속 가능성을 실천함으로써 창업자가 지분을 기후 재단에 기부하여 지속 가능성을 기업 지배구조에 내재화하고 있는데, 이는 프리센싱 기반으로 미래 가능성을 감지하고 이를 비즈니스 모델에 구현한 대표적인 사례라고 할 수 있다.

4) 국내 프리센싱형 ESG 경영 사례

비교적 소규모 기업이지만 철학 중심의 ESG 실천 국내기업의 사례를 살펴 본다.

(1) 우시산(Woosisan): 폐플라스틱을 예술로 바꾸는 사회적 기업

프리센싱 포인트는 울산 앞바다에 쌓여가는 해양 플라스틱을 보며, '지역 환경 문제 해결'이라는 존재 이유를 자각하였다. 단순 재활용을 넘어 환경과 예술을 연결하는 창의적 실천으로 ESG 전략을 전개하고 있다. 주요 전략적 실행내용은 다음과 같다.

- 해양 쓰레기를 수거해 고래 모양 업사이클링 키링을 제작
- 지역민과의 협업 프로그램으로 환경 교육, 해양 정화 캠페인을 전개
- 수익 일부를 다시 지역 환경 보호 활동에 환원

우시산은 보고용 ESG가 아닌 지역사회와의 동행, 존재 이유 중심 ESG를 실현하며 프리센싱 접근의 국내 모델을 제시하였다.

(2) 트리플래닛(Triple Planet): 숲을 기업과 시민과 함께 만드는 스타트업

트리플래닛의 프리센싱 포인트는 "기후 위기에 대응하는 가장 단순하고 강력한 행동은 나무 심기"라는 신념에서 시작하였다. 기업의 사회적 가치 창출을 시민 참여형으로 재구성 하였는데, 주요 전략적 실행내용은 다음과 같다.

• 기업과 협약을 통해 기부 기반의 기부숲, 반려나무숲 조성
• 네이버, 아모레퍼시픽, 카카오 등과 협력하여 ESG 실천 확대
• 앱을 통한 시민 참여형 ESG 플랫폼 운영

트리플래닛의 시사점은 ESG를 재무적 성과가 아닌 시민과의 가치 공동창출로 전환하고, IT와 결합하여 확장 가능한 지속가능 전략을 실현했다. 이는 공동 감지–공동 창출–공동 구현의 전형적 사례다.

(3) 마리몬드(Marymond): 인권 기반 브랜드 정체성을 실천한 사례

마리몬드의 프리센싱 포인트는 위안부 피해자의 기억과 존엄을 담은 브랜드를 만들어 사회적 약자의 목소리를 제품과 디자인에 녹여내며, 기업의 정체성과 ESG를 일치시켰던 대표 사례이다. 전략적 실행내용은 다음과 같다.

• 매출 일부를 인권단체에 기부
• 제품에 '기억의 꽃' 문양 적용 (역사적 기억을 일상으로)
• 인권 관련 이슈에 적극적으로 입장 표명

시사점으로는 브랜드의 존재 이유 자체가 ESG였던 드문 사례이다. 이후 기업 내부 리스크 이슈로 인한 위축은 있었지만, ESG의 내재화와 정체성 기반 실천이라는 교훈은 여전히 유효하다.

4. 지속가능성과 기업 가치의 선순환 구조

21세기 기업은 단순히 이익을 창출하는 조직을 넘어, 사회와 환경 속에서 지속가능한 방식으로 존재하고 작동하는 생태적 주체로 거듭나야 한다. 이는 ESG의

본질이기도 하며, ESG를 통해 지속가능성과 경제적 가치를 통합하고 이를 선순환 구조로 연결시키는 전략은 모든 기업이 추구해야 할 새로운 경영 패러다임이다.

4.1 지속가능성과 경제적 가치의 통합

전통적으로는 기업의 경제적 가치와 사회적 책임은 상충하는 개념으로 간주되었다. 이윤을 추구하면 지속가능성은 희생되고, 지속가능성을 추구하면 비용이 발생한다는 인식이 널리 퍼져 있었다. 그러나 오늘날에는 이러한 이분법적 사고에서 벗어나, 지속가능성과 경제적 가치의 통합이라는 관점이 점점 주류가 되고 있다.

지속가능성이 경제적 가치를 창출하는 이유는 다음과 같다:

첫째, 환경적 효율성 향상이다. 탄소 감축, 자원 순환, 에너지 효율화 등의 친환경 경영은 단기적으로 비용을 수반할 수 있으나, 장기적으로는 원가 절감 및 공급망 안정성 확보로 이어진다.

둘째, 사회적 신뢰 자산 형성이다. 기업이 인권, 노동, 다양성 등 사회적 책임을 적극 이행할 경우, 이해관계자와의 신뢰가 형성되고 이는 고객 충성도, 직원 몰입도, 투자자 신뢰로 연결된다.

셋째, 지배구조 개선을 통한 리스크 통제를 들 수 있다. 투명하고 책임 있는 지배구조는 부패와 비효율을 줄이며, 주주가치와 장기적 기업 안정성을 제고한다. 따라서 ESG는 단지 해야 할 일이 아니라, 하면 할수록 이익이 되는 구조를 만들 수 있는 실천적 메커니즘이라 할 수 있다.

1) 이익 vs 지속 가능성 프레임의 해체

지속가능성은 비용이 아닌 투자이자 장기적 수익 창출의 기반이 된다. 하버드 비즈니스 스쿨(Michael Porter & Mark Kramer)의 공유가치창출(CSV) 이론처럼,

사회적 가치와 경제적 가치는 분리되지 않는다.

2) ESG 경영이 기업 가치에 미치는 영향

ESG 경영이 기업 가치에 미치는 영향은 장기 투자자 유치가 가능하며, 브랜드 가치 강화, 그리고 위기 대응력 강화를 들 수 있다.

① 장기 투자자 유치: ESG 우수 기업에 대한 기관 투자 증가
② 브랜드 가치 강화: 윤리적 소비 확산과 브랜드 신뢰 구축
③ 위기 대응력 강화: 규제 변화와 사회적 리스크에 대한 민첩한 대응력 확보

4.2 ESG-지속가능성-기업 가치 선순환 구조 설계

지속가능성과 기업 가치는 선형적 관계가 아니라, 순환적 구조로 작동할 때 가장 강력한 성과를 만들어낸다. 이 구조는 다음과 같은 단계로 설명할 수 있다.

1) ESG 선순환 구조의 핵심 흐름

ESG 선순환 구조는 첫째, ESG를 실천하는데 있다. 기업이 친환경 생산, 사회적 책임 활동, 투명한 지배구조를 전략적으로 이행한다.

둘째, 지속가능성을 강화한다. ESG 실천을 통해 기업의 공급망, 자원 사용, 조직문화, 이해관계자 관계 등이 장기적으로 안정되고 지속가능해진다.

셋째, 기업 가치를 증대한다. ESG 선순환 구조는 결과적으로 고객의 충성도, 투자자의 신뢰, 브랜드 가치 등이 높아지며 시장에서의 평판과 재무적 가치가 동반 상승한다.

넷째, 재투자 및 투자 확대를 기대할 수 있다. 상승된 가치와 자원을 다시 ESG

활동에 재투자함으로써 선순환이 강화된다.

이러한 구조는 단지 개념적 모델이 아니라, 실제 글로벌 기업의 전략에서도 명확히 드러나고 있다. 대표적인 사례가 바로 유니레버(Unilever)의 지속가능 생활계획(Sustainable Living Plan)이다.

① 1단계는 지속가능성 중심의 경영 철학을 정립하는 것이다. 경영진의 가치 선언과 철학 내재화하고, 미래 세대를 위한 책임을 사명에 포함한다.

② 2단계는 지속가능성과 연계하여 비즈니스 모델을 전환하여야 한다. 친환경 제품 및 서비스를 개발하고, 순환 경제, 플랫폼 비즈니스 등으로 비즈니스 모델을 혁신한다.

③ 3단계는 지속가능성 중심의 조직문화를 구축한다. 지속가능성 KPI와 성과보상을 연계하고, 임직원, 공급망 파트너, 고객이 함께 참여하는 거버넌스를 설계한다.

4.3 유니레버의 지속가능 생활계획 (Unilever Sustainable Living Plan, USLP)

1) 지속가능성 강화

유니레버는 ESG와 지속 가능성을 비즈니스 전략에 통합하고 있다. 저소득층 대상 제품과 친환경 포장재 개발을 통해 사회적 가치를 창출하고, 지속 가능성 강화가 브랜드 신뢰 및 시장 확대에 기여하며, 선순환을 실현하였다. 유니레버는 ESG라는 용어가 보편화되기 이전인 2010년, '지속가능 생활 계획(USLP)'이라는 장기 전략을 선포하며, 지속가능성과 기업 성장을 동시에 추구하는 모델을 선도적으로 제시한 기업이다.

2) 핵심 전략

(1) 지속가능한 제품 혁신

환경과 건강을 고려한 제품 개발을 통해 고객 삶의 질 개선에 기여하였다. 대표적으로 도브(Dove)는 여성의 자존감을 높이는 캠페인을, 헬만즈(Mayonnaise)는 식품 폐기물 저감을 위한 소비자 교육을 추진했다.

(2) 환경 발자국 감축

2020년까지 온실가스 배출, 수자원 사용, 폐기물 배출을 절반으로 줄이는 것을 목표로 생산 공정을 전환하였다.

(3) 공급망의 윤리성 강화

원자재 조달과 유통 전 과정에서 인권 보호, 공정 거래를 원칙으로 적용하였다.

(4) 사회적 포용 확대

전 세계 저소득층 여성과 소상공인을 위한 교육, 위생, 금융 접근성 확대 프로그램 운영하고 있다.

3) 실질적 성과

USLP를 도입한 브랜드들은 유니레버 전체 매출의 50% 이상을 차지하며, 비 USLP 브랜드 대비 69% 빠른 속도로 성장하였으며, 전 세계 ESG 투자자들로부터 높은 평가를 받아 지속적으로 투자를 유치하였다.

소비자 조사에서도 책임 있는 브랜드로 인식되어 장기적 고객 충성도가 증가하고 있다.

4) 시사점

유니레버는 지속가능성을 규제 대응이나 이미지 개선의 수단이 아니라, 경영 전략의 중심축으로 삼았다. 특히 ESG 요소를 각각 분리하여 다루기보다, 전사적 차원의 통합 전략으로 설계하고 실행함으로써 ESG–지속가능성–기업 가치 간 선순환 구조의 실질적 모델을 만들어냈다. 이는 ESG 경영이 성장과 책임을 동시에 이룰 수 있다는 것을 입증한 대표 사례다.

지속가능성과 기업 가치는 갈등 관계가 아니라 강화 관계이며, ESG는 그 사이를 연결하는 전략적 매개체다. 프리센싱 전략을 바탕으로 ESG를 내재화한 기업은 단기 이익이 아닌, 장기 생존성과 시장 신뢰를 확보할 수 있다. AI와 기술이 발전할수록, ESG와 지속가능성은 기업이 인간 중심성과 사회성과 책임을 유지하는 데 필요한 핵심 윤리이자 경쟁력이 될 것이다. 지속 가능성은 기업 가치와 상호 보완적이며, 선순환 구조를 통해 장기 성과를 강화하는데, 파타고니아, 유니레버 등의 사례는 ESG와 프리센싱의 전략적 융합을 보여준다.

지속가능성은 더 이상 선택이 아니라 책임이다. 프리센싱은 ESG 경영을 과거 지향적 평가와 규제 대응의 틀을 넘어, 미래 가능성을 기반으로 전략적 실행이 가능한 시스템으로 전환시킨다.

지속가능성과 기업 가치의 선순환 구조를 설계하고 실천하는 기업만이 복잡성과 불확실성의 시대에 진정한 경쟁력을 갖출 수 있다.

7장 토론 사례

AI 윤리와 ESG, 기술 개발에도 윤리와 책임이 중요하다

AI 발전은 ESG 경영을 촉진하지만, 윤리적 문제 역시 촉발해 책임 있는 AI 개발과 ESG 경영 강화를 통한 사회적 신뢰 확보 필요

AI 윤리와 ESG의 조화

인공지능(AI) 기술의 급격한 발전은 경제적·사회적 기회를 창출하는 동시에 심각한 윤리적·법적 문제를 초래하고 있다. 2024년 한국에서 발생한 딥페이크 음란물 사건은 AI 기술이 디지털 성범죄에 악용될 가능성을 여실히 보여준 사례로, AI 기반 콘텐츠 생성 기술이 더욱 정교해질수록 이러한 위험이 증가할 것임을 강력히 시사한다. 익명성을 보장하는 플랫폼이 AI 기반 범죄를 조장하는 구조적 요인이 되고 있기에, 이에 대한 대응이 시급하다.

AI 발전의 긍정적 영향을 최대화하고 부정적 영향을 최소화하기 위해서는 기술 개발과 윤리적 고려 간 균형이 요구된다. ESG(환경·사회·지배구조) 경영 원칙을 바탕으로 AI의 책임 있는 활용을 촉진해야만 한다. AI 윤리에 대한 정책과 규제의 필요성이 증가하면서, 기업들은 윤리적인 AI 거버넌스를 강화하고 투명성을 높이는 방향으로 나아가야 한다.

AI 기술 발전과 윤리적 과제

AI는 1950년대 앨런 튜링의 '기계는 생각할 수 있는가?'라는 질문에서 출발해, 2010년대 딥러닝 기술의 비약적 발전을 통해 산업 전반에 걸쳐 활용되고 있다. 2022년 ChatGPT의 등장 이후 AI는 비즈니스, 교육, 의료 등 다양한 분야에서 핵심 기술로 자리 잡았다. 가트너 보고서에 따르면, 2026년까지 기업의 80%가 생성형 AI API나 모델을 사용하거나 자체 개발할 것으로 예상된다.

그런데 AI의 발전은 여러 윤리적 문제를 촉발한다. AI 알고리즘이 편향된 데이터를 학습할 경우 채용, 의료, 법률 등 다양한 분야에서 차별적 결과를 초래할 수 있으며, 의사결정 과정의 불투명성은 신뢰성을 저하시킨다. 또한, AI 시스템의 개인정보 보호 문제와 책임 소재의 모호성은 법적·사회적 논란을 가중시키고 있다. 이에 따라 AI 거버넌스를 구축하고, 윤리적 AI 개발과 평가를 위한 표준이 요구된다.

AI 윤리 강화를 위한 글로벌 대응

AI 기술의 윤리적 문제를 해결하기 위해 각국 정부와 기업들은 다양한 규제와 윤리 가이드라인을 도입하고 있다. EU는 2024년 유럽이사회에서 승인한 AI법을 통해 고위험 AI 시스템에 대한 엄격한 규제를 도입했으며, 미국 증권거래위원회(SEC)는 AI 기반 금융 모델에 대한 감독을 강화하고 있다. 일본은 AI 안전연구소를 설립하여 AI의 신뢰성 평가 기준을 마련했으며, 중국은 특정 AI 알고리즘의 사용을 제한하는 정책을 도입하는 등 적극적으로 대응하고 있다.

기업들도 AI 윤리를 강화하기 위해 자율 규제 시스템을 마련하고 있다. IBM은 'AI 윤리 위원회'를 운영해 AI 프로젝트의 윤리적 영향을 평가하고 있으며, 구글은 'AI 원칙'을 통해 내부 검토 프로세스를 강화하고 있다. AI 윤리는 이제 지속가능한 기업 운영을 위한 필수 요소로 자리 잡고 있다. 기업들은 윤리적 AI 도입을 위한 연구와 개발에 투자하며, AI 윤리 인증 시스템을 도입하는 방향으로 정책을 확대하고 있다.

▲ AI 발전은 윤리적 문제를 야기한다. 그래서 거버넌스 강화가 필요하다

AI의 ESG 경영 기여, 다만 해결해야 할 문제는 남아

AI는 ESG 경영의 핵심 요소로 자리 잡으며 지속 가능성 목표 달성에 기여하고 있다. AI 기반 데이터 분석은 탄소 배출량을 실시간으로 모니터링하고, 스마트 제조 기술은 에너지 사용량을 최적화하며, 공급망 관리 시스템은 ESG 리스크를 최소화하는 데 도움을 준다. 금융기관들은 AI를 활용해 ESG 리스크 평가를 강화하고 있다. AI 기반 투자 분석 시스템은 기업의 ESG 성과를 실시간으로 평가해 지속가능한 투자 결정을 내릴 수 있도록 지원하며, AI가 공급망의 투명성을 개선해 인권 문제 및 환경 오염 리스크를 줄이는 데 기여하고 있다. 기업들은 AI를 활용해 ESG 경영 활동을 정량화하고, 보다 체계적인 지속 가능성 보고서를 작성할 수 있도록 지원받고 있다.

그러나 AI의 ESG 경영 적용에는 해결해야 할 과제도 많다. AI 알고리즘의 신뢰성과 투명성을 확보하는 것이 중요하며, 데이터 품질 관리 및 접근성 개선이 필요하다. 기업들은 윤리적 AI 개발

원칙을 수립하고, AI 활용의 사회적 영향을 지속적으로 평가해야 한다. AI 기반 ESG 평가 모델이 신뢰성을 확보하기 위해서는 표준화된 데이터 및 AI 윤리적 지침이 필수적으로 요구된다.

AI 신뢰 확보와 ESG 경영의 방향성 모색 필요

AI가 신뢰를 확보하기 위해서는 기업의 거버넌스 체계 강화가 필수적이다. 기업들은 AI 모델의 투명성을 확보하기 위해 AI 감사(AI Auditing) 시스템을 도입하고 있으며, 설명 가능한 AI(XAI, Explainable AI) 기술을 개발해 의사결정 과정을 보다 명확히 설명하고 있다.

AI 신뢰성 확보를 위해 정부, 기업, 시민사회가 협력해야 하며, AI 윤리 가이드라인을 통해 기술 발전과 사회적 책임이 조화를 이루는 방향으로 나아가야 한다. AI 기술의 발전과 ESG 원칙의 융합은 기업의 지속 가능성과 사회적 가치 창출을 위한 필수적인 과제가 되고 있다. 기업들은 AI 윤리 프레임워크 구축, 지속적인 모니터링과 평가, 투명성 강화, 개인정보 보호 등을 위해 노력해야 하며, AI를 ESG 경영에 효과적으로 접목해 환경 보호, 사회적 책임 실천, 투명한 지배구조 구축을 도모해야 한다. AI의 윤리적 설계와 ESG 연계가 기업의 지속가능한 발전에 기여할 수 있도록, AI 기술 개발자와 ESG 담당자 간의 협력이 필수적이다.

책임 있는 AI 개발과 ESG 경영을 결합하는 노력은 단기적으로는 기업 운영에 부담이 될 수 있지만, 장기적으로는 기업의 지속 가능 성장과 사회적 신뢰 확보에 기여할 것이다. AI 기술이 혁신과 신뢰를 동시에 구축할 때, 기업과 사회는 더 나은 미래를 향해 나아갈 수 있을 것이다.

출처: 디지털포용뉴스, 2025.1.30

토론 과제

1

기존 ESG 경영 전략의 한계는 무엇이며, 왜 '프리센싱'이 대안으로 제시될 수 있을까?

2

AI 윤리와 기술을 기반으로 한 ESG 전략은 윤리문제, 기후 위기, 사회 양극화 같은 거시적 위기에 어떻게 대응할 수 있을까?

3

교재 본문 사례 분석에서 파타고니아, 유니레버 등 프리센싱적 접근을 실천하는 글로벌 기업은 어떻게 ESG를 실천하고 있는가?

참고문헌

국내서적

김종대 (2022). ESG 경영의 이해, 박영사.

김형석 외 (2023). 프리센싱 기반의 경영 혁신 모델에 관한 연구, *경영교육연구*, 제38권 1호.

박기찬, 최정철 (2022). ESG 경영을 읽는다, 서울: ㈜한울출판사.

서용석 (2021). 프리센싱 리더십의 국내 적용 가능성 연구, *조직과 인사관리연구*.

윤은기 (2023). 지속가능경영과 ESG, 북넷.

은종성 (2024). AI를 활용한 경영전략 수립, 서울: 책길.

정지원, 염선형 (2025). 꿀벌, AI 그리고 브랜드, 서울: 미래의창.

한국공인회계사회 (2024). 실전 ESG 공시 이것만은 알자, 경성문화사.

해외서적

Otto Scharmer, Theory U: Leading from the Future as It Emerges, Berrett-Koehler, 2016.

John Elkington, Green Swans: The Coming Boom in Regenerative Capitalism, Fast Company Press, 2020.

Ioannis Ioannou & George Serafeim, “The Consequences of Mandatory Corporate Sustainability Reporting,” Harvard Business School Working Paper, 2017.

United Nations Principles for Responsible Investment (UN PRI)

www.unpri.org: 글로벌 ESG 투자 원칙과 사례 제공

World Economic Forum, Measuring Stakeholder Capitalism Report, 2020.

제8장

전략경영의 진화: 데이터 기반에서 프리센싱 기반으로

제8장에서는 기존 전략경영의 이론이 어떤 한계를 가지며, 왜 프리센싱 기반 전략사고로의 전환이 필요한지를 설명하고, 구체적인 적용 방식에 대해 살펴본다.

이야기 8

"아무도 너희 AI 안 쓴다"는 말에…확 바뀐 검색으로 승부수 띄운 이 회사

네이버 초록창을 갈아엎었다. 인공지능(AI) 기반 검색 기능을 본격적으로 선보이면서다. 한층 정확하고 편리한 질문과 답변이 가능해지면서 플랫폼 이용자의 체류 시간을 늘리고 네이버의 경쟁력과 기술력을 입증할 수 있을 것으로 기대된다.

29일 정보기술(IT)업계에 따르면 네이버는 지난 27일 자체 개발한 거대언어모델(LLM) 하이퍼클로바X를 활용해 검색 결과를 요약·정리하고 초개인화 추천으로 이어지는 AI 브리핑 서비스를 출시했다.

이용자가 모바일과 개인용컴퓨터(PC)에서 정보성 검색어를 입력하면 검색 결과를 정부부처·공공기관에서 핵심 정보를 발췌해 전면에 배치한다. 이후 네이버 카페와 블로그, 지식인, 클립, 플레이스 등에 업로드된 관련 게시물을 제시하는 방식이다. 간결하고 풍부한 정보 제공을 통해 이용자의 탐색 시간을 줄이고 검색 만족을 높이겠다는 목표다.

실제로 기자가 네이버에서 '여권 사진 촬영 시 안경·모자'를 검색했을 때 "여권 사진에서 안경은 착용할 수 있지만, 렌즈에 색이 들어간 안경·선글라스 등은 착용 불가합니다. 또한 안경에 빛이 반사되지 않아야 하며 안경테가 눈을 가리면 안 됩니다. 얼굴 윤곽이 뚜렷이 드러나야 하며 모자나 머플러 착용은 금지입니다"라는 답변이 출력됐다.

출처는 외교부로 표시됐다. 신뢰할 수 있는 정보였다. 자세한 내용은 첨부된 페이지 링크를 눌러 확인이 가능하고 사진을 제시한 부분도 장점이었다. 앞서 운영을 시작한 구글의 AI 오버뷰의 상위 호환이라는 생각이 들기도 했다.

AI 브리핑 실험 단계로 정확하지 않을 수 있어요.

여권 사진에서 안경은 착용할 수 있지만, 렌즈에 색이 들어간 안경, 선글라스 등은 착용 불가합니다. 또한 안경에 빛이 반사되지 않아야 하며, 안경캐가 눈을 가리면 안됩니다.

여권 사진에서 눈은 자연스럽게 떠야 하며, 시선은 정면을 향해야 합니다. 눈동자에 적목 현상이 없어야 하며, 눈동자 빛반사(캐치라이트)가 있는 사진은 본인확인이 가능하고, 눈동자 모양 및 색상에 영향을 주지 않는다면 사용할 수 있습니다.

외교부 여권안내 홈페이지 [여권 사진]
외교부 여권안내 www.passport.go.kr/home

구글의 검색 결과는 "가급적 사용하지 않는 것이 좋습니다"로 비교적 간단했다. 출처는 외교부로 동일했으나, 사진은 띄워 주지 않았다. 또 운전면허증 갱신 방법이나 재산세 납부 시기 등에 대해서도 AI 요약 기능을 제공하지 않았다. 반면 네이버는 AI 브리핑을 해 줬다.

여행지 AI 브리핑도 흥미로웠다. 아직은 일본지역만 서비스 중이라 '교토 여행'을 검색하니 최상단에 지역 위치와 평균 기온, 비행시간, 환율 등 교토에 대한 기본적인 정보가 떴다. 그 아래에 AI 브리핑이 위치했다. 구체적으로 "교토는 다양한 전통음식을 즐길 수 있는 곳입니다. 고즈넉한 분위기의 찻집과 료칸도 방문해 보세요. 벚꽃이 만개하는 봄에는 계절감을 풍성히 느낄 수 있습니다"라고 이용자가 여행지에서 무엇을 하면 좋을지를 제안했다.

꼭 먹어 봐야 할 음식으로는 가이세키, 두부요리, 장어요리, 니신소바를 추천했다. 음식 사진을 누르면 맛집으로 넘어간다. 교토에서 구매하면 유리한 물건과 방문하면 좋은 관광지를 훑어 주는 클립도 함께 노출됐다.

AI 브리핑은 대체로 정답이 존재하는 질문일수록 풍성한 답변을 도출했다. 넷플릭스 드라마 '폭싹 속았수다'의 줄거리를 요구하자 "1950년대 제주도를 배경으로 가난하지만 당찬 소녀 오애순과 묵묵한 성실함을 지닌 소년 양관식의 사계절을 담은 사랑 이야기를 그립니다"라는 리드문과 함께 블로그, 브런치, 나무위키 등 다양한 채널에서 정보를 뽑아 스토리를 정리했다.

> 넷플릭스 드라마 폭싹 속았수다 줄거리 알려 줘
>
> '폭싹 속았수다'는 넷플릭스에서 공개된 드라마로, 제주 방언으로 '수고 많으셨습니다'를 의미합니다. 이 작품은 1950년대 제주를 배경으로, '요망진 반항아' 애순과 '팔불출 무쇠' 관식의 모험 가득한 일생을 사계절의 흐름에 따라 그려냅니다. 홍시아빠의 블로그 +2 네이버 블로그 +5
>
> 애순은 어려운 상황에서도 불굴의 의지를 지닌 소녀로, 햇빛이 비치지 않는 어둠 속에서도 자신만의 꽃을 피우기 위해 노력합니다. 반면, 관식은 단단하고 성실한 인물로, 애순에게 진심 어린 마음을 품고 그녀의 삶의 여정에 함께합니다. 드라마는 두 주인공이 10대 시절부터 청년기, 중장년을 지나 노년에 이르기까지 서로 부딪히고 성장하는 과정을 현실적으로 담아내며, 사랑과 우정, 삶의 도전에 대한 깊이 있는 이야기를 전합니다. 홍시아빠의 블로그 다음
>
> 이 작품은 '동백꽃 필 무렵'의 임상춘 작가와 '나의 아저씨', '미생' 등을 연출한 김원석 감독의 협업으로 제작되었습니다. 주연으로는 아이유와 문소리가 애순 역을, 박보검과 박해준이 관식 역을 맡아 열연을 펼칩니다. 다음 +2 매일경제 +5
>
> 드라마는 제주도의 아름다운 자연과 독특한 문화를 배경으로, 시대의 변화 속에서 두 주인공이 겪는 다양한 감정과 사건들을 섬세하게 그려내어 시청자들에게 깊은 감동을 선사합니다.

숫자로 표기된 주석을 누르면 출처를 알 수 있다. 빅테크 오픈AI의 챗GPT-포오(4o)와 결괏값 구성이 비슷했다. 하지만 함께 보는 드라마 숏텐츠나 관련 질문으로 연결해 즐길 거리를 선사해 준다는 점에서 네이버가 챗GPT보다 나았다.

검색어의 특성을 고려하기도 했다. 이날 오후 서울시 송파구 잠실 4동의 최고 기온인 '8도에 적합한 옷차림'을 검색하자 이미지를 가장 먼저 보여 줬다. 네이버가 추천해 준 대로 긴 코트와 얇은 스웨터, 운동화를 착용한 뒤 비 소식이 있어 우산만 추가로 들고 외출했다.

다만 서비스 초기인 만큼 지속적인 개선이 필요해 보였다. 국내 사용자가 대부분인 포털인 만큼 한국어에 최적화된 탓인지 똑같은 질문을 영어로 했을 때는 동떨어진 답변을 내놨다. 네이버는 앞으로 멀티모달 기술과 다국어 지원을 강화하겠다는 입장이다.

또 '오늘 직장인 사이에서 제일 많이 검색된 단어'를 확인해 보니 '요즘 뜨는 직장인 현실 부업', '자격증 벼락치기 꿀팁', '직장인 대출 조건' 등을 나열해 줬는데 사실 여부 파악이 불가능했다. 표본별 검색어 지표와 같은 근거가 없었기 때문이다.

김광현 네이버 검색·데이터플랫폼 부문장은 "네이버 검색은 오랜 검색 서비스 경험과 방대한 사용자 데이터를 기반으로 풍부한 콘텐츠 연결을 통해 사용자가 필요한 정보를 쉽게 찾는 방향으로 고도화될 것"이라며 "네이버가 강조하는 다양성과 확장성을 확대하고 AI 비서 시대가 일상에 도래하는 시기에 맞춰 새 사용자 경험을 적기에 제공하도록 준비하겠다"고 말했다.

출처: 매일경제 이슈, 인공지능 시대가 열린다, 2025.3.29

경영전략은 오랜기간 동안 분석적 사고(Analytical Thinking)와 데이터 기반 의사결정(Data-Driven Decision Making)에 근거해 발전해왔다. 포터의 산업구조 분석(5 Forces), 자원기반 관점(Resource-Based View), 블루오션 전략 등 다양한 전략 이론은 경쟁 우위 확보와 시장 지배력 강화를 목적으로 해왔다. 하지만, 오늘날 기업이 직면한 불확실성(Uncertainty)과 복잡성(Complexity)은 기존 전략 패러다임으로 설명하거나 대응하기 어려운 차원으로 확장되고 있다.

빠른 분석이나 빅데이터 기반 예측으로도 설명할 수 없는 미래가 열린 시대. 이런 변화에 대응하기 위한 새로운 전략사고로 프리센싱(Presencing)이 주목받고 있다. 본 장에서는 전통 전략경영 이론의 한계를 비판적으로 검토하고, 프리센싱 기반 전략사고와 의사결정으로의 진화를 살펴본다.

1. 전통 전략경영 이론의 한계

1.1 기존 전략 패러다임의 핵심 원리

전통적 전략경영은 20세기 후반 분석 기반 전략으로 정립되었다. 특히 마이클 포터(Michael Porter)의 산업구조 분석(5 Forces)과 가치사슬(Value Chain) 모형은 환경과 기업 내외의 자원을 정량적으로 분석하고, 경쟁우위를 확보하는 데 중점을 두었다.

이러한 접근은 과거 데이터를 기반으로 미래를 예측하고 대응하는 전략이다. 이는 '경영은 예측 가능하고 통제 가능한 체계'라는 가정에 바탕을 둔다. 전통적인 전략경영 이론은 기본적으로 예측 가능성(Predictability)과 분석 가능성(Analyzability)에 의존한다.

- 산업구조 분석(5 Forces): 외부 환경 분석을 통해 산업 경쟁력을 평가하고 대응
- SWOT 분석: 내부 자원과 외부 환경을 분석하여 강점과 기회를 극대화
- 블루오션 전략: 기존 시장에서 벗어나 경쟁이 없는 새로운 시장 공간 창출
- 자원기반관점(RBV): 기업이 보유한 자원과 역량이 경쟁우위의 핵심이라는 관점

이러한 이론들은 산업구조가 경쟁 규칙이 명확하며 안정적이고 비교적 예측 가능한 환경에서 최적의 의사결정을 유도하는 데 효과적이었다. 하지만 디지털 전환, ESG 요구, 복잡계 환경 속에서는 다음과 같은 한계를 드러낸다

- 팬데믹, 기술의 급진적 진화같은 예측 불가능성의 증가
- 기존 데이터로 설명되지 않는 비정형 미래
- 고객의 감성·공감 기반 행동 변화
- 이해관계자 가치의 다원화

1.2 기존 전략이론의 주요 한계

20세기 후반부터 전략경영 이론은 주로 분석적·예측 중심의 패러다임에 기반해 왔다. 대표적으로 마이클 포터(M. Porter)의 산업구조 분석(5 Forces), 자원 기반 관점(RBV), SWOT 분석, BCG 매트릭스, 그리고 가치사슬 모델 등은 외부 환경과 내부 역량을 분석하여 경쟁 우위를 확보하는 방식이었다. 이러한 이론은 정보의 수집–분석–계획–실행이라는 선형적 전략 모델에 기반하고 있다.

전통적 전략경영 이론은 비교적 안정된 환경 속에서 경쟁우위를 확보하기 위한 도구로서 오랫동안 활용되어 왔다. 그러나 오늘날의 전략 환경은 기술 혁신, 사회 변화, 생태 위기, 글로벌 리스크 등으로 인해 예측 불가능성과 비선형성(non-linearity)이 심화되고 있으며, 기존 이론들은 다음과 같은 한계를 드러내고 있다.

1) 환경 변화의 비선형성(Non-linearity)

기존 전략이론은 대부분 선형적 사고(Linear Thinking)에 기반한다. 즉, 원인과 결과가 비례하며, 변화가 점진적으로 발생한다는 가정 하에 전략을 설계한다. 그러나 실제 기업환경은 점점 더 비선형적이며, 돌발적인 사건(Black Swan)과 시스템 전환(Tipping Point)의 가능성이 커지고 있다. 예를 들면, 팬데믹, 지정학적 충돌, 기후변화와 같은 사건은 단기간에 산업 구조와 소비 행태를 급격히 변화시킨다.

전략적 시사점으로는 불확실성과 파괴적 전환(disruptive shift)을 전제한 역동적 전략 프레임이 요구되며, 스마트폰 시장에서 노키아의 몰락처럼 기존의 예측-계획-실행(Predict-Plan-Execute) 모델로는 대처가 어렵다.

2) 데이터 중심 전략의 과거 지향성

전통 전략모델은 정량적 데이터 기반 분석에 의존하여 전략을 수립한다. 하지만 대부분의 데이터는 과거의 상황을 반영하고 있기 때문에, 이러한 전략은 현재의 변화 흐름을 감지하거나 미래를 선도하는 데 한계를 지닌다.

데이터는 기존 질서와 패턴을 반영하므로, 급변하는 사회문화적 흐름이나 새로운 기술 트렌드를 포착하기 어렵다. 예를 들어, 전기차 산업에서 내연기관 관련 과거 데이터에 근거한 전략은 오히려 오판을 유도할 수 있다. 전략적 시사점으로는 미래지향적 통찰(Foresight), 시나리오 기획, 직관 기반 전략 감지가 병행되어야 한다.

3) 인간 경험과 감성의 저평가

기존 전략은 경제적 합리성(Rationality), 효율성, 수익성 등 계량적 요소에 치중하면서도, 고객이나 구성원의 감정, 가치, 의미 추구와 같은 비가시적 요소를 간과하는 경향이 있다. 특히 Z세대와 알파세대의 소비 행태는 기능성보다 브랜드의 가치, 감성적 연대감, 경험의 진정성에 더 반응한다. 예를 들어 브랜드 충성도는 제품 성능보다 고객의 내면적 공감, 정체성과의 연결감에서 비롯되는 경우가 많다.

전략적 시사점으로는 감성지능(EQ), 스토리텔링, 브랜드 철학, 조직문화 등 인간 중심 전략이 병행되어야 한다.

4) 복잡계 시스템 사고의 부족

기존 전략은 분석적 사고(Analytical Thinking)에 기반하여 환경을 고립된 변수들의 집합으로 나누고, 각각을 최적화하려는 경향이 있다. 그러나 현대 사회는 다양한 요소들이 상호작용하며 비선형적이고 순환적인 복합 적응체계(Complex Adaptive Systems)로 작동한다. 예를 들어, ESG경영, 디지털 트랜스포메이션, 글로벌 공급망, 사회적 책임 등은 서로 얽히고 설킨 시스템 간의 상호작용을 이해해야 효과적으로 대응할 수 있다.

문제는 기업 전략이 이질적 요소들 간의 피드백 루프, 상호의존성, 시스템 변이를 고려하지 못하고, 단선적 해결책만을 제시하는 데 있다. 전략적 시사점으로는 전략기획에 시스템 다이내믹스(System Dynamics), 프리센싱 기반의 전체성 인식(Holistic Perception)이 도입되어야 한다.

이와 같은 전통 전략경영 접근은 다음과 같은 한계에 직면하고 있다. 첫째, 예측 불가능성이 증가하고 있다. 디지털 전환, 기후 위기, 팬데믹, 지정학적 충돌 등 복합 위기가 상시화되면서, 과거 데이터에 기반한 전략 수립은 미래 적합성이 떨어진다. 특히 AI는 방대한 데이터를 분석할 수는 있지만, 예측 불가능한 사회·정서적 변수까지는 포착하기 어렵다.

둘째, 인간 중심 전략의 부재를 들 수 있다. 기존 전략은 경쟁자와 시장점유율을 중심으로 설계되며, 고객의 변화하는 욕구나 사회적 감수성에 둔감한 경우가 많았다. 이해관계자 자본주의 시대에는 윤리, 정체성, 그리고 신뢰 같은 비가시적 가치를 포함해야 하지만, 기존 전략은 이를 수치화하기 어렵기 때문에 배제한다.

셋째, 실천적 전환의 결핍이다. 전략이 수립되어도 현장에서 실천되지 않거나, 일회성 프로젝트로 끝나는 경우가 많다. 그 이유는 전략이 조직 구성원의 공감과 몰입 없이 상층부에서 하달되기 때문이다. 구성원 내면과 연결되지 않은 전략은 지속력을 가질 수 없다.

따라서 오늘날의 전략경영은 단순한 분석과 계획의 문제가 아니라, 조직의 내면적 통찰, 변화의 본질 감지, 그리고 목적의 재정의까지 포함하는 의식 기반 전략사고로 진화해야 한다.

2. 프리센싱 기반의 전략적 의사결정

기술의 급속한 발전은 모든 기업에게 새로운 기회를 제공하는 동시에 기존의 경영방식의 변화를 요구한다. 진보된 AI 기술을 활용하여 고객 경험, 프로세스, 생태계 등을 증강시키고, 그 위에 다양한 비즈니스 모델 혁신을 이룩해야 한다. 또한 디지털 초혁신 기반을 구축하고 상호보완적으로 AI 중심의 새로운 가치를 창출하는 진화된 기업으로 나아가야 한다.

현대 전략환경은 복잡성(Complexity)과 불확실성(Uncertainty), 그리고 불연속성(Discontinuity)이 특징이다. 이러한 환경에서는 단순히 현재를 분석해 미래를 예측하는 방식은 작동하지 않는다. 대신 전략은 미래를 감지(Sensing)하고, 그 가능성을 창출(Co-Creating)하는 방향으로 진화해야 한다.

이러한 기술적 발전에도 불구하고 전통기업이 AI를 도입하고 활용하고자 할 때에는 비용의 역설, 필요의 역설, 그리고 선택적 주의의 역설 등 새로운 역설들을 극복해야 한다. 이런 역설들은 AI의 잠재력을 극대화하는 과정에서 마주하게 될 수 있는 도전 과제들이다. 이러한 전략 패러다임의 변화에서 프리센싱은 주목할 만한 대안이다.

프리센싱(Presencing)은 오토 샤머(Otto Scharmer)가 제시한 개념으로, 미래의 가능성과 연결되어 현재의 행동을 재구성하는 능력을 의미한다. 이는 기존의 감지(Sensing)를 넘어, 조직과 개인이 미래의 자기 자신과 연결된 채 지금의 결정을 내리는 깊은 인식적 행위이다. 프리센싱은 단순히 데이터를 분석해 예측하는 것이 아니라, 조직의 내·외부의 가장 깊은 목적성과 가능성을 직관과 집단 감각을 통해 감지하고 설계하는 것이다.

2.1 전략사고의 패러다임 전환

프리센싱 전략의 핵심 질문은 다음과 같다:

우리는 어떤 조직으로 진화하고자 하는가? 우리의 깊은 목적(Purpose)은 무엇인가? 다가올 변화의 흐름 속에서 우리는 어떤 미래의 현재를 만들어야 하는가?

(1) 과거로부터 배우기 → 미래로부터 배우기

프리센싱은 과거의 반복에서 벗어나 다가오고 있는 미래의 신호를 감지하는 능력을 강조한다. 이는 단순한 트렌드 분석이 아니라, 조직의 본질적 변화 욕구와 사회의 흐름을 연결하는 감각적 통찰을 요구한다. 기존 전략이 과거 데이터 분석을 통한 예측에 의존했다면, 프리센싱 기반 전략은 다가오는 미래 가능성을 감지하고 현재에 그것을 구현하는 학습과 실천을 중심에 둔다.

(2) 경쟁우위 → 집단지성 기반 가치창출

과거 경쟁 중심 전략에서 벗어나 집단지성(Collective Intelligence)과 협력적 가치 창출을 기반으로 한 전략 수립이 필요하다. 프리센싱 전략은 미래를 계획하는 것이 아니라 미래를 실험하는 과정이다. 즉, 초기 단계부터 작게 시도하고 실험하는 프로토타입 전략을 반복함으로써, 행동을 통한 전략적 학습을 강조한다.

(3) 명령과 통제 → 경청과 공감

명령-통제 중심 전략에서 벗어나 공감(Empathy)과 의지 개방(Open Will)을 통해 조직과 이해관계자가 함께 전략을 공동 창조하는 구조로 전환하여야 한다. 전통 전략이 숫자와 데이터 중심이라면, 프리센싱 기반 전략은 경청(Deep Listening)과 공감(Empathy)을 통해 이해관계자의 목소리를 적극적으로 반영한다. 이를 통해 전략은 정량적 정합성뿐 아니라 사회적 수용성도 확보할 수 있다.

(4) 조직의 내외부 환경분석 → 시스템적 사고와 공동 창조

전략은 외부 환경 분석뿐 아니라, 조직 내부의 존재 이유와 깊이 있는 정체성 탐구로부터 출발해야 한다. 프리센싱은 조직이 우리는 왜 존재하는가(Why do we exist?)라는 질문을 통해 진정한 전략적 방향성을 설정하도록 돕는다. 프리센싱은 개인이나 조직 단위 전략을 넘어, 생태계 전체를 바라보는 시스템적 전략 사고를 제안한다. 이해관계자들과 함께 미래를 설계하고 구현하는 공동 창조 전략은 ESG, 지속가능성, 포용성 같은 가치와 자연스럽게 연결된다.

2.2 프리센싱 기반 전략적 의사결정 프로세스

많은 학자들이 생성형 인공지능을 잘 활용하려면 질문이 중요하다고 하면서도 질문을 위해 필요한 문제 정의와 가설 설정에 대해서는 말하지 않는다. 문제가 무엇인지 명확히 파악하지 않고 해결책을 모색하는 것은 목적지 없이 항해하는 것과 같다. 문제의 본질을 이해하려면 문제가 초래하는 상황과 관련 요소들, 그리고 문제가 초래하는 영향 등을 면밀히 조사할 필요가 있다.

1) 프리센싱 전략은 어떻게 작동하는가

프리센싱 기반의 전략적 의사결정은 단순히 정보나 데이터에 기반한 분석적 결정이 아니다. 이는 조직이 자신과 사회의 미래 가능성과 깊이 연결된 상태에서, 새로운 가능성의 장(場)을 창출하는 과정이다. 오토 샤머(Otto Scharmer)가 제시한 U이론(Theory U)의 구조에 따라, 전략은 다음과 같은 5단계 프로세스를 거친다.

(1) 관찰(Observe)

첫 단계는 선입견 없이 있는 그대로 관찰하는 자세이다. 관찰은 판단을 유보하고 열린 마음으로 바라보기이다. 조직 외부의 환경 변화뿐 아니라, 내부의 정체성과 잠재 가능성을 새롭게 바라본다. 이때 핵심은 시장점유율, 경쟁자 분석 등 기존의 전략적 고정관념을 잠시 내려놓는 것이다.

관찰하는 구체적인 방법은 고객 불만 데이터를 넘어서 고객의 경험과 감정에 귀를 기울이는 활동인 고객 인터뷰를 수행하고, 사회·기후적 이슈가 조직의 가치와 어떻게 연결되는지 성찰하는 시민적 관찰 워크숍을 들 수 있다.

(2) 감지(Sensing)

조직은 자기 자신만의 시각이 아닌, 이해관계자들과 감정적으로 연결되는 과정을 통해 전략의 씨앗을 감지해야 한다. 감지(Sensing)는 관계자들과 연결하여 공동 인식 공유하는 것이다. 조직 구성원, 고객, 지역사회, 환경, 미래세대 등의 관점에서 전체 시스템의 목소리를 듣는 시간이다. 이를 통해 전략은 목표가 아니라 공감에서 탄생하는 방향성으로 전환된다.

구체적인 감지 실천 방법은 팀 단위로 현장 방문, 고객 대화, 커뮤니티 경청 활동을 수행하고, 사일런트 미팅이나 스토리서클을 활용한 조직 내부 감각을 공유해도 좋다.

(3) 비움(Letting Go)

감지된 통찰을 실제 전략으로 전환하기 위해서는, 기존의 습관적 사고, 성과 중심 문화, 단기적 목표를 의식적으로 내려놓아야 한다. 비움은 낡은 성공 공식과 이기심 내려놓는 것이다. 이는 조직이 과거의 성공에 집착하지 않고, 새로운 존재 방식으로 나아가기 위한 심리적 공간을 만드는 과정이다.

비움을 실천하는 구체적인 방법으로는, 전략회의 전 의도적 침묵(Silent Reflection) 시간을 활용하여 자기 중심성을 해체하고, 과거 전략의 성과보다 현재 고객, 지구, 공동체의 고통을 중심에 두는 가치 재설정을 하도록 한다.

(4) 프리센싱(Presencing)

프리센싱은 미래 가능성과 깊이 연결된 통찰을 얻는 단계이다. 이 단계는 조직이 진정으로 실현하고자 하는 미래와 연결되는 순간이다. 프리센싱은 미래 가능성과 깊이 연결된 통찰을 얻는 단계로, 단순한 비전 선언이 아닌, 조직 내부와 외부의 잠재성과 에너지가 만나는 지점을 감각하는 깊은 내적 인식 상태이다. 여기서 전략은 만드는 것이 아니라 드러나는 것이 된다. 이때 다음과 같은 핵심 질문을 하면 효과적이다.

- 우리는 어떤 미래에서 행동하고 있는가?
- 지금 우리가 멈추지 않으면 손실될 것은 무엇인가?
- 이 조직이 사회에 주고 싶은 선물은 무엇인가?

(5) 공동 창조(Co-Creation)

마지막 과정은 감지된 미래 가능성을 실제로 실험하고 구현하는 실행 과정이다. 공동 창조(Co-Creation) 단계는 프로토타입을 통한 실천과 확산 단계이다. 이를 위해 전통적인 전략 문서보다 프로토타이핑(prototyping)이 강조된다. 작은 시도들을 통해 피드백을 얻고, 점진적으로 시스템적 변화로 확산시킨다.

프로토타입 전략을 구체적으로 설명하면, ESG 가치 내재화 제품/서비스 개발 시 빠른 시제품 제작 및 실현을 하고, 내부 공감 워크숍을 통해 새 전략 실행 전 조직문화를 정렬한다.

이상에서 논의한 오토 샤머의 U이론을 기반으로 한 프리센싱 전략의 주요 단계를 요약하면 〈표 8-1〉과 같다.

〈표 8-1〉 프리센싱 전략의 주요 단계 (Theory U 기반)

단 계	전략적 활동	의 미
Co-Initiating (공감적 문제의식)	공감 기반의 문제 정의	조직의 미래 변화 가능성을 다양한 이해관계자와 연결해 감지
Co-sensing (공동 감지)	외부 환경과 내면의 변화 흐름 관찰	데이터를 넘어 경험과 맥락을 기반으로 패턴과 의미를 감지
Presencing (본질적 연결)	조직과 개인의 존재 목적 통찰	과거의 프레임을 내려놓고 미래의 가능성에 귀 기울이기
Co-creating (공동 창조)	실험과 실행을 통해 전략 실천	기존 전략 틀을 넘는 협업적 전략 실험 진행으로 혁신적 가치 창출
Co-evolving (공동구현)	시장 및 사회와 함께 진화	전략의 유연성과 생태계 구축

고객의 문제에 집중하여 비즈니스 모델을 성공적으로 전환한 기업으로 넷플릭스를 들 수 있다. 넷플릭스는 초기 DVD 대여 서비스를 제공하던 시절, 고객들이 DVD를 반납하는 것에 불편함을 느끼고 있다는 문제에 직면했다. 당시 많은 기업들이 더 나은 배송서비스를 제공하거나 연체료를 줄이는 방안으로 해결책을 모색하고 있었다. 그러나 넷플릭스는 문제의 본질을 공감적 문제의식을 가지고, 단순히 배송 속도가 아니라 고객들이 물리적 매체 사용 과정에서 느끼는 불편함을 개선하는데 착안하였다.

넷플릭스는 이 문제를 해결하기 위해 물리적 매체가 아닌 스트리밍을 통해 영화를 시청할 수 있는 방안을 모색했다. 그 결과 스트리밍 서비스라는 완전히 새로운 솔루션을ㄷ 도입함으로써 DVD 대여 시장에서 차별화된 전략을 세우고 고객 충성도를 크게 높일 수 있었다. 이처럼 넷플릭스는 고객의 불편함을 깊이 분석하여 문제의 본질을 파악함으로써 전략적 유연성과 생태계를 구축하는 공진화를 달성할 수 있었다.

2) 데이터 기반 전략과 프리센싱 기반 전략 비교 분석

과거에는 기업들이 개별 부서에서 순차적으로 디지털 전환을 추진했다면, 이제는 생성형 AI의 등장으로 모든 부서의 데이터가 집약된 전사적인 디지털 전환이 한꺼번에 일어나게 된다. 이로 인해 기업은 디지털 혁신의 파도를 넘어 보다 크고 강력하며 광범위한 AI초혁신의 파도를 타야 하는 상황에 직면해 있다.

전통적인 데이터 기반 전략이 문제를 해결하는 데 집중했다면, 프리센싱 전략은 새로운 질문을 던지고, 조직의 목적과 연결된 시스템적 변화를 유도한다. 예를 들어, 고객 충성도가 낮아지는 현상을 단순히 마케팅 역량 강화로 해결하려는 접근보다는 고객이 왜 이탈하는지, 어떤 경험에서 불만족을 느끼고 있는지를 파악하는 것이 중요하다.

〈표 8-2〉 데이터 기반 전략과 프리센싱 기반 전략

구 분	데이터 기반 전략	프리센싱 기반 전략
출발점	과거 정보, 정량 분석	미래 가능성, 직관과 공감
시간 개념	현재 → 미래	미래 → 현재(미래로부터 행동)
사고방식	분석적, 선형적	직관적, 창발적
전략 대상	시장·경쟁자 중심	조직의 정체성과 사회적 목적 중심
실행 방식	계획 수립 후 하달	실험, 공동 창출, 순환적 실행
리더십 역할	통제자, 분석자, 조정자	촉진자, 경청자, 동기부여자

데이터 기반 전략과 프리센싱 기반 전략을 비교분석하면 〈표 8-2〉와 같다. 성공적인 기술이나 아이디어가 시장에서 성공하려면 실행가능한 비즈니스 전략이 뒷받침되어야 한다. 온라인 커머스 경우를 보면, 코로나 팬데믹을 거치면서 온라인 커머스 기업들의 총 거래액은 꾸준히 성장하고 있다. 그러나 오프라인 구매가 온

라인으로 전환하면서 산업은 성장하고 있지만 산업 내 개별기업들은 돈을 벌지 못하고 있는 상황이다.

반면 전자상거래 기업 아마존은 잘 정립된 프리센싱 전략으로 1997년 기업공개 이후 25년간 지속적으로 성장하고 있다. 오픈마켓처럼 판매자와 구매자를 연결해주기도 하고, 아마존이 직접 매입해서 판매하기도하며, 아마존이 자체 상품(PB)을 제조해서 판매하기도 한다. 재미있는 점은 아마존은 전자상거래로 큰 수익을 내지 못하고 있다는 점이다. 경쟁력 있는 가격, 다양한 상품, 오픈마켓, 빠른 배송, 효율적인 쇼핑 경험 등은 공헌이익이 낮거나 추가적인 비용이 요구되는 것들이다.

아마존은 어떻게 수익을 내고 있을까? 전자상거래가 아마존의 서비스 모델이라면, 수익모델은 아마존웹서비스(AWS), 풀필먼트(Fulfillment) 서비스, 아마존 프라임 구독서비스, 플랫폼 광고 등이다. 전자상거래 자체에서 수익을 창출하기 보다는 잘 정의된 프리센싱 전략을 통해 다양한 수익을 만들어내고 있다. 아마존을 통해 알 수 있는 것은 기술이나 트렌드를 프리센싱 기반 전략 관점에서 접근해야 한다는 것이다. 기술이나 아이디어는 혁신적이고 획기적일 수 있지만 시장에서의 성공 여부를 결정하는 것은 프리센싱 전략이다. 프리센싱 전략 관점에서 기술이나 아이디어를 살펴보면 해당 기술이 어떻게 수익을 창출할 수 있는지, 비즈니스가 장기적으로 지속가능한지 여부를 판단할 수 있다.

3) 전략의 목적: 이윤에서 의미로

프리센싱 기반 전략경영의 궁극적 목적은 단순한 경쟁 우위 확보가 아니다. 그것은 조직이 변화하는 시대 속에서 어떤 존재가 될 것인가에 대한 응답이며, 기업과 사회가 공동구현하는 생태적 전략 체계를 설계하는 것이다.

(1) 기존 전략경영의 목적

전통적인 전략경영은 오랫동안 기업의 지속가능한 경쟁우위를 확보하고 이윤을 극대화하는 것을 핵심 목적으로 설정해왔다. 마이클 포터(M. Porter)의 경쟁 전략, 자원기반관점(RBV), 가치사슬 분석(Value Chain)은 모두 수익성과 효율성, 시장 점유율 확대를 통해 기업의 성장을 추구하는 방향에서 설계되었다. 이러한 관점은 산업화 시대와 대량생산 경제에 적합했으나, 21세기 복잡계 환경과 가치다원적 사회에서는 한계를 보이기 시작했다.

(2) 새로운 시대의 요구: 의미 중심의 전략 전환

디지털 전환, 기후위기, AI 기술 확산, 세대교체 등의 변화 속에서 오늘날 소비자와 이해관계자들은 단순한 제품이나 서비스의 구매를 넘어, "왜 이 조직이 존재하는가(Why do you exist)?"라는 질문을 던진다. 기업의 전략은 더 이상 "무엇을 얼마나 팔 것인가?"에만 머무를 수 없으며, "우리는 어떤 가치를 창출하고, 세상에 어떤 변화를 이끌고자 하는가?"에 답해야 한다.

이러한 변화는 기업 전략의 목적이 이윤(profit) 중심에서 의미(purpose) 중심으로 전환되어야 함을 의미한다. 이는 존재의 이유를 기반으로 한 전략 수립, 즉 프리센싱 전략경영이 요구되는 지점이다.

(3) 프리센싱 기반 전략경영의 목적 개념

프리센싱은 미래에서 오는 가능성을 직관하고, 이를 현재의 조직 행동과 전략에 반영하는 과정이다. 이 과정에서 전략의 목적은 단기 수익의 극대화가 아니라, 다음과 같은 의미 중심 목적으로 전환된다.

첫째, 목적 기반 존재(Purpose-Driven Being)여야 한다. 조직은 외부에서 주어진 목표(target)를 달성하는 기계가 아니라, 내부에서 우러나는 존재 목적을 실현하는 유기체로 이해된다. 이는 "우리는 왜 존재하는가?"에 대한 진정성 있는 응답을 통해 전략을 수립한다.

둘째, 미래의 부름에 응답하는 전략(Emerging Future Strategy)이라야 한다. 프리센싱 전략은 조직이 현재의 연장선이 아니라, 다가오는 미래가 조직에 요구하는 소명에 응답하도록 한다. 이는 직관, 공감, 공동 창조의 과정을 통해 감지된다.

셋째, 이해관계자의 삶에 가치를 더하는 전략을 수립해야 한다. 조직의 전략은 단지 주주 이익이 아니라, 고객, 직원, 지역사회, 환경 등 다양한 이해관계자들의 삶에 긍정적인 영향을 주는 것으로 전환된다. 이는 ESG, 지속가능성, 임팩트 경영과도 연결된다.

프리센싱 기반 전략경영은 기존의 이윤 중심 패러다임을 넘어, 조직의 본질적 의미와 미래적 가능성에 초점을 맞춘 전략적 사고의 전환을 요구한다. 이는 단순히 전략의 내용이 달라지는 것이 아니라, 전략이 '어디에서' 출발하고, '무엇을 위해' 존재하는가에 대한 본질적 전환이며, 미래 사회의 복잡성과 불확실성에 대응할 수 있는 유일한 방향일 수 있다.

2.3 프리센싱 전략경영 적용 사례

1) 유니레버의 전략경영의 특징

유니레버의 프리센싱 전략경영의 특징은 다음과 같이 요약할 수 있다. 첫째, 지속가능 생활계획(Sustainable Living Plan)을 통해 환경과 사회적 책임을 전략에 통합하였다. 둘째, 미래의 소비자 요구와 사회적 변화를 프리센싱 기반으로 감지한다는 점이다. 셋째, 순환경제와 지속가능 제품 중심 전략을 프로토타입으로 실행 후 확산하고 있다.

유니레버는 글로벌 소비재 기업으로서, 일찌기 ESG와 지속가능경영을 전략의 중심에 두고 기업 경영을 전개해온 대표적 사례다. 특히 2010년 발표한 "지속가능

생활 계획(Unilever Sustainable Living Plan, USLP)"은 단순한 사회공헌을 넘어서, 유니레버가 '어떤 기업으로 존재할 것인가'를 근본적으로 재정의하는 전환적 전략이었다.

2) 유니레버의 전략경영

유니레버의 전략적 전환은 프리센싱 기반 접근의 주요 요소를 내포하고 있으며, 그 실행 방식 또한 프리센싱 전략경영의 실천적 사례로 해석될 수 있다.

(1) Co-sensing (공동 감지)

유니레버는 사회 변화의 징후를 먼저 읽었다. 2000년대 후반부터 기후 변화, 소비자 가치관의 변화, 자원 고갈, 글로벌 건강 격차 등의 이슈를 단순한 사회 문제로 인식하지 않고, 자사의 생존과 성장을 좌우할 본질적 변수로 감지했다. 특히 개발도상국에서의 위생 문제, 여성의 경제적 지위, 식품의 영양 불균형 등은 유니레버 제품이 판매되는 시장의 지속가능성 그 자체와 직결된다는 사실을 인식했다. 이러한 감지는 시장 조사나 경쟁 분석을 넘어, 현장과 삶의 흐름을 경청하는 조직문화 속에서 이뤄졌다. 유니레버는 이 과정을 통해 기존의 경쟁 중심 전략에서 벗어나, 보다 본질적인 질문을 던지게 된다:

"우리는 어떤 방식으로 세상을 더 나은 방향으로 변화시킬 수 있는가?"

(2) Presencing (존재 이유와 미래 연결)

유니레버는 전략의 목적을 재정의하였다. 프리센싱 전략의 핵심 단계인 자기 정체성과 미래 가능성의 접속을 통해, 기업의 존재 목적을 단순히 매출과 시장점유율에서 벗어나 "지속가능한 삶을 가능케 하는 기업"으로 재정립했다.

이러한 전환은 기존의 CSR(Corporate Social Responsibility)과는 차원이 다른 접근이다. 이는 책임감 있는 기업의 모습이 아니라, 정체성과 비전 자체를 ESG와 연결하는 전략적 내면화였다. 유니레버는 이 철학에 따라 자사 브랜드의 방향성과 운영 원칙을 재정비했다. 예를 들어 도브(Dove) 브랜드는 단순한 퍼스널케어 제품이 아니라, 여성의 자존감을 높이는 사회적 미션을 수행하고, 헬만즈(Hellmann's)는 음식물 쓰레기 문제를 해결하는 브랜드로 포지셔닝하였으며, 비누 브랜드인 Lifebuoy는 전 세계 아이들의 손 씻기 교육 캠페인을 통해 공중 보건 문제 해결에 기여하였다. 이러한 접근은 기업의 활동이 단순히 무엇을 하는가가 아니라 왜 그것을 하는가에 대한 깊은 통찰에서 비롯된 전략 실행임을 보여준다.

(3) Co-creating (공동 창조)

유니레버는 실천적 전환과 사회적 실험을 하였다. 즉 기업 내부와 외부 이해관계자들과 협력하여, 수많은 지속가능성 프로젝트를 실험적이면서도 구조적으로 실행하였다. 예를 들어, 공급망 전반에 걸쳐 지속가능한 농업 프로그램을 도입하고, 제품 포장재의 재활용 가능 비율 확대 및 폐기물 감축을 위한 디자인 혁신을 추진하였으며, 저소득 국가의 여성 리더십 개발을 위한 포용성 프로그램을 운영하였다. 이러한 전략 실행은 탑다운 방식이 아니라, 현장의 실행자와 공동으로 설계한 하향식 및 상향식 구조로 이뤄졌으며, 이는 프리센싱 전략의 공동 창출 정신과 맞닿아 있다.

(4) Co-evolving (공동 구현)

유니레버는 사회와 함께 진화하는 조직이다. 유니레버의 프리센싱 전략은 고정된 결과를 목표로 하지 않는다. 오히려 시장과 사회 변화에 따라 유연하게 진화하는 조직의 살아있는 전략 구조를 지향한다. 2021년 유니레버는 기존의 USLP를 확장하여 "Positive Beauty Vision, Clean Future Strategy" 등 새로운 지속가능 혁신 전략을 발표하며, 변화하는 사회적 기대에 능동적으로 대응하고 있다. 이는 단지 일관성을 유지하는 것이 아니라, 조직과 사회가 함께 진화하는 생태계적 전략 사고의 실현이다.

(5) 시사점

유니레버는 단지 ESG를 잘 실천한 기업이 아니다. 그들은 조직의 정체성과 전략의 기반을 프리센싱 관점에서 전환한 기업이다. 유니레버의 사례는 다음과 같은 전략적 인사이트를 제공한다. 전략은 데이터보다 미래의 가능성과 목적에서 시작되어야 하고, 지속가능성은 비용이 아니라, 존재 이유의 확장이며, 리더는 분석가가 아니라, 미래와 조직을 연결하는 촉진자가 되어야 한다.

3. 프리센싱이 강화하는 전략적 리더십

3.1 AI 시대 새로운 리더십

프리센싱이 강화하는 전략적 리더십은 다음과 같이 세 가지로 구분할 수 있다. 첫째, 공감적 리더십(Empathic Leadership)으로, 이해관계자의 다양한 목소리를 깊이 경청하고 있다. 둘째, 미래지향적 리더십(Future-Focused Leadership)으로, 기존 프레임을 넘어서 시스템 차원의 가능성을 탐색한다. 셋째, 집단 창조 리더십(Co-Creation Leadership)으로, 전략 실행에 참여자들의 집단 역량을 동원하는 구조를 설계하고 있다.

리더십은 시대와 조직 환경에 따라 끊임없이 변화한다. 산업화 시대에는 명령과 통제가, 정보화 시대에는 분석과 효율이 중심이었다면, AI 시대와 ESG 전환기의 오늘날에는 새로운 형태의 리더십이 요구된다. 그것은 바로 감지하고 연결하며 창조하는 리더십, 즉 프리센싱 기반의 전략적 리더십이다.

프리센싱은 현재와 존재 그리고 감지의 개념이 결합된 개념으로, 단순히 변화에 반응하는 것이 아니라, 다가올 미래의 가능성과 깊이 연결된 채 현재를 새롭게 창조하는 능력을 의미한다. 이 관점에서 전략적 리더는 단순히 결정하는 사람이 아니라, 의미를 감지하고, 목적을 정립하며, 공동 창조를 이끄는 촉진자가 되어야 한다.

프리센싱 기반 전략경영은 단지 전략의 수립과 실행 방식의 변화에 그치지 않고, 리더십의 본질적인 역할과 태도에 전환을 요구한다. 즉, 전통적인 '분석가적 리더(Analytical Leader)'에서 감응하는 리더(Sensing Leader), 창조하는 리더(Creative Leader)로의 변화가 핵심이다. 프리센싱은 다음과 같은 세 가지 리더십 역량을 강화함으로써 전략적 리더십의 수준을 진화시킨다.

1) 미래와 연결된 통찰: 예측이 아닌 감지

기존의 리더는 과거 데이터를 바탕으로 미래를 예측하고 계획을 수립하는 역할이었다. 그러나 프리센싱 리더십은 예측보다 더 앞선 단계인 감지(Sensing)와 접속(Presencing)에 초점을 둔다. 프리센싱 리더십은 변화의 징후를 단순 수치가 아닌 심층적 흐름과 인간 경험에서 읽는다. 리더는 외부 환경뿐 아니라 자신의 내면과 조직의 정체성에서 진정한 '왜(Why)'를 질문한다. 프리센싱 리더십의 핵심은 미래는 오는 것이 아니라, 지금 이 순간부터 만들어 나갈 수 있는 현실이라는 인식이다.

이러한 통찰은 조직의 전략적 방향을 근본적으로 변화시킨다. 단기 목표 달성이 아닌, 미래의 의미 있는 존재를 준비하는 방향으로 전략이 설정된다.

2) 존재 기반 리더십: 하는 것보다 되는 것

전통적인 전략 리더십이 무엇을 해야 하는가(doing)에 초점을 맞췄다면, 프리센싱 리더십은 무엇이 되어야 하는가(being)를 묻는다. 즉, 전략은 단순한 선택의 결과가 아니라, 리더의 정체성과 존재방식의 표현이라는 관점이다.

프리센싱 리더는 조직의 목적과 정체성의 중심축이 되어야 하며, 그 존재 자체가 전략적 메시지가 된다. 이는 말이나 문서로 설명되는 전략이 아니라, 리더의 행동과 관계 속에서 구현되는 전략이다. 구성원은 리더의 방향보다 리더의 태도와 철학에 따라 움직인다. 따라서 프리센싱 리더는 선언자가 아니라, 참여자이며 변화의 모델이 된다.

3) 공동 창조의 촉진자: 권한이 아니라 공간을 열다

프리센싱 리더십은 위계적 지시가 아닌, 공동 창조를 이끄는 리더십이다. 미래는 혼자 결정하거나 통제할 수 있는 대상이 아니라, 이해관계자 모두와 함께 만들어 가는 여정이기 때문이다. 프리센싱 리더는 답을 제시하는 것이 아니라, 질문을 여는 사람이다. 그는 구성원, 고객, 사회와의 심층적 대화와 경청을 통해 전략의 토대를 확장시키며, 조직 내에 실험과 실패, 성찰이 가능한 심리적 안전지대를 마련하고, 그 속에서 전략이 자라도록 돕는다.

이러한 리더십은 수직적 명령보다 수평적 신뢰를 바탕으로 작동하며, 조직 전체를 살아있는 전략적 공동체로 전환시킨다.

4) 공진화의 리더십: 전략과 함께 성장하는 존재

프리센싱 리더는 전략을 완성된 결과물이 아니라, 함께 성장하고 진화하는 과정으로 본다. 이때 리더는 목표를 설정하는 사람이 아니라, 조직과 사회의 상호 진화를 이끄는 안내자가 된다. 그는 예기치 못한 변화 속에서도 중심을 잃지 않는 내면의 명료성을 가지며, 완벽한 계획보다 학습과 적응이 가능한 유연한 전략을 실행한다. 또한 조직과 함께 무엇을 성취했는가보다, 어떤 존재로 성장했는가를 반추하는 리더이다.

프리센싱 기반 전략적 리더십은 단지 전략을 구성하고 실행하는 리더가 아니라, 미래를 감지하고 공동으로 창조할 수 있도록 조직의 인식을 열어주는 존재이다.

프리센싱 기반 전략적 리더의 역할은 〈표 8-3〉과 같이 세 가지 역할로 요약할 수 있다.

〈표 8-3〉 프리센싱 기반 전략적 리더의 역할

리더의 역할	설 명
감지자(Sensor)	변화의 흐름과 의미를 먼저 알아차리는 통찰자
연결자(Connector)	미래의 가능성과 조직의 정체성을 잇는 다리
촉진자(Facilitator)	구성원과 사회가 함께 창조할 수 있도록 돕는 존재

이러한 리더십은 AI 시대에도 대체될 수 없는 인간 고유의 전략 능력이자, 지속 가능한 경영을 위한 필수 역량이다.

4. 미래로부터 배우는 전략사고

전략은 흔히 미래를 예측하고 대비하는 일로 정의된다. 그러나 예측 불가능성이 극대화된 오늘날의 현실에서 전략은 더 이상 과거 데이터를 분석하여 미래를 설계하는 방식만으로는 충분하지 않다. 이제 전략은 다가올 미래가 이미 우리 안에 일어나고 있는 것을 감지하고, 그것에 따라 현재를 바꾸는 지각과 실천의 기술로 전환되어야 한다.

21세기 전략경영의 본질은 "어떻게 더 잘 예측할 것인가?"가 아니라, "다가오는 미래로부터 어떻게 현재를 재구성할 것인가?"로 이동하고 있다. 이러한 관점에서 전략사고는 과거의 데이터 분석에서 벗어나

미래의 가능성으로부터 학습하고 감각하며 조직을 재구성하는 프리센싱 기반 전략사고로 진화하고 있다.

여기에서는 미래로부터 배우는 전략사고의 관점에서, 프리센싱을 기반으로 한 전략적 감지 역량과 시스템 설계에 대해 고찰한다.

1) 미래로부터의 학습(Learning from the Emerging Future)

오토 샤머(Otto Scharmer)가 제시한 『U이론』의 핵심 개념 중 하나는 바로 미래로부터의 학습(Learning from the Emerging Future)이다. 이 개념은 우리가 지금의 의식 상태와 관성적 사고에서 벗어나, 다가오고 있는 미래의 가능성과 깊이 연결될 때, 전혀 다른 차원의 전략과 조직 변화가 가능하다는 것을 의미한다.

전통적인 전략적 사고는 과거 → 현재 → 미래로 흐르는 선형적 시간관을 전제로 한다. 그러나 급격한 환경 변화 속에서 이러한 방식은 과거의 성공 방정식은 더 이상 유효하지 않으며, 현재의 관성은 미래의 가능성을 제한하게 되고, 미래는 이미 도래하고 있지만, 그것을 감지할 능력이 부족하게 되는 한계에 봉착한다. 이에 따라 필요한 것은 과거로부터의 학습(learning from the past)이 아니라, 미래로부터의 학습(learning from the future)다.

미래로부터의 학습이란 감지, 연결, 구현을 의미한다. 감지(Sensing)는 아직 실현되지 않은 가능성, 패턴, 사회의 신호를 민감하게 감지한다는 의미이고, 연결(Connecting)은 조직의 정체성과 이 가능성 사이를 연결하며, 구현(Prototyping)은 이를 바탕으로 현재의 전략을 실험하고 조정하는 순환 학습을 말한다.

(1) 전통적 학습 vs 미래로부터의 학습

현대 경영교육은 여전히 데이터 분석 및 계획 중심의 전략에 치중하는 경향이 있다. 그러나 AI, ESG, 초연결 사회로의 전환기에 전략교육은 위와 같이 프리센싱 전략교육으로 변화해야 한다.즉, 전통적인 전략사고는 기존 문제의 원인을 진단하고 최적 해법을 찾는 방식이었다. 하지만 미래로부터의 학습은 아직 드러나지 않은 변화의 씨앗을 감지하고, 그것이 열릴 수 있도록 현재를 재구성하는 행위다.

프리센싱은 이러한 미래 감지형 학습이 조직의 전략적 직관을 깨우는 과정임을 보여준다.

전통적 학습과 미래로부터의 학습과의 차이는 〈표 8-4〉와 같이 요약할 수 있다.

〈표 8-4〉 전통적 학습과 미래로부터의 학습

구분	전통적 학습	미래로부터의 학습
방향	과거 → 현재	미래 → 현재
기준	기존의 문제 해결	새로운 가능성의 출현
전략 도출 방식	실패/성공 사례 분석	잠재적 변화 흐름 감지
리더의 역할	분석과 계획 수립자	의미와 방향을 감지하는 안내자

우리는 어떤 미래로부터 부름받고 있는가?라는 질문은 전략의 시작점이자 방향성으로 작용한다.

(2) 핵심 질문의 전환

과거 전략의 질문이 '우리는 무엇을 잘못했는가?', '경쟁자가 무엇을 하고 있는가?'에 초점을 두고 있다면, 미래 전략의 질문은, '지금 어떤 가능성이 태동하고 있는가?', '우리는 누구로 되어야 하는가?'에 중점을 두고 있다.

이러한 질문의 전환은 기업 전략을 기존의 반복적 개선 중심에서, 창발적 혁신 중심의 사고 체계로 이동시킨다. 이를 위해 조직은 구성원 각자의 내면적 변화와 집단적 인식 구조의 전환을 경험해야 하며, 이는 곧 프리센싱을 기반으로 한 전략 설계의 출발점이 된다.

① 과거 학습의 한계

과거 경험은 새로운 위기나 전환점에 대한 설명력을 제공하지 못한다. 혁신(Innovation)은 과거 데이터에 의한 예측이 아닌, 전혀 새로운 가능성을 발견하고 실행하는 것에서 비롯된다.

② 프리센싱을 통한 미래 학습 프로세스는 다음과 같다.

먼저, 정체성의 비움(Identity Letting Go)이다. 기존 전략의 정체성과 가설을 내려놓아야 한다. 다음은, 미래 정체성을 수용(Letting Come)이다. 조직의 존재 이유와 미래 비전을 수용해야 한다. 세 번째, 실험적 실행을 통해 전략적 학습을 강화하는 프로토타이핑(Prototyping)이다. 마지막은 시스템 전환(Systemic Shift)으로, 성공 사례 확산과 시스템 수준의 전환을 실현해야 한다.

2) 시스템적 프리센싱과 전략적 감지 조직

프리센싱 전략사고는 리더 개인의 통찰만으로 완성되지 않는다. 진정한 전략적 감지력은 조직 전체가 시스템적으로 감각하고 대응할 수 있는 집단적 감성의 체계화를 통해 발현된다. 이를 우리는 전략적 감지 조직(Strategic Sensing Organization)이라 부른다.

미래로부터의 전략적 학습이 일회성 통찰에 그치지 않기 위해서는, 조직 자체가 감지하는 시스템이 되어야 한다. 즉, 구성원 전체가 미래의 신호와 사회적 변화를 감지·공유·실험하는 구조를 갖춰야 한다. 이를 프리센싱 관점에서는 시스템적 프리센싱이라고 부르며, 이는 전략조직의 구조와 문화 전반에 영향을 미친다.

(1) 전략적 감지 조직의 조건

첫째, 경청의 문화가 되어야 한다. 상명하달식 보고 체계가 아닌, 조직 전반에서 내외부 변화를 수용하고 해석하는 문화가 되어야 한다. 둘째, 다양한 관점의 통합이 되어야 한다. 부서 간 사일로를 넘고, 구성원·고객·지역사회 등 다양한 이해관계자의 목소리를 통합할 수 있는 구조를 구축하여야 한다. 셋째, 신속한 실험과 피드백이 이루어져야 한다. 빠른 실행과 실패의 허용이 가능하며, 피드백 루프가 내재화된 조직 시스템이 필요하다. 넷째, 정체성과 목적을 공유하여야 한다. 조직의 존재 이유에 대해 구성원들 모두가 공감하고, 이를 기준으로 의사결정을 내리는 가치를 기반으로 운영하여야 한다.

이러한 전략적 감지 조직은 다음과 같은 특징을 가진다. 첫째, 조직의 경계가 사회와 느슨하게 연결되어 있어 외부의 목소리를 수용한다. 둘째, 전략 수립이 리더의 머리 속이 아닌 집단 대화의 장에서 발생한다. 셋째, 전략 실행이 하향식 계획이 아니라, 상향식 실험과 진화를 통해 이루어진다.

(2) 시스템적 프리센싱을 위한 조직 디자인 요소

이상에서 살펴본 바와 같이, 조직은 단순히 민첩한 것(agile)을 넘어, 민감하고 감응적인 조직으로 진화한다.

시스템적 프리센싱을 위한 조직 디자인 요소는 〈표 8-5〉와 같이 설명할 수 있다.

〈표 8-5〉 시스템적 프리센싱을 위한 조직 디자인 요소

구성 요소	설 명
감지 센터 (Sensing Hub)	시장 · 기술 · 사회 변화에 대한 이슈 감지와 공유 허브 구축 (예: 고객 접점 부서와 R&D의 협업)
전략 공동체 (Strategic Community)	리더, 실무자, 외부 이해관계자 간의 정기적 대화 및 공감 워크숍 운영
조직 내 침묵의 공간 (Space for Presencing)	일상적 성과 압박에서 벗어나 미래 가능성과 존재 이유를 성찰할 수 있는 시간과 공간 확보
실험 기반 구조 (Prototyping Field)	아이디어를 신속하게 테스트하고, 실패를 전략적 자산으로 전환할 수 있는 프로토타이핑 시스템

(3) 구글의 20% 프로젝트와 전략 감지력

구글의 20% 프로젝트는 직원이 업무 시간의 일부를 자신이 중요하다고 느끼는 아이디어에 자유롭게 사용할 수 있도록 허용하는 시스템이다. 이는 조직이 정해진 목표를 강제하기보다, 개별 구성원이 감지한 미래 가능성을 실험하도록 지원하는 감지 시스템으로 작동한다.

지메일(Gmail), 구글 뉴스, 애드센스(AdSense) 등 다수의 혁신이 이 시스템에서 탄생했다. 이는 시스템적 프리센싱의 강력한 사례로, 조직이 미래를 기다리는 것이 아니라, 미래로부터 배우는 체계를 내재화했을 때 어떤 결과가 가능한지를 보여준다.

(4) 감지 능력을 갖춘 조직

감지 능력을 갖춘 조직은 다양한 신호를 감지한다. 즉, 고객, 기술, 규제, 사회 트렌드 등 약한 신호를 포착한다. 감지 능력을 갖춘 조직은 시스템적 대응을 하여 선제적 대응 및 전략 실행을 통한 선순환 구조를 구축한다. 집단 감각 시스템을 구축한다. 경계인의 육성과 부서 간 경계 허물기를 통한 시스템 감지를 강화하게 된다.

(5) 미래 전략 실행사례

애플(Apple)사는 생태계(Ecosystem) 전략과 고객 경험 중심 전략으로 시장 변화를 선도하였으며, 아마존(Amazon)은 고객 중심 전략과 AI 기반 감지 시스템으로 시장 요구를 신속하게 반영하였다.

전략경영은 더 이상 데이터 분석과 예측에만 의존하지 않는다. 미래 가능성 감지와 집단지성 기반 공동 창조, 그리고 프리센싱 기반의 시스템적 접근이 전략경영의 새로운 방향이자 필수 조건이다. 기업은 미래로부터 배우는 전략적 사고를 통해 복잡성과 불확실성 시대를 기회로 전환할 수 있다. 프리센싱은 단순한 방법론이 아닌, 조직과 시스템이 진화하는 전략적 학습의 길이다.

미래로부터 배우는 전략사고는 단순한 혁신 프레임워크가 아니다. 그것은 조직의 사고방식, 리더십, 시스템, 문화 전반을 전환하는 일이다. 프리센싱은 그 전환의 핵심 방법이며, 전략은 더 이상 계획이 아닌 존재 방식이 된다. 이러한 사고를 내면화한 조직은 예측보다 감지에 능하고, 실적보다 목적에 집중하며, 경쟁보다 공진화를 지향하게 된다. 미래는 준비하는 자의 것이 아니라, 감지하고 공감하고 창조하는 자의 것이다. 프리센싱 기반 전략사고는 미래를 예측하는 능력보다, 다가오는 미래에 감응하는 능력을 조직화하는 과정이다. 미래로부터 배우는 전략적 감각은 ESG와 지속가능성을 내면화한 전략조직의 핵심 자산이 될 것이다.

8장 토론 사례

아마존이 알려주는 '지속가능 기업'이 되는 AI 활용법 7가지

- 아마존, 2040년까지 넷제로 달성 목표 세워 실해
- AI와 머신러닝 통해 '더 지속가능한 기업'으로 변신 박차
- 지난해 100건 넘는 신규 태양광과 풍력 프로젝트 투자

▲ 2022년 3월 18일 독일 베를린 인근 쇠네펠트에 있는 회사 건물 외관에 보이는 아마존 회사 로고

세계 최대 온라인 소매점인 아마존은 지속가능한 기업이 되기 위해 빠르게 움직이고, 끊임없이 혁신하고, 투자하는 기업으로도 유명하다. 2040년까지 탄소 배출 순제로 달성을 공언한 아마존은 작년에 100건이 넘는 신규 태양광 및 풍력 에너지 프로젝트에 투자해 4년 연속 세계 최대 재생에너지 구매 기업의 자리를 지켰다.

내부적으로는 인공지능(AI)과 머신러닝 기술을 활용해 포장 및 음식물 쓰레기 감소부터 주문처리 운영의 효율화를 위해 애쓰고 있다. 대표적으로, 아마존웹서비스(AWS)를 통해 고객에게 AI 인프라와 제품을 제공하는 건 물론이고, 고객과 다른 기업이 구매와 사업과 삶을 더욱 지속가능하게 만드는 걸 돕기 위해 AI 대중화에 힘쓰고 있다. 아마존은 이런 움직임의 배경과 관련해 "AI와 머신러닝은 지구에 필요한 속도, 규모, 긴급성에 맞춰 기후 목표를 달성하는 데 도움이 될 수 있다고 판단한다"고 설명했다.

아마존은 최근 AI를 활용해 더욱 지속가능한 기업이 될 수 있는 7가지 방법을 소개한 글을 자사 홈페이지에 올렸다. 지속가능한 기업으로의 변신을 꾀하는 기업들에게는 큰 도움이 될 만한 이 내용을 ESG경제가 간단히 정리해 보았다.

1. '포장 결정 엔진' 통한 포장재 사용량 축소

'포장 결정 엔진(Packaging Decision Engine)'은 아마존 고객에게 수백만 개의 상품을 배송하는 데 가장 효율적인 포장 옵션을 결정하는 데 유용한 AI 모델이다. 데이터 과학자들은 이 모델이 상품의 모양과 내구성을 비롯한 다양한 제품 속성을 이해하고 다양한 포장 옵션의 성능에 대한 고객 피드백을 분석하도록 훈련시켰다. 모델은 지속적으로 학습하고 있으며, 2019년 출시 이후 포장재 사용량을 줄이는 데 기여하고 있다. 이러한 포장 혁신과 기타 포장 혁신을 통해 아마존은 2015년부터 전 세계적으로 200만 톤이 넘는 포장재 사용을 없앴다.

2. 파손된 상품을 찾아내 낭비 방지

주문 처리 센터에서는 AI 기반 기술을 사용해 파손된 상품을 찾아내는 노력을 강화하고 있다. 고객에게 발송되거나 반품되는 파손된 상품의 수를 줄이는 게 목적이다. AI는 사람보다 3배 더 효과적으로 파손된 상품을 찾아낼 수 있으며, 파손되지 않은 상품과 파손된 상품의 수백만 장의 사진을 분석해 AI를 학습시켰다. 상품에 결함이 있어 고객에게 직접 배송할 수 없는 경우, 해당 상품에 대한 정보가 아마존 직원에게 전달되고, 정보를 전달받은 직원은 상품을 평가해 할인된 가격으로 재판매하거나 기부 또는 재사용할 수 있도록 경로를 재조정한다.

3. 음식물 쓰레기를 줄이기 위한 농산물 모니터링

아마존 프레시(Amazon Fresh) 식료품 팀은 머신러닝 기반 AI 솔루션을 사용해 과일과 채소의 매장 진열대 모니터링 자동화를 확대하고 있다. 이 솔루션은 과일과 채소가 든 상자의 이미지를 분석해 균열, 상처, 압력 손상과 같은 농산물의 시각적 결함을 감지한다. 아마존 프레시는 결함이 있는 농산물을 가능한 한 재활용하기 위해 사용 가능한 농산물은 현지 계약업체에 재판매하고, 계약업체는 가축 사료 등의 용도로 할인된 가격으로 다시 재판매하여 낭비되는 식품을 줄인다.

4. 고객이 완벽한 핏을 찾을 수 있게 지원해 반품 감소

반품 감소는 더 지속가능한 쇼핑으로 이어진다는 게 아마존의 판단이다. 아마존은 고객이 아마존 매장에서 더욱 안심하고 패션 제품을 구매할 수 있도록 여러 가지 AI 기반 혁신 기술을 도입했다. 그러자 핏(fit)과 관련된 반품도 줄었다. 이를 위해 아마존은 고객이 자신에게 가장 잘 맞는 사이즈를 찾을 수 있도록 AI와 머신러닝을 사용한 맞춤형 사이즈를 추천하고, 같은 사이즈를 착용하는 고객의 개인화된 피드백을 올리고, 개선된 사이즈 차트를 추가했다. 또한 아마존은 브랜드와 판매 파트너가 고객의 핏 문제를 더 잘 이해하고 향후 디자인과 제조에 피드백을 통합해 브랜드가 고객에게 상품을 더 정확하게 설명하고, 핏과 관련된 반품을 줄일 수 있도록 돕는 '핏 인사이트 툴(Fit Insights Tool)'이란 걸 개발했다.

5. 제품의 탄소 발자국 측정

수백만 개의 제품에 대한 탄소 발자국을 추정하기란 결코 쉽지 않다. 한 사람이 단일 제품의 탄소 발자국을 조사하고 계산하는 데에만 수백 시간이 걸릴 수 있다. 아마존은 이러한 문제를 해결하기 위해 자연어 처리를 활용해 상품의 탄소 영향을 계산하는 데 일반적으로 사용되는 측정치인 환경영향계수(EIF)에 대한 텍스트 설명을 특정 제품과 일치시키는 AI 기반 알고리즘인 플라밍고(Flamingo)를 개발했다.

이 알고리즘은 이미 아마존 내 개인 브랜드에서 판매하는 면 티셔츠부터 아마존 프레시에서 판매하는 당근에 이르기까지 모든 제품의 환경 영향을 계산하는 데 도움을 주고 있다. 한 실험에서는 이 알고리즘을 통해 과학자들이 1만 5000개의 아마존 상품을 매핑하는 데 걸리는 시간을 한 달에서 몇 시간으로 단축하는 성과를 거뒀다. 다른 기업들도 지속가능성 목표를 가속화하기 위해 플라밍고를 사용할 수 있다.

6. 데이터 민주화를 통한 브라질 삼림 벌채 방지

아마존은 다른 기업들이 자체적인 지속가능성 목표를 달성하는 데 사용할 수 있도록 AI를 민주화하고 있다. 예를 들어, AWS는 브라질의 한 비영리 단체와 협력해 삼림 벌채를 모니터링하는 대규모 AI 모델을 개발했다. 이를 통해 2000만 헥타르의 산림 지역을 자동으로 모니터링할 수 있게 되었다. 모니터링이 개선되면 아마존 하구의 파라(Para) 주 내에서만 340만 헥타르의 삼림이 복원될 것으로 예상된다.

7. AWS 칩을 사용해 AI를 더욱 효율적으로 구동하기

아마존은 또한 AWS 칩에 투자하는 등 클라우드 인프라의 에너지 효율성을 높여 AI의 지속 가능성을 개선하고 있다. AWS 트레이니움(AWS Trainium)은 고성능 머신러닝 칩으로, 일부 모델의 학습 시간을 몇 달에서 몇 시간으로 단축해 생성형 AI 모델을 학습하는 데 드는 시간과 비용을 절감할 수 있도록 설계됐다. 즉, 새로운 모델을 구축하는 데 필요한 비용과 전력이 줄어들며, 유사한 사례 대비 최대 50%의 잠재적 비용 절감과 최대 29%의 에너지 소비 감소를 기대할 수 있다.

2세대 트레이니움2 칩은 1세대 트레이니움 칩보다 최대 4배 빠른 훈련 속도를 보이면서 에너지 효율을 최대 2배까지 개선하도록 설계됐다. AWS 인퍼런시아(AWS Inferentia)는 가장 전력 효율이 높은 AI 추론 칩이다. 인퍼런시아2 AI 액셀러레이터는 와트당 최대 50% 더 높은 성능을 나타내며, 동급 사례 대비 최대 40%까지 비용을 절감할 수 있다.

출처 : ESG경제(https://www.esgeconomy.com), 2024.2.22.

토론 과제

1

우리는 왜 '과거로부터 배우는 전략'에 익숙해져 있으며, 이것이 현재 조직에 어떤 한계를 초래하고 있는가?

2

'미래로부터의 학습'은 실제로 가능한가? 아마존이 알려주는 지속가능 기업이 되는 7가지 방법을 우리나라 경영 현장에서 어떤 방식으로 구현할 수 있을까?

3

고객과의 핏 인사이트 툴(Fit Insights Tool) 구현과 본문 내용의 구성원이 '감각하고 연결되는 존재'가 되기 위해 필요한 리더십과 문화는 무엇인가?

참고문헌

국내서적

김형석 외 (2023). 프리센싱 기반 전략사고의 조직학적 적용, 경영교육연구 제38권 2호.

윤은기 (2022). 지속가능경영과 ESG, 북넷.

은종성 (2025). AI를 활용한 경영전략 수립, 서울: 책길

서용석 (2021). U 이론을 적용한 전략 리더십 역량 모형, 조직과 인사관리연구 제45권.

해외서적

Amy Edmondson (2019), The Fearless Organization, Wiley.

Gary Hamel & Michele Zanini (2020), Humanocracy: Creating Organizations as Amazing as the People Inside Them, Harvard Business Review Press.

Otto Scharmer (2016), Theory U: Leading from the Future as It Emerges, Berrett-Koehler.

Peter Senge, Otto Scharmer, et al. (2005), Presence: Exploring Profound Change in People, Organizations and Society, Currency/Doubleday.

World Economic Forum (2020), Strategic Intelligence Report Series.

제 IV 부

조직문화의 변화와 디지털 리더십의 역할

학습 목표

디지털 전환 시대에 접어들면서 조직문화는 고정적이고 위계적인 형태에서 유연하고 개방적인 방식으로 변화하고 있다. 과거의 조직문화가 명확한 지시와 통제 중심의 구조였다면, 오늘날의 조직은 자율성과 협업, 창의성과 혁신을 중시하는 문화로 전환되고 있다. 이는 급변하는 시장 환경과 기술 발전 속도에 적응하기 위해 필수적인 변화이다.

인공지능(AI) 시대의 디지털 전환(Digital Transformation)은 단순한 기술 도입이 아니라, 사고 방식과 일하는 방식 전반의 문화적 변화를 요구하고 있다. 여기에 따라 조직문화도 다음 방향으로 이동하고 있어 자율성과 신뢰 기반 문화로 변화하고 있다. 4부에서는 조직문화의 변화와 디지털 리더십의 역할을 살펴보고, 조직문화의 전환을 통해 창조성과 공감의 조직을 설명 한다.

제9장

조직문화의 전환: 창조성과 공감의 조직으로

제9장에서는 조직문화는 조직의 행동방식, 가치, 규범, 일하는 방식 전반에 영향을 미치는 중요한 토대이다. 전통적인 조직문화는 위계 중심, 통제 기반의 특성을 갖고 있으며, 상명하복 구조와 형식적인 커뮤니케이션을 통해 운영되는 경우가 많았다. 이러한 문화는 일관성과 안정성을 제공하는 데에는 효과적일 수 있으나, 급변하는 디지털 시대와 복잡한 환경에서는 유연성과 창의성을 제한하는 요인으로 작용할 수 있다. 이러한 디지털 전환에 따른 조직의 기술적, 문화적, 전략적 변화 과정을 인식하고, 이를 주도하며 구성원의 몰입과 혁신을 이끄는 공감적 리더십에 대해 살펴본다.

이야기 9

마이크로소프트의 르네상스 – 디지털 리더십이 이끄는 조직문화의 대전환

2014년, 세계적인 IT 기업 마이크로소프트는 위기감에 빠져 있었다. 시장에서의 입지는 점점 좁아지고 있었고, 내부적으로는 부서 간 사일로(silo) 구조가 강화되어 협업이 단절되어 있었다. 경쟁사인 구글과 애플은 혁신과 개방을 앞세워 시장을 선도하는 반면, 마이크로소프트는 '과거의 영광에 집착하는 조직'이라는 평가를 받으며 변화에 둔감한 기업으로 인식되고 있었다.

그 중심에는 경직된 조직문화와 권위적인 리더십 구조가 자리하고 있었다. 구성원들은 실수를 두려워하며 혁신보다는 안정된 결과를 추구했고, 아이디어보다는 상사의 지시에 따르는 문화가 팽배했다. 기술은 발전하고 있었지만, 사람과 조직의 내면은 변화하지 않은 채 낡은 관성과 싸우고 있었다.

이때 새로운 리더가 등장한다. 그는 인도 출신의 엔지니어이자, 22년간 마이크로소프트에서 기술자와 관리자 역할을 두루 거친 사티아 나델라(Satya Nadella)였다. 변화는 공감에서 시작되었다. 나델라는 CEO로 취임한 후, 마이크로소프트를 기술 중심 기업이 아니라, '사람 중심의 기술 기업'으로 재정의했다. 그가 처음 강조한 키워드는 의외로 기술이 아닌 공감(Empathy)이었다. 그는 리더십은 더 이상 통제와 명령이 아니라, 구성원들의 감정과 동기를 이해하고 연결하는 힘이라고 보았다.

나델라는 취임 직후부터 모든 임직원에게 변화된 메시지를 전했다. 그는 "모든 것을 아는 조직(Know-it-all)에서, 계속해서 배우는 조직(Learn-it-all)로 변화해야 한다"고 선언했다. 이 말은 곧 기존의 권위적, 정답 중심 조직문화에서 벗어나 실험과 학습을 장려하는 창조적 문화로 전환하겠다는 의지의 표현이었다.

디지털 리더십: 기술을 넘어, 문화를 바꾸다

사티아 나델라의 디지털 리더십은 단순한 디지털 기술의 도입을 넘어, 조직문화 전반을 디지털화하고 수평화하는 전략이었다. 그는 다음과 같은 세 가지 핵심 전략을 실행했다.

1. 디지털 협업 플랫폼 도입과 개방적 커뮤니케이션

마이크로소프트는 자사 제품인 Microsoft Teams, SharePoint, Yammer 등을 활용해 물리적 공간의 제약 없이 실시간 협업이 가능한 디지털 업무 환경을 구축했다. 이를 통해 부서 간 장벽은 허물어졌고, 전 세계 어디서든 실시간 피드백과 토론이 가능해졌다.

2. 심리적 안전감 조성

직원들이 자유롭게 의견을 낼 수 있도록, 실패를 용인하고 질문을 장려하는 회의 문화를 만들었다. 리더들이 먼저 실수를 인정하고, 잘못된 판단에 대한 책임을 나누며, 팀원들에게 안전한 실험의 장을 열어주었다. 이로 인해 구성원들은 자신감 있게 창의적 아이디어를 제시하고, 다양한 관점을 조직 내에서 표현할 수 있게 되었다.

3. 공감 기반의 리더 육성

리더십 개발 프로그램에는 '감성지능(EQ)'과 '포용성'을 핵심 요소로 도입했다. 팀 리더들은 팀원의 심리 상태를 정기적으로 체크하며, 다문화·다양성 기반의 팀 운영을 독려받았다. 이는 특히 원격근무 시대에 중요한 정서적 연결과 신뢰 형성을 가능하게 했다.

결과: 조직문화 혁신이 기업 성장을 이끌다

이러한 리더십과 문화의 변화는 구체적인 성과로 이어졌다. 마이크로소프트는 불과 5년 만에 클라우드 중심 기업으로 탈바꿈하며, AWS에 이어 세계 2위 클라우드 기업으로 성장했다. Office 365와 Microsoft Teams는 전 세계 수억 명이 사용하는 협업 플랫폼이 되었고, 사내 직원 만족도 역시 대폭 상승했다.

무엇보다, 조직 내부에서는 열린 대화와 창의적 실험이 일상화된 문화가 자리 잡았다. 각 부서의 기술자들은 자율적으로 팀을 꾸려 새로운 프로젝트를 기획했고, 한때 침체되었던 제품 혁신이 활발히 되살아났다. 그 결과, 마이크로소프트는 2019년 시가총액 1조 달러를 돌파하며 세계에서 가장 가치 있는 기업 중 하나로 우뚝 서게 되었다.

출처: businessinsider.com. 뉴스, 2024. 7. 31.

1. 심리적 안전감과 조직문화 혁신

1.1 심리적 안전감(Psychological Safety)의 개념

심리적 안전감(Psychological Safety)은 개인이 팀이나 조직 내에서 거절 당하거나 벌을 받는 것에 대한 두려움 없이 자신의 생각, 질문, 실수, 우려를 자유롭게 표현할 수 있다고 느끼는 심리적 상태를 의미한다. 이는 개인이 아니라 팀과 집단 차원의 문화적 특성으로, 구성원들이 대인관계적 위험을 감수하며 학습과 혁신을 시도할 수 있는 환경을 조성한다. 이 개념은 1999년 하버드대학교 조직심리학자 에이미 에드먼슨(Amy Edmondson) 교수의 "Administrative Science Quarterly" 논문을 통해 널리 알려졌다.

오늘날 심리적 안전감은 집단 학습, 창의성, 문제 해결, 혁신적 성과의 핵심 요인으로 주목받고 있다. 심리적 안전감이 높은 팀은 실패를 두려워하지 않고 열린 소통과 협력을 통해 지속적인 성장과 개선을 이루며, 다양한 관점과 아이디어가 존중받는 포용적 문화를 형성한다.

1) 심리적 안전감의 중요성

심리적 안전감은 직무만족이나 직무몰입과 혼동되기 쉽지만 초점은 대인관계 상호작용과 표현의 자유 관련 요소로 팀 분위기, 상사와 동료의 반응에 있으며, 주요 결과로는 학습, 혁신, 창의성, 그리고 협업 강화에서 차이점이 있다.

심리적 안전감의 조직적 중요성은 첫째, 조직성과의 향상이다. 구성원들이 자유롭게 아이디어를 제시하므로 팀의 문제해결 능력이 강화되며, 미래에 대한 불확실성을 제거하여 실험과 창의성이 증진되고 다양한 관점이 공유되어 개인이 스스로의 삶을 조절하고 주도할 수 있다. 또한 자신의 감정과 생각을 인정하고 받아들이는 능력은 자존감과 직결되며, 긍정적인 자기 이미지를 형성한다. 예를 들어, 차별화된 기능과 저비용 원가구조를 이룬 월마트의 핵심 성공요소로 독자적인 물류시스템인 '그로스 도킹' 덕분에 상품이 창고에 머무르는 시간이 매우 짧아져 재고를 최소로 유지하면서 지속적으로 상품을 재보충하는 방식으로 업계보다 2~3% 낮은 원가를 유지 할 수 있었다.

둘째, 팀워크와 리더십 향상이다. 리더가 주변 사람들에게 긍정적인 관계를 유지하고, 그들을 통해 정서적인 지지를 받는 것으로 심리적 안전감이 높아지며, 팀원 간의 심리적 계약(Psychological Contract)을 강화하는데 중요한 역할을 하며, 이는 공동의 목표에 대한 몰입을 높인다.

2) 심리적 안전감의 효과

심리적 안전감은 개인의 정신적, 정서적, 그리고 사회적 웰빙에 많은 긍정적인 영향을 미치며 건강한 삶을 영위하는 데 중요한 요소로 작용한다. 구성원들이 실수나 반대 의견을 두려움 없이 표현할 수 있는 환경은 개인의 성장, 팀 성과 및 조직의 발전에 긍정적인 영향을 미친다. 심리적 안전감이 개인, 팀, 조직 차원에서 어떻게 작용하는지를 단계적으로 살펴본다.

(1) 개인 수준의 효과(Individual Level Effects)

개인 수준의 효과 영역은 심리적 안전감을 느끼는 사람들은 자신의 능력에 대한 자신감이 높아져 빠르게 학습하며, 자기효능감 향상으로 자신의 의견이 존중받는 경험을 통해 자기 신뢰가 높아진다. 또한 심리적 복지 증진 비난에 대한 두려움이 적어지며, 불안과 스트레스가 감소하며, 두려움 없이 창의적인 새로운 아이디어를 제안할 수 있게 되며, 자신의 의견을 보다 자주, 더 정확하게 나타내게 된다. 구성원이 심리적으로 안전하다고 느낄 때 조직내에서 목소리 행동(voice behavior)이 유의미하게 증가한다는 연구도 있다(Detert & Edmondson, 2011).

(2) 팀 수준의 효과 (Team Level Effects)

팀 수준의 효과는 집단학습을 가속화하고, 팀원 간 피드백과 질문을 활발하게 주고 받으면서 집단의 학습 능력이 향상되며, 의사결정 품질 향상은 물론, 다양한 의견이 수렴되어 편향 없는 집단사고(Groupthink)를 예방하게 된다.

책임을 공유하고 협력을 강화하면 실수나 실패에 대해 서로 책임을 회피하지 않고 공동의 문제로 인식하게 되며, 심리적 안전감은 긍정적인 감정을 증진시켜 행복감과 만족도를 높이고, 개인의 행복 지수를 높이는 데 기여한다. 신뢰와 소속감 강화는 팀원 간 상호 협력과 갈등의 요소를 줄임으로써 창의적 문제해결의 계기로 작용한다.

(3) 조직 수준의 효과(Organizational Level Effects)

조직 수준의 효과로는 혁신역량 강화로 나타나는데, 구성원의 아이디어 제안과 창의성이 증가하면서 혁신이 촉진되며, 리스크 관리 향상으로 치명적인 실패를 사전에 예방할 수 있다.

또한 조직학습과 변화 수용의 질적인 향상은 성공적인 학습조직으로 진전될 수 있다. 이직률 감소 및 조직몰입 증대는 심리적 안전감과 위기 상황에서도 긍정적으로 대처할 수 있는 기질을 개발하게 하고 구성원의 조직 만족도를 높이고, 이직 의도를 낮춰준다.

기업 조직의 윤리적 경영과 투명성 강화는 구성원들의 잘못된 결정이나 비윤리적 행동을 제기할 수 있게 된다(최만기, 김영복, 2011).

심리적 안전감의 효과를 요약하면 [그림 9-1]에서 보는 바와 같다.

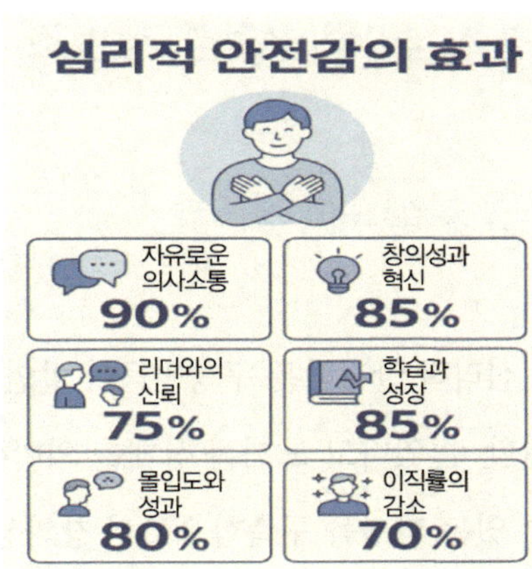

[그림 9-1] 심리적 안전감의 효과

(4) 실무적 적용

심리적 안전감을 실무적으로 활용하는 국내외 기업 사례는 다양하다. 항공산업(Aviation)에서는 조종사와 승무원이 위계 없이 오류나 이상 상황을 수시로 보고할 수 있는 문화가 구축되어 있어서 사고 예방에 큰 기여를 하고 있다. 헬스케어(Healthcare) 기업은 간호사나 인턴이 환자의 상태가 이상한 경우 자유롭게 보고할 수 있도록 하여 병원의 의료 사고율이 낮아지고 회복률이 높게 나타난다. 또한 IT 기업인 Google이나 IDEO는 실패를 공유하는 문화 속에서 반복적인 실험과 빠른 피드백이 가능하도록 하여 혁신적인 제품이 지속적으로 탄생하도록 장려하고 있다.

(5) 심리적 안전감 부족시 나타나는 부정적 효과

심리적 안전감이 결여된 조직에서는 침묵의 문화로 인해 문제가 발생하게 되고, 개인이 체득한 지식을 은폐하여 실수나 과오를 숨기는 등 개인 성과에만 집중하게 된다. 나아가 피드백이나 질문이 억제되면 학습 속도가 둔화하고, 다수의 의견에 맹종하는 풍토로 인해 혁신을 저해하여, 말하지 못하는 억압된 감정으로 조직의 성과가 감소하게 된다.

1.2 심리적 안전감 기반 조직문화 혁신 전략

1) 조직문화 혁신 전략

심리적 안전감은 구성원들이 발언하고 실수해도 질책받지 않으며, 자유롭게 표현할 수 있다고 느끼는 상태를 의미하는데, 이는 조직이 상호 존중 속에서 협력할 수 있는 환경을 구축함으로써 창의성과 협업, 조직학습의 핵심 기반이 된다.

빠르게 변화하는 경영 환경 속에서 혁신은 조직의 생존을 위한 필수조건이 되고 있지만 일부 조직은 아직도 위계적이고 평가 중심적인 문화로 인해 구성원의 창의성과 참여가 억제되고 있다.

구성원이 거절당하거나 비난받을 걱정없이 자신의 의견이나 아이디어를 자유롭게 표현할 수 있는 조직문화 혁신 전략은 다음과 같이 추진할 수 있다.

첫째, 리더십의 개방성과 수용성 강화를 들 수 있다. 구성원들이 자유롭게 말할 수 있는 환경은 상호 존중과 리더의 경청 태도에서 시작된다. 조직의 리더는 통제형 리더십에서 촉진자형 리더십으로 전환하고, 안전한 발언 환경을 형성하는 한편, 부하를 상호 존중하는 자세로 구성원들의 말을 중단하지 않고 끝까지 경청하고, 다양한 관점을 인정하도록 한다.

둘째, 성과 중심에서 학습 중심으로의 조직문화 전환이 필요하다. 조직이 점진적 개선을 넘어 파괴적 혁신까지 수용할 수 있는 토대를 마련하고, 심리적 안전감을 보장하는 팀 구조와 운영 방식을 통해 집단 내 신뢰가 강화되고, 집단사고를 방지할 수 있다.

셋째, 다양성과 포용성의 실천이다. 서로 다른 배경, 관점, 전문성을 지닌 구성원들의 차이를 존중하고, 모두가 기여할 수 있다는 인식이 자리 잡도록 교육, 리더십 훈련, 팀 빌딩 활동 등을 적극 활용한다.

마지막으로, 지속적 진단과 개선 노력의 내재화이다. 조직은 설문조사, 인터뷰, 워크숍 등을 통해 현재 상태를 진단하고, 취약한 영역을 개선하기 위한 구체적 실천을 반복해야 하며 심리적 안전감 교육, 리더 대상 공감·경청 훈련, 변화를 수용하는 문화적 내재화가 필요하다.

2) 실패와 학습을 인정하는 문화

실패와 학습을 인정하는 문화란 조직 구성원들이 실패를 두려워하지 않고 실험과 도전을 통해 새로운 지식과 역량을 개발할 수 있도록 장려하는 조직 환경을 의미한다. 이는 단순히 실패를 용인하는 수준을 넘어서, 실패를 통해 얻은 교훈을 조직 차원의 자산으로 전환하는 학습 중심의 태도를 포함한다.

실패를 '비난'이 아닌 '성장'의 기회로 인식하는 관점의 전환이 필요하다. 실패는 실험적 시도와 문제 해결 과정에서 불가피하게 발생할 수 있는 학습의 일부로 간주해야 한다. 실패의 장려를 통해 구성원들은 위축되지 않고 다음 시도에 더 적극적으로 나설 수 있다.

나아가 실패를 반복하지 않기 위해 실패 경험을 조직 내에서 공유하고 확산하는 구조적 메커니즘 구축이 필요하며, 리더의 실패 수용과 솔선수범이 조직문화 조성에 핵심적이다. 리더가 자신의 실수나 어려움을 솔직히 공유하고, 그것을 통해 배운 점을 드러내는 것은 구성원들에게 큰 심리적 안전감을 제공하며, 진정성 있는 학습 문화를 뒷받침하는 실천이다. 이는 실패에 대한 낙인을 줄이고, 도전적인 과제를 마주할 때 두려움 없이 접근할 수 있는 분위기를 형성한다.

실패를 장기적인 성공의 일부로 포지셔닝 하는 평가 및 보상 시스템의 재설계가 필요하며, 학습조직으로의 진화를 위한 실천적 기반 마련이 중요하다. 실패 경험을 통해 얻은 인사이트는 문서화 되고 축적되어 조직 지식으로 통합되어야 한다.

이와 같이 실패와 학습을 인정하는 문화는 단지 조직 내 온정주의가 아니라, 지속가능한 혁신과 집단지성의 기반이 되는 전략적 문화 자산이며, 이를 정착시키는 것이야말로 진정한 조직문화 혁신의 시작이라 할 수 있다.

3) 수평적 커뮤니케이션과 참여 문화

수평적 커뮤니케이션과 참여 문화는 직급이나 직무 구분없이 서로의 입장을 경청하고 존중하며, 정보를 투명하게 공유하는 것을 기반으로 한다. 이는 단순한 의견 개진의 기회를 넘어 구성원 개개인이 조직의 일원으로서 존중받고 있다는 경험을 통해 자율성과 책임감을 동시에 강화하는 조직문화로 이어진다. 이를 위해 조직은 공식적인 회의 외에도 일상적인 피드백 문화, 의견을 수렴할 수 있는 온라인 플랫폼, 익명 제안 채널 등을 운영할 수 있다.

참여 문화는 구성원이 단지 수동적으로 주어진 역할을 수행하는 것이 아니라, 조직의 정책, 프로젝트, 혁신 과제 등에 자발적으로 의견을 제시하고 실행에 관여하는 문화를 말한다. 이는 몰입도와 만족도, 책임감을 높이며 궁극적으로는 성과 향상으로 이어진다.

수평적 커뮤니케이션과 참여 문화를 구현하기 위해서는 리더의 역할 전환이 핵심적이다. 전통적인 통제형 리더십에서 벗어나 조율자·청취자로서의 역할을 수행해야 하며, 구성원의 의견을 실질적인 정책과 실행으로 연결시키는 구조로 조직 내 다양한 의견과 관점이 존중받는 문화적 신호를 지속적으로 보내야 한다.

수평적 커뮤니케이션과 참여 문화는 조직의 집단지성을 활성화하고, 구성원 간 신뢰를 기반으로 한 협업을 가능하게 하는 중요 요소이다. 현재의 경영 환경에서 신속한 의사결정과 능동적 대응력을 갖춘 조직이 혁신의 토양이 되는 진정한 조직문화의 경쟁력이라 할 수 있다.

1.3 프리센싱과 조직문화 적용 프로세스

1) 프리센싱과 조직문화

프리센싱은 조직문화 전환의 핵심 촉매로 단순히 변화에 대응하는 조직이 아닌, 변화를 창조하는 것을 가능케 한다. 이순신 장군의 거북선, 페르디난트의 포르쉐가 만든 자동차 비틀, 일본의 고속열차 신칸센, 미국 슈퍼마켓을 모티브로 한 일본 자동차 업계의 JIT(Just in time), IBM, 맥도널드, 사우스웨스트, 애플 등 세계적인 글로벌 기업들이 다양한 분야의 관찰을 통해 새로운 비즈니스 아이템을 만들고, 적용한 사례들이다. 이는 조직 구성원과 리더가 현재의 문제를 과거 경험이나 단순한 분석을 통해 해결하려는 방식에서 벗어나, 미래의 잠재적 가능성을 감지하고, 현재 그것을 구현해내는 창조적 리더십과 조직 변화의 접근 방식이다.

프리센싱이 조직문화에서 중요한 이유는 급변하는 환경에서 유연하고 선제적인 변화 대응이 가능하며, 구성원의 창의성과 공동 창조가 강조되기 때문이다. 또한 구성원의 창의성과 공동 창조가 강조될 때 심리적 안전감이 형성되고, 개인과 조직의 목적을 개인의 사명감과 연결하게 되며, 의미 중심의 동기부여로 구성원이 자발적으로 몰입하는 문화를 형성한다(오상진, 2023).

프리센싱 조직문화와 전통적 조직문화의 관계를 비교하면 〈표 9-1〉에서 보는 바와 같다.

〈표 9-1〉 프리센싱 조직문화와 전통적 조직문화

항목	프리센싱 조직문화	전통적 조직문화
변화 태도	미래 가능성을 감지, 변화 수용	과거 성공 경험 고수, 변화 저항
리더십	공감과 경청 중심, 공동 창조	명령 · 통제형, 상명하복
커뮤니케이션	개방적, 다층적, 상호작용 강조	수직적, 정보 독점
학습	실패와 실험을 통한 새로운 학습	실패 회피, 표준화 중심
혁신 방식	실험 중심, 미래와 연결, 창조적 혁신	점진적 개선, 과거 연장선

2) 조직문화 변화를 위한 프리센싱 적용 프로세스

(1) 프리센싱 조직문화 적용 프로세스

프리센싱은 조직이 미래의 가능성을 직관과 집단지성을 통해 감지하고, 이를 현재의 실천으로 전환하는 깊은 학습과 변화의 프로세스이다. 조직문화 변화를 위해 프리센싱 조직문화를 만드는 단계는 다음과 같다.

첫째, 연결의 장 만들기(Co-Initiating) 단계이다. 구성원 간 깊은 경청과 공감에 기반한 커뮤니케이션으로 리더와 구성원이 함께 의미 있는 대화를 시작하고, 공동의 관심사를 탐색하고 심리적 안전감을 조성하도록 한다.

둘째, 공동 감지(Co-Sensing) 단계이다. 이는 공동 현장 체험을 통한 직관을 확장하고, 미래 가능성을 직관과 집단 지성으로 탐색조직 내외부의 시스템 문제를 함께 관찰하고 경청하여 구성원의 경험과 현장의 목소리를 깊이 있게 수렴한다.

셋째, 미래로부터의 현존(Presencing) 단계이다. 프리센싱은 내면의 침묵과 본질을 연결하여 구성원들이 자신의 깊은 의도와 조직의 방향성을 파악한다. 나아가 자신이 누구인지, 우리 조직이 왜 존재하는지를 내면적으로 통찰하여 침묵, 명상 등 내적 공간을 확보한다.

넷째, 공동 창조(Co-Creating) 단계이다. 공동 창조는 조직 내부의 변화에 그치지 않고 외부 파트너, 고객, 사회와 함께 공동 생태계를 진화시키는 단계로 나아간다. 새로운 아이디어와 실험을 통해 기존의 관행을 넘어서는 실행을 실험하고 실험된 새로운 문화가 조직의 구조와 제도 속에 자연스럽게 녹아서 위계적 리더십이 아닌 참여 기반의 리더십과 역할 분산이 일어난다.

2. 프리센싱 문화 창출과 집단 창의성

2.1 프리센싱과 조직문화

프리센싱은 조직문화의 변화와 관련하여 주목받고 있는 개념이다. 프리센싱은 '미리 면허를 뺀다'라는 뜻으로, 특정한 권한이나 책임을 부여받기 전에 조직의 구성원들이 자율성을 가지고 스스로의 역량과 자질을 개발하고 활용할 수 있도록 하는 것을 의미한다. 이는 조직 내에서 개개인의 주도성과 혁신성을 촉진하려는 목적으로 나타나며, 조직문화의 변화에서도 중요한 요소로 작용된다.

1) 프리센싱과 조직 혁신

자율성과 책임을 강화하는 프리센싱은 구성원들에게 자율권을 부여하고, 이로 인해 스스로 결정하고 행동하는 문화를 조성한다. 이는 결과적으로 책임 의식을 높여 조직문화에 긍정적인 영향을 미친다.

조직이 혁신적인 사고를 장려하여 권한이 부여된 구성원들은 새로운 아이디어와 혁신적인 해결책을 제시할 수 있는 환경에서 더 많이 도전하게 된다. 이러한 혁신적인 문화는 조직이 변화와 발전을 지속할 수 있게 한다.

프리센싱은 개방적 소통을 활성화 시킬 수 있는 기반을 마련하며, 구성원들이 자유롭게 의견을 표현하고 피드백을 주고받는 환경은 조직문화를 더욱 건강하게 만드는 데 중요한 역할을 한다.

학습 지향의 문화를 구축함으로써 프리센싱은 구성원들이 스스로 학습하고 성장할 수 있는 기회를 제공하며, 이는 학습과 개발을 중시하는 조직문화를 형성하는 데 기여한다.

얼마 전 "쿠팡맨 위협하는 아줌마들 전동카트로 배송 100만건"이라는 기사를 본 적이 있다. 전통 유산균 제조기업에서 탈피하여 디지털시대 플랫폼 기업으로 확장하고, 기존 전통적 방문판매 조직에 디지털 디바이스를 도입하여 국내 최초 콜드체인 신선식품 체계를 구축한 것이 한국야쿠르트의 성공비결이다. 기업이 적극적인 참여를 유도하여 조직의 목표와 비전에 대해 구성원들이 적극적으로 참여하게 되며, 이는 조직문화의 일체감을 증진시키는 데 중요한 역할을 한다(이코노미조선, 2021).

프리센싱은 단순히 권한을 부여하는 것을 넘어, 조직문화를 변화시키고 발전시키는 중요한 접근 방식이다. 자율성과 책임, 혁신적인 사고, 개방적 소통 등이 강조되는 프리센싱은 현대 조직이 직면한 복잡한 도전과제에 효과적으로 대응할 수 있도록 도와준다. 결과적으로 성공적인 조직은 프리센싱을 통해 건강하고 긍정적인 조직문화를 구축할 수 있다.

2) 프리센싱 문화의 핵심 속성

프리센싱 문화는 기존의 문제 해결 중심적 조직문화에서 벗어나, 미래로부터 오는 가능성을 감지하고 이를 현재의 행동과 변화로 연결하는 심층적 학습과 공동 창조의 문화이다. 이 문화는 개인의 내면 성찰과 집단의 공감 능력을 통해 조직 전체가 진정성 있게 변화의 흐름을 만들어가는 토대를 제공한다.

프리센싱 문화의 핵심 속성은 다음과 같이 서술할 수 있다. 미래를 감지하려는 감수성 프리센싱 문화는 현재의 문제 해결에 머무르지 않고, 아직 도래하지 않은 미래의 가능성을 민감하게 감지하려는 태도를 중시한다. 구성원들은 직관과 통찰을 통해 새로운 변화의 흐름을 읽어 내고, 조직은 이를 실천의 방향으로 연결한다.

첫째, 집단지성 기반의 공동 창조로 조직의 변화와 혁신이 소수 리더의 결정이 아닌, 구성원 전체의 참여와 협력을 통해 이루어진다는 믿음을 바탕으로 한다. 다양한 시각과 경험을 존중하며, 집단적인 창의성을 발휘할 수 있는 개방적 구조를 형성한다.

둘째, 자기 성찰과 목적 중심의 문화로 조직 구성원 각자가 자신의 정체성과 일의 의미에 대해 깊이 성찰하고, 이를 조직의 비전과 연결하는 문화를 지향한다. 이는 조직이 단지 성과를 추구하는 곳이 아니라, 개인의 성장과 소명의식이 실현되는 공간이 되도록 만든다.

셋째, 작은 실험과 학습 중심 실행으로 프리센싱 문화에서는 완벽한 계획보다 작고 민첩한 실험을 중시하며, 실행과정을 통해 배우고 진화해 나가는 접근을 채택한다. 실패는 처벌의 대상이 아닌 학습의 자산으로 간주되며, 이를 통해 지속적 개선이 이루어진다.

넷째, 심리적 안전감과 상호 신뢰 기반으로 자유롭게 의견을 표현하고, 실수나 감정을 공유할 수 있는 안전한 분위기를 조성함으로써, 구성원들은 위축되지 않고 진정성 있는 소통과 협업을 실현한다. 이는 조직 전반의 신뢰를 촉진시키는 핵심 요인이다.

다섯째, 전체 시스템을 보는 통합적 사고로 조직 내부 문제를 독립적으로 보기보다, 조직이 속한 사회적·환경적 맥락까지 고려하여 사고하는 시스템적 접근을 중시한다. 이는 조직이 지속가능성과 사회적 책임을 함께 추구할 수 있게 만든다.

여섯째, 존재와 변화의 통합으로 조직은 단지 무엇을 할 것인가를 넘어서, 어떤 존재가 되고자 하는가에 대한 성찰과 변화의 방향을 통합한다. 이 속성은 조직문화가 단기 실행 전략이 아닌, 존재의 본질과 연결되어야 한다는 점을 강조한다.

이러한 속성들은 프리센싱 문화를 단순한 경영 기법이 아닌, 깊은 통찰과 공동의 비전 위에 서는 진화적 조직문화로 정립하는 핵심 요소들이다.

2.2 집단 창의성 활성화 메커니즘

1) 집단 창의성 활성화의 핵심

(1) 집단 창의성의 확보

집단 창의성은 구성원들이 자유롭게 의견을 표현하고, 실수나 평가에 대한 두려움 없이 자유롭게 의견을 제시할 수 있는 문화를 바탕으로, 실패가 허용되는 환경을 조성하고 리더의 공감적 경청과 피드백은 물론, 개방적 대화를 할때 만들어진다. 심리적 안전감이 높은 조직에서는 구성원들이 자신을 검열하지 않고 진정성 있는 아이디어를 제안할 수 있으며, 리더의 공감적 경청과 피드백이 창의적 시너지를 유도하는 기본 조건이 된다.

(2) 다양성(Diversity)의 수용과 활용

창의성은 서로 다른 관점이 충돌하면서 창의적 사고가 촉진되며 교차적 사고에서 촉발된다. 예를 들어, 집단 내의 이질성이 높을수록 관점의 충돌과 결합이 더 빈번해지며, 이는 새로운 아이디어의 제안 가능성을 높인다. 따라서 집단 구성 시 성별, 연령, 직무 경험, 문화적 배경의 다양성이 다양한 인지적 자극을 유발하여 팀 빌딩이 형성된다.

또한 공동 창조 설계를 위해 브레인스토밍, 시나리오 플래닝, 디자인 씽킹, 월드카페 등의 공동 창조 도구 활용 등 집단 창의성을 유도하는 구조적 방법론과 촉진 기법은 집단 내 상호작용의 질을 높이는 데 중요한 역할을 한다.

(3) 공유된 목적과 문제의식 및 리더의 촉진자 역할

조직 구성원들은 공통의 목표와 긴박한 문제의식이 있을 때 집중된다. 팀원들이 단지 좋은 아이디어를 찾는 것이 아니라, 우리의 문제를 해결할 방법을 함께 고민할 때, 창의적 에너지가 집결된다.

전통적 리더십은 지시와 통제를 중심으로 하지만, 집단 창의성을 유도하는 리더는 촉진자(Facilitator)의 역할을 수행해야 한다. 리더는 통제자가 아닌 촉진자로서 팀 간 장벽 제거, 자원 배분, 갈등 조정으로 말하기 보다 질문을 많이 던지고, 팀의 역동을 조율하며, 구성원 개개인의 잠재력이 상호 연결되도록 유도한다. 창의성은 리더의 권위가 아니라 분위기와 과정의 질에서 탄생한다.

이상의 핵심 메커니즘은 집단 창의성을 조직의 일상적 활동으로 정착시키는 기반이 되며, 이는 결국 지속적인 혁신과 협력적 문제 해결 능력으로 이어지는 전략적 자산이 된다.

2) 조직적 조건

집단 창의성을 활성화하기 위해서는 구성원 개개인의 역량이나 태도만으로는 충분하지 않으며, 조직 차원에서 이를 뒷받침하는 구조적·문화적·제도적 조건이 함께 갖추어져야 한다. 이러한 조직적 조건은 창의적 아이디어가 발현되고 실행될 수 있는 토양과 시스템을 의미하며, 다음과 같은 요소들을 포함한다.

(1) 개방적이고 수평적인 커뮤니케이션 문화

창의적인 집단은 위계적 지시보다는 자유롭고 평등한 소통을 기반으로 한다. 의견 교환이 자유롭고 직급에 관계 없이 발언할 수 있는 분위기, 즉 수평적 커뮤니케이션 구조는 다양한 아이디어의 등장을 가능하게 하며, 정보가 독점되지 않고 공유됨으로써 집단적 사고의 깊이를 더할 수 있다.

(2) 심리적 안전감이 보장된 팀 환경

조직은 구성원들이 실패나 비판에 대한 두려움 없이 자신의 생각을 자유롭게 표현할 수 있는 심리적 안전감을 체계적으로 보장해야 한다. 이는 단지 개인 간의 신뢰를 넘어서, 리더의 피드백 방식, 회의 분위기, 실수에 대한 조직의 반응 등 전반적인 조직 시스템에 의해 결정된다.

(3) 다양성과 포용성에 기반한 팀 구성

이질적 배경과 다양한 관점을 가진 구성원들로 팀을 구성하는 것은 집단 창의성의 중요한 조건이다. 나이, 성별, 문화, 직무, 다양한 배경과 관점을 가진 구성원이 함께할 때, 사고의 폭이 확장되어 조직문화는 창의적 긴장(creative tension)을 유발하며, 복합적인 문제에 대한 다각적인 접근을 가능하게 한다.

(4) 실험과 실패를 장려하는 제도적 유연성

창의성은 본질적으로 실험과 실패를 수반한다. 따라서 조직은 실패를 배움과 성장의 기회로 간주하고 이를 보장해주는 정책과 문화를 갖추어야 한다. 예를 들어, 프로토타입 실행을 위한 리소스 지원, 실패사례 공유 세션, 창의적 시도에 대한 인센티브 제도 등이 이에 해당된다.

(5) 자율성과 책임이 조화를 이루는 운영체계

집단 창의성은 구성원이 스스로 문제를 정의하고, 해결 방향을 탐색할 수 있는 자율성이 있을 때 더욱 활발히 발현된다. 그러나 동시에 조직의 목표와 연계된 책임감 있는 실행 체계도 함께 요구된다. 따라서 자율성과 책임을 균형 있게 설계하는 조직 운영 방식이 필요하다.

(6) 리더의 촉진자적 역할 수행

조직의 리더는 아이디어를 이끌기보다 분위기 조성, 갈등 조율, 장벽 제거 중심 역할을 수행해야 한다. 이들은 팀원 간의 심리적 연결을 강화하고, 집단 내 아이디어의 흐름을 지원하며, 갈등을 생산적인 방향으로 전환시킬 수 있는 감성적·전략적 역량을 갖추어야 한다.

(7) 지속가능한 지식 공유와 학습 시스템

창의적 아이디어가 조직 내에서 지속적으로 순환되고 발전하기 위해서는, 아이디어를 저장·공유·활용할 수 있는 지식관리 시스템과 학습문화가 구축되어야 한다. 이를 통해 구성원은 서로의 아이디어에서 영감을 얻고, 협업 기반의 혁신 역량을 강화할 수 있다.

결론적으로, 집단 창의성은 개인의 창의성에 의존하는 것이 아니라, 조직이 어떻게 구조화되고 어떤 문화를 형성하느냐에 따라 그 수준이 크게 달라진다. 위에서 제시한 조직적 조건들은 창의성과 협업이 일상화되는 조직을 만드는 핵심 기반이며, 이를 전략적으로 설계하고 운영하는 것이 오늘날 변화와 혁신의 시대에 요구되는 조직경영의 중요한 과제가 된다.

4) 디지털 리더십을 통한 창조와 혁신

(1) 데이터를 기반으로 사고하는 조직문화

현대의 기업문화는 불완전하고 불확실하고 복잡하고 모호하다. 리더와 관리자의 경계가 모호해진 것처럼 이제는 리더십의 개념이 바뀌어지고 있으며, AI 시대 핵심인 메타버스, 클라우드, 빅데이터, 플랫폼에 의해 일하는 방식과 행동양식이 변화되고 있다. '정보에 기반한 직관'이라는 하이브리드 방식을 채택하여 관계정보를 분석하는데도 데이터를 처리하고 데이터 분석 도구를 사용하는 컴퓨팅 사회과학이 핵심으로 작용한다.

스티브 잡스는 "고객은 우리가 무엇인가를 제공하기 전에 자신이 원하는 것을 알 수 없다"라고 했다. 이 메시지는 고객에 대한 통찰력의 중요성을 강조하고 있는데, 조직의 리더가 무엇을 해야 하는지 핵심을 말하고 있다. 데이터 기반의 조직문화를 창출하는 방법은 다음과 같다.

첫째, 조직의 리더들부터 데이터 기반 의사결정을 해야 한다. 자신의 경험이나 직관에 의한 의사결정을 줄이고 하이브리드 형태의 의사결정 시스템을 구축해야 한다. 경험론자인 베이컨은 "인간의 심리는 일단 어떤 결정을 채택하고 나면, 그것이 외부에 의한 것인지 아니면 스스로 선택한 것인지와 상관없이 그 의견을 지켜내기 위하여 모든 것을 동원한다. 그리고 그 의견이 아닌 다른 의견이 더 옳다는 것을 보여주는 수 많은 유력한 증거가 새롭게 나타나더라도 무시하고 경멸하거나 단순한 예외로 치부하면서 인정하기를 거부한다"고 하였다. 바로 조직 리더의 성공적인 경험에 의한 편향을 말한 것이다.

대부분의 리더는 자신의 경험을 기반으로 한 직관에 의해 의사결정을 한다. 그러한 경험이 지금의 현재를 만들어 주기 때문이다. 그러나 급변하는 경영 환경은 그들의 경험으로는 극복할 수 없는 상황을 만들고 있다. 왜냐하면 경험은 미래를 예측할 수 없기 때문이다. 따라서 디지털 혁신을 하려면 리더부터 데이터에 근거한 의사결정을 해야 한다. 또한 데이터에 나타난 의미를 자신의 경험에 근거하여 창의적으로 해석하고 의사결정을 해야 한다.

둘째, 조직 구성원들에게 지속적으로 데이터를 요구하고 일의 방식을 변경하여야 한다. 생각보다 빠르게 AI와 빅데이터가 세상을 변화시키고 있기 때문이다. 그러나 데이터를 관리하고 활용하는데 어려움을 겪는 기업들은 증가하고 있다. 최근 업무에 데이터를 적용하여 해석하고 새로운 데이터를 생성하는 일이 많아졌지만 조직에서 데이터를 활용하는데 어려움을 겪고 있다. 데이터 품질이 낮아 신뢰가 떨어지고, 관리 도구가 불편하며, 데이터 기반의 커뮤니케이션 문화가 정착되지 않았기 때문이다.

리더가 일관되게 데이터를 요구하면 구성원들은 데이터 기반 사고를 할 수밖에 없다. 이는 데이터 기반 의사소통을 만들고 조직내 확산을 통해 조직문화에 참여할 수 있기 때문이다. 구글, 애플, 아마존, 마이크로소프트, 테슬라 등 디지털 네이티브 기업들의 공통점은 데이터를 신뢰하며 그 결과로 커뮤니케이션 한다. 이들은"우리는 신을 믿지만, 신이 아닌 우리 조직의 구성원들은 모두 근거가 되는 데이터를 제시해야 한다"라고 말한다. 이는 모든 사람이 자신의 주장이나 제안을 할 때 데이터에 근거한 증거를 제시하라는 것을 의미한다.

셋째, 제시되는 데이터를 의심해야 한다. 바로 통계의 오류 때문이다. 통계의 오류는 통계분석 결과의 객관성을 해치는 오류 또는 편향을 의미한다. 이를 이용해서 현실을 조작하고 대중을 현혹하는 수단으로 활용하기도 한다. 오죽하면 영국의 정치가 벤저민 디즈레일리는 "세상에는 세가지 거짓말이 있다. 그럴듯한 거짓말, 새빨간 거짓말, 그리고 통계"라고 한 바 있다. 그만큼 통계의 오류는 발생하기 쉽다. 우리가 경험하는 통계의 오류는 대표성 오류, 정보의 이용 가능성 오류, 조장과 과정의 오류, 중심판단 오류, 통계 오류 등이 있다.

넷째, 기업 내 전 구성원들이 데이터 기반에 의해 조직문화를 만들고 조직적인 역량을 키워야 한다. 한 기업이 조직문화를 바꾸는 일은 어려운 일이다. 문화는 일정한 형태가 없고, 다른 방향으로 돌리는 직접적인 방법도 없기 때문이다. 그래서 조직문화의 변화를 선도하려는 많은 리더가 잘못된 방법을 선택한다.

가트너 그룹은 설문조사에서 데이터기반 의사결정 조직문화를 구축하기 위해 리더가 하지 말아야 하는 세가지를 제시하였다.

첫째, 문화를 설명할 때 뻔한 수식어를 사용하지 않는다. 리더들은 문화를 표현할 때 진부한 용어에 의존하는 경향이 많다. 진부한 수식어가 목표 수익률을 달성하는데 어떤 영향도 미치지 못한다. 왜냐하면 리더가 사용하는 용어나 개념들이 실제 운용방식과 다른 경우가 많고, 오차를 불러 오기 때문이다. 그래서 조직문화를 대변하는 문구는 중요한 긴장 관계를 직접적으로 표현하고 실제 사례를 분명히 나타내는게 좋다.

둘째, 조직문화를 바꾸기 위해서는 정책을 바꿔야 한다. 대표적인 사례가 M/S의 CEO 사티나 나델라이다. 그는 PC 소프트웨어 중심의 회사를 데이터 기반의 모바일과 클라우드 중심으로 바꾸기 위해 성과관리 방법과 기준을 변경했다. 현장 중심의 유연한 조직문화를 위해 기존 직무 영역별 팀제에서 고객중심으로 바꾸었고, 현장리더에게 대부분의 권한을 위임했다. 이처럼 변화를 이끌기 위해서 리더는 말, 행동, 프로세스, 예산 등 운영형식을 바꾸어야 한다.

셋째, 데이터 기반의 사고가 정착될 수 있도록 교육지원을 아끼지 말아야 한다. 결국 기업의 모든 활동은 구성원들에 의해 수행되기 때문에 조직내 교육을 받아야 하는 집단은 현장에서 실무적으로 데이터를 활용하는 집단이다. 이들은 데이터를 가장 많이 활용하고 생성하지만 기본적인 지식이 다소 부족하다.

다음은 조직이 데이터 중심으로 전환할 수 있도록 전략을 수립하고 조직을 구성하며, 시스템과 문화를 개편하는 집단이다. 조직 내 인력에 대한 데이터를 기반으로 기업의 전략과 부합되는 조직문화와 시스템을 만들기 위해 인력을 선발하고, 운영하며, 다양한 보상 시스템을 만들기 위해 데이터 분석과 관련된 기본적인 소양을 갖출 수 있도록 지원해야 한다.

3. 공감적 리더십과 신뢰 기반의 협업문화

3.1 공감적 리더십(Empathic Leadership과 신뢰

디지털 전환, 하이브리드 근무(hybrid work), 팬데믹 이후의 조직 회복 등 복잡한 변화 속에서, 조직은 더 이상 권위적이고 지시 중심적인 리더십만으로 유지되기 어렵다.

지속가능한 성과, 몰입, 창의성을 이끌어내기 위해서는 구성원들의 정서와 경험을 이해하고 심리적 안전감과 신뢰를 기반으로 한 리더십이 요구된다. 이런 흐름 속에서 등장한 대안이 바로 공감적 리더십이다.

1) 공감적 리더십과 신뢰

(1) 공감적 리더십의 개념

공감적 리더십은 리더가 팀원들의 감정, 생각, 필요를 이해하고 그에 따라 행동하는 리더십 스타일을 의미한다. 이는 관계 중심의 리더십 접근법으로, 리더가 팀원들과의 신뢰를 구축하고, 협력적인 환경을 조성하며, 팀원들의 동기부여와 성장을 촉진하는 데 중요한 역할을 한다.

(2) 공감적 리더십의 주요 요소

공감적 리더십의 주요 요소로는 감정적 지능, 적극적인 경청, 지원과 이해, 협력적인 환경 조성, 그리고 피드백 조성 등이 있다.

우선 감정적 지능을 들 수 있다. 공감적 리더는 자신의 감정뿐만 아니라 타인의 감정도 이해하고 인식하는 능력을 가진다. 이를 통해 팀원들과의 관계를 더욱 깊게 형성할 수 있다. 다음은 적극적인 경청이다. 리더는 팀원들의 의견과 감정을 적극적으로 경청하고, 그들의 목소리가 존중받고 있다는 느낌을 받을 수 있도록 한다.

지원과 이해를 들 수 있는데, 리더는 팀원들이 직면한 어려움을 이해하고 그들을 지원하려는 노력을 기울여야 한다. 이는 팀원들의 심리적 안전을 높이고, 그들이 자신의 의견을 자유롭게 표현할 수 있도록 한다. 그리고 협력적인 환경을 조성해야 한다. 공감적 리더십은 팀 내의 협력과 소통을 촉진하여, 팀원들이 서로를 지원하고 협력할 수 있는 환경을 만들어야 하기 때문이다. 마지막으로, 피드백 제공인데, 리더는 팀원들에게 건설적인 피드백을 제공하며, 이를 통해 그들의 발전과 성장을 도모한다.

(3) 공감적 리더십의 장점

공감적 리더십의 장점은 다음과 같이 세가지로 요약할 수 있다.

첫째, 팀원 만족도와 몰입도 향상이다. 공감적 리더십은 팀원들이 자신의 가치가 존중받고 있다고 느끼게 하여, 직무 만족도를 높이고 더욱 몰입하게 한다.

둘째, 창의성과 혁신의 증진이다. 팀원들이 자유롭게 의견을 표현할 수 있는 환경이 조성되면서, 창의적이고 혁신적인 아이디어가 나올 가능성이 높아진다.

셋째, 성공적인 갈등 해결방법이다. 공감적 리더는 갈등 상황에서도 팀원들의 입장을 이해하고 조율함으로써, 보다 효과적으로 문제를 해결할 수 있다.

결론적으로, 공감적 리더십은 팀의 성과와 분위기를 긍정적으로 변화시키는 중요한 요소로 작용하므로 현대사회와 조직에서 공감적 접근이 중요시 되고 있다.

2) 공감과 신뢰의 시너지가 만드는 조직문화

(1) 공감과 신뢰의 조직문화

신뢰 기반 협업은 구성원 간 신뢰를 바탕으로 한 협업의 속도, 질, 그리고 창의적 성과와 자율성이 중심이 되는 협업방식이다. 구성원이 서로를 있는 그대로 받아 들임으로써 리더와 조직의 원칙과 약속이 일관되고 각자가 자신의 역할을 충분히 수행할 수 있는 능력을 가짐으로써 서로를 해치지 않고 공동 목표를 위한 선한 의도를 공유 한다.

또한 실패에 대한 두려움 없이 자유롭게 의견 개진을 가능케 하여 심리적 안전감과 리더의 개입 없이도 협력적으로 문제 해결이 가능하게 하고, 실험과 학습이 반복되며 자연스럽게 혁신이 촉진되어 정서적 유대강화에 기여한다.

(2) 공감과 신뢰 기반 조직문화 구현 전략

리더가 실천할 전략으로, 경청 중심의 리더십으로 프로젝트 시작시 관찰, 인터뷰, 몰입을 통해 고객이 공감하는 문화를 만들어야 한다. 팀 구성원 간 자유로운 피드백과 높은 신뢰를 기반으로 리더의 실수나 고민을 공유하여 인간적 신뢰를 형성한다. 또한 구성원의 감정 상태를 정기적으로 점검, 소통하고 공감적 대화법과 피드백 훈련을 실시한다.

조직 차원의 지원 전략으로는, 성공에 목적을 두지 않고 실패에 관대한 문화를 조성하여 심리적 안전감을 조직이 가지게 하여 평가도구에 정기적으로 활용한다. 또한 의사결정의 투명성을 강화하여 조직 내부에 피드백 문화가 정착되도록 한다.

3.2 신뢰 기반 협업문화 구축

1) 신뢰 기반 협업문화 구축

신뢰의 조직문화는 구성원들 간의 상호 믿음을 바탕으로 형성된 조직 내의 가치관과 행동 양식을 의미한다. 이것은 여러 가지 중요성을 가지고 있으며, 조직의 성과나 구성원의 만족도, 그리고 직무몰입에 긍정적인 영향을 미친다. 신뢰의 조직문화를 구축하기 위해서는 다음과 같은 요소들이 요구된다.

첫째, 조직 내에서 의사소통이 원활하게 이루어져야 한다. 모든 구성원들이 자유롭게 의견을 나눌 수 있는 환경이 조성되어 적극적인 소통이 이루어져야 하며, 조직 내 의사 결정 과정과 경영 전략에 대한 투명성을 확보하여 구성원들이 정보를 공유하고 이해할 수 있도록 해야 한다.

둘째, 구성원 간의 존중과 배려로 서로의 의견을 존중하고, 다양한 배경과 경험을 인정하는 태도가 필요하다. 책임감 있는 행동으로 구성원 각자가 자신의 역할에 대한 책임과 신뢰할 수 있는 행동을 통해 신뢰를 구축해야 한다.

셋째, 조직내에서 피드백을 주고받는 문화가 형성되어야 한다. 개인과 조직의 성장을 도모하여 신뢰를 더욱 깊게 할 수 있스며, 조직의 리더는 신뢰의 기준을 설정하고 이를 실천함으로써 구성원들이 따를 수 있는 모범을 보여야 한다.

신뢰의 조직문화는 분위기를 좋게 만드는 것 이상의 중요한 요소로 조직의 성과와 목표달성에 필요한 요소로 작용하며, 지속가능한 경쟁력의 원동력이 된다.

2) 신뢰 기반의 협업문화

신뢰 기반의 협업문화는 조직 구성원 간에 진정성, 안정감, 상호 존중이 전제된 상태에서 자율적이고 창의적인 협력이 자연스럽게 이루어지는 조직 환경이다. 이러한 문화에서는 구성원들이 실수를 숨기지 않고 공유하며, 질문과 이견을 자유롭게 표현하고 서로의 역량과 선의를 기본값(default)으로 전제하며, 공동의 목적을 위해 자발적으로 협력한다.

신뢰는 협업의 전제조건으로, 구성원 간의 심리적 안전감을 높여준다. 신뢰가 확보된 조직에서는 불필요한 방어적 행동이 줄어들고, 개개인의 아이디어와 우려를 자유롭게 표현할 수 있다. 이는 집단 창의성, 문제 해결 능력, 빠른 의사결정으로 이어진다.

또한 신뢰 기반 협업문화는 단순히 개인 간의 관계를 넘어서, 조직의 제도와 리더십 방식 전반에 영향을 미친다. 리더는 구성원을 통제하기보다 신뢰하고 자율성을 부여하며, 구성원은 책임감을 가지고 주도적으로 행동한다. 이런 문화가 변화와 혁신에 유연하게 대응할 수 있는 조직 역량을 가지게 된다.

3) 협업의 시대, 신뢰가 경쟁력이다

오늘날 우리는 혼자 잘하는 시대를 지나 함께 잘하는 시대로 접어들고 있다. 기술이 발전하고 시장의 복잡성이 심화될수록, 하나의 조직이나 개인이 모든 것을 독자적으로 수행하는 데에는 한계가 있다. 이에 따라 다양한 주체 간의 협업이 중요하고, 그 중심에는 '신뢰'라는 핵심 변수가 자리 잡고 있다.

협업이 효과적으로 이루어지기 위해서는 정보 공유, 역할 분담, 피드백, 조정 등이 원활하게 수행되어야 한다. 그러나 이것은 단순한 구조나 도구로만 해결되기 힘든다. 구성원 간, 조직 간, 그리고 사람과 시스템 간의 신뢰가 뒷받침될 때 협업은 성과를 창출할 수 있다.

신뢰는 상대방의 역량과 의도를 적극적으로 받아들이고, 불확실한 상황에서도 함께 나아갈 수 있도록 하는 정서적 기반이다. 구성원 간 신뢰가 높을수록 의견 충돌이 두려움이 아닌 학습의 기회가 되며, 실수는 처벌이 아닌 개선의 계기가 된다. 또한 신뢰는 책임감을 높이고 자율성을 보장함으로써, 협업의 질과 속도를 높인다.

디지털 시대의 협업은 온라인 협업툴, AI, 원격근무 환경 등 물리적 거리를 극복할 수 있는 기술을 활용하는 방식으로 진화하고 있다. 하지만 이러한 기술도 신뢰 없는 조직에서는 오히려 단절과 감시의 도구가 될 수 있다. 결국 협업의 진정한 도구는 기술이 아니라 신뢰에서 출발한다.

신뢰는 일관된 소통과 존중, 약속 이행을 통해 장기적으로 형성된다. 따라서 신뢰 기반의 조직문화와 리더십이야말로 협업의 시대에서 지속가능한 경쟁력을 갖춘 조직을 만드는 중심 역할을 한다.

4) 신뢰의 구성요소와 협업문화 효과

신뢰에는 구성원이 스스로를 감추지 않고, 있는 그대로 행동할 수 있는 진정성과 의사결정과 행동이 논리적으로 설명되는 일관성이 있다. 자신과 동료가 맡은 일을 잘 해낼 수 있다는 역량과 상대방이 나의 감정과 상황을 이해하고 존중한다는 공감이 있다.

협업문화의 효과로는 실수나 이견 제시에 대한 두려움을 감소시키는 심리적 안전감 증진과 속도와 유연성 확보로 권한 위임이 가능해지고, 자율적인 의사결정 속도가 빨라지며, 상호 신뢰를 바탕으로 다방면 시각의 통합이 가능하다.

신뢰의 4대 구성요소와 협업문화 효과를 비교하면 [그림 9-2]에서 보는 바와 같다.

	신뢰의 4대 구성요소		협업문화 효과
	진정성 말과 행동이 일치하고, 숨김이 없음	→	심리적 안전감 형성, 열린 의견 공유
	일관성 약속과 규범을 지속적으로 준수함	→	예측 가능성 증가, 갈등 감소
	역량 맡은 역할을 수행할 수 있는 능력 보유	→	상호 신뢰 기반의 책임 분담, 효율적 협업
	배려 타인의 이익과 감정을 존중하고 고려함	→	공감적 소통 강화, 집단 몰입과 동기 부여

[그림 9-2] 신뢰의 4대 구성요소와 협업문화 효과 비교

9장 토론 사례

AI와 인간, 그 위태로운 동거의 시작

▲ 올리버 티안(Oliver Tian) Oliver Tian Associates CEO

창원의 5월 끝자락은 애매한 계절이다. 여름도 아니고 봄도 아닌, 어느 쪽에도 속하지 못한 채 경계선을 맴도는 시간. GSAT 2025 첫날 저녁, 컨벤션센터 안은 선선했지만 밖으로 나서면 미지근한 바람이 뺨을 스쳤다.

올리버 티안이 무대 위에서 마이크를 잡았을 때, 그의 첫 마디는 예상보다 조용했다. “안녕하세요. 올리버 티안입니다.” 40년간 AI를 연구해온 남자의 인사치고는 소박했다. 하지만 그가 던진 질문은 오히려 날카로웠다. “우리는 AI를 사용할 준비가 되었는가?”

모든 사람이 AI를 말하지만, 모든 사람이 AI를 이해하지는 못한다.

Oliver Tian Associates 설립자이자 글로벌 로봇 협회 자문역을 맡고 있는 올리버 티안은 전 세계 30개 지역을 오가며 로보틱스와 AI 분야를 연구해왔다. 옥스퍼드 대학과의 협력부터 네팔, 우즈베키스탄 정부 자문까지, 그의 행보는 AI가 단순한 기술 트렌드가 아니라 사회 전체를 재편하는 힘임을 보여준다.

“최근 한 스타트업 세션에서 투자자가 이런 말을 했어요. ‘머신러닝을 이해하지 못한다면 AI를 모르는 거다’라고요.” 티안의 목소리에 살짝 아쉬움이 묻어났다. “하지만 AI는 훨씬 넓은 스펙트럼을 가지고 있습니다. 머신러닝뿐 아니라 생성형 AI까지, 굉장히 다양한 측면들이 있죠.”

실제로 미국에서 진행된 최근 조사에 따르면, CEO들의 74%가 AI를 통해 사업적 이익을 창출하지 못하면 2년 내 사퇴할 것 같다고 답했다. 이만큼 AI 도입에 대한 위기감이 크다는 뜻이다. 하지만 딜로이트 조사 결과는 더욱 아이러니하다. 많은 기업이 AI를 고려하고 실험하지만, 실제로 기업 이익을 위해 AI를 활용하는 곳은 극소수에 불과하다는 것이다.

아이언맨과 월-E 사이에서

티안이 제시한 AI의 미래는 두 편의 영화로 압축된다. 아이언맨의 자비스처럼 인간의 동반자가 되는 AI, 그리고 월-E처럼 인간을 무력하게 만드는 AI.

"아이언맨을 보면 자비스가 여러 옵션을 제시하고, 토니 스타크가 이를 바탕으로 의사결정을 합니다. 이것이 미래 AI의 모습이에요." 반면 월-E에서 인류는 AI에 너무 의존한 나머지 스스로 아무것도 할 수 없는 존재가 되었다. "1970년대 학자들이 예측했듯이, 인간이 AI에 너무 의존하게 되면 결국 대체될 위기가 올 수도 있습니다."

그렇다면 인간만이 할 수 있는 영역은 무엇일까? 티안은 추론의 세 가지 형태를 제시했다. 연역 추론은 많은 데이터에서 패턴을 파악해 결과를 도출하는 것으로, 머신러닝과 딥러닝이 잘하는 영역이다. 귀납 추론은 기존 데이터를 바탕으로 새로운 영역에 지식을 적용하는 것으로, 오픈AI와 대형 언어모델이 이미 침투한 영역이다. 하지만 세 번째, 외전 추론은 다르다. "이사회에서 재무제표를 보고 최선의 추정을 해야 하는 상황을 생각해보세요. 과거에 일어나지 않았지만 어떻게 돌파구를 찾을 것인가? 이런 직관과 경험에 의존하는 판단은 아직 인간의 영역입니다."

그는 목소리를 높였다. "AI가 아무리 추론해도 '아니다, 이 방향이 맞다'고 말할 수 있는 사람이 되어야 합니다."

커넥티드 워커의 시대가 온다

미래의 업무 환경은 '커넥티드 워커(Connected Worker)'로 특징지어질 것이라고 티안은 전망했다. "사람과 사람, 사람과 기계, 사람과 AI 시스템이 모두 연결될 것입니다. 여러분은 AI의 이야기도 들어야 하고 사람의 이야기도 들어야 하며, 중간 관리자로서 결정하는 순간이 올 것입니다."

하지만 도전도 만만치 않다. 기술 변화의 가속화, 인간에게 요구되는 역량의 변화, 원격 업무의 증가, 세계화와 다양성, 그리고 윤리적·사회적 영향까지 고려해야 할 요소들이 산적해 있다.

특히 그가 강조한 것은 밀레니얼 세대의 등장이었다. "산업계로 진출하는 밀레니얼들은 기성세대와 조직에 대해 다른 기대치를 가지고 있습니다. 리더들은 반드시 이를 고려해야 합니다."

HR도, 교육도 바뀌어야 한다

AI 시대에는 HR의 패러다임도 바뀐다. 과거 복지 관리, 노동 관리 중심이었다면 이제는 인적자본 관리가 핵심이다. "AI 기반 소프트웨어를 통해 특정 업무에 필요한 요구 조건을 가진 사람을 찾는 채용 공고를 정확하게 만들 수 있고, 채용 절차 자체를 AI가 설계할 수 있습니다."

하지만 AI가 온다고 해서 HR 매니저가 일자리를 잃는 것은 아니다. "비즈니스 전략을 세우는 데 AI의 도움을 받게 될 것이고, AI가 비즈니스 파트너가 될 것입니다."

교육 방식의 변화도 불가피하다. 티안은 최근 본 기사를 언급했다. 챗GPT가 우리 뇌에 독소와 같은 역할을 한다는 내용이었다. "과제를 내면 학생들이 생각도 하지 않고 결과를 그대로 제출합니다. 자신의 의견이 맞는지 확인도 하지 않고 즉각적으로 챗GPT에 의존하고 있어요."

그가 제시한 해법은 '페리 라이트 아웃컴(Fairly Right Outcome)' 개념이다. 무엇이 필요한가, 어떤 스킬이 필요한가, 이 정보가 필요한 사람이 누구인가와 같은 명확성이 필요하다는 것이다.

미래 인재가 갖춰야 할 다섯 가지 역량

그렇다면 미래 인재는 어떤 역량을 갖춰야 할까? 티안은 다섯 가지를 제시했다. 첫째, 복잡성에서도 성과를 내는 적응력이다. 변화에 빠르게 대응하고 학습할 수 있는 능력이 필요하다. 둘째, 전형적인 사고 이상의 혁신적 사고다. 헨리 포드의 말을 인용하며 그는 말했다. "고객의 말만 들었다면 더 빠른 말밖에 만들지 못했을 것입니다." 셋째, 협업 지능이다. 혼자가 아닌 타인과 연결하고 공동으로 혁신할 수 있는 능력이다. 넷째, 기업가적 사고다. 이전에 했던 것이 아니라 새로운 것을 만들어낼 수 있는 실행력과 방향성을 유지하는 능력이다.

다섯째, 평생 학습 능력이다. "미리 준비하는 교육에서 필요할 때 즉시 배우는 역동적 학습이 필요합니다."

체스 마스터의 통찰과 청킹의 힘

티안은 체스 마스터 게리 카스파로프의 말을 즐겨 인용한다. 최초로 컴퓨터에게 체스에서 진 인간이 남긴 말이다. "우리에게 필요한 것은 기술이 덜한 게 아니라 더 나은 사람입니다."

다니엘 카네만의 『생각, 빠르고 느리게』를 예로 들며 그는 인간과 AI의 차이를 설명했다. "5491이라는 숫자는 외우기 어렵습니다. 하지만 1945로 배열을 바꾸면 어떨까요? 컴퓨터에게는 똑같은 숫자지만, 사람에게는 1945가 훨씬 이해하고 기억하기 쉽습니다. 역사적 사건을 떠올릴 수 있는 기억력이 있기 때문입니다."

체스 전문가와 초보자의 차이도 마찬가지다. 초보자는 5초 동안 4-5개 정도의 말의 위치밖에 기억하지 못하지만, 숙련된 체스 플레이어는 즉시 패턴을 인식하고 전략적으로 판단할 수 있다.

"이를 청킹(Chunking)이라고 합니다. 비슷한 성질의 정보를 그룹화해서 묶음으로 만들어 더 빠르게 쉽게 기억하고 처리할 수 있게 되는 것입니다."

사라지는 일자리, 생겨나는 일자리

AI로 인한 일자리 변화에 대해서도 티안은 낙관적이었다. 세계경제포럼 2025년 보고서를 인용하며 그는 말했다. "700만 개의 일자리가 사라질 것이라고 합니다. 걱정이 되죠. 하지만 그보다 더 많은 9,500만 개의 일자리가 생겨날 것이라고 합니다."

웹마스터, 보안 엔지니어, 프롬프트 엔지니어 같은 직업들이 과거에는 존재하지 않았듯이, 새로운 기술이 새로운 일자리를 창출할 것이라는 얘기다.

환경적 책임도 생각해야 한다

강연 말미에 그는 중요한 메시지를 전했다. AI 사용의 환경적 비용에 대한 것이었다. 3분짜리 영상을 통해 그는 충격적인 사실을 공개했다.

"챗GPT에 25개의 프롬프트를 입력할 때마다 0.5리터의 깨끗한 물과 스마트폰 15분 사용량에 해당하는 전력이 소모됩니다. AI를 사용할 때마다 화석 연료가 사용되고 탄소가 배출됩니다."

싱가포르는 이미 지속가능한 AI 전략을 추진하고 있다. 액체 냉각 솔루션 도입, 친환경 소프트웨어를 통한 서버 효율화 등을 통해 데이터센터의 환경 발자국을 줄이려는 노력들이다.

"AI를 사용할 때마다 책임감을 가져야 합니다. 꼭 필요한 질문인지 한 번 더 생각해보세요. 효율적으로 사용하는 것이 필요합니다."

변화는 내부 인식의 전환에서 시작된다

강연을 마무리하며 티안은 양자물리학의 아버지 막스 플랑크의 말을 인용했다. "사물을 바라보는 방식을 바꾸면 당신이 바라보는 사물 자체가 변합니다. 변화는 외부 환경이 아닌 내부 인식의 전환에서 시작됩니다."

AI 시대의 핵심은 기술 자체가 아니라 그 기술을 어떻게 바라보고 활용하느냐에 있다는 것이다. 게리 카스파로프의 말처럼, 우리에게 필요한 것은 기술이 덜한 게 아니라 더 나은 사람이다.

창원의 5월 마지막 주 저녁, 올리버 티안이 던진 질문은 여전히 우리에게 숙제로 남아 있다. 우리는 정말 AI를 사용할 준비가 되었는가?

출처: 플래텀 Platum, 2025.05.29

토론 과제

1

내가 CEO라면 디지털 전환에 실패하지 않기 위해 우리 회사의 조직문화를 어떻게 변화시켜야 하는가?

2

토론 사례를 읽고, 이 상황에서 필요한 디지털 리더십은 무엇이며, 기존 리더는 어떻게 변화해야 하는가?

3

조직문화의 변화와 디지털 리더십의 역할에 리더가 구성원과 '공감적 연결'을 만드는 실천 전략과 데이터 기반 리더십과 인간 중심 리더십의 균형은 어떻게 잡아야 하는가?

참고문헌

국내서적

김성수, & 임창희 (2015). **조직행동론**. 서울: 박영사.

오상진 (2023). **AI리더십**, 서울 : 북삶일공칠.

최운실 외 (2015). **감성 리더십과 조직의 성과**. 서울: 학지사.

정희선, 김선화 (2021). "디지털 리더십이 조직유효성과 조직몰입에 미치는 영향." **디지털융복합연구**.

이경아, 한상현 (2020). "디지털 시대의 리더십 역량에 관한 탐색적 연구." **리더십연구**.

이재훈 (2020). "공감적 리더십이 조직 신뢰 및 혁신 행동에 미치는 영향." **한국인사조직학회**.

한국능률협회컨설팅(KMAC) (2022). 디지털 전환과 조직문화 변화 보고서.

LG경제연구원 (2022). 프리센싱 기반 리더십과 조직문화 혁신사례 분석

최만기, 김영복 (2011). **윤리경영-이론과 실제**, 서울: 탑북스.

해외서적

Schein, E. H. (2010). Organizational Culture and Leadership(4th ed.). San Francisco: Jossey-Bass.

Scharmer, O. (2009). Theory U: Leading from the Future as It Emerges. San Francisco: Berrett-Koehler.

Edmondson, A. (1999). "Psychological Safety and Learning Behavior in Work Teams." Administrative Science Quarterly, Westerman, G., Bonnet, D., & McAfee, A. (2014). Leading Digital: Turning Technology into Business Transformation. Boston: Harvard Business Review Press.

제10장

디지털 리더십과 프리센싱 리더십

제10장에서는 디지털 기술의 급속한 발전은 기존의 조직 운영 방식과 리더십의 본질을 근본적으로 변화시키고 있다. 먼저 디지털 리더십이 무엇이며, 전통적 리더십과 어떤 차별성을 갖는지를 이해하는 데 중점을 둔다. 디지털 리더는 단순히 기술을 활용하는 관리자에 그치지 않고, 기술 변화 속에서 조직의 방향성을 설정하고 민첩하게 대응하는 전략적 사고와 혁신 역량을 갖추어야 함을 학습한다.

이야기 10

비즈니스 핵심을 AI 기술 투자에 둔다.

글로벌 빅테크 기업들이 견고한 실적에도 불구하고 '군살 빼기'를 이어가고 있다. 빅테크 기업은 기존 사업 부문에 대한 구조조정과 인력 감축을 단행하여 '비핵심 사업'을 정리하고 있다.

2025년 4월 13일 정보기술(IT) 전문 매체 디인포메이션에 따르면 구글(Google)은 최근 비즈니스 플랫폼과 디바이스 부문에서 수백 명의 직원을 감원했다. 구글 측은 "지난해 플랫폼과 디바이스 팀을 통합한 이후 보다 민첩하고 효율적으로 운영하기 위해 집중해 왔다"라면서 구조조정의 측면에서 "2025년 1월에 제공한 자발적 퇴직 프로그램에 이어 일부 인력 조정을 하게 됐다"라고 설명했다.

페이스북 (Facebook)의 모회사 메타도 조직 정비 및 효율화에 나서고 있다. 마이크로소프트(MS)는 지난해 9월 엑스박스 게임 부문에서 650명을 줄인 데 이어 다음 달까지 중간 관리자와 비개발자 인원을 줄이는 방안을 논의하고 있는 것으로 알려졌다. 아마존(Amazon)도 최근 의사소통 부서를 포함해 여러 부문에서 감원을 단행했으며, 애플(Apple)도 지난해 디지털 서비스 부문에서 약 100명의 직원을 줄였다.

업계에서는 이번 조치를 AI 중심 사업 재편 전략의 일환으로 해석하고 있다. 팬데믹 기간 중 늘어난 인력을 정리하는 한편 AI라는 미래 성장 동력에 조직 역량을 집중하겠다는 것이다. 최근 AI 수익성 개선과 기술 혁신에 대한 시장의 기대감이 높아지고 있어 빅테크 기업들의 '군살 빼기' 흐름은 당분간 지속될 것으로 보인다.

<동아일보, 2025. 4. 14>

1. 디지털 전환과 리더십의 재정의

1.1 디지털 전환의 본질

디지털 전환(Digital Transformation)은 기술 채택의 문제가 아닌, 조직과 리더십의 근본적 혁신 과정이다. 이 프로세스에는 AI, 빅데이터, 클라우드, IoT 등의 기술이 업무 자동화, 기술 도입 그 자체가 아닌 일하는 방식과 조직 운영 철학의 재구성이 강조된다. 다시 말하면, 데이터 기반 의사결정, 비즈니스 모델 혁신을 가능하게 하는 동시에 새로운 방식의 리더십과 문화를 요구하고 있다.

1) 디지털 전환이 요구하는 리더십 역량

디지털 전환은 단순한 기술 도입을 넘어 조직의 구조, 운영 방식, 가치 창출 구조, 고객과의 관계, 그리고 구성원들의 일하는 방식까지 근본적으로 변화시키는 과정을 의미한다. 이러한 급진적 변화는 기술적 이해 이상의 리더십 역량을 요구하며, 리더는 새로운 시대에 걸맞은 복합적이고 유연한 자질을 갖추어야 한다. 디지털 전환을 성공적으로 이끌기 위해 리더가 갖추어야 할 주요 역량은 다음과 같다.

첫째, 디지털 감수성과 기술을 이해하는 능력을 가져야 한다. 리더는 인공지능, 클라우드, IoT, 데이터 분석 등 핵심 기술의 흐름과 특성을 이해하고, 이를 전략적으로 활용할 수 있어야 한다. 이는 기술 전문가가 되어야 한다는 것은 아니지만, 기술을 기반으로 한 기회와 위험을 통찰할 수 있는 디지털 감수성이 요구된다.

둘째, 데이터 기반 의사결정 역량과 애자일(Agile) 사고는 물론 유연한 실행력이 요구된다. 디지털 환경은 불확실하고 예측 불가능한 요소가 많기 때문에, 리더는 빠른 의사결정과 반복적인 실험을 가능하게 하는 애자일 리더십을 실천해야 한다. 변화에 대한 저항보다는 빠르게 시도하고 실패에서 학습하는 태도가 중요하다.

셋째, 공감과 소통의 리더십이 필요하다. 디지털 전환은 종종 조직 구성원들에게 불안과 저항을 유발한다. 리더는 변화의 방향과 의미를 투명하게 전달하고, 구성원들의 감정과 목소리를 공감하며 변화 과정에 능동적으로 참여하도록 유도해야 한다. 이는 심리적 안전감과 조직 신뢰를 기반으로 한 리더십 역량이다.

넷째, 비전 수립과 방향 제시 능력이다. 리더는 기술 중심의 혼란 속에서도 조직이 지향해야 할 가치를 분명히 하고, 디지털 전환이 가져올 미래상을 구성원들과 공유하며 나아갈 방향을 명확히 제시해야 한다. 이는 단순한 전략이 아닌, 구성원들의 참여와 몰입을 이끌어낼 수 있는 '목적 중심' 리더십이다.

다섯째, 조직 학습 촉진과 혁신문화 조성 역량이다. 디지털 전환은 끊임없는 학습과 실험이 수반되는 과정이다. 리더는 실패를 허용하고 학습을 장려하는 문화를 조직 내에 정착시키며, 지속가능한 혁신 역량을 내재화 해야 하며, 디지털 시대의 리더는 기술, 사람, 시스템을 연결하는 통합적 사고와 실행력을 기반으로 한 새로운 리더십 역량을 지속적으로 개발하고 확장해 나가야 한다.

결론적으로 빠른 환경 변화에 유연하게 대응하는 민첩한 리더십과 데이터를 기반으로 인사이트를 도출하고, 전략을 수립하는 능력을 가지고, 인간 중심 가치를 강조하는 균형적 사고와 인문적 통찰의 통합이 필요하다. 나아가 중앙 집중적 권한이 아닌 현장과 팀 단위 자율성을 존중하는 분산형 권한과 자율성 강화 리더십이 요구된다.

2) 디지털화(Digitization), 디지털화 전략(Digitalization Strategy), 디지털 전환(Digital Transformation)의 개념

디지털 기술의 발전은 기업과 조직 운영 방식에 근본적 변화를 가져왔다. 그러나 디지털화(Digitization), 디지털화 전략(Digitalization Strategy), 디지털 전환(Digital Transformation)은 서로 유사해 보이지만 적용 범위와 깊이에서 명확히 구분되는 개념이다. 이 차이를 이해하는 것은 디지털 시대 리더가 전략적 의사결정을 내리는 데 필수적이다.

(1) 디지털화(Digitalization)

디지털화는 아날로그 정보를 디지털 형식으로 변환하는 과정을 의미한다. 이 과정은 종이 문서, 사진, 비디오, 필름같이 기존의 아날로그 데이터를 디지털 데이터로 변환하여 저장, 검색, 전달, 복제 등이 가능하도록 만드는 것이다. 예를 들어, 종이 문서를 스캔하여 PDF 파일로 저장하거나, 영상 필름을 디지털 파일로 변환하는 것이다.

디지털화의 목적은 데이터의 디지털 전환을 통해 정보를 활용하고, 저장 공간을 줄이며, 비효율적인 수작업 과정을 자동화하는 데 있다. 이를 통해 업무가 향상되고, 데이터의 공유와 공유가 가능해지며, 디지털 기반의 다양한 서비스 시스템을 구축하는 기초가 강화된다.

결론적으로, 디지털화는 기존의 아날로그 정보를 디지털화하여 변환하는 과정으로, 디지털 혁신의 출발점이지만 단순한 기술적 변환에 그친다. 즉, 기존 방식 그대로의 프로세스를 유지하면서도 저장·관리·복제 효율만 높이는 단계이다.

(2) 디지털화 전략(Digitalization Strategy)

디지털화 전략은 업무 프로세스의 디지털 최적화를 말한다. 디지털 기술을 활용하여 기존 업무 프로세스, 제품, 서비스, 고객 경험을 혁신하고, 새로운 가치와 경쟁우위를 창출하기 위해 수립하는 종합적, 장기적 실행 계획을 의미한다. 디지털화 전략은 단순한 데이터 변환을 넘어 디지털 기술 기반의 프로세스 혁신이 이루어지며, 디지털 기술을 핵심 자원으로 운영 방식을 개선하고, 새로운 사업 기회를 탐구하며, 고객과의 관계를 재확립하는 것을 목표로 한다.

디지털화 전략은 4차 산업혁명의 핵심 기술인 인공지능(AI), 사물인터넷(IoT), 클라우드 컴퓨팅, 빅데이터 분석, 로봇 프로세스 자동화(RPA), 블록체인 등의 기술을 적극적으로 도입하고 통합하여 기업의 전반적인 경쟁력을 강화하는 과정이다. 이 전략은 기업의 원가절감, 생산성 향상, 품질개선 뿐만 아니라 고객에게 새로운 형태의 경험과 가치를 제공함으로써 시장 내 차별화를 이룰 수 있다. 예를 들어, 스타벅스는 모바일 앱과 로열티 프로그램을 통합하고, 수집한 고객 데이터를 기반으로 맞춤형 프로모션과 개인화된 마케팅을 진행함으로써 디지털화 전략을 성공적으로 실행한 사례로 꼽힌다.

디지털화 전략은 단순히 기술을 도입하는 것을 넘어, 조직의 비전과 전략적 목표에 부합하도록 설계되어야 한다. 이를 위해 첫째, 조직은 디지털화를 통해 무엇을 달성하고자 하는지에 대한 명확한 비전과 목표를 제시해야 한다. 둘째, 현재의 디지털 역량과 기술 인프라, 데이터 활용 수준, 시장 환경 등을 종합적으로 분석하여 디지털화의 출발점을 진단해야 한다. 셋째, 비즈니스 모델과 부합하는 핵심 디지털 기술을 선정하고, 이를 단계적으로 적용할 수 있는 로드맵을 수립한다. 마지막으로, 디지털화를 측정하고 지속적으로 개선하기 위한 핵심 성과지표(KPI)를 설정하고 성과 관리 체계를 마련해야 한다.

한편, 디지털화 전략은 조직문화와 인적자원관리와도 밀접한 관련이 있다. 디지털화의 성공은 기술적 인프라의 구축과 조직 내 구성원들이 변화에 적응하고 디지털 도구를 효과적으로 활용할 수 있는 역량을 갖추는 데 달려 있다. 따라서 디지털화 전략에는 구성원의 디지털 역량 강화 교육, 변화 관리 프로그램, 개방적이고 유연한 조직문화를 확립하는 내용이 반드시 포함되어야 한다.

디지털화 전략은 실행과정에서 다양한 도전 과제와 직면하며, 변화에 대한 조직 내부의 저항, 초기 기술 투자에 대한 부담, 데이터 보안과 개인정보 보호 문제, 그리고 단기간 내 가시적 성과를 창출하기 어려운 점 등이 있다. 이러한 과제를 극복하기 위해서는 경영진의 강한 의지와 리더십, 체계적이고 적극적인 전략 실행, 이해관계자 간의 긴밀한 협력이 필요하다.

요약하면, 디지털화 전략은 단순한 기술 도입 계획이 아니라 디지털 기술을 중심으로 조직의 비즈니스 형태, 운영 방식, 고객 접점, 그리고 조직문화 전반을 재설계하는 포괄적이고 혁신적인 접근이다. 오늘날과 같이 변화가 빠르고 불확실성이 높은 경영환경에서 디지털화 전략은 조직이 지속가능한 성장을 이루고, 급변하는 시장에서 생존과 번영을 도모하기 위한 핵심 경영전략이다.

(3) 디지털 전환

디지털 전환은 비즈니스 모델과 조직문화의 근본 혁신을 말한다. 디지털 전환은 단순한 기술의 도입이나 정보 시스템의 현대화를 넘어, 조직 전체의 구조와 전략, 문화, 운영방식에 걸친 종합적인 변화 과정을 의미한다. 이 과정은 기술 혁신뿐만 아니라 사람, 프로세스, 가치 체계의 혁신을 함께 요구한다. 디지털 전환의 특징은 다음과 같다.

첫째, 기존 산업의 경계를 허무는 비즈니스 모델 혁신이다. 문제의 본질을 명확히 파악하는 능력이 뛰어나야 하며, 룰메이커들이 만들어 놓은 규칙의 단점을 활용해야 한다. 예를 들어, 세상을 레고블럭으로 보는 능력과 수많은 레고 블럭을 조립해서 색다른 결과물을 만들어낸다.

둘째, 고객 경험 중심의 서비스·제품 설계를 해야 한다. 고객 경험의 혁신(Customer Experience Transformation)으로 물리적 채널과 디지털 채널이 통합된 옴니채널 전략과도 밀접한 연관을 갖고, 디지털 기술 인프라(Digital Technology Infrastructure)를 구축하도록 한다. 끊임없이 질문을 통해 새로운 것을 찾아내는 습관을 가지고, 사람들이 당연하게 생각하는 것에서 질문을 통해 또 다른 가치를 창출한다.

셋째, 디지털 기술과 데이터 기반 의사결정·AI·생태계 협업의 결합을 가져 온다. 이는 업무의 자동화, 고객 경험 향상, 실시간 의사결정 등 다양한 영역에서 핵심역할을 수행하며, 데이터 중심의 의사결정 구조(Data-Driven Decision Making)로 정보의 가치를 극대화하는 데 있다. 데이터는 더 이상 부가적인 요소가 아닌, 조직의 경쟁력과 혁신을 좌우하는 중심 자산이 되며, 조직문화 및 인재 역량의 변화(Change in Culture and Talent Capability) 로 디지털 전환은 기술적 변화인 동시에 인간 중심의 변화이기도 하다. 따라서 변화에 유연하게 적응하고, 새로운 기술을 수용하며, 창의적으로 문제를 해결할 수 있는 인재를 육성하는 것이 필수적이다.

넷째, 조직의 문화·리더십·운영 방식 전반의 변화를 가져 올 수 있다. 이를 위해 수직적 통제 중심의 문화에서 수평적 협업과 학습 중심 문화로의 전환이 요구되며, 업무 프로세스의 재설계(Process Reengineering)로 기존의 업무 절차를 디지털 기술에 맞춰 최적화하거나 자동화하는 것이 필요하다.

디지털화, 디지털화 전략, 디지털 전환의 개념을 요약하면 〈표 10-1〉에서 보는 바와 같다.

〈표 10-1〉 디지털화, 디지털화 전략, 디지털 전환의 구분

구분	디지털화	디지털화 전략	디지털 전환
개념 정의	아날로그 정보를 디지털 형태로 변환하는 과정	디지털 기술을 활용하여 기존 비즈니스 프로세스를 최적화하고 효율화하는 전략	디지털 기술을 기반으로 비즈니스 모델, 조직문화, 리더십까지 근본적으로 변화시키는 혁신적 전환
핵심 질문	정보를 어떻게 디지털로 전환할 것인가?	어떤 디지털 기술로 업무 효율을 높일 것인가?	디지털 시대에 맞는 새로운 가치를 어떻게 창출할 것인가
적용 수준	기술, 운영 수준	전략, 조직 수준	경영, 비즈니스 전반 수준
목적	데이터 보존 및 접근성 향상	비용 절감, 효율 증대	경쟁력 확보, 새로운 가치 창출
예시	종이 문서를 PDF로 스캔	ERP 도입을 통한 업무 자동화	플랫폼 기반의 비즈니스 모델 전환 (ex. Netflix의 스트리밍 전환)
주요 기술	스캐너, OCR, 디지털 저장장치	ERP, CRM, RPA, 클라우드	AI, 빅데이터, IoT, 블록체인, 메타버스
성과 지표	디지털 자료 수 저장, 효율	업무처리 속도, 운영비 절감	고객경험, 신규 매출, 지속가능성

디지털화 → 디지털화 전략 → 디지털 전환은 단계적 진화의 연속선상에 있으며, 각 단계마다 리더십의 요구 역량도 달라진다.

디지털 리더는 기술에 대한 이해뿐만 아니라, 사람 중심의 접근과 조직의 변화 관리 역량을 함께 갖추어야 하며, 디지털 전환은 단일한 기술 프로젝트가 아니라, 전략, 기술, 사람, 문화, 프로세스를 통합적으로 변화시키는 복합적 혁신 과정이다. 이러한 구성요소들이 유기적으로 작동할 때, 조직은 불확실한 환경 속에서도

경쟁력을 유지하고 지속가능한 성장을 도모할 수 있다.

1.2 디지털 시대 리더십 패러다임 전환

디지털 시대는 초연결(Hyperconnectivity), 초지능(Superintelligence), 초불확실성(Hyper-uncertainty)이 결합된 환경으로, 기존의 산업화·정보화 시대와는 전혀 다른 복잡계 경영환경을 만들어내고 있다. 디지털 시대의 환경 변화는 리더십의 본질적인 전환을 요구하고 있다. 이러한 환경에서 바람직한 리더십은 권위적·지시형 리더십에서 벗어나 연결·공감·공동 창조를 이끄는 리더십으로 전환되어야 한다.

디지털 시대의 경영 환경은 문제의 복잡성이 증가하고, 권위보다 관계와 신뢰 중심의 수평적 네트워크 구조, 통제보다 자기 동기부여로 자율과 책임 중심 문화 및 지속적인 학습과 실험으로 정적인 계획보다 유연한 동적 대응이 필요하다.

1) 디지털 시대 리더십의 핵심 특성

(1) 네트워크 기반의 연결 리더십

디지털 시대 리더십은 위계가 아닌 네트워크 중심의 영향력을 발휘하여야 한다. 디지털 시대에는 정보가 분산되어 있고, 조직 내부·외부 이해관계자들이 실시간으로 연결된다. 리더는 위계적 통제보다 네트워크 속에서 신뢰와 영향력을 구축하는 능력이 필요하다.

또한, 디지털 시대 리더는 플랫폼형 리더십을 발휘하여야 한다. 조직 내부뿐 아니라 파트너·고객·생태계 참여자들을 연결하여 집단지성을 촉진하고 공동의 혁신을 이끌어내는 플랫폼 역할을 수행해야 한다.

(2) 데이터·직관·가치의 통합적 의사결정

디지털 시대 리더는 데이터 기반 판단을 할 수 있어야 하며, 방대한 데이터를 분석하고 활용하여 팩트 기반 의사결정을 내려야 한다. 또한, 디지털 시대 리더는 직관과 감성의 결합을 해야 한다. 그러나 데이터만으로는 인간적 맥락과 창의성을 담보할 수 없으므로 직관·경험·가치 판단을 통합해야 한다.

디지털 시대 리더는 가치 중심의 결단을 내려야 한다. 디지털 기술이 초래하는 윤리·사회적 문제를 고려하여 조직의 장기적 가치와 지속가능성을 반영한 결정을 내려야 한다.

(3) 민첩성(Agility)과 학습 중심 리더십

디지털 시대 리더는 민첩한 대응과 빠른 실행력이 요구된다. 디지털 환경에서는 변화 속도가 너무 빨라 완벽한 계획보다 빠른 실험·실패·학습 루프가 중요하다. 또한, 디지털 시대 리더는 지속적 학습과 성장 촉진을 해야 한다. 리더는 자신의 권위에 머물지 않고 새로운 기술·지식을 끊임없이 학습하며, 구성원들이 학습을 통해 빠르게 성장하도록 지원해야 한다.

(4) 공동 창조(Co-Creation)와 집단지성 촉진

디지털 시대 리더는 폐쇄적 리더십에서 개방형 리더십으로 전환하여야 한다. 디지털 시대의 혁신은 혼자만의 통찰이 아니라 다양한 이해관계자와의 공동 창조에서 나오기 때문이다. 디지털 시대의 리더는 집단지성을 활성화하여야 한다. 리더는 조직 내·외부의 지식과 경험을 연결하여 집단지성을 발휘할 수 있는 환경과 문화를 만드는 역할을 해야 한다.

(5) 인간 중심의 공감 리더십

디지털 시대 리더는 기술보다 사람 중심의 공감 리더십을 가져야 한다. 디지털 기술의 본질적 목적은 사람의 경험과 삶의 질을 향상시키는 데 있다. 리더는 기술 중심이 아닌 인간 중심의 가치를 설계해야 한다. 디지털 시대의 리더는 심리적 안전감과 신뢰를 조성하여야 한다. 빠른 변화와 불확실성 속에서 구성원들이 불안을 느끼지 않도록, 실패를 학습으로 인정하고 수평적 커뮤니케이션을 활성화해야 한다.

(6) 디지털 윤리와 지속가능성 책임

디지털 시대 리더는 AI·데이터 윤리 리더십을 발휘해야 한다. 디지털 기술의 발전은 개인정보 보호, 알고리즘 편향, 자동화로 인한 일자리 문제 등 윤리적 도전과제를 동반한다. 리더는 투명성·공정성·책임성을 보장하는 윤리 기준을 선도해야 한다. 디지털 시대 리더는 ESG와 지속가능한 혁신을 지향해야 한다. 단기적 성과 중심의 혁신이 아니라, 환경·사회·거버넌스(ESG) 가치와 연결된 지속가능한 디지털 전략을 이끌어야 한다.

(7) 메타 리더십: 기술·조직·사회적 맥락의 통합

디지털 시대의 리더는 단순한 관리자나 혁신 촉진자가 아니라, 기술·조직·사회·윤리의 복합 맥락을 통합적으로 이해하고 조율하는 메타 리더(Meta Leader)로 진화해야 한다. 또한, 기술과 인간의 균형, 조직 내외 생태계의 조정, 사회적 책임과 경제적 가치의 조화 등의 가치를 실현하여야 한다.

2. 프리센싱 리더십과 디지털 리더십의 통합

2.1 프리센싱 리더십(Presencing Leadership)의 핵심

1) 프리센싱 리더십의 정의, 개념

(1) 프리센싱 리더십의 정의

디지털 시대의 리더십은 단순한 기술 이해나 데이터 기반 의사결정을 넘어, 미래의 가능성을 감지하고 조직과 사회가 나아갈 방향을 창조하는 능력이 요구된다. 이러한 새로운 리더십의 패러다임을 설명하는 개념이 프리센싱(Presencing) 리더십이다.

프리센싱 리더십은 오토 샤머(Otto Scharmer)가 제안한 U이론(Theory U)에 기반하며, 현재에 머무르지 않고 미래의 잠재적 가능성을 선제적으로 감지하고 행동으로 연결하는 리더십을 의미한다.

프리센싱은 미래의 가능성을 현재에서 감지하고 실현으로 연결하는 과정을 뜻한다. 단순히 현재의 문제를 해결하는 데 그치지 않고, 미래로부터 배움으로써 새로운 현실을 창조하는 것이 핵심이다.

프리센싱 리더십은 “미래의 잠재적 가능성을 깊이 감지하고, 그 가능성을 현재에서 실천 가능한 현실로 전환하여 조직과 사회의 변화를 이끄는 리더십”으로 정의할 수 있다. 즉, 과거와 현재의 연장선에서 의사결정을 내리는 것이 아니라, 미래로부터 배워 새로운 방향성을 창조하는 리더십이라고 할 수 있다.

(2) 프리센싱 리더십의 개념

프리센싱 리더십은 미래 중심적 리더십이다. 기존의 전략은 과거 데이터와 현재 트렌드에 기반했으나, 프리센싱 리더십은 아직 오지 않은 미래의 가능성을 감지하고 이를 현재의 행동으로 연결한다.

프리센싱 리더십은 집단 의식과 관계망을 기반으로 한다. 프리센싱은 개인적 통찰뿐 아니라 조직과 이해관계자 간의 깊은 대화와 공감을 통해 공동으로 미래를 창조하는 과정이다.

프리센싱 리더십은 내적 정렬을 갖추어야 한다. 리더가 자신의 내면을 성찰하고 나의 가장 깊은 의도와 조직의 목적을 일치시키는 데서 출발한다.

프리센싱 리더십은 이론 U(Theory U)의 학습 여정을 담고 있다. 즉, 프리센싱은 다운로딩(Downloading) → 관찰(Seeing) → 감지(Sensing) → 프리센싱(Presencing) → 공동창조(Co-creating) → 공동진화(Co-evolving)의 U자형 과정을 통해 실현된다.

2) 프리센싱 리더십의 주요 특성

디지털 리더십이 데이터·기술 중심의 민첩한 대응과 실행력에 초점을 둔다면, 프리센싱 리더십은 보다 깊은 수준의 통찰과 창조적 감지 능력에 초점을 두고 있다. 프리센싱 리더십의 주요 특성은 다음과 같다.

(1) 깊은 경청과 감지(Sensing from the whole)

프리센싱 리더는 표면이 아닌 전체 시스템의 맥락을 감지하고 있다. 프리센싱 리더는 단편적 데이터나 즉각적 현상에 머물지 않고, 전체 조직·이해관계자·사회 시스템이 만들어내는 신호를 통합적으로 감지한다. 프리센싱 리더는 대화와 공감을 통한 깊은 이해를 바탕으로 한다. 구성원·고객·파트너와의 진정성 있는 대화를 통해 숨겨진 니즈와 미래의 가능성을 발견하게 된다.

(2) 내면의 정렬과 자기 성찰(Inner knowing)

프리센싱 리더는 과거 패턴으로부터의 해방을 이룬다. 기존의 성공 경험 · 편견·관성을 내려놓고, 나와 조직이 진정으로 되고자 하는 모습을 성찰한다. 프리센싱 리더는 미래로부터 배우는 자기 인식을 한다. 리더는 내가 지금 해야 하는 올바른 선택은 무엇인가?를 미래의 시점에서 역으로 조망한다.

(3) 미래 가능성의 시각화 및 창조(Presencing the emerging future)

프리센싱 리더는 미래 잠재력을 현실화한다. 아직 현실화되지 않은 미래의 가능성을 현재 행동으로 전환한다. 프리센싱 리더는 혁신적 시도와 공동 창조를 촉진한다. 프리센싱 리더는 구성원과 함께 새로운 프로토타입을 실험하고, 작은 시도를 통해 미래를 현실화한다.

(4) 집단 창의성과 공동 창조(Co-Creation)

프리센싱 리더의 역할은 촉진자이다. 프리센싱 리더는 모든 해답을 스스로 내리는 결정자가 아니라, 조직과 집단이 창의적으로 협력하도록 촉진하는 플랫폼 역할을 한다. 프리센싱 리더는 집단지성을 기반으로 혁신을 달성한다. 다양한 이해관계자의 시각을 연결하여 집단지성을 활성화한다.

(5) 생태계적 관점과 시스템 리더십

프리센싱 리더는 조직 내부를 넘어 생태계 전체를 바라본다. 프리센싱 리더는 경계를 넘어서는 협력을 통해 조직·산업·사회 전체의 변화를 이끌어낸다. 프리센싱 리더는 시스템 변화의 파동 효과를 이해한다. 즉, 개별 의사결정이 전체 시스템에 미치는 파급력과 상호작용을 고려한다.

프리센싱 리더십의 핵심 메시지는 과거가 아닌 미래로부터 배운다는 점과, 개인의 성공보다 공동의 목적과 의도에 집중한다는 점을 들 수 있다. 나아가 통제보다 연결과 공감을 통해 혁신을 촉진하며, 변화에 반응하는 것이 아니라, 변화를 창조한다는 점이다.

디지털 기술은 방대한 데이터와 연결성을 제공하지만, 진정한 방향성을 감지하는 것은 인간의 내적 통찰이다. 디지털 리더십이 데이터·속도·민첩성에 초점을 둔다면, 프리센싱 리더십은 미래 감지·의미 창조·공동 창조에 초점을 둔다. 결국 프리센싱 리더십과 디지털 리더십은 상호보완적으로 통합되어야 하며, 기술이 아닌 의미를 중심에 둔 디지털 전환이 가능해진다.

2.2 디지털 리더십과 프리센싱 리더십의 통합 구조

1) 변화하는 시대의 리더십 패러다임

21세기 디지털 시대의 경영환경은 초연결, 초지능, 초불확실성으로 대표된다. 기술 발전은 조직의 경계와 산업 구조를 허물며 데이터 기반의 실시간 의사결정과 초고속 혁신을 요구하고 있다. 그러나 동시에 기술의 가속화가 초래하는 불확실성·윤리적 딜레마·사회적 책임 또한 리더의 새로운 과제가 되었다.

과거 산업화 시대의 리더십은 효율성과 생산성을 향상하기 위한 명령과 통제 방식이 중심으로 조직 내부의 안정성 유지가 핵심이었다. 반면, 정보화 시대의 리더십은 정보 활용과 관리능력을 중요시하며, 글로벌 네트워크와 경쟁 대응을 중심으로 조직의 적응력 강화가 중심이 되고 있다.

변화하는 시대의 불확실성 속에서 인공지능 기술의 비약적인 발전은 조직의 구조와 문화, 단지 기술적 역량을 넘어 변화를 주도할 수 있는 리더십의 본질 자체를 변화시키고 있다. 디지털 전환의 가속화는 데이터를 중심으로 한 빠른 의사결정, 기술 기반의 업무 효율화, 그리고 분산된 협업 구조가 요구된다. 이에 따라 리더십 패러다임은 과거 지시·통제 중심의 산업화 시대 리더십에서 데이터·기술 중심의 디지털 리더십으로, 그리고 미래 감지·의미 중심의 프리센싱 리더십으로 진화하고 있으며, 궁극적으로 디지털과 프리센싱의 통합형 리더십으로 수렴하고 있다.

2) 디지털 리더십과 프리센싱 리더십의 개념 비교

(1) 디지털 리더십의 개념

현대 기업 조직은 복잡성과 불확실성을 극복하기 위해 상호 보완적 역할을 수행하며 조직이 요구하는 리더십의 형태 또한 빠르게 변화하고 있다. 디지털 리더십은 디지털 기술과 데이터를 활용해 조직의 민첩성·혁신·성과를 극대화하는 리더십이라고 정의할 수 있다. 디지털 리더십의 목적은 운영 효율성과 비즈니스 경쟁력을 강화하고, 디지털 전환(Digital Transformation)을 추진하는데 있다.

디지털 리더십은 AI·빅데이터·클라우드 등 디지털 기술을 이해하고 활용하여 데이터 기반 의사결정과 업무 자동화를 이루고, 민첩한 실행력과 변화 대응 속도를 높이는데 핵심 초점을 두고 있다. 따라서 디지털 리더십은 속도, 효율성, 연결성, 실시간 의사결정 등을 핵심 가치로 삼으며, 기술 중심의 문제 해결과 시스템적 사고를 할 수 있어야 한다.

(2) 프리센싱 리더십의 개념

프리센싱 리더십은 미래의 잠재 가능성을 감지하고, 조직·사회가 의미 있는 방향으로 진화하도록 이끄는 리더십으로 정의할 수 있다. 프리센싱 리더십의 목적은 미래로부터 배우는 혁신과 새로운 가치를 창출하고자 하며, 조직과 사회의 지속가능한 진화를 추진하고자 한다.

프리센싱 리더십은 직관, 감성, 자기 인식, 의식 전환 촉진자, 공동 창조자 등의 특징이 있다. 프리센싱 리더십은 미래 가능성을 감지하고, 개인·조직·사회 내면의 의도와 목적을 정렬하며, 공감·대화·집단지성을 통한 공동 창조에 핵심 초점을 두고 있다. 프리센싱 리더는 단기적인 성과보다 장기적인 의미와 공동체적 가치, 공감과 집단 창의성, 시민성과 도덕성을 중시한다.

디지털 리더십은 기술적 실행력과 민첩성을 제공하지만, 방향성과 의미 설정이 부족할 수 있다. 프리센싱 리더십은 미래의 방향성과 가치를 창조하지만, 구체적 실행과 속도에서는 한계가 있을 수 있다. 따라서 디지털 리더십의 실행력과 프리센싱 리더십의 미래 통찰력이 결합되어야 지속가능한 혁신이 가능하다.

디지털 리더십과 프리센싱 리더십을 비교, 요약하면 〈표 10-2〉에서 보는 바와 같다.

〈표 10-2〉 디지털 리더십과 프리센싱 리더십 비교

구분	디지털 리더십	프리센싱 리더십
핵심 초점	기술, 데이터, 속도	미래 가능성, 의미, 집단의식
접근방식	데이터 분석 기반 합리적 의사결정	깊은 경청과 감지, 내면 성찰
혁신 범위	업무 프로세스, 비즈니스 모델 혁신	조직 정체성, 문화, 가치 혁신
리더 역할	기술과 사람을 연결하는 실행자	미래를 감지하고 공동 창조를 촉진
가치 기준	효율, 성과 중심	의미, 지속가능성 중심
조직문화	민첩, 데이터 중심	공감, 신뢰 중심
사례	넷플릭스의 데이터 기반 콘텐츠	IDEO 디자인 씽킹, 집단창의 문화

3) 리더십의 통합 구조

(1) 통합 구조의 필요성

변화하는 시대의 리더십은 위계·통제형에서 네트워크·공동 창조형으로 패러다임이 전환되고 있다. 디지털 리더십은 기술·데이터 중심의 민첩한 실행력을 가지는 한편, 프리센싱 리더십은 미래 감지와 의미 중심의 혁신을 이끈다. 두 리더십은 상호보완적이며, 통합형 리더십이 조직의 지속가능한 변화를 가능하게 한다.

디지털만 있는 리더십은 기술 중심의 한계를 드러내고, 프리센싱만 있는 리더십은 실행 속도가 느리다는 단점을 나타낸다. 따라서 두 리더십의 통합을 통해 미래 가능성을 감지하여 의미를 창출하고, 디지털 기술을 활용해 그것을 빠르게 현실화하는 리더십이 가능해진다. 이를 미래 감지형 디지털 리더십(Future-Sensing Digital Leadership)이라 할 수 있다.

(2) 통합 구조의 핵심요소

디지털 리더십이 "무엇을 어떻게 할 것인가"에 대한 명확한 지침을 제공한다면, 프리센싱 리더십은 "왜 그것을 하는가"에 대한 존재론적 질문에 답을 제공한다. 통합 리더십은 이 둘을 결합하여 의미 중심의 실행을 가능하게 한다. 통합 구조는 조직 내 또는 조직 간에 존재하는 이질적인 요소들을 유기적으로 연결하여 일관된 방향으로 조정하고 시너지를 창출하기 위한 체계적 틀이다. 이러한 구조를 효과적으로 달성하기 위해 몇 가지 핵심요소들이 조화롭게 작동해야 한다.

첫째, 통합의 목적과 비전이 명확히 설정되어야 한다. 조직이 왜 통합을 시도하는지, 이를 통해 무엇을 달성하고자 하는지에 대한 명확한 목적이 선행되어야 한다.

둘째, 통합 대상이 되는 핵심 구성 요소들을 정의하고 구조화해야 한다. 통합의 범위에는 사람, 기술, 프로세스, 데이터, 전략 등 다양한 자원이 포함될 수 있으며, 이들 각각의 특성과 역할을 명확히 파악하여 설계에 반영하는 것이 중요하다.

셋째, 연계 메커니즘 구축이 필요하다. 이는 서로 다른 요소들이 단절되지 않고 유기적으로 작동하도록 연결해주는 수단으로, 조직간 협업 체계, 디지털 협업 도구, 정기적인 커뮤니케이션 채널, 공동 의사결정 절차 등이 해당한다. 연계 메커니즘은 통합 구조의 능동적인 작동을 가능하게 만드는 촉매제라 할 수 있다.

넷째, 조정 및 거버넌스 체계가 통합 구조의 안정적인 운영을 뒷받침하며, 통합 구조의 기반이 되는 조직문화와 행동 규칙이 정립되어야 한다. 협업과 연계를 위한 심리적 안전감, 상호 신뢰와 존중, 다양성과 차이를 수용하는 태도는 통합 구조의 성공적인 정착을 위한 핵심 요소이다.

다섯째, 기술적 지원 체계는 통합 구조의 효율성과 실현 가능성을 높여준다. 기술 인프라는 단순한 도구가 아니라 통합의 지속가능성을 보장하는 핵심 자원이며 성과 측정 및 학습 시스템이 통합 구조의 지속적인 개선을 가능하게 한다. 명확한 성과지표(KPI)의 설정과 함께, 실시간 피드백 루프와 정기적인 평가가 병행되어야 하며, 이를 바탕으로 조직은 학습과 개선을 반복할 수 있다. 이처럼 통합 구조는 단순히 다양한 요소를 수동적으로 나열하는 것이 아니라, 목적, 구성요소, 연결 메커니즘, 운영체계, 문화적 기반, 기술적 지원, 성과관리까지 유기적으로 설계되고 운영되어야 비로소 전략적 가치를 발휘할 수 있다.

(3) 미래 감지와 실시간 대응의 융합

미래 감지와 실시간 대응은 조직의 전략적 민첩성과 지속가능한 경쟁우위를 확보하는 데 중심축으로 작용한다. 미래 감지는 변화의 조짐을 조기에 포착하고 가능성 있는 시나리오를 예측하는 능력을 나타내고, 실시간 대응은 현재 일어나는 상황에 신속하고 유연하게 반응하여 문제를 해결하거나 기회를 포착하는 실행력을 말한다. 이 둘이 분리되어 작동할 경우 조직은 예측과 행동, 행동과 방향성의 혼동이 올 수 있다.

따라서 미래 감지와 실시간 대응을 통합적으로 작동시키는 것은 불확실성과 복잡성이 높은 환경에서 조직이 선제적으로 변화에 대응하고, 예기치 못한 상황에도 민첩하게 대처할 수 있는 예측 기반 즉시 실행 시스템을 구축하는 것이다. 이처럼 미래를 내다보는 통찰력과 현재를 다루는 실행력이 하나로 융합될 때, 조직은 단순한 반응이 아니라 전략적 적응과 진화를 실현할 수 있다. 두 리더십의 통합은 예측과 감지의 이중 메커니즘을 구성하며, 복잡한 환경에서의 유연한 전략 수립을 가능케 한다.

2.3 공감적 협업 환경과 디지털 기술의 결합

공감적 협업 환경과 디지털 기술의 결합은 인간 중심의 조직문화를 기술 기반의 효율성과 융합하여, 새로운 형태의 가치 창출을 가능하게 하는 핵심 동력이다. 디지털 플랫폼의 연결과 협업을 가능하게 하려면, 인간적인 신뢰와 심리적 안전감의 협업이 필요하다. 공감적 협업 환경은 구성원 간의 심리적 안전감을 바탕으로 상호 신뢰와 존중, 개방적 의사소통이 이루어지는 조직문화로, 창의성과 자율성이 자연스럽게 발현되는 토양이 된다. 여기에 디지털 기술, 예를 들어 협업 플랫폼, AI 기반 커뮤니케이션 도구, 실시간 데이터 공유 시스템 등이 접목되면, 시간과 공간의 제약 없이 연결성과 정보 접근성이 극대화되어 협업의 질과 속도가 크게 향상된다.

특히 디지털 기술은 단순한 작업 효율화뿐 아니라, 구성원 개개인의 감정과 선호를 분석하고 반영함으로써 보다 개인화된 소통과 맞춤형 협업이 가능하게 한다. 이는 공감적 리더십과 맞물려 조직 내 관계의 깊이를 더하고, 물리적 거리에도 불구하고 심리적 거리감을 줄이는 효과를 낳는다.

결과적으로 공감적 협업 환경과 디지털 기술의 결합은 인간의 정서적 연결과 기술의 기능적 연결이 동시에 작동하는 하이브리드 조직을 실현하게 되며, 이는 공동의 목표를 향한 몰입과 혁신의 지속가능성을 높이는 중요한 전략적 자산으로 작용한다.

공감적 협업 환경과 디지털 기술의 결합효과를 요약하면 〈표 10-3〉에서 보는 바와 같다.

〈표 10-3〉 공감적 협업 환경과 디지털 기술의 결합효과

구분	공감적 협업 환경 요소	디지털 기술 요소	결합 효과
의사소통	공감적 대화, 경청	협업 플랫폼, 메신저, 화상회의	신뢰 기반 소통, 빠른 의사결정
리더십	공감형 리더십, 심리적 안전감 조성	데이터 기반, 의사결정 지원 툴	혁신적 문제 해결, 포용적 리더십
집단 역량	집단 창의성, 공동 목표	클라우드, 공동 작업 툴	집단 지성 발현, 효율적 협업
문화	신뢰, 존중, 심리적 안전	디지털 문화 (데이터 공유, 개방성)	지속가능한 혁신 문화
성과관리	공동의 비전, 성장 피드백	빅데이터 분석, AI기반 성과 관리	성과의 투명성, 개선 기반 관리

2.4 자기 변형적 혁신과 기술 혁신

(1) 자기 변형적 혁신과 기술 혁신

오늘날 기업 조직은 급변하는 시장 환경과 기술 혁신의 소용돌이 속에서 생존과 성장을 모색해야 하는 과제에 직면하고 있다. 이러한 배경에서 기업은 기존의 운영체계를 유지·개선하는 데 그치지 않고, 스스로의 정체성과 방식까지 근본적으로 변화시키는 자기 변형적 혁신(self-transformative innovation)과 지속적으로 새로운 기술을 개발하고 적용하는 기술혁신을 동시에 추구하는 전략이 필요하다.

자기 변형적 혁신이란 단순한 업무 개선이나 제품의 업그레이드를 넘어 조직의 존재 목적, 운영 방식, 가치 창출의 구조 자체를 재정의하려는 노력이다. 이는 외부 환경에 수동적으로 반응하는 것이 아니라, 스스로 새로운 기회를 감지하고 능동적으로 변화의 방향을 설정하는 내적 진화의 과정이다. 이러한 혁신은 디지털 전환, ESG 경영, 고객 중심 가치 창출 등과 같은 거시적 흐름에 민감하게 반응하면서 조직의 정체성을 끊임없이 재해석하고 재구성하는 과정과 맞물려 있다.

한편, 기술혁신은 보다 구체적이고 실천적인 차원에서 이루어진다. 새로운 제품이나 서비스를 개발하거나, 인공지능(AI), 사물인터넷(IoT), 블록체인 등 첨단 기술을 활용하여 기존의 업무 프로세스를 혁신하는 것이 이에 해당한다. 기술 혁신은 조직의 경쟁력을 높이고 시장에서의 우위를 확보하는 데 핵심적인 역할을 한다.

이 두 가지 혁신은 상호 배타적인 개념이 아니라, 상호 보완적인 관계에 있다. 따라서 기술 혁신이 단기적 효율성과 성과를 추구하는 데 기여한다면, 자기 변형적 혁신은 조직의 지속가능성과 미래 지향적 정체성을 형성하는 데 기여한다.

실제로 글로벌 선도 기업들은 이 두 가지 혁신을 통합적으로 운영하고 있다. 예를 들어, 마이크로소프트는 단순히 클라우드 기술을 도입한 것을 넘어서, 조직문화와 리더십, 고객과의 관계 방식까지 근본적으로 변화시키는 자기 혁신을 동시에 수행해왔다. 이는 기술 혁신이 단순한 도구가 아니라 조직의 정체성을 구성하는 핵심 요소로 작용하도록 만드는 좋은 사례이다.

요약하면 자기 변형적 혁신과 기술 혁신의 동시 추구는 조직이 외부 환경 변화에 능동적으로 대응하고, 내부 역량을 강화하며, 지속가능한 미래를 설계하는 데 핵심적인 전략이 된다. 기술은 수단이며, 자기 변형은 방향이다. 이 둘이 유기적으로 결합될 때, 조직은 변화의 파도를 타고 장기적인 가치 창출로 나아갈 수 있다. 자기 변형적 혁신과 기술 혁신의 동시 추구를 요약하면 [그림 10-1]에서 보는 바와 같다.

자기 변형적 혁신과 기술 혁신의 동시 추구

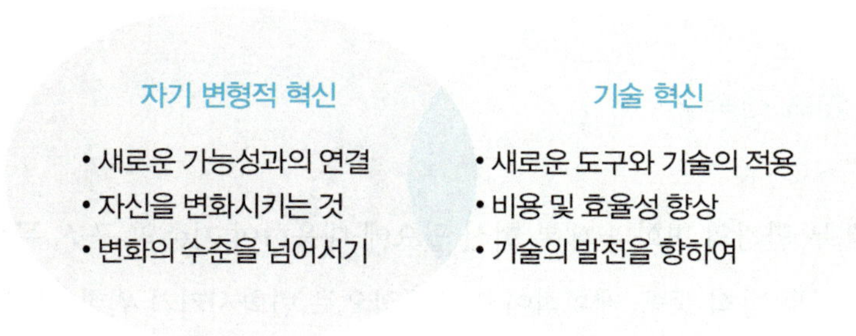

[그림 10-1] 자기 변형적 혁신과 기술 혁신

2.5 통합 리더십 구조의 실천적 시사점

통합 리더십은 책임성, 현장 중심의 문제 해결 능력을 강화함으로써, 변화에 신속하게 대응하는 조직으로 진화할 수 있게 한다. 결국 통합 리더십 구조는 리더 개인의 변화만이 아니라, 조직 전반의 사고방식, 의사결정, 구조, 문화에 걸친 총체적 전환을 요구한다. 이러한 구조적 전환을 실천할 때, 조직은 급변하는 시대 속에서도 유연하면서도 목적 지향적인 리더십을 유지할 수 있으며, 구성원들과 함께 지속가능한 미래를 공동 창조해 나갈 수 있다.

1) 리더 개발

리더 개발은 조직 내 인재가 단순한 관리자에서 진정한 리더로 성장하도록 돕는 과정을 말한다. 이는 개인의 자질과 성향을 고려해 조직의 가치, 전략, 환경 변화에 맞는 리더십 역량을 갖출 수 있도록 구조화된 학습과 경험을 제공하는 것을 포함한다. 조직이 급격히 변화하는 환경 속에서 생존하고 발전하기 위해서는 기존 방식의 관리형 인재가 아닌, 자기 성찰 능력과 통찰, 공감, 실행 역량을 갖춘 진화형 리더가 필요하다. 따라서 리더 개발은 단기 성과 향상뿐만 아니라, 조직의 지속 가능성과 혁신 능력을 좌우하는 핵심 전략 요소로 간주된다.

2) 조직 변화 전략

조직이 외부 환경의 변화나 내부 혁신 필요에 대응하여 기존의 구조, 문화, 시스템, 리더십, 업무 방식 등을 계획적이고 체계적으로 변화시키기 위한 전략적 접근 방식을 의미한다. 변화 전략은 단순한 실행 지침이 아니라, 변화의 방향성과 과정, 구성원의 참여 방식, 저항을 다루는 방식까지 포함한 종합적 변화 설계다. 오늘날과 같이 기술 변화가 빠르고 사회적 가치가 다변화하는 시대에는 정적인 조직 운영이 아니라, 능동적인 변화 관리 역량이 조직의 지속 가능성과 경쟁력을 좌우하게 하며, 외부 환경분석(PEST, SWOT 등)과 내부 진단을 통해 조직의 핵심 문제와 미래 지향점을 설정해야 한다.

전통적인 성과 중심 KPI 외에, 심리적 안전감, 공감도, 집단 창의성을 측정하는 새로운 지표가 필요하다. 또한 변화 챔피언(Change Agent)을 조직 내에 구축하여 조직 전반의 변화 실행력을 확보해야 하며, 변화에 대한 저항을 예측하고, 이를 완화하기 위한 커뮤니케이션, 협상, 피드백 메커니즘을 사전에 설계하는 것이 중요하다.

3) 교육과정 개발

학습자의 필요와 사회적 요구를 반영하여 교육의 목적, 내용, 교수학습 방법, 평가 시스템을 체계적으로 작성하고 구성하는 일련의 과정을 의미한다. 이는 단순히 수업 내용뿐만 아니라, 교육과정은 구체적이고 측정 가능한 학습 목표를 중심으로 설계되며 학습 목표를 달성하기 위한 핵심 개념, 사례, 활동, 기술 요소 등을 선별하고, 이를 논리적 순서에 따라 조직한 교육의 총체적 교육 설계이다.

현대의 교육과정은 지식 전달 중심에서 벗어나, 역량 기반 교육(Competency-based Education), 프로젝트 기반 학습(PBL), 경험 중심 학습 등으로 확대되며, 학습자 중심성과 실천성을 중시하는 방향으로 실행과정을 반복하며 진화하는 특징을 나타내고 있다.

4) 실제 적용사례

(1) 사티아 나델라의 마이크로소프트

CEO 나델라는 기술 중심의 디지털 전환을 이끌었을 뿐 아니라, 공감(Empathy)을 조직문화의 핵심 가치로 설정하였다. 직원들과 고객의 이야기를 경청하는 문화, 실패를 공유하는 안전한 환경은 프리센싱 리더십의 전형이며, 기술적 역량과 인간 중심 조직문화가 결합된 통합 리더십의 대표 사례이다.

(2) GE Healthcare의 AI 기반 진단 솔루션

GE는 AI를 통해 수천만 건의 의료 데이터를 분석하면서도, 의사의 직관과 경험을 존중하는 시스템 설계를 도입하여 디지털과 프리센싱의 융합으로, 인간-AI 협업 환경을 효과적으로 구현하였다.

3. 데이터-직관-행동을 연결하는 새로운 리더상

3.1 데이터와 직관의 균형

데이터는 과거와 현재의 상태를 설명하고 객관적인 근거를 제공하며, 직관은 데이터에 포착되지 않는 미래 가능성, 약한 신호를 감지한다. 디지털 리더는 데이터 기반 분석을 넘어, 직관을 통한 미래의 의미와 가능성 해석을 담당한다. 데이터 분석은 현상 진단과 인사이트를 도출해야 하며, 직관과 감지는 데이터가 보여주지 않는 맥락과 미래 변화를 감지하게 된다. 행동과 실험은 빠른 프로토타입과 반복적 피드백으로 실행하게 되며, 학습 확산과 전환은 프로토타입이 성공할 경우 전사적 실행 및 시스템 혁신을 가져오게 된다

1) 데이터와 직관의 균형

데이터와 직관의 균형은 복잡한 의사결정 환경에서 단순한 이분법을 넘어서, 다층적 사고와 실행을 가능하게 하는 핵심 역량이다. 디지털 기술의 발전과 함께 의사결정 과정에서 데이터의 중요성은 날로 커지고 있다. 방대한 양의 정보를 분석하고, 패턴을 도출하며, 미래를 예측할 수 있는 능력은 데이터 기반 기술 덕분에 비약적으로 향상되었다.

그러나 데이터만으로 모든 문제를 해결할 수 있는 것은 아니다. 실제 조직에서는 수치로 측정되지 않는 요소들, 예컨대 인간의 감정, 조직의 맥락, 미묘한 시장의 기류 등이 중요한 영향을 미친다. 바로 이 지점에서 직관(intuition)의 역할이 대두된다. 직관은 오랜 경험과 통찰, 비공식적인 정보 처리에서 비롯된 즉각적이고 상황에 맞는 판단 능력이다. 직관적 결정은 특히 불완전한 정보나 빠른 판단이 요구되는 상황에서 유용하다. 예를 들어 새로운 시장에 진출할지를 결정할 때, 과거

유사한 상황에서의 경험과 인간 심리에 대한 감각은 단순한 데이터 분석을 넘어선 통찰을 제공한다. 이처럼 직관은 데이터를 보완하고, 때로는 데이터가 포착하지 못한 맥락적 지식을 드러내는 데 기여한다.

하지만 직관에만 의존하는 것은 위험하다. 경험은 편향될 수 있고, 개인적 직관이 항상 정확한 것은 아니기 때문이다. 따라서 현대의 효과적인 의사결정은 데이터와 직관의 균형있는 통합을 필요로 한다. 데이터는 수치화된 정보와 분석 결과를 바탕으로 논리적이고 객관적인 판단을 내리는 방식으로 이루어져야 한다. 그 장점은 정확성, 재현 가능성, 증거 기반 예측이 가능하며, 직관은 맥락 해석과 창의적 대안을 제시하는 힘이 된다. 이 둘을 대립적으로 보지 않고 상호 보완적 자산으로 인식하는 관점이 중요하다.

데이터와 직관의 결합 효과를 요약하면 〈표 10-4〉에서 보는 바와 같다.

〈표 10-4〉 데이터와 직관 및 결합 효과

구 분	데이터	직 관	결합의 효과
의사결정 기반	알고리즘, 통계, 지표	경험, 본능	데이터 기반 통찰력 , 직관적 판단
장점	객관성, 일관성	유연성, 창의성	정량·정성 결합으로 최적화된 결정
적용 영역	예측, 리스크 분석	혁신, 위기 대응	복잡한 문제 해결, 전략적 판단
제약점	과거 데이터 의존	주관적 편향	상호 보완으로 약점 극복
도구	빅데이터, AI 분석	공감, 상상력	데이터 시각화, 집단 토론

3.2 데이터 기반 의사결정의 핵심 단계

1) 문제 정의와 데이터 필요성 인식

데이터 기반 의사결정은 명확한 문제 정의에서 출발한다. 무엇을 해결하고 자 하는지, 왜 그것이 중요한지에 대한 질문을 통해 의사결정의 목적과 방향을 설정하며, 수치화된 정보와 분석 결과를 바탕으로 논리적이고 객관적인 판단을 내리는 방식이다.

데이터 기반 의사결정의 장점은 정확성, 재현 가능성, 그리고 증거 기반 예측을 할 수 있다는 점이다. 반면, 단점은 맥락이 결여되고, 창의성의 결핍, 과거 데이터에 의존한다는 점이다. 이처럼 데이터 기반 의사결정은 단순한 분석 기술이 아니라, 문제 정의부터 실행 후 피드백 까지 전 과정을 아우르는 사고와 실행의 통합 과정이다. 어떤 의사결정을 해야 하는지, 그 과정에 어떤 데이터가 필요한지를 명확히 설정한다. 올바른 질문을 던지는 것이 데이터 분석의 출발점이다.

2) 데이터 기반 의사결정

데이터 기반 의사결정은 문제 해결의 출발점을 명확히 설정하는 것에서 시작된다. 즉, 조직이 직면한 현상이나 과제를 구체적으로 정의하고, 그것이 왜 중요한지를 설명함으로써 분석의 방향과 목적이 분명해진다. 수집된 데이터를 정제하고 분석 가능한 형태로 가공한다. 정제된 데이터를 바탕으로 통계분석, 시각화, 또는 인공지능 알고리즘 등을 적용하여 핵심 인사이트를 도출한다. 정확한 논리나 데이터가 없더라도, 경험과 관찰에 따라 빠르게 판단하는 방식이다.

데이터 기반 의사결정은 복잡하고 빠르게 변화하는 상황에 유연하게 대처가 가능한 장점이 있는 반면, 편향적이고, 감정에 의한 판단 위험의 단점이 있다.

3.3 새로운 리더십의 핵심 자질

1) 핵심 자질

현대 조직은 기술과 인간성, 혁신, 디지털 전환, 데이터와 직관 도입, 글로벌 가치 전환 등으로 빠르게 변화하는 환경에 있다. 특히 예측 불가능성, 빠른 변화, 복잡한 이해관계가 중첩되는 시대에 효율성과 성과를 중시하는 능률형, 성과형 리더십이 요구되고 있다.

이러한 변화 속에서 리더는 단순한 관리자나 명령자가 아닌, 공감하고 연결하며, 의미를 창출하고 미래를 공동 설계하는 변화 촉진자로 역할이 요구되고 있다. 이러한 시대적 전환에 적응하기 위해 리더에게 요구되는 주요한 자질을 살펴본다.

2) 창의적 리더가 되는 7가지 자질

사람은 모두가 동일한 시간을 살지만, 남들보다 더 창의적이고 더 많은 것을 이뤄내는 사람들은 자신만의 특별한 특징을 갖고 있다. 창의적인 삶을 사는 리더의 습관 7가지를 들 수 있다.

첫째, 습관은 관찰이다. 모든 기회와 해답은 관찰에서 나오기 때문이다. 창의적인 리더는 복잡하거나 새로운 기술에서 문제의 답을 찾지 않는다. 단지 평범한 일상 속에서 남들이 보지 못하는 것을 찾아내는 능력이 뛰어날 뿐이다. 관찰을 위한 입력도구로는 카메라, 필기도구, 휴대용 녹음기 등이 있다. 언제, 어디에서 누구를 만났는지, 그들과 무슨 애기를 나눴는지를 지속적으로 기록하는 것이 중요하다.

둘째, 습관은 평소에 탐험을 즐기는 것이다. 아무것도 하지 않으면 아무 일도 일어나지 않는다고 했다. 독일의 작가 루이제린저는 이런 말을 했다. "우리는 나이를 먹을수록 고양이처럼 사는 것을 배운다. 점점 소리내지 않고, 점점 더 조심스럽고 까탈스러워진다." 그녀는 누구나 나이를 먹는다고 하면서 혹자는 병들어가는 고목으로 생각하지만, 혹자는 가치가 점점 더 빛나는 골동품으로 생각한다고 한다. 이 생각의 차이가 창의성을 만들어내며, 이러한 생각의 차이를 만들어내는 힘은 지속적으로 세상을 탐험하는 정신에서 시작된다. 스탠퍼드대학 제임스 마치 교수는 기업이 창의적인 혁신을 만들어내기 위해서 탐험가 정신을 적절하게 사용해야 한다고 말했다.

우리가 일상에서 탐험가가 되기 위한 가장 손쉬운 방법은 다양한 분야의 책을 통해 간접 체험해 보는 것이다. 영화 '아바타'의 감독 제임스 카메론은 어렸을 때부터 독서광이었다. 데일 카네기는 책이 좋아서 서점의 점원이 된 적이 있었고, 뉴턴은 다락방에 숨어서 책을 보는 것을 즐겼다고 한다. 빌게이츠는 지금의 자신을 만든 것은 마을의 작은 도서관이라고 말했다. 스티브 잡스 역시 독서광이었다.

셋째, 습관은 연결이다. 전혀 상관없어 보이는 점들을 연결해 보는 것이다. 뇌과학자들의 연구에 의하면 인간이 창의적인 생각을 할 때 특정 부위만 반응하는 것이 아니라, 평소에 작동하지 않던 부위들이 서로 연결되어 반응한다고 한다. 또한 창의적인 뇌는 일반인들의 뇌보다 뉴런들이 더 촘촘하게 연결되어 있다고 하는데, 바로 임상실험을 통해 창의성과 연결의 인과관계를 증명한 것이다.

넷째 습관은 질문이다. 질문은 새로운 생각을 이끌어내기 때문이다. 노벨물리학상을 수상한 컬럼비아대학교 아이작 라비 교수는 '창조적 사고의 메커니즘은 질문에 있다'고 했다. 만약 어렸을 때 그의 어머니가 "오늘은 학교에서 무엇을 질문했는지를 묻지 않았다면 지금의 자신이 없었을 것"이라고 말했는데, 뇌과학자들의 연구 결과도 비슷했다. 우리가 생각하는 모든 행위는 우리의 뇌를 자극한다는 것이다. 특히 창의적인 질문은 전두엽을 자극하는데, 질문을 통해 창의적인 성과를 창출해 낸 국내외 기업의 사례는 다양하다.

대표적인 사례로는 세계에서 가장 창의적인 기업 중 하나로 칭송받는 영국의 다이슨을 들 수 있다. 다이슨은 100년 동안 아무런 의심 없이 달고 다니던 청소기의 먼지 봉투를 "왜 청소기에 먼지 봉투가 있어야 하지?" 라는 단하나의 질문으로 최초로 먼지봉투가 없는 청소기를 개발했다.

다섯째 습관은 몰입이다. 아이디어를 만들 수 있는 자신만의 시간과 공간을 만들어야 한다. 심리학자 미하이 칙센트미하이 교수는 무엇인가 흠뻑 빠져 있는 심리상태를 몰입이라고 했다. 이 순간은 주위의 모든 잡념을 차단하고 한 곳에 정신을 집중할 수 있는 상태이다. 뇌과학자들은 몰입상태가 되면 시냅스의 도파민 분비로 안정과 쾌락을 느끼게 되고, 이 상태에서 창조적인 결과물이 나온다고 한다.

창의적인 업적을 달성한 위인들 역시 몰입을 통해 혁신을 만들어 냈다. 아인슈

타인은 "나는 몇 달이고 몇 년이고 생각하고 또 생각한다. 그러다 보면 99번은 틀리고 100번째가 돼서야 비로소 맞는 답을 얻어낸다"라고 하였다. 뉴턴은 "발명으로 가는 길은 부단한 노력에 있다. 끈질긴 집중이야말로 위대한 발견의 기초다. 나는 특별한 방법을 알고 있는게 아니라 단지 뭔가에 대해 오랫동안 깊이 사고할 뿐이다."라고 말했다.

여섯째 습관은 실패이다. 설익은 성공보다 확실한 실패가 창의적인 결과물에 더 가까이 갈 수 있도록 해주기 때문이다. 실패의 대명사인 에디슨은 수많은 실패를 통해 인류에 기여한 혁신적인 제품을 만들어낸 장본인이다. 백열전구를 발명할 때 1,200번이나 실패한 그를 보고 포기를 권유한 친구에게 이렇게 말했다. "나는 1,200번이나 실패한 것이 아닐세. 1,200가지나 되는 안되는 방법을 발견한 것뿐이네." 이 말은 실패의 전설로 전해지고 있다.

일곱째 습관은 기록이다. 인류에 공을 세운 위대한 천재들은 모두 지독한 메모광이었다. 역사상 천재로 불렸던 301명의 습관을 조사한 미국의 심리학자 캐서린 콕스는 재미있는 연구 결과를 발표했다. 성격도 다르고 분야도 다른 이들의 한가지 공통점이 메모였다. 이들은 자신의 머리속에 떠오르는 생각을 종이에 기록하는 능력을 가지고 있었다. 아인슈타인, 뉴턴, 에이브러햄 링컨, 발명왕 에디슨 등 성공한 사람 대부분은 광적으로 메모하는 습관이 있었다.

창의적 리더를 만드는 7가지 자질을 요약하면 〈표 10-5〉 에서 보는 바와 같다.

〈표 10-5〉 창의적 리더를 만드는 7가지 자질

번호	자질	설명
1	호기심(Curiosity)	새로운 아이디어와 지식을 탐구하고 질문을 멈추지 않음
2	개방성(Openness)	다양한 관점과 의견을 수용하며 유연하게 사고
3	모험심(Risk-taking)	실패를 두려워하지 않고 혁신적 시도를 감행
4	공감력(Empathy)	타인의 감정과 필요를 이해하고 팀원과 신뢰를 구축
5	비판적사고(Critical Thinking)	기존 가정을 의심하고 문제를 다각도로 분석
6	비전 제시(Visioning)	명확하고 영감을 주는 미래상을 제시
7	협업능력(Collaboration)	집단지성을 이끌어내고 함께 창조적 해결을 모색

3) 새로운 리더십 자질

디지털 전환, 인공지능의 보편화, 가치 다양성의 확대 등 급변하는 시대적 흐름 속에서 리더에게 요구되는 자질 역시 과거와는 본질적으로 달라지고 있다. 전통적 리더십이 명확한 목표와 효율적 통제가 특징이라면, 오늘날의 리더는 불확실성과 복잡성이 지배하는 환경에서 유연성, 통합성 및 인간적인 감수성을 갖춘 새로운 자질이 요구된다. 이러한 시대적 전환에 따라 요구되는 새로운 리더십 자질은 다음과 같다.

첫째, 시스템적 사고(Systemic Thinking)를 가져야 한다. 자신의 감정, 신념, 강점과 한계를 인식할 수 있는 능력이 리더십의 바탕이 되며 자기 인식이 높은 리더는 일관된 가치관을 보여준다. 시스템적 사고는 다각도로 피드백을 활용하고, 리더십 문제해결 과제를 실무에 적용하며 피드백을 기꺼이 수용한다. 전체 변화의 흐름을 이해하고, 변화의 파급효과를 예측하며, 조직 내·외부 시스템 간의 연계성을 고려하는 통합적 사고가 중요하다.

둘째, 감성지능과 공감 능력(Emotional Intelligence & Empathy)이다. 다양성과 포용성이 강조되는 시대에서 공감은 심리적 안전감과 신뢰의 전제가 된다. 특히 심리적 안전감이 중요한 조직문화에서는 리더의 공감 능력이 팀워크와 혁신을 이끄는 핵심 자산으로 작용한다.

셋째, 디지털 역량(Digital Literacy & Agility)이 필요하다. 디지털 기술을 이해하고 활용하는 능력은 이제 선택이 아닌 필수이다. 단순한 도구의 활용 능력을 넘어 시스템 사고 훈련, 시뮬레이션 게임, 시나리오 워크숍 등을 통한 교육방법으로 복잡한 문제 상황에서 이분법적 결정을 지양하는 역할이 요구된다. 이는 리더가 기술의 추종자가 아니라 방향을 제시하는 조타수로 기능해야 함을 의미한다.

넷째, 미래 감지와 프리센싱 능력이다. 불확실한 미래를 수동적으로 기대하기보다는 변화의 흐름을 조기에 감지하고, 직관과 상상력을 통해 미래의 가능성을 현재의 행동으로 끌어오는 능력이 필요하다. 개인의 유연성과 현재보다 미래에서 출발하는 전략사고, 민첩성이 중요하며, 조직의 정체성과 목적을 재정의하고 미래를 공동 창조하는 리더십으로 확대하여야 한다.

다섯째, 윤리적 감수성과 사회적 책임(Ethical Sensitivity & Purpose) 의식이다. 의미 중심의 비전 수립 능력으로 리더는 단순히 목표를 제시하는 것이 아니라, 구성원이 '왜 일하는가'에 대한 이유를 찾을 수 있도록 도와야 하며, AI 시대의 기계와 협업하는 조직에서는 특히 인간적 의미 재정립이 요구된다.

이러한 다차원적 능력은 단편적인 기술이나 스킬로 습득되는 것이 아니라, 리더의 인식, 사고방식, 태도 전반의 변화를 요구한다. 변화된 리더십은 더 이상 통제와 명령의 방식이 아니라, 연결과 공동 창조, 신뢰 기반의 영향력을 통해 실현되는 시대적 상황이 되었다(LG경제연구원, 2022).

10장 토론 사례

제러미 리프킨, "역사상 가장 큰 위기이자 기회…AI, 매우 제한적 활용을"

'3차 산업혁명' 어떻게 맞이해야 하나

제러미 리프킨 미국 경제동향연구재단 이사장

▲ 제러미 리프킨 미국 경제동향연구재단 이사장이 지난 4월 23일(현지시간) 미국 메릴랜드주 베세즈다에 있는 경제동향연구재단 회의실에서 경향신문과 인터뷰를 하고 있다.

1·2차 중앙집중형 산업혁명과 달리 3차 산업혁명은 분산적…핵심인 AI와 재생에너지, 누구나 접근할 수 있어 미·중 관세전쟁 등은 기존 지정학적 세계 갈등…진짜 위기는 홍수·가뭄·산불 등 국경, 경계 없이 발생하는 '생태적 위기' '글로컬 생물지리권'으로 패러다임 전환 필수적…AI가 인간 정체성 대체하게 해선 안 돼

"지금 우리는 역사상 가장 큰 위기 속에 있다. 모든 인프라, 자연을 대하는 방식, 과학을 다루는 방식, 아이들을 교육하는 방식, 경제를 움직이는 방식, 정부를 운영하는 방식, 우리의 삶의 방향성 등 모두 바뀌고 있다. 역사상 이보다 더 큰 위기도, 더 큰 기회도 없었다."

미국의 대표적인 경제·사회 이론가인 제러미 리프킨 경제동향연구재단 이사장(80)은 기후위기와 인공지능(AI) 기술 등으로 급격한 변화를 맞이하고 있는 현 상황을 이같이 진단했다. 경향신문은 지난 4월23일(현지시간) 미국 메릴랜드주 베세즈다 경제동향연구재단 회의실에서 리프킨 이사장과 인터뷰를 했다.

사회과학 명저로 꼽히는 〈엔트로피〉 〈노동의 종말〉 〈3차 산업혁명〉 〈글로벌 그린 뉴딜〉 〈회복력 시대〉 등을 쓴 리프킨 이사장은 AI를 포함한 정보기술 혁명을 '3차 산업혁명'으로 규정한다. 과학과 기술의 발전이 경제·사회·환경에 미치는 영향을 연구해온 그는 유럽연합(EU)과 중국의 기후변화 대응을 위한 3차 산업혁명 전환 경제계획을 설계하는 데 핵심적인 역할을 한 것으로 알려져 있다.

지구 온난화와 기후위기, 재생에너지 등에 주목해온 리프킨 이사장은 인류가 스스로를 멸종 위기에 처하게 만든 건 '화석연료 중심의 중앙집중형 패러다임'이라고 지적했다. 그는 "마지막 대멸종은 6500만년 전이었다"며 "하지만 지금 우리 아이들이 살아 있는 동안 다시 벌어질 수도 있다"고 경고했다.

리프킨 이사장은 인류 스스로 멸종을 피하기 위해 20년 내 '재생에너지 중심의 분산형 패러다임'으로 전환할 것으로 전망했다. 그는 "앞으로 20년 안에 패러다임 변화는 반드시 일어난다"며 급속히 발달하는 AI 기술을 이 같은 패러다임 전환의 도구로 제한적으로 활용해야 한다고 밝혔다.

다음은 리프킨 이사장과의 일문일답 주요 내용.

- 인류 역사상 지금처럼 변화가 빠른 적이 있었을까 싶다. 현재 상황을 어떻게 보고 있나.

"19세기와 20세기의 1·2차 산업혁명은 모두 중앙집중형이었다. 화석연료를 땅에서 뽑아 인프라를 구축했다. 일명 '마이너스적 제조 방식'인 것이다. 땅속에서 그 물질들을 끄집어내고, 정제하고 저장하는 데 엄청난 투자가 필요해 막대한 군사력과 자본이 필요했다. 중앙집중형 패러다임은 소수의 글로벌 기업에 통제권을 제공했고, 나머지 모든 산업도 화석연료에 의존해야 했기 때문에 그들의 통제에 종속될 수밖에 없었다. 그 결과 우리는 500개의 글로벌 기업을 갖게 됐고, 그들이 세계 국내총생산(GDP)의 3분의 1을 차지하고 있다. 그리고 그 피라미드 구조의 꼭대기에 있는 상위 8명의 부자는 전 세계 인구 절반이 가진 부를 합친 것과 맞먹는 자산을 보유하고 있다. 이게 바로 1·2차 산업혁명, 중앙집중형 마이너스적 제조 방식이 만들어낸 결과다."

- 그렇다면 '3차 산업혁명'은 기존 1·2차 산업혁명과 무엇이 다른가.

"3차 산업혁명은 중앙집중형이 아닌 '분산형'이다. AI 3D 프린팅과 '플러스적 제조 방식'은 누구나 접근할 수 있다. 지역 기반의 재료를 활용할 수도 있고, 관세 없이 결과물을 전송하고 전 세계로 분산시킬 수도 있다. 이탈리아 건축가 마리오 쿠치넬라는 점토를 활용한 3D 프린터로 완전한 건물을 만든다. 그리고 그 설계도를 휴대전화로 30초 만에 한국으로 보낼 수 있고 한국의 건축가는 라이선스 비용만 지급하면 된다. 관세도 없다. '탈중앙화'를 넘어선 '분산'인 것이다. 분산을 가능하게 하는 태양광과 풍력과 같은 에너지는 어디에든 존재한다. 태양이나 바람을 모두 독점해서 수확할 수 있는 대기업이 있을까? 없다. 아무리 탐욕스럽다고 해도 그건 불가능하다."

- 현재의 변화 속도에 대해 어떻게 생각하나.

"지금 일어나는 변화의 속도는 굉장하다. 당신들은 AI 세대이지 않나. AI는 당신 세대에게 아주 익숙한 기술이다. 그러나 여전히 큰 문제가 있다. 바로 물이다. 일론 머스크를 포함한 많은 사람들은 AI 기술이 어디에 쓰일 수 있는지 완전히 이해하지 못하고 있다. 지금 AI를 쓰는 방식은 AI 활용에서 아주 일부에 불과하다. 비서 업무나 연구, 광고 등 여러 분야에 AI가 쓰일 텐데 정말 AI가 핵심적인 역할을 해야 하는 분야는 인프라 관리다. 분산형 통신·에너지·모빌리티·주거 등 모든 인프라를 연결하고 운영할 수 있는 AI가 필요하다. 그런데 문제는 물이 부족하다는 것이다. 반도체 하나를 만드는 데 순도 높은 물 22~30ㄴ가 필요하다. 지난해 만들어진 반도체만 1조3000억개에 달하는데, 실리콘밸리의 사람들이 아무리 똑똑해도 물이 부족한 건 어쩔 수 없다. 우리는 그 물을 핵심 인프라를 유지하는 데 사용해야 한다."

- 국제사회가 3차 산업혁명, 분산형 패러다임으로 변화하는 과정에서 맞닥뜨릴 위기는 무엇이라고 보나.

"지금 모두가 지정학적 갈등과 관세전쟁에 대해 걱정하고 있지 않나. 그런데 사실 지금 우리가 목격하고 있는 것은 새로운 시작이 아니라 기존 지정학적 세계의 붕괴, 즉 '끝 지점(Endgame)'이라고 볼 수 있다. 우리가 앞으로 보게 될 것은 지정학적 세계가 아닌 '생물권 지역 중심의 지배구조'일 것이다. 홍수나 가뭄, 폭염, 산불, 허리케인 같은 현상들은 국경이나 정치적 경계를 따지지 않고 발생한다. 선택의 여지가 없다. 세계의 주요 군사 전략 싱크탱크들이 예측하는 미래의 가장 큰 위기는 군사적 위기가 아니라 바로 생태적 위기다."

- 그런데 미국과 중국의 패권 경쟁 등으로 국제사회에서 단절과 분열이 점점 심화하고 있는 것 같다.

"전 세계 모든 국가가 여전히 지정학적 프레임에 갇혀 있다고 생각한다. 특정 국가만의 문제가 아니다. 모두가 그런 식으로 움직이고 있다. 그러나 그런 움직임은 거대한 흐름에서 별로 중요하지 않다. 기후변화는 개별 국가가 지정학적으로 해결할 수 있는 규모가 아니다. 분산형 패러다임의 전환 역시 특정 국가나 정부가 통제할 수 있는 규모가 아니다. AI를 통해 전 세계인이 통신, 에너지, 모빌리티를 공유하게 될 텐데 이를 어떻게 통제할 수 있을까. 불가능하다. 어떤 국가가 정말 똑똑해지려면, 이제는 지정학에서 생물지리권으로, 글로벌에서 '글로컬', 즉 지역화된 글로벌 네트워크로 전환해야 한다. 이게 좋은 생각이어서가 아니라 다른 대안이 없기 때문이다."

- AI 기술로 무기를 만드는 등 기술 발달에 따른 부작용 우려도 존재한다.

"맞다. 우리가 스스로를 파괴할 수도 있다. 우리는 지금 위험한 시대에 살고 있다. 이건 첫 번째 핵폭탄이 떨어졌을 때부터 이어진 우려다. 더 말할 것이 뭐가 있겠나. 운이 좋길 바랄 뿐이다. 나는 항상 '희망은 갖되 순진하지는 말아야 한다'고 말한다. 나는 낙관주의자도, 비관주의자도 아니다. 낙관주의자는 그냥 좋은 소식이 오기만을 기다린다. 그런데 그런 일은 잘 안 일어난다. 반면 비관주의자는 나쁜 소식을 기다리며 멈춰 있는데 그건 자기 자신을 마비시키는 방식이다. 앞으로 20

년 안에 내가 말한 패러다임 변화가 반드시 일어날 텐데 그 전에 치명적인 일이 벌어지지 않기를 바란다."

- AI가 인류를 지배할 수도 있다는 주장에 대해서는 어떻게 생각하나.

"다들 영화를 너무 많이 봤다. 로봇이 우리를 대체할 것이라고? 정말 유치하고 미성숙한 생각이다. 그런 걱정은 말도 안 된다고 생각한다. 다만 AI가 위험할 수 있다는 건 맞는 말이다. 왜냐하면 우리가 주체성을 잃게 될 수 있기 때문이다. AI가 내 과제를 대신 써주고 교수가 그걸 알아차리지 못한다면, AI에게 결정권을 넘겨주는 것과 다름없다. 도움은 받되 매우 제한된 방식으로 사용해야 한다. 과제를 대신 쓰게 해선 안 된다. 그리고 AI는 인간의 사고력과 절대 경쟁할 수는 없다. AI는 '경외'를 느낄 수 없기 때문이다. 경외란 허리케인이나 토네이도, 거대한 산맥을 보고 느끼는 '이건 내 능력을 넘어선다'는 감정이다. 경외는 놀라움으로, 놀라움은 상상력, 상상력은 공감, 그리고 초월로 이어진다. 이런 것은 인간만이 할 수 있는 일이다."

- 이 같은 패러다임의 변화 흐름 속에서 한국의 역할이 있을까.

"내가 한국인들을 만나면 항상 묻는 게 있다. '2차 세계대전 이후, 한국은 어떻게 세계에서 가장 강력한 나라 중 하나가 됐나?' 아일랜드도 마찬가지다. 전쟁 후 비슷한 상황에서 한국과 아일랜드는 어떻게 그렇게 발전할 수 있었을까. 생각해보니 두 나라가 공통으로 가지고 있는 요소가 있더라. 오랫동안 다른 나라에 점령당하고 억압받았다는 점이다. 아일랜드는 영국에, 한국은 여러 외세에 의해 지배당했다. 그런 상황에서 살아남기 위해서는 매우 영리해야 했다. 생존이 걸린 문제였으니 끊임없이 생각해야 했다. 억압 속에서 그들은 자신의 문화, 철학, 세계관을 지켜냈다. 살아남고 적응하는 법을 배운 것이다. 기후위기를 겪고 있는 지금 전 세계가 필요한 것도 바로 그 '생존과 적응' 능력이다. 한국인과 아일랜드인이 억압 속에서 문화를 지켜낸 것처럼 기후위기 속에서 우리는 인간성과 문화를 지켜내야 한다. 어떻게 그들은 생존하고 적응하는 법을 배웠는지 세계가 한국과 아일랜드를 주목해야 한다."

출처: 경향신문, 2025.6.9

토론 과제

1

제러미 리프킨이 강조하는 AI시대 변화로 인한 기회요인과 위기요인을 논의해 보자.

2

생태적 위기를 극복하고 생존과 적응을 위해 구체적으로 어떤 준비를 할 수 있을까?

3

관세전쟁 같은 지정학적 갈등이 아니라 생물지리권으로, 글로벌에서 지역화된 글로벌 네크워크로 전환해야 한다는 주장에 대해 찬성, 반대 팀으로 나누어 토론해 보자.

4

AI 규제로 인한 혜택과 손해는 무엇인가?

참고문헌

국내서적

김용진 (2019). 시스템 혁신과 정부 역할에 관한 연구, **정보학 연구**, 제25권 제3호.
김주희 · 김현정 (2024). 생성형 AI 규제 연구 제42권 제2호.
오상진 (2023). AI 리더십, 서울: 북삶일공칠.
세계경제포럼 (2024). 2024 글로벌 사이버 보안 전망 보고서, **세계경제포럼**.
카이스트(KAIST) 기술경영전문대학원 (2019). **4차 산업혁명과 디지털 트랜스포메이션 전략**, 서울율곡출판사.
카카오 (2023). 카카오의 시스템 혁신 사례, 카카오 공식 블로그.
최운실 외 (2015). 창조경제와 시스템 혁신, KISTEP 보고서.
LG경제연구원 (2022). 디지털 전환과 조직문화 리더십.

해외서적

Apple Inc. (2023). Environmental Progress Report & Supply Chain Strategy.
Christensen, C. M. (1997). The Innovator's Dilemma: When New Technologies cause Great Firms to Fail. Harvard Business Review Press.
Geels, F. W. (2005). Technological Transitions and System innovations: A Co-Evolutionary and Socio-Technical Analysis. Northampton, Massachusetts, USA: Edward Elgar Publishing.
Pisano, G. P. (2015). You Need an Innovation Strategy. Harvard Business Review Press.
Jackson, M. C. (2019). Critical Systems Thinking and the Management of Complexity. Chichester: Wiley.
Saithibvongsa, P. and Yu, J. E. (2018). Artificial Intelligence in the Computer-Age Threatens Human Beings and Working Conditions at Workplaces, Electronics Science Technology and Application, 5(3), pp. 1-12.
Scharmar, C. O. (2000). Presencing: Learning From the Future As It Emerges, Proceedings of the Conference on Knowledge and Innovation, pp. 1-47. May 25-26, 2000, Helsinki School of Economics, Finland.
Yu, J. E.(2018). Creating Systemic Innovation : A Process-Oriented Systems Research, New York : Nova Science Publishers.

제 V 부

인간과 AI의 협업, 인재경영과 조직의 미래

학습 목표

AI 기술이 급격하게 발전하면서 인간과 AI의 협업(Cooperation)은 더 이상 미래의 상상이 아닌 현재의 전략적 과제가 되었다. AI는 방대한 데이터를 기반으로 한 연산, 예측, 자동화 영역에서 탁월한 역량을 보이지만, 여전히 창의성, 직관, 윤리적 판단, 감성적 공감은 인간의 고유 영역으로 남아 있다. 이러한 특성을 기반으로 인간과 AI의 협업 전략은 경쟁이 아닌 상호 보완과 공동 창조(Co-Creation)를 통한 가치 혁신으로 방향을 전환하고 있다.

제11장

인간과 AI 협업의 전략과 과제

제11장에서는 인간과 AI 협업의 구체적 사례를 통해 핵심 전략을 분석하고, 경계가 흐려지는 시대에 필요한 새로운 리더십을 모색한다.

자신에 대해 명확하게 이해한다는 것은 자신의 강점이 무엇인지, 어떤 점을 보완해야 할 것인지 인식하게 해 주는 출발점이 된다. 자신을 성찰하는 행위는 자신의 존재가치를 명확하게 하고, 나아가야 할 방향을 제시해 준다.

이야기 11

침팬지와 인간이 함께 자란다면

이렇게 '인간같은 AI'마저 나오는 시대에서 우리는 '인간으로서 AI 시대를 어떻게 살아가야 할지'에 대해 고민해야 합니다. 그리고 그 해답을 줄 수 있는 실험이 하나 있습니다.

1927년에 미국의 심리학자 윈스럽 켈로그(Winthrop Nikles Kellogg) sms 어린아이의 발달에 영향을 미치는 게 무엇인지를 알아내기 위해 어린아이를 침팬지와 함께 키우는 실험을 떠올렸습니다. 인간이 자라는 과정에서 자연과 문화, 즉 유전자와 환경 중 어느 쪽이 더 큰 영향을 미치는지 알고 싶었기 때문입니다.

자신의 아이를 침팬지와 함께 기른다는, 현대에서는 상상조차 할 수 없는 실험을 하게 된 계기는 1920년대에 동인도에서 늑대와 함께 자란 두 소녀의 발견이었습니다. 늑대소녀는 네발로 같고 늑대처럼 먹고 마셨습니다. 구조된 이후에는 교육을 받아 두 발로 서는 법은 배웠지만, 밤이면 늑대처럼 울부짖었다고 합니다.

켈로그는 이런 행동을 지능이 낮아서 그런 게 아니라 어린 시절 행동이 각인되었기 때문이라고 생각했습니다. 하지만 그걸 증명하기 위해 갓난아이를 자연에서 키울 수는 없었죠. 그래서 반대로 어린 침팬지를 아이와 함께 키웠습니다.

1931년 6월 26일, 켈로그는 7개월된 침팬지 '구아'를 입양하였습니다. 그리고 10개월된 켈로그의 아들 '도널드'와 9개월 동안 한가족처럼 지냈습니다. 똑같이 기저귀를 채우고, 옷을 입히고, 유모차에 태워 함께 산책했습니다. 또한 둘다 동일한 교육을 받고, 공포에 대한 민감성을 실험했습니다. 매일 키, 몸무게, 혈압을 재고 지각과 운동기능을 시험했습니다. 심지어 머리를 두드렸을 때 어떤 소리가 나는지를 확인하여 두개골 차이까지 기록하였습니다.

이 같은 과정을 거쳐 자라난 구아는 놀랍게도 인간 환경에 잘 적응하였다고 합니다. 심지어 인간인 도널드보다 더 말을 잘 따르고, 입맞춤으로 용서를 청하거나 똥도 먼저 가릴 정도였습니다.

도널드가 구아에 비해 더 우월한 능력은 '모방' 한 가지였습니다. 도널드는 구아를 잘 따라 했습니다. 구아가 장난감을 발견하고 놀이를 개발하면 도널드는 그대로 따라 했습니다. 구아가 먹이를 달라고 할 때 내는 소리를 완벽히 흉내내기도 했습니다.

이 실험의 상세한 결과는 윈스럽 켈로그와 루엘라 켈로그가 쓴 "유인원과 어린이: 초기 행동에 미치는 환경적 영향에 관한 연구"에 기록되었습니다. 실험은 10개월이던 도널드가 19개월이, 7개월이던 구아가 16개월이 될 때까지 총 9개월간 진행되었습니다. 이후 실험이 중단된 이유는 알려지지 않았습니다.

"매드 사이언스 북"의 저자는 실험이 중단된 이유가 '침팬지가 인간처럼 자란 것이 아니라 아이가 침팬지처럼 자랐기 때문일 것'이라고 합니다. 당시 19개월이던 도널드가 사용할 줄 아는 단어는 3개 밖에 없었습니다. 또래 아이가 50개 가량의 단어를 구사하고 문장을 만들기 시작하는 것을 고려하면 발달이 늦은 것이었습니다. 그리고 엄마 루엘라는 이런 상황을 참지 않았을 것이라고 추측됩니다.

9개월의 실험이 끝난뒤 구아는 영장류 센터로 돌아가 진짜 엄마와 함께 살며 추가 연구의 대상이 되었습니다. 하지만 구아는 켈로그 가족을 떠난 지 1년도 채 되지 않아 폐렴으로 사망하였습니다. 그와 달리 도널드는 언어 능력이 빠르게 향상되었고, 나중에는 하버드 의대에 진학하여 정신과 의사가 되었습니다.

다만 늑대소녀도 도널드도 행복한 결말을 맞이하지는 못했습니다. 각각 '아말라(Amala)'와 '카말라(Kamala)'라는 이름을 받았던 늑대소녀들은 동생인 아말라가 1년 만에, 언니인 카말라가 9년 만에 사망하였습니다. 또한 도널드는 1973년에 43세의 나이로 사망했습니다. 도널드의 사인은 자살이었습니다. 늑대소녀 둘이 단명한 이유나 도널드가 자살한 이유는 확실하지 않지만 인간보다는 동물과 더 가깝게 지냈던 어린 시절이 어떤 형태로건 영향을 주었으리라 추측합니다.

침팬지인 구아는 인간과 같은 환경에서 자랐어도 인간의 언어를 모방할 수 없었습니다. 그와 달리 도널드는 침팬지의 언어를 모방하였습니다. 늑대소녀의 경우도 마찬가지입니다. 늑대는 인간처럼 말하고 행동할 수 없지만 인간은 늑대처럼 울부짖고 행동할 수 있습니다.

이처럼 모방은 인간을 다른 동물과 구분할 수 있게 하는 고유한 특성입니다. 그리고 그 특성은 어떤 것이든 학습할 수 있게 합니다. 반대로 말하면 잘못된 환경에 놓인 인간은 잘못된 것을 학습하게 됩니다. 그리고 늑대소녀나 도널드 같은 끝을 맞이할 가능성의 존재를 무시할 수 없습니다.

이미 AI는 우리의 삶에 큰 영향을 끼치고 있습니다. 앞으로는 더욱더 발전하여 머지않은 미래에는 정말로 인간과 다를 바 없는 AI가 생길수도 있습니다. 하지만 AI는 어디까지나 도구입니다. 인간이 기계의 지능을 활용하는 것이 아니라 기계를 닮아가는 결과를 만들면 안됩니다. 인간과 기계가 공존하는 시대, 진정한 인간다움이 무엇인지, 인간의 가치가 무엇인지를 잊지 않는 우리가 되었으면 합니다.

출처: AI 인간지능의 시대, 김상균, 베가북스: 서울, 2024, pp. 21~24.

1. 인간과 AI의 협업 전략

1.1 인간과 AI 간 협업 발전단계

어느 순간 AI는 근로자와 업무 방식을 근본적으로 변화시킬 것이다. AI가 인간의 일자리를 대체할 것이라는 두려움도 있다. 하지만 새로운 기술의 올바른 방향은 인간의 능력을 보완하고 증강하는 데 있다.

2018년에 실시한 1,500개 기업을 대상으로 한 연구 결과에 따르면, 인간과 AI가 협력할 때 더 큰 성과를 달성할 수 있다. 협업 지능(collaborative intelligence)을 통해 효율성과 자동화를 향상시켜 각각 단독으로 제공하는 것보다 더 높은 가치를 창출할 수 있다. 인간과 AI가 서로를 보완하는 시스템을 만들어 문제 해결 능력을 향상시키고, 다양한 영역에서 혁신을 이끌어내는 것이다.

기업은 AI를 통해 일상적인 업무를 간소화하고, 직원은 더 전략적인 업무에 집중하게 한다. 협업 지능의 프로세스를 정립함으로써 비즈니스 속도, 비용 절감과 수익 극대화, 기타 운영 측면에서 AI 이니셔티브가 더 나은 성과를 거둘 수 있다. 사람과 AI 간의 팀워크를 통해 더 신속하게 일을 처리할 수 있게 한다. 예를 들어 AI를 사용하는 CFO는 재무 보고서를 빠르게 검토하고 더 정확하고 합리적인 의사 결정을 할 수 있다. 직원의 아이디어와 AI 데이터를 결합함으로써 당면한 문제를 해결하고 사업을 더 발전시킬 수 있다. 마케터는 자신의 경험과 지식을 AI가 제공하는 데이터 기반 정보를 결합해 더 신뢰할 수 있는 결과를 바탕으로 실질적인 캠페인을 전개할 수 있다.

문제는 여러 해가 지났지만 아직 AI를 구축한 경험이 있거나 인간과 AI가 어떻게 함께 작동하는지에 대해 이해하는 사람(기업)이 거의 없다는 점이다. 최근 생성 AI가 등장해 그 어느 때보다 관심이 높아졌지만, 기업에서 AI를 도입하는 과정은 여전히 느리고 혼란스럽다. 구성원의 상당한 저항에도 부딪히고 있다.

기업이 AI를 일자리를 대체하는 것에만 매몰되면 AI의 잠재력을 최대한으로 활용할 수 없다. 장기적으로는 기업 경쟁력까지 해칠 수 있다. 리더는 협업 지능을 통해 단순히 AI 기술을 채택하는 것에서 벗어나 인간의 역량을 강화하고, 더 역동적이고 혁신적인 업무 환경을 조성하는 것에 집중해야 한다. AI를 인간의 능력을 강화하는 도구로 활용함으로써 직원이 AI와 함께 일할 수 있는 미래를 만들어야 한다. 협업 지능이 기업의 가치와 목표에 부합하는지 확인하는 것 사이의 균형을 맞추는 것이 중요하다.

인간과 인공지능(AI)의 협업은 AI가 인간의 능력을 대체하는 것이 아니라, 상호 보완적으로 지능, 감성, 직관, 창의성을 융합하여 새로운 가치를 창출하는 과정이다. 이를 통해 조직의 문제 해결 능력, 혁신 속도, 의사결정 정확성을 극대화할 수 있다.

가속화되는 사회와 기술 변화의 양상 속에서 산업간 경계는 불투명해지고, 비즈니스는 복잡화•거대화되고 있다. 예를 들어, 자동차 산업을 보면 이러한 변화를 쉽게 체감할 수 있다. 미국의 디트로이트는 한때 내연기관 자동차 산업의 중심지였다. 하지만 산업의 변화에 따라 자동차 제조업체들은 공장을 축소하거나 폐쇄하면서 많은 일자리가 사라지게 되었다. 그러나 최근 전기차 산업의 부상과 함께 GM과 같은 기업들이 전기차 생산 시설에 투자하면서 디트로이트는 새로운 일자리를 창출하는 등 기회를 맞이하고 있다.

다만 자동차 공장의 일자리는 이전의 근로자들과 달리 IT 개발자들이 대부분을 채우고 있다. 특히 전기차는 기존의 내연기관 자동차와 달리 많은 전자부품과 소프트웨어를 필요로 하기 때문에 IT 기술이 중요하다. 즉, IT 기술과 자동차 산업간의 융합과 협업은 거부할 수 없는 흐름이 되고 있다. 자율주행 기술, 배터리 관리시스템, 차량 내 인포테인먼트 시스템 등 자동차 제조의 각 분야에서 IT개발자들에 대한 요구가 높아지고 있다.

AI 기술 발전에 따라 인간-AI 협업도 다음과 같은 단계로 진화해 왔다.

(1) 도구적 AI (Tool AI)

인간이 AI를 도구처럼 활용하여 업무 효율화를 이루는 경우로서, AI가 특정 작업이나 프로세스를 자동화하여 인간의 작업을 최소화 하는것으로 데이터 입력이나 반복적인 작업을 AI가 대신 수행하는 형태이다.

(2) 보조적 AI (Assistive AI)

AI가 인간의 의사결정을 지원하고, 분석을 제공하는 경우이다. 즉 AI가 인간의 작업을 지원하는 형태로 AI 기반의 분석 도구가 데이터를 분석하고 인사이트를 제공하여 인간의 의사결정을 내리는 데 도움을 주는 형태이다.

(3) 동반적 AI (Collaborative AI)

AI와 인간이 상호 보완적 역할을 하며 공동 작업 수행하는 경우이다. 즉 AI가 상황에 맞게 적응하고, 인간의 작업 스타일이나 선호도를 학습하여 보다 효율적인 협업 환경을 제공하여 AI와 인간이 상호 보완적 역할을 하며 공동 작업을 수행하는 형태이다.

(4) 공동 창조 AI (Co-Creative AI)

인간과 AI가 대등한 파트너로 창의적 과업을 수행하는 단계로서, AI가 새로운 아이디어를 제안하거나 실험하고, 인간이 이를 바탕으로 창조적인 결과물을 만들어내는 방식으로 음악 작곡, 예술 창작 등에서 AI와 인간이 협력하는 형태이다.

1.2 AI의 역할 변화: 도구에서 파트너로

인공지능 혁명이 패러다임의 전환을 불러일으킨 주된 이유는 인간의 능력을 향상시킬 수 있는 잠재력 때문이다. AI는 방대한 데이터 세트를 인간보다 더 빠르고 효율적으로 분석할 수 있으며, 종종 우리에게 보이지 않는 패턴을 식별한다. 이는 단순히 근로자의 업무를 쉽게 만들 뿐만 아니라 한때 닫혀 있었을 수도 있는 문을 열어준다. 예를 들어, 의사는 이 기술을 사용하여 질병을 조기에 진단하고, 연구자는 과학적 돌파구를 만들기 위해 사용할 수 있으며, 거의 모든 산업의 리더는 의사 결정 프로세스를 개선하기 위해 사용할 수 있다.

인공지능의 분석력을 적절히 활용하면 인간의 창의력 및 사회적 기술과 결합하여 막강한 협업 역량을 만들 수 있다. AI의 가장 유익한 사용 사례는 인간의 노력과 창의력을 대체하도록 설계된 것이 아니라 오히려 이를 지원하고 자극하는 것이다. 이상적인 사용 사례로는 예술가가 시각화를 돕기 위해 기술을 사용하거나 작가가 작가의 블록을 극복하기 위해 기술을 사용하는 것이 있다.

인공지능(AI)의 발전은 인간의 노동을 대체하는 수준을 넘어, 이제는 인간과 기계가 함께 일하는 새로운 협업 체계를 요구하고 있다. 과거의 기술 자동화는 반복적인 작업의 효율화에 초점을 두었지만, 현재의 인공지능은 예측, 추천, 의사결정 지원, 창의적 사고까지 가능한 수준에 도달하였다. 이에 따라 조직과 사회는 인간과 AI의 관계를 경쟁이 아닌 협업의 관점에서 재정의할 필요가 있다.

AI는 더 이상 단순한 기술적 보조도구가 아니다. 기계 학습과 딥러닝의 진화로, AI는 인간의 판단을 보완하고 때로는 대신할 수 있는 파트너로 기능하게 되었다. 초기 AI는 반복적 업무 자동화 중심의 도구였으나, 최근에는 판단·예측·창의적 추천까지 가능한 지능형 파트너로 진화하고 있다.

초기의 AI는 계산, 반복 작업, 간단한 분류 등 단순 자동화 기능 중심이었다면, 진화된 AI는 이미지 인식, 자연어 처리, 상황 예측 등 고차원의 인지기능을 수행한다. 실제 사례로는 의료 영상 판독을 지원하는 진단 AI, 코딩을 보조하는 GitHub Copilot, 그리고 고객 응대용 챗봇과 음성 인식 시스템 등이 있다.

AI 진화 단계와 역할 변화를 요약하면 〈표 11-1〉에서 보는 바와 같다.

〈표 11-1〉 AI 진화 단계와 역할 변화

시기	AI의 주요 역할	대표 사례
1단계	단순자동화	계산기, 엑셀 자동화
2단계	고도화된 분석	데이터 마이닝, BI 시스템
3단계	예측 및 추천	유튜브, 넷플릭스 추천 시스템
4단계	판단 및 창의 지원	GitHub, Copilot, Midjourney, ChatGPT

1.3 인간-AI 협업의 주요 모델

미국의 경제 매체 포브스는 최근 '사람과 AI가 협업할 수 있는 방법'이라는 기사를 통해 사람과 인공지능(AI)의 협업을 통해 효율성을 높일 수 있다는 분석이 제기됐다.

25년 전 IBM의 인공지능 시스템 딥블루가 6번 체스 경기에서 개리 카스파로프에 승리했다. 딥블루의 성공은 방대한 양의 데이터를 분석하는 등의 인간이 스스로 빠르게 수행할 수 없는 기능을 수행하도록 AI를 프로그램할 수 있다는 것을 입증했다.

오늘날 AI는 대체불가토큰(NFT)을 비롯한 대부분의 다른 혁신 기술보다 더 많은 관심을 끌고 있다. 인지 컴퓨팅은 많은 업무 관련 작업에 도움이 되고 현재 과학, 상업, 의료, 게임 및 법률 분야에서 수많은 응용 프로그램이 사용되고 있다. 실제로 AI는 PC와 인터넷이 이전까지 변화시켰던 것처럼 기업과 산업 전반에 변화를 가져올 수 있는 잠재력을 가지고 있다.

그럼에도 불구하고, 인간의 지능은 인공지능보다 훨씬 더 창조적이고 비판적이다. 그렇다면 기업 리더들은 이 두 가지를 성공적으로 통합하는 데 있어 무엇을 알아야 할까? 직원과 AI 모두 인간의 역량을 강화하고 발전시키는 데 어떻게 도움이 될 수 있을까?

닉 보스트롬이 2014년 저서 '슈퍼인텔리전스: 경로, 위험, 전략'에서 설명하듯이 현대적인 컴퓨터가 발명된 이후 기계는 광범위한 자연 및 추상 영역에 걸쳐 복잡한 정보 처리 문제를 해결하기 위해 학습하고 추론하며 계획할 것으로 기대돼 왔다. 이러한 기대는 아이작 아시모프와 같은 사람들이 1940년대에 로봇을 소개하고, 다트머스 대학 수학 교수인 존 매카시가 1955년 인공지능이라는 용어를 만든 이후 계속 커져왔다.

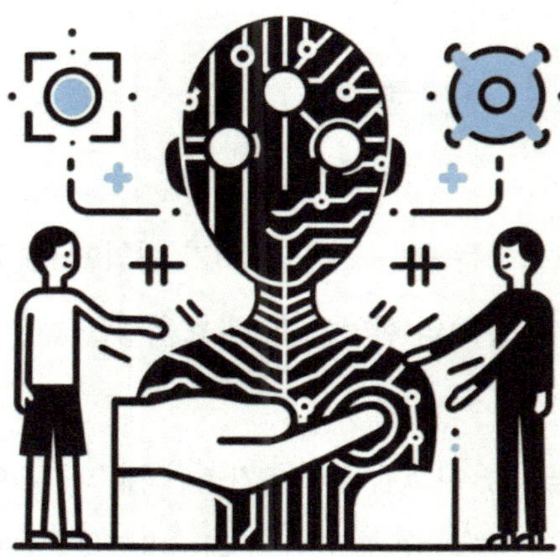

궁극적으로 협업 인텔리전스는 인간의 효율을 높이고 보다 가치 있는 작업을 더욱 원활하게 하는 것을 목표로 한다. 가트너의 보고서는 "AI가 사람과 상호작용하며 이미 알고 있는 것을 개선하여 실수와 일상적인 작업을 줄이고 고객 상호작용을 개선할 수 있다"고 밝혔다. 이런 식으로 결합된 형태의 지능은 분리했을 때보다 훨씬 더 나은 결과를 도출한다. 인간과 AI는 인간의 상상력 및 사회적 능력과 AI의 분석 및 정량적 능력이라는 서로의 강점을 기반으로 서로 발전시킬 수 있다. 결국 인간에 자연스러운 것이 AI에 매우 어려운 일이고, AI에서 매우 쉬운 일이 사람들에게는 거의 불가능하다고 할 수 있다.

인간과 AI는 단순한 역할 분담이 아닌, 상호보완적이고 유기적인 협업모델을 구성하고 있다. 대표적인 협업모델은 3가지로 구분할 수 있는데, 비교하면 〈표 11-2〉와 같다.

① 보완적 협업(Complementary Collaboration)

인간은 전략적 사고, 창의성, 윤리 판단을 수행하고, AI는 반복적, 계산적 업무를 수행하는 형태이다.

② 증강 협업(Augmented Collaboration)

CRM 시스템의 리얼타임을 추천하는 것처럼 AI가 실시간 분석 및 예측을 제공함으로써 인간의 의사결정을 지원하는 유형이다.

③ 대리 협업(Delegative Collaboration)

알고리즘 기반 자율주행, 주식 트레이딩 시스템 등과 같이 인간이 일부분 혹은 전체 의사결정을 AI에게 위임하는 형태이다.

〈표 11-2〉 협업 모델 비교

모델	인간 역할	AI 역할	활용 예
보완적	창의, 전략	반복, 계산	영상 진단, 통번역
증감형	의사결정	실시간 분석 지원	CRM추천 시스템
대리형	의사 위임	판단, 실행	자율주행, 자동 매매

조직의 기술 발전을 원하는 기업 리더들은 먼저 시스템과 직원을 보다 지능적으로 활용해야 하며 한 걸음 물러나 눈 깜짝할 사이에 기가바이트의 정보를 선별하고 실행 과정을 추천하는 등 기계가 가장 잘 할 수 있는 것을 하도록 할 필요가 있다. 사람에게도 직관 및 현명한 판단을 통해 사용 가능한 옵션 중에서 선택을 하는 등의 가장 잘하는 일을 할 수 있도록 허용해야 한다.

이러한 협업을 효과적으로 지원하기 위해 리더들은 비즈니스 프로세스를 재구상하고, 개별 포지션을 재정의하고, 운영 모델을 완전히 재고할 필요가 있다. 예를 들어, 리더들은 직원들이 기계를 교육 및 개선하고 AI 전략에 더 많이 참여하도록 장려해 디지털 혁신의 이해당사자가 될 수 있도록 지원할 수 있다. 이는 리들리 스콧, 제임스 카메론 같은 감독이 영화에서 상상했던 것보다 인류와 인공지능의 미래가 유망할 수 있도록 한다.

1.4 협업을 위한 핵심 전략

협업의 가장 실질적인 목표는 복잡한 문제를 효과적으로 해결하는데 있다. 복잡해지는 비즈니스 환경에서 한 개인이 가진 지식과 경험만으로 해결할 수 없는 문제들이 많아지고 있다. 이를 극복할 수 있는 방법은 서로의 다양한 관점을 활용하여 함께 문제 상황을 해석하고, 창의적인 해결방안을 도출하고 실행하는 데 있다. 즉 복잡한 문제를 보다 효과적으로 해결하려면 협업은 필수적으로 고려해야 할 업무방식이다.

심리학자 캐서린 샌더슨(Catherine A. Sanderson)은 "생각이 바뀌는 순간"에서 , 다른 사람을 돕는 행위가 개인의 행복과 사회적 연결 수준을 증진한다는 연구 결과를 제시하고 있다. 그녀에 따르면, 도움을 주고받는 빈도가 높은 사람들은 더 많은 사회적 지원을 받고, 자신뿐만 아니라 주변인들도 협력적으로 행동하도록 촉진한다고 한다.

AI와의 협업이 효과적으로 작동하기 위해서는 다음과 같이 기술적 완성도뿐 아니라 인간 중심의 설계와 윤리적 고려가 필요하다.

첫째, 인간 중심 설계(Human-Centered Design)라야 한다. 기술의 주체는 인간이며, AI는 보조자로 설계되어야 한다. 이때 사용자의 직관과 경험을 고려한 인터페이스와 설계가 필요하다.

둘째, 설명 가능한 AI(Explainable AI, XAI)라야 한다. AI의 판단 기준과 작동 방식이 명확히 설명되어야 신뢰 확보가 가능하며, 블랙박스 AI에 대한 거부감을 줄이기 위한 접근법이다.

셋째, 데이터 윤리 및 책임성을 확보하여야 한다. AI의 학습 데이터에 편향이 존재할 경우, 결과에도 편향이 반영되며, 데이터 취급, 개인정보 보호, 의사결정의 책임 주체 규명이 중요하다.

넷째, AI 리터러시 교육을 강화하여야 한다. 조직 구성원이 AI의 기능과 한계를 정확히 이해해야 효과적인 협업이 가능하며, 직무 전환 및 조직문화 변화에 대한 교육을 병행할 필요가 있다.

1.5 대표적 협업사례

이제는 산업과 산업 간의 융합은 거스를 수 없는 시대적 흐름이 되고 있다. 자신이 가진 특정 분야의 전문지식을 넘어 다른 분야의 전문지식을 가진 사람과 협력해야만 생존하거나 더 큰 가치를 창출할 수 있는 환경에 있다는 의미이다. 경제, 사회, 기술, 문화 등의 변화에 따라 시장 환경이 빠르게 변화할수록 기업은 여러 계층의 문제를 동시에 다룰 수 밖에 없다. 관세 부과와 경제 동향에 따른 원자재 수급문제를 다루면서도 트렌드 변화에 따라 최신 기술을 반영한 새로운 컨셉의 상품 서비스를 기획한다. 그러한 상품 서비스가 국가별 규제 정책에 위배되는 점은 없는지를 동시에 검토해야 하는 복잡한 상황이다. 즉 기업은 복잡한 문제들 속에서 우선순위를 구분하고, 가치있는 문제에 선택과 집중을 해야 한다. 또한 실행 과정에서 발생하는 리스크를 점검하고 수시로 조정하고 협업하는 전략적 역량이 요구된다.

각 분야별 대표적인 협업사례를 살펴본다.

(1) 의료 분야: IBM Watson과 의사의 협진

IBM Watson은 방대한 의학 논문과 환자 데이터를 분석해 최적의 진단과 치료 옵션을 제시하였다. 그러나 최종 의사결정과 환자와의 소통은 여전히 인간 의사가 역할을 담당하고 있다. 인간의 공감과 윤리적 판단이 AI의 분석 결과를 해석하고 실행하는 핵심 축이라고 할 수 있다.

(2) 금융 분야: 골드만삭스의 AI 투자 시스템

AI 기반 알고리즘이 시장 데이터와 트렌드를 분석하여 투자 제안을 생성하고 있다. 인간 애널리스트와 펀드매니저가 AI가 제공한 정보를 바탕으로 시장 심리와 윤리적 기준까지 반영해 최종 결정하는 시스템이다.

(3) 제조 및 물류: 아마존의 키바(Kiva) 로봇과 인간 협업

물류센터에서 키바 로봇이 재고관리와 이동을 자동화하는 시스템을 구축하였다. 인간 작업자는 고객 요구에 따라 로봇과 협업하여 맞춤형 서비스를 제공함으로써, 인간의 상황 판단력과 로봇의 자동화 시스템이 결합된 효율적인 시스템을 구축하고 있다.

2. 공동 창조를 통한 가치 혁신

2.1 공동 창조의 개념

21세기 디지털 전환의 시대, 특히 생성형 인공지능(Generative AI)의 부상은 인간과 AI 간의 협업을 단순한 도구 활용의 차원을 넘어 공동 창조의 패러다임으로 확장시키고 있다. 공동 창조는 조직 구성원, 고객, 인공지능 등 다양한 참여자들이 함께 새로운 가치를 창출하는 창의적 협업의 프레임이다. 다시 말해 공동 창조는 인간과 AI가 상호 보완적으로 참여하여 새로운 가치를 창출하는 협업방식이다.

이는 단순한 업무 지원을 넘어, 인간과 AI가 함께 문제를 정의하고, 해결하며, 혁신을 주도하는 협력 모델이다.

공동 창조는 조직(또는 기술)과 고객, 구성원, AI 등의 이해관계자가 가치를 함께 설계하고 생산하는 과정을 의미한다. 단순한 피드백이나 참여를 넘어서, 공동 의도와 책임, 상호작용 기반의 창의적 협력이 일어나는 구조이다. 공동 창조는 전통적 가치사슬(Value Chain)이 공급자 중심이었다면, 이제는 가치 공동체(Value Network) 중심의 다자간 협업으로 전환되었다는 점에서 중요한 전환점을 보여준다.

인간과 AI가 진정한 의미에서 파트너로 기능하기 위해서는 다음의 다섯 가지 핵심요소가 필수적으로 고려되어야 한다.

1) 공동 창조의 핵심요소

(1) 상호보완적 역량의 설계

인간과 AI는 각기 다른 강점을 지닌 존재이다. 인간은 공감, 윤리적 판단, 직관, 문화적 맥락 이해에 강점을 지니며, AI는 방대한 데이터 처리, 반복적 연산, 예측 모델링에서 뛰어나다. 공동 창조를 위한 협업에서는 누가 무엇을 맡을 것인가에 대한 구조적 설계가 필요하다. 이를 위해 다음과 같은 역할 분담의 구체화가 필요하다.

① 인간: 문제 정의, 목적 설정, 비판적 사고, 사회적 맥락 해석

② AI: 데이터 분석, 패턴 인식, 대안 생성, 시뮬레이션 실행

예를 들면, MIT 미디어랩은 의료 진단에서 인간의 직관과 AI의 데이터 분석을 통합해 진단 정확도를 높이는 공동 창조 모델을 실현하고 있다.

(2) 설명가능성과 투명성

AI와의 협업에서 중요한 요소 중 하나는 AI의 의사결정 과정에 대한 신뢰와 이해이다. 인간이 AI의 판단이나 제안을 해석하고 수용할 수 있도록, AI 시스템은 다

음과 같은 투명성과 설명가능성을 갖추어야 한다.

① AI가 어떤 데이터를 기반으로 결론을 도출했는가?

② 그 판단은 어느 정도의 확률과 불확실성을 동반하는가?

③ 의사결정 과정 중 어떤 변수들이 핵심 영향을 미쳤는가?

이는 공동 창조 과정에서 AI의 의견을 반영할지 여부를 인간이 주체적으로 판단할 수 있는 권한(Agency)을 확보하는 데 기여한다.

(3) 공감적 인터페이스와 인간 중심 UX

인간과 AI 간 상호작용이 실질적 공동 창조로 이어지기 위해서는 정서적, 문화적 친화성을 고려한 인터페이스 설계가 필수적이다. 특히 언어, 시각, 감정에 대한 AI의 응답 방식은 사용자와의 신뢰관계 형성에 직접적인 영향을 미친다.

① 사용자 피드백을 반영하는 대화형 AI

② 감정 기반 피드백 및 정서적 반응 생성

③ 맞춤형 제안과 참여 유도 방식 설계

(4) 윤리적 기준과 공동 책임성

AI와의 공동 창조는 단지 효율을 위한 협업이 아닌, 책임과 가치의 공동 생성 과정이다. 이는 알고리즘의 편향, 데이터의 윤리성, 인간의 의사결정 왜곡 등의 문제를 고려한 책임있는 설계와 공동 윤리 거버넌스로 이어져야 한다.

① 데이터 수집 및 사용의 투명성 확보

② 알고리즘 편향 및 차별 방지를 위한 지속적 검토

③ 인간 중심의 가치(존엄성, 다양성, 정의)의 내재화

(5) 실시간 학습과 공동성장

공동 창조는 고정된 역할이 아닌, 지속적으로 변화하고 학습하는 동적 관계를 기반으로 한다. 인간과 AI가 함께 학습하고 서로의 피드백을 반영해 협업을 고도

화하는 메커니즘이 마련되어야 한다.

① 인간의 피드백을 AI가 실시간 학습에 반영

② AI가 제안한 결과를 인간이 재구성하면서 새로운 통찰 확보

③ 반복적 공동 실험을 통한 창의성 증폭

인간-AI 공동 창조와 관련한 핵심 프레임워크를 요약내면 [그림 11-1]과 같다.

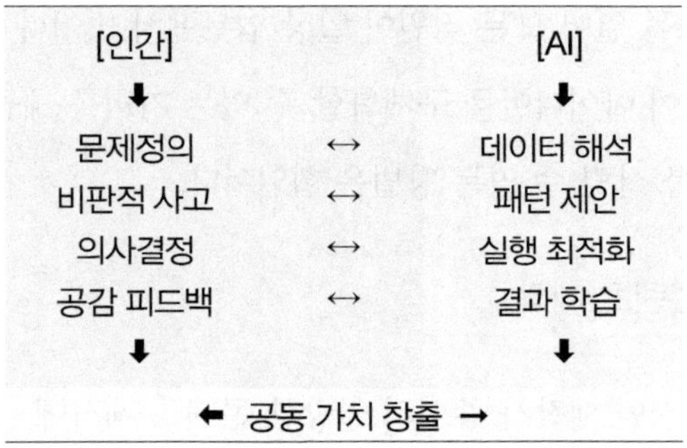

[그림 11-1] 인간-AI 공동 창조 핵심 프레임워크

인간-AI 공동 창조는 기술 도입 그 자체가 아닌, 협업의 방식과 가치의 재정립을 요구하는 근본적인 패러다임 변화이다. 공감적, 윤리적, 창의적 기준을 기반으로 인간과 AI가 상호 존중하며 가치를 함께 만드는 구조를 설계할 때, 공동 창조는 단순한 협업을 넘어 지속가능한 혁신의 플랫폼으로 진화할 수 있다.

2.2 공동 창조의 실제 사례

공동 창조는 다양한 이해관계자들이 함께 문제를 정의하고, 해결책을 개발하며, 새로운 가치를 창출하는 혁신 전략이다. 이 개념은 특히 AI 및 디지털 기술이 고도화되는 현대 산업에서 더욱 중요해지고 있다.

선도적인 기업들은 일터에 혁신의 DNA를 심기 위해서 여러 가지 시도를 하고

있다. 예를 들면, 구글은 20% 규칙을 도입하여 본인의 업무와 별개로 개인적으로 관심있는 주제에 대해 연구하고, 그 주제에 관심있는 사람들끼리 모여 함께 아이디어를 개잘하는 과정을 제공한다.

애플은 부서 간 기술 교류 프로그램을 통해 다른 팀의 기술과 아이디어를 공유하고 협력할 수 있도록 장려한다. 에어비앤비는 서로 다른 팀의 직원들이 네트워킹하고 협업할 수 있는 커뮤니티 모임을 지원한다. 마이크로소프트는 매년 원위크(One Week) 행사를 열어 모든 직원이 일상 업무에서 벗어나 일주일간 관심있는 프로젝트에 참여하여 아이디어를 구체화할 수 있는 기회를 제공한다. 일터에서 상실된 혁신의 DNA를 살릴 수 있는 방법은 협업이다.

(1) 넷플릭스의 콘텐츠 제작

넷플릭스는 전통적인 제작사 중심의 일방향 콘텐츠 제작에서 벗어나, AI와 시청자 데이터를 활용한 공동 창조 모델을 구현해 왔다. 이 모델은 고객 참여, 데이터 분석, AI 알고리즘의 결합을 통해 고도로 개인화된 콘텐츠 경험을 제공한다.

① 사용자 행동 데이터 분석

AI가 사용자 데이터를 분석하여 선호 콘텐츠와 시청 패턴을 예측하고 있다. 사용자의 시청 시간, 시청 중지 시점, 장르 선호도 등의 정량 데이터를 수집하고 분석함으로써, 시청자의 '무의식적 취향'을 파악하는 방식이다.

② AI 기반 추천 엔진

사용자의 시청 패턴에 따라 콘텐츠를 자동 추천하고, 이 결과가 다시 새로운 콘텐츠 기획에 반영한다. 콘텐츠 제작자는 AI 인사이트를 기반으로 정서적 공감과 스토리텔링 역량을 결합해 작품을 제작한다.

③ 콘텐츠 제작 반영

오징어 게임과 같은 글로벌 히트작은 데이터와 창작이 융합된 결과이다. 또한,

시리즈 〈하우스 오브 카드〉는 사전 테스트를 통해 특정 배우(케빈 스페이시)와 감독(데이비드 핀처)에 대한 선호 데이터를 기반으로 기획되었다. 이는 데이터가 주도한 기획과 인간의 창의성 결합사례로 평가된다.

(2) BMW의 자율주행 개발 프로젝트

BMW는 AI와 전문가 네트워크의 공동 창조를 이루었다. BMW는 자율주행차 개발에서 내부 기술진, 외부 스타트업, 대학 연구소, 데이터 분석 기업, AI 플랫폼과의 개방형 공동 창조 생태계(Open Innovation Ecosystem)를 구축하여 기술 혁신을 가속화했다. BMW의 공동 창조의 핵심 요소는 다음과 같이 세 가지로 요약할 수 있다.

① 인간–AI 협업 시스템 구축

AI가 자율주행 데이터 분석과 주행 최적화를 수행한다. 즉, 도로 환경, 차량 반응, 운전자 행동 등 복잡한 시나리오를 AI가 시뮬레이션하고, 기술자는 결과를 분석하여 알고리즘을 개선하였다.

② 오픈 이노베이션 플랫폼

인간 엔지니어가 윤리적 딜레마(비상상황 판단), 사용자 경험 설계(UX)를 고려해 시스템을 조율하도록 한다. 'BMW Group Open Innovation'이라는 플랫폼을 통해 글로벌 스타트업과 연구기관이 자율주행 알고리즘, 센서 기술, UX 디자인에 공동으로 참여하고 있다.

③ 디지털 트윈과 실시간 시뮬레이션

AI가 실시간으로 주행 데이터를 학습하고, 디지털 트윈 모델을 통해 개발 중인 기술의 현실 적용 가능성을 사전 검증하고 있다. 공동 테스트와 학습을 통한 기술 개발 기간을 단축하고 리스크를 감소시킴으로써 AI의 반복 학습과 인간의 윤리적 판단이 통합된 안전성 강화로 가치혁신 효과를 거두고 있다.

(3) 아디다스의 스피드팩토리

아디다스는 고객과 AI, 자동화 기술의 공동 창조 성공사례로 꼽힌다. 아디다스는 독일 안스바흐와 미국 애틀랜타에 설치한 스피드팩토리를 통해, 고객 맞춤형 신발을 AI와 자동화 설비, 소비자 데이터로 공동 제작하는 새로운 제조 패러다임을 구현하였다. 아디다스의 공동 창조의 핵심요소를 요약하면 다음과 같다.

① 소비자 참여 기반 설계

고객이 웹 플랫폼을 통해 컬러, 디자인, 기능을 지정하고, AI가 이를 빠르게 설계하고 생산 가능성을 분석한다. 고객 피드백을 실시간으로 반영하여 제품 디자인과 기능을 개선하도록 한다.

② AI 기반 수요 예측 및 생산 자동화

AI와 로봇 기술을 활용하여 맞춤형 신발을 생산하고 있다. 로컬 수요 예측을 통해 특정 지역 소비자 취향을 반영하고, 자동화된 설비가 빠르게 맞춤형 제품을 생산한다.

③ 데이터 피드백 루프

고객 사용 데이터를 수집하여 다음 상품 설계에 반영함으로써, 지속적으로 사용자 기반 디자인을 고도화 한다. 인간 디자이너의 창의성과 AI의 분석 역량이 결합되어 초개인화(Customization)를 실현하는 것이다.

이처럼 공동 창조는 단순한 협업을 넘어서, 데이터-기술-인간의 창의성 간 통합적 상호작용을 통해 새로운 가치를 만드는 핵심 전략으로 자리잡고 있다. 향후 인간-AI 협업 기반의 공동 창조는 다양한 산업 분야에서 고객 맞춤화, 지속가능성, 사회적 가치 창출의 축으로 확대될 것이다.

이상에서 논의한 인간-AI 협업 성공사례를 요약하면 〈표 11-3〉과 같다.

〈표 11-3〉 인간-AI 협업 성공사례

기업	협업분야	인간-AI 분업구조	결과
IDEO	디자인	인간: 창의/ AI: 분석	신제품 개발속도 향상
IBM Watson	의료	인간: 진단/ AI: 보조	진단 정확도 향상
Netflix	콘텐츠	인간: 시청/ AI: 추천	체류시간 증가

3. AI와 인간의 경계가 흐려지는 시대의 리더십

3.1 경계의 모호성(The Blurring Boundaries)

1) AI- 인간의 역할 구분

AI와 인간의 역할 구분이 점점 모호해 지고 있다. AI는 점점 더 인간처럼 학습하고, 인간은 데이터 기반 사고와 알고리즘적 의사결정 능력을 요구받는다. 다른 신기술과 마찬가지로 인공지능은 완벽하지 않다. 해결해야 할 몇 가지 문제점이 있으며 윤리적 우려 사항도 고려해야 한다. 즉, 현 단계에서 인공지능은 여전히 인간의 입력에 전적으로 의존하고 있다. 모델의 반응은 훈련된 데이터를 기반으로 하며, 해당 데이터는 인간이 제공하므로 AI의 반응은 데이터 세트에 존재하는 모든 편향을 반영한다.

따라서 AI 개발에서 공정성과 투명성을 유지하는 것이 중요하다. 이러한 우려를 해결하지 못하면 차별적인 결과가 발생할 수 있으며, 이는 모델이 윤리적 의미를 가질 수 있는 결정을 내리거나 민감한 데이터를 처리할 때 특히 위험할 수 있다. 인간의 감독 수준은 여전히 필요하며, 인간은 AI 모델이 이러한 결정을 알리는 데 도움을 주는 의사 결정 과정을 통제해야 한다.

비평가들이 인공지능 기술의 확산과 관련하여 표명한 또 다른 주요 우려 사항은 인간 노동자를 대체할 것이라는 점이다. 그러나 이 변화를 기술 변화로 묘사하는 것이 훨씬 더 정확하다. AI는 노동자 업무의 단조로운 작업 중 일부를 자동화하는 동시에 엄청난 기회를 창출한다. 비판적 사고, 문제 해결 및 의사소통과 같은 자질에 초점을 맞춘 기술 재교육은 근로자가 인간과 인공지능이 공존할 수 있는 새로운 업무 환경에 대비할 수 있도록 준비시킬 것이다.

2) 경계 모호성이 가져오는 영향

기술의 융합과 AI, IoT, 블록체인, 메타버스 등 다양한 기술들이 복합적으로 작용하고 일하는 방식이 변화함으로써 비정형적인 업무의 증가, 유연근무제 확산 등을 들 수 있다. 또한 조직 구조의 변화, 수평적·네트워크형 구조 확산, 외부 파트너와의 협업이 증가하고 문화적 인식의 변화, 개인의 다중 정체성 수용, 자율성 강조, 디지털 플랫폼 확산, 그리고 경계 없이 연결된 사회적·경제적 관계망 형성 등이다.

경계 모호성의 영향은 긍정적인 측면과 부정적인 측면으로 구분할 수 있다. 긍정적인 측면은 새로운 융합적 직무와 서비스가 출현하며, 일과 삶의 유연성 증가, 공동 창조와 개방형 혁신의 활성화, 인간-AI 협업, 고객 참여, 외부 자원의 전략적 활용 가능성 등을 들 수 있다

반면, 부정적인 측면은 정체성과 역할 혼란, 책임 소재 불분명, 프라이버시 침해와 정보 과잉, 융합하는 능력이 될 것이다.

3.2 미래 리더십의 핵심 역량

(1) 인간 중심의 가치를 지키는 리더십

디지털 전환과 인공지능(AI)의 급속한 발전은 조직 운영과 의사결정의 많은 부분을 자동화하고 효율화하고 있다. 그러나 이와 동시에 조직의 지속 가능성과 신뢰 기반은 인간 중심의 가치, 즉 공감, 윤리, 신뢰, 존엄성 등에 의해 좌우된다. 기술이 아무리 정교해지더라도 조직 구성원 개개인의 존중, 사회적 책임, 공동체적 연대감 없이는 장기적인 성장은 불가능하다.

인간 중심 리더십은 이러한 가치들을 중심에 두고 행동하는 리더십으로, 다음과 같은 이유에서 더욱 강조된다.

① 탈인간화 위험의 대응

알고리즘 기반의 결정은 효율을 극대화하지만 인간의 감정이나 맥락을 무시할 수 있다. 리더는 이러한 한계를 인식하고 사람을 중심에 둔 결정을 내려야 한다.

② 조직 내 심리적 안전감 구축

구성원이 자신의 의견을 자유롭게 표현하고 도전할 수 있도록 신뢰 기반의 환경을 조성하는 것은 기술이 아닌 리더의 역할이다.

③ ESG 경영과 연결

환경·사회·지배구조를 아우르는 ESG 가치 실현은 인간 중심적 철학 없이는 실행될 수 없다. 이는 단순한 윤리적 명제가 아니라 기업의 생존 전략이다.

④ AI와의 협업 시대에서의 균형자 역할

인간 고유의 공감, 판단, 윤리적 책임감은 AI가 대체할 수 없는 영역이며, 이 가치를 지키는 리더는 기술과 인간 사이의 '윤리적 조율자'로서 핵심적인 위치를 갖는다. 따라서 미래 리더는 단순히 기술을 잘 활용하는 관리자가 아니라, 인간과 기술의 조화를 이끄는 철학자적 리더가 되어야 한다.

요약하면, AI 시스템에 대한 책임과 투명성 확보는 리더십의 필수 역량으로 부상하고 있으며, AI가 효율성과 자동화를 책임진다면, 리더는 윤리, 공감, 목적을 관리해야 한다.

(2) 데이터-직관 융합 능력

전통적으로 데이터 기반 의사결정은 객관적이고 정확한 판단을 가능하게 한다는 점에서 중시되어 왔다. 그러나 예측 불가능한 변화가 일상화된 오늘날에는 정량 데이터만으로는 미래를 설명할 수 없다. 이때 중요한 것이 바로 직관의 역할이다. 단, 여기서 말하는 직관은 단순한 감이나 감정이 아니라, 경험과 맥락 속에서 축적된 통찰적 판단을 의미한다. 미래 리더십의 중요한 역량은 바로 데이터 기반 분석력과 직관적 통찰을 균형 있게 통합할 수 있는 능력이다. 이 두 요소는 다음과 같은 방식으로 상호보완적이다. 데이터-직관의 기능과 한계를 요약하면 〈표 11-4〉와 같다.

〈표 11-4〉 데이터-직관의 기능과 한계

요소	기능	한계	보완 방식
데이터(Data)	사실 기반 분석, 패턴 인식, 예측 모델링	기존 패턴에만 의존, 창발적 변화 대응 어려움	직관과 결합해 맥락과 의미 부여
직관(Intuition)	경험 기반 통찰, 비정형 문제 해결, 미래 감지	주관적 오류 가능성, 일관성 부족	데이터로 검증하거나 보완

데이터-직관 융합 리더십의 사례로는 다음과 같은 행동 특성이 관찰된다. 의사결정을 하기 전에 맥락적 질문을 한다. 이 데이터는 누구의 입장에서 수집되었는가?, 이 숫자에 없는 이야기는 무엇인가?

다음은 불확실한 상황에서 통찰을 기반으로 행동하고, 이후 데이터로 검증하는 '직관 → 실험 → 피드백' 루프를 운용한다. 마지막으로, AI 기반 분석 결과를 받아들이되, 중요한 결정은 사람과 조직의 가치, 감정, 미래 지향성까지 고려하여 재해석한다.

이러한 융합 능력은 단순한 리더십 기술이 아니라, 시대 전환기에 필요한 인식 프레임의 변화를 전제로 한다. 즉, 과거의 리더가 데이터를 따라갔다면, 미래의 리더는 데이터와 직관 사이에서 다리를 놓는 설계자여야 한다.

그러나 챗GPT가 부정확한 답변을 내놓을 때가 많다. 단지 틀린 답을 내는 수준이 아니라 구체적으로 조작된 정보를 자세하게 제시하기 때문에 단순 오답이 아닌 그럴싸한 거짓 정보를 답변하는 환각의 경우를 할루시네이션(hallucination)이라고 하는데, 다음과 같은 사례를 들 수 있다.

문) 한국의 동화 콩쥐팥쥐에 대해 설명해주세요

답) 「콩쥐팥쥐」의 이야기

두 노파 이야기 고전적 버전에서는 '콩쥐'와 '팥쥐'가 실제 자매가 아니라, 두 노파(늙은이)로 등장하는 경우가 있습니다. 여기서 핵심은 콩쥐 노파는 착한 일을 하고, 팥쥐 노파는 못된 짓을 한다는 점이며, 신령이나 신선의 시험을 통해 각자 상벌을 받는 교훈적 구도입니다.

두 노파 이야기의 줄거리는 다음과 같습니다. 옛날 어느 마을에 착한 콩쥐 노파와 심술궂은 팥쥐 노파가 살고 있었습니다. 어느 날 하늘에서 신선이 내려와 두 노파에게 똑같은 시련을 줍니다.

콩쥐 노파는 시련을 견디고, 친절하고 인내심 있게 대하며 어려움을 해결합니다.

팥쥐 노파는 욕심을 부리고, 화를 내고 욕을 하며 시련을 거부합니다.

결과적으로 콩쥐 노파는 복을 받고 젊어지거나 부자가 되거나, 팥쥐 노파는 벌을 받아 벌레로 변하거나 외면받게 되는 결말로 마무리됩니다.

특징 및 상징성

콩쥐 → 콩은 작지만 영양이 풍부하고 성실함을 상징

팥쥐 → 팥은 맛이 강하고 쉽게 상하지만, 겉보기엔 매력적인 것을 상징

이처럼 이름 자체에도 내면의 미덕과 단점이 투영되어 있어, 도덕적 교훈을 강화합니다.

유사 설화

이러한 '두 인물의 대비와 신의 심판' 구조는 한국뿐 아니라 세계 민담에서 자주 등장합니다. 예를 들어 프랑스의 「선녀와 바보 언니」, 일본의 「꽃 피는 할아버지(花咲じいさん)」

AI는 정확한 답변보다는 최대한 인간처럼, 물 흐르는 듯한 자연스러운 대답을 내놓는 걸 우선시한다. 그러다 보니 잘 모르는 내용이 있어도 대충 비슷한 항목을 불러와 그럴듯하게 늘어놓는 경우가 많다.

프롬프트(명령어)를 통해 환각을 없애는 방법은 명령어에 "확실하지 않은 내용은 포함하지 말아줘" 같은 문구를 추가하거나, "정보가 없으면 없다고 해줘" "추측이라면 추측이라고 말해줘"라고 요구하면 된다.

데이터 기반 의사결정을 직관적 통찰과 결합하여 실행하는 역량을 갖추어야 하며, 인간의 감각과 AI의 인사이트를 동시에 이해하고 해석하는 다층적 사고가 필요하다. 챗GPT의 할루시네이션에 대한 문제점과 대응방안은 다음과 같이 설명할 수 있다.

(3) 윤리적 감수성과 책임성

윤리적 감수성(Ethical Sensitivity)은 인간이 타인의 감정, 권리, 가치, 사회적 맥락을 인식하고, 특정 상황에서 도덕적으로 민감하게 반응할 수 있는 능력을 말한다. 타인의 고통, 불이익, 사회적 부정의에 대한 정서적·도덕적 반응력, 상황에 숨어 있는 윤리적 딜레마와 이해관계를 인지하는 능력, 공감과 도덕 판단의 출발점이 되는 인식 능력 등이다.

책임성은 행동의 결과에 대해 도덕적·사회적 책임을 지려는 태도와 행동 선택의 책임을 인식하는 능력을 의미하며, 결과뿐만 아니라 의도, 맥락, 의사결정 과정에 대한 책임,무지, 기술 의존, 시스템 오류로부터 도피하지 않는 태도 등으로 무엇이 옳은가뿐 아니라 누가 책임질 것인가를 묻는 윤리이다

AI가 만든 결과의 책임은 궁극적으로 인간에게 있다고 본다. 따라서 AI 윤리와 책임경영을 조직문화와 거버넌스에 반영할 수 있는 리더십이 필수적이다. 예를 들면, AI 편향성 제거, 개인정보 보호, 투명한 알고리즘 관리 등이 있다.

(4) 공감과 신뢰 기반 협업 촉진

공감(Empathy)은 타인의 감정, 입장, 맥락을 이해하고 정서적으로 반응하는 능

력으로 단순한 정보 수용이 아닌 상대의 감정과 시선을 내면화하는 태도이며, 신뢰는 구성원이 서로의 의도, 능력, 책임을 믿고 기대할 수 있는 관계로 불확실한 상황에서도 상대방이 나를 해치지 않을 것이라는 믿음이다. 공감과 신뢰 기반 협업은 구성원들이 심리적으로 안전하다고 느끼고, 서로의 의견·감정을 존중하면서 자발적이고 지속적인 협력을 실현하는 조직문화이다.

공감과 신뢰 기반 협업의 핵심 구성요소로는 의견 표현이 비난받지 않을 것이라는 신뢰로 심리적 안전감이며, 타인의 말에 집중하고 반응하는 능력으로 경청과 피드백이다. 또한 협업자 간의 신뢰와 관계 기반 감정 공유의 정서적 유대감과 공동 목표 인식으로 팀 전체가 지향하는 방향에 공감의 명확화와 결과에 대한 공동 책임 인식 등이다

3.3 인간-AI 협업의 주요 과제

1) 인간-AI 협업 과제

협업은 기술이 아니라 관계이며, 인간과 AI 사이의 신뢰가 그 중심에 있다. 인간과 인공지능(AI)의 협업은 단순한 기술의 접목이 아니라, 의사결정 구조와 역할, 책임, 가치 기준까지 전면적으로 재구성해야 하는 거대한 전환이다. 특히 AI가 사람의 도우미를 넘어 결정 파트너의 위치로 이동하면서, 인간과 AI의 관계에서 다음과 같은 과제가 부각된다.

(1) 의사결정 권한과 책임의 재구조화

AI는 데이터 기반으로 빠르고 정확한 판단을 제공하지만, 그 판단의 결과에 대한 법적·윤리적 책임은 인간에게 귀속된다. AI의 제안에 따라 의사결정을 내렸을 경우, 책임 소재가 모호해질 수 있으며, 이를 해결하기 위한 책임 구조 정립과 AI

투명성 확보가 필요하다.

(2) 신뢰와 투명성의 구축

블랙박스(black box)처럼 작동하는 AI 모델은 사용자가 내부 로직을 이해하기 어렵게 만든다. AI의 판단 기준, 데이터 근거, 학습 내용에 대한 설명가능한 인공지능(Explainable AI) 시스템이 필요하며, 사용자 신뢰를 위한 투명성 확보가 핵심 과제로 떠오른다.

(3) 편향(Bias)과 윤리(Ethics)의 문제

AI는 학습데이터에 기반하기 때문에 사회적 편견이나 차별적 구조를 그대로 강화할 수 있다. 채용, 대출, 의료 등 인간 삶에 직접 영향을 미치는 영역에서 윤리적 설계와 사전 검토 체계가 필수적이다.

(4) 역할 정의와 감정적 상호작용의 한계

AI는 반복적, 계산적 업무에는 탁월하지만 공감, 윤리적 판단, 가치 충돌의 조율에는 한계가 있다. 인간은 감정과 맥락을 읽는 역할을 유지하고, AI는 정보 보완과 실행 도우미의 역할로 명확히 분리하는 협업 설계가 필요하다.

(5) 조직문화와 구성원의 수용성

AI 도입에 대한 구성원의 불안, 저항, 무기력감은 협업의 걸림돌이 된다. 기술이 아닌 관계와 문화를 중심으로 한 변화관리와 리더십 전략이 병행되어야 한다.

한편, 협업이 단순하지 않은 이유는 기술적, 윤리적, 감성적 복합 요인이 존재하기 때문이다. 첫째, 기술 편향(Bias)의 문제이다. AI는 학습된 데이터에 의존하기 때문에, 데이터 편향이 결과 편향으로 이어질 수 있다. 둘째, 신뢰와 수용성 부족이다. AI의 의사결정 방식이 불투명하거나 예측 불가할 경우, 사용자의 수용성이 낮아지게 된다.

셋째, 책임소재의 불명확성이다. AI의 판단이 실질적 피해로 이어졌을 경우, 인간과 AI 간 책임 소재가 모호해진다. 넷째, 감정적 한계를 들 수 있다. AI는 공감 능력이 부족하며, 윤리적 직관, 인간 관계의 복잡성을 다루는 데 제한적이다.

인간-AI 협업으로 인한 예상되는 주요 문제점과 주요 사례별 해결방안은 〈표 11-5〉과 같다.

〈표 11-5〉 협업 시 주요 리스크

문제 유형	구체 사례	해결방안
기술편향	채용 AI의 성차별	다양성 있는 학습 데이터 확보
신뢰 부족	AI의 블랙박스 문제	설명 가능한 AI 시스템 구축
책임 불명	자율주행 사고	법적 책임 범위 재정의
감정적 결핍	AI 상담 서비스	정서적 개입 범위 재설계

3.4 미래 협업의 방향성

1) 미래 협업의 방향

미래의 협업은 기능의 통합이 아니라, 존재의 통합으로 나아간다. 인간-AI 협업의 성공은 단순한 효율성 향상이 아닌, 공동 창조(Co-Creation)와 의미 중심의 연결로 이어질 때 비로소 가능해진다. 다음은 미래 협업의 방향성을 제시하는 핵심 축들이다. 앞으로 인간과 AI의 협업은 단순 업무 공유를 넘어, 진정한 공동 창조의 형태로 발전해야 한다.

(1) 보완적 협업에서 공동 창조로

과거에는 AI를 도구로 활용하는 수준이었다면, 미래는 AI와 인간이 공동으로 새로운 가치를 창출하는 파트너로 발전한다. 인간과 AI가 문제를 함께 정의하고 해결책을 설계하는 과정 중심의 협업을 만들어야 한다. 예를 들면, IBM Watson과

의사가 협진을 하는 경우, AI가 진단을 제안하고 의사가 이를 판단하여 치료 방안을 구성하는 창의적 분업 구조를 생각할 수 있다.

(2) 기술 중심에서 인간 중심으로

일명 하이브리드 지능 시스템(Hybrid Intelligence)이라고도 하는데, 인간의 직관과 AI의 데이터 처리 능력을 통합하여 의사결정을 고도화하여야 한다. 즉 기술 자체보다 사람의 감정, 의도, 의미를 중심에 두는 설계가 중요하다. 예컨대, 챗봇이 고객을 응대할 때 감정 인식 기반 대응을 하며, 최종 판단은 인간 상담원이 이어받는 하이브리드 협업 구조를 생각할 수 있다.

(3) 직무 자동화에서 관계 재설계로

단순 반복 업무를 대체하는 수준을 넘어, 업무의 목적과 흐름을 재설계하고 인간의 창의성과 판단을 극대화하는 방식으로 전환되어야 한다. 즉 AI가 일의 '무게'를 줄여주고, 인간이 일의 '의미'를 확장하는 관계로 발전하게 된다.

(4) 의사결정 도우미에서 전략적 동반자로

AI가 제안하고, 인간이 해석하며, 결과를 공동으로 검토하는 순환형 협업 모델이 필요하다. 사용자와 AI 간의 신뢰를 바탕으로 한 인터페이스 설계 및 피드백 루프 구축하여 신뢰기반 상호작용을 하여야 한다. 데이터 중심의 분석만이 아니라, 통찰, 상상력, 시나리오 설계 등 고차원의 전략 수립에 AI를 활용하게 된다.

(5) 기술 수용에서 가치 공존으로

조직의 협업 시스템은 기술의 효율성과 인간의 가치가 공존할 수 있도록 설계되어야 한다. 예를 들어, AI가 기업의 성과 예측을 하되, ESG 요소(환경적 책임, 사회적 가치, 거버넌스)를 반영한 인간 중심 판단으로 연결하는 시스템이다.

이상에서 논의한 미래 협업 모델을 5단계 진화모델로 나타내면 〈표 11-6〉과 같다.

〈표 11-6〉 미래 협업의 5단계 진화모델

단계	협업 형태	핵심 특성
1단계	인간 중심 단독 수행	AI 미활용
2단계	도구로서 AI 활용	작업 보조, 자동화
3단계	병렬적 협업	역할 분담, 독립 판단
4단계	상호보완 협업	데이터-AI ↔ 직관-인간 결합
5단계	공동 창조(Co-Creation)	통합적 가치 창출, 존재 기반 협업

3.5 사례: 사티아 나델라와 마이크로소프트

나델라는 AI 기술을 적극적으로 도입하면서도, 윤리적 AI(Responsible AI) 원칙을 강조하였다. 포용과 공감 기반 리더십을 통해 팀 내 심리적 안전감을 조성하고, 디지털과 인간 중심 가치의 균형을 이루어 내고 있다. 결과적으로, AI와 인간의 협업을 촉진하는 미래형 리더십 모델을 제시하고 있다.

AI와 인간은 더 이상 경쟁 관계가 아닌 협업과 공동 창조의 파트너다. AI는 효율과 분석을 통해 인간 역량을 확장하고, 인간은 직관과 감성으로 AI의 한계를 보완한다. 이런 시대에 필요한 리더는 데이터를 이해하면서도, 인간적 가치를 중심으로 시스템을 설계하고 실행하는 통합적 사고와 윤리적 책임을 갖춘 리더이다. 다만 인간과 AI의 협업은 기술의 문제가 아니라 조직문화, 리더십, 윤리, 교육까지 아우르는 복합적 과제이다. 미래를 대비하는 조직은 AI를 일방적 도구로 보지 않고, 전략적 파트너로 인식해야 하며, 이를 위해서는 설계적 사고, 시스템적 통합, 상호보완 협업이 필요하다.

인간과 AI가 경계를 허물고 협업하는 시대, 공동 창조를 통한 가치 혁신이 기업과 사회를 지속가능한 미래로 이끌 것이다.

11장 토론 사례

인간과 AI 간의 협업 최적화를 위한 5가지 원칙

사람과 기업을 위한 더 나은 방안 - 인간참여형 인공지능 적용 모델

비즈니스 프로세스 재구상 / 직원기술 제고 · 업무 재설계 / 인간참여형 모델 발굴해야

◀ 글로벌 컨설팅 회사 엑센추어(Accenture)는 인간과 AI 간의 협업을 최적화하는 데 있어서 기업에 도움이 되는 5가지 원칙을 제시했다.

사람과 조직이 새로운 자동화와 인공지능(AI) 기술로 생산성을 극대화하기 위해서는 새로운 도구가 필요하다. 이러한 도구는 업무 작업자와 팀, 그리고 관리자가 기술을 활용해 협업할 수 있어야 한다.

글로벌 컨설팅 회사 엑센추어(Accenture)는 인간과 AI 간의 협업을 최적화하는 데 있어서 기업에 도움이 되는 5가지 원칙을 제시했다.

여기에는 비즈니스 프로세스 재구상, 실험(새로운 것에 대한 시도) 및 직원 참여의 수용, 적극적인 AI 전략 방향 설정, 책임 있는 데이터 수집, 그리고 직원 기술을 함양하는 동시에 AI를 통합하기 위한 업무 재설계 등을 꼽았다. 전 세계 12개 산업 분야의 1075개 기업을 대상으로 한 연구결과를 바탕으로, 이러한 원칙을 더 많이 채택한 기업은 속도, 비용 절감, 매출 또는 다양한 비즈니스 운영 측면에서 더 나은 성과를 낼 수 있다고 강조하고 있다.

비즈니스 프로세스를 재구상하고, AI를 통합하기 위해 업무를 재설계하고, 관련 직원 기술을 육성하려면 기업은 조직 내 활동과 업무의 자연스러운 흐름에 대한 고민이 필요하다. 많은 경영학자들은 사람과 조직이 업무와 프로세스를 효과적으로 수행할 수 있는 다양한 프레임워크를 개발해왔다.

일반적으로 기업의 관리자는 PDCA(계획, 실행, 평가, 개선)나 6시그마 DMAIC(정의, 측정, 분석, 개선, 관리) 프레임워크를 사용하고, 미 육군의 경우는 OODA 루프(관찰, 판단, 결정, 행동)을 적용하고 있다. 약어 선택과 뉘앙스에 관계없이 이러한 프레임워크에는 상황에 대한 정보 수집, 결정 또는 계획 수립, 조치 및 결과에 대한 추가 정보 수집을 포함하는 일련의 순서와 반복 단계를 포함하고 있다.

사람과 기계의 역할 분담 중요

결국 AI와 자동화의 맥락에서 중요한 질문은 이러한 통제된 비즈니스 활동 루프에서 사람과 기계가 어떤 역할을 해야 하는가이다. 사람은 다양한 범위에서 관여할 수 있는데, 극단적으로는 사람이 작업을 수행해야 할 때마다 하나 이상의 필수 단계를 실행하도록 해 완전히 루프에 참여할 수도 있다. 이 경우 자동화가 루프의 일부를 처리할 수 있지만 사람이 없으면 활동이나 프로세스가 중단될 수 있다.

또는 기계가 대부분의 일상적인 작업 인스턴스를 자동으로 처리하고 예외적이거나 변칙적이거나 복잡한 작업의 경우만 루프에 속해 있는 사람에게 보낼 수 있다. 이러한 프로세스는 대부분의 활동에 대해 연중무휴 24시간 실행될 수 있으며 정상 업무 시간까지 지연되는 경우는 극히 일부에 불과하다.

더욱 발전된 자동화의 사례에서는 사용자가 대시보드를 통해서만 루프를 볼 수도 있다. 대시보드의 일부 요소가 녹색에서 노란색 또는 빨간색 상태로 변경되는 경우에만 담당자인 사람은 무슨 일이 일어나고 있는지 조사하고 잠재적으로 개입할 수 있다.

마지막으로, 사람의 개입은 기계의 완전 자율 시스템을 설계하는 것과 같이 더 높은 수준에서만 이뤄질 수 있다. 작동 중에는 사람이 거의 개입하지 않고 지속적으로 작동한다. 예를 들어, 창고용 냉동 시스템 설계자는 창고 직원과 관리자가 온도 조절 장치를 설정하거나 조정할 필요가 없을 정도로 효과적인 제어 시스템을 만들 수 있다.

실제로 아마존, 구글, 마이크로소프트와 같은 빅테크 플랫폼 기업의 경우에는 자사의 AI 모델의 적용을 돕기 위한 관련 기능에 이미 '휴먼인더루프(Human-in-the-loop, HITL)' 모델을 시스템화하고 있다. AI 서비스가 실제 업무 프로세스에 통합되기 위해서는 먼저 투명성, 공정성, 안정성이 확보돼야 작업 위임이 가능해진다. 이는 현재 AI 모델의 예측 한계를 명확히 표시하고, 신뢰도가 낮거나 중요한 의사결정을 포함하는 데이터에 대해서 사람이 직접 리뷰하고 수정해 품질을 높이는 과정으로 AI 서비스에 대한 신뢰도를 높이는 전략이 되기 때문이다.

MIT대 트랜스포테이션, 로지스틱스 연구센터에서는 사람과 자동화 간의 협력을 뒷받침하는 네 가지 기능을 다음과 같이 정의하고 있다.

- 상호 운용성: 정보, 제어, 결정 및 피드백 교환을 위해 사람과 자동화 간의 상호 호환 가능하고 촉진된 채널
- 권한 균형: 제어순서 및 우선순위 측면에서 의사결정 프로세스와 의사결정 권한에 대한 명확한 정의
- 투명성: 사람과 기계(인공지능, 자동화)가 서로 신뢰하는 법을 배울 수 있도록 사람 개입과 자동화 적용의 조건, 결정, 근거, 결과 및 신뢰성에 대한 시의적절한 데이터
- 상호 학습: 사람의 결정과 전문 지식에 대해 기계를 훈련시킬 수 있는 동시에 사람도 기계가 내린 결정으로부터 배울 수 있는 피드백 루프

글로벌 반도체 칩 제조업체인 인텔은 200개국의 약 1만6000개 공급업체로부터 자재, 인력, 장비 및 서비스를 구매한다. 인텔은 '인지 컴퓨팅(cognitive computing)'이라고 부르는 AI를 활용해 이미 수집한 데이터를 사용해 소싱 기능을 관리하고 공급업체 선택 및 모니터링을 개선하는 것을 목표로 한다.

상품관리자가 사용하는 시스템은 과거 실적, 애널리스트 보고서, 재무보고, 뉴스보도, 소셜 미디어를 비롯한 방대한 양의 데이터를 분석한다. 이러한 데이터의 대부분은 구조화돼있지 않지만 시스템의 자연어 기능을 통해 비정형 텍스트의 정보를 권장 사항을 작성하는 데이터에 포함시킬 수 있다.

인텔에서 공급업체를 선택하기 위한 시스템은 여러 기준에 따라 순위를 매기고 그 결과를 이해하기 쉬운 막대 그래프로 의사 결정자인 사람에게 제시한다. 조달, 구매관리자가 선택을 할 때 시스템을 조회해 선택한 공급업체와 협상하는 데 도움이 될 수 있는 더 자세한 정보를 얻을 수 있다. 공급업체가 인텔과 거래를 시작하면 시스템의 다른 부분에서 해당 공급업체를 지속적으로 모니터링한다.

이 시스템은 공급업체와 해당 제품의 품질 및 대응에 대한 보고 외에도 현안 문제에 대해 인텔에 통보하도록 설계되었다. 예를 들어, 인텔과 공급업체의 관계에 영향을 미칠 수 있는 합병 논의, 공급업체와 인텔 경쟁사 간의 논의, 고위급 임원의 퇴사 등 다양한 공급업체와의 관계가 위험에 처할 수 있음을 나타내는 징후 등이 이에 해당할 수 있다.

문제가 드러나면 관리자는 시스템에 추가 정보를 요청하고, 원인을 조사하고 가능한 해결책을 개발하기 위한 조치를 취할 수 있다. 결국 미래 경제에서 사람이 기계와 함께 일하기 위해 필요한 도구는 사람들의 역할과 AI 및 자동화와 가장 잘 협업할 수 있는 방법을 기업이 어떻게 선택하고 준비하는가에 따라 달라질 것이다.

- 기획: 이권진 기자
- 번역 및 진행: EY한영 류종기 상무, 서강대 지식융합미디어대학 겸임교수

◀ 요시 셰피 교수는 MIT 엔지니어링 시스템학과의 Elisha Gray II 교수이자 MIT 트랜스포테이션, 로지스틱스 연구센터장이다. 중국을 비롯해 유럽·동남아시아에 물류 연구센터를 설립하며 글로벌 공급망 연구를 면밀히 주도해온 장본인이다.

출처 : 중소기업뉴스(http://www.kbiznews.co.kr), 2024.11.11

토론 과제

1

인간의 직관과 AI의 분석이 충돌할 경우, 누구의 판단을 따를 것인가?

그리고 인간-AI 협업에서 윤리적 기준은 누가, 어떻게 정해야 하는가?

2

교재 본문과 위의 사례를 바탕으로 인간과 AI의 협업에서 책임은 어디에 귀속되어야 하는가? 공정성과 투명성을 보장하려면 어떤 시스템이 필요한가?

3

여러분의 전공 또는 관심 분야에서 AI와 공동 창조(Co-Creation)가 가능한 영역은 무엇이며, 그것을 위해 어떤 준비가 필요한가?

참고문헌

국내서적

김상균 (2023). 메타버스로 협업하라, 플랜비디자인.

김성락 (2025), AI 시대를 이기는 협업의 힘, 경기: 플랜비디자인.

김호 (2021). 일의 격: 위기의 시대, 리더의 품격을 묻다 어크로스.

신동민 외 (2022). 인간과 AI의 협업 전략, 한빛비즈.

정재승 외 (2022). 데이터 인사이트를 넘어 통찰로. 21세기북스.

해외서적

Brynjolfsson, E., & McAfee, A. (2014). The Second Machine Age. Norton.

Davenport, T. H., & Ronanki, R. (2018). Artificial Intelligence for the Real World. Harvard Business Review.

Dignum, V. (2019). Responsible Artificial Intelligence. Springer.

Kahneman, D. (2011). Thinking, Fast and Slow. Farrar, Straus and Giroux.

Otto Scharmer (2009). Theory U: Leading from the Future as It Emerges. Berrett-Koehler.

Satya Nadella (2017). Hit Refresh: The Quest to Rediscover Microsoft's Soul.

O'Neil, C. (2016). Weapons of Math Destruction. Crown.

Scharmer, O. (2009). Theory U: Leading from the Future as It Emerges. Berrett-Koehler.

Tegmark, M. (2017). Life 3.0: Being Human in the Age of Artificial Intelligence. Vintage.

제12장

인간과 AI 협업시대

제12장은 디지털 전환과 AI 기술 발전은 기존 인재경영(Talent Management) 패러다임을 근본적으로 재구성하고 있다. 산업혁명 시대의 생산성 중심 인재관리 1.0, 글로벌화에 대응하는 전략적 인재경영 2.0, 조직 몰입과 참여를 강조한 인재경영 3.0, 디지털 혁신을 이끄는 인재경영 4.0을 넘어, 오늘날은 공감, 직관, 집단지성을 중심으로 한 인재경영 5.0 시대로 진입하고 있다.

탤런트 매니지먼트 5.0은 AI와 인간의 협업을 바탕으로 프리센싱(Presencing) 기반의 인재 발굴과 성장, 그리고 공감과 직관이 중심이 되는 인재관리 시스템으로 진화하고 있다.

이야기 12

사람과 인공지능이 협업할 수 있는 방법

양측의 특화된 강점 사용하여 시너지 모색 가능

AI 발전하며 협업 인텔리전스 강화 가능성

상호 보완적인 협업 방안 모색 연구 진행 중

사람과 인공지능(AI)의 협업을 통해 효율성을 높일 수 있다는 분석이 제기됐다. 미국의 경제 매체 포브스는 최근 '사람과 AI가 협업할 수 있는 방법'이라는 기사를 통해 이같이 밝혔다.

25년 전 IBM의 인공지능(AI) 시스템 딥블루가 6번 체스 경기에서 개리 카스파로프에 승리했다. 딥블루의 성공은 방대한 양의 데이터를 분석하는 등의 인간이 스스로 빠르게 수행할 수 없는 기능을 수행하도록 AI를 프로그램할 수 있다는 것을 입증했다.

오늘날 AI는 대체불가토큰(NFT)을 비롯한 대부분의 다른 혁신 기술보다 더 많은 관심을 끌고 있다. 인지 컴퓨팅은 많은 업무 관련 작업에 도움이 되고 현재 과학, 상업, 의료, 게임 및 법률 분야에서 수많은 응용 프로그램이 사용되고 있다. 실제로 AI는 PC와 인터넷이 이전까지 변화시켰던 것처럼 기업과 산업 전반에 변화를 가져올 수 있는 잠재력을 가지고 있다.

그럼에도 불구하고, 인간의 지능은 인공지능보다 훨씬 더 창조적이고 비판적이다. 그렇다면 기업 리더들은 이 두 가지를 성공적으로 통합하는 데 있어 무엇을 알아야 할까? 직원과 AI 모두 인간의 역량을 강화하고 발전시키는 데 어떻게 도움이 될 수 있을까?

닉 보스트롬이 2014년 저서 '슈퍼인텔리전스: 경로, 위험, 전략'에서 설명하듯이 현대적인 컴퓨터가 발명된 이후 기계는 "광범위한 자연 및 추상 영역에 걸쳐 복잡한 정보 처리 문제를 해결하기 위해 학습하고 추론하며 계획할 것"으로 기대돼 왔다. 이러한 기대는 아이작 아시모프와 같은 사람들이 1940년대에 로봇을 소개하고, 다트머스 대학 수학 교수인 존 매카시가 1955년 인공지능이라는 용어를 만든 이후 계속 커져왔다.

궁극적으로 협업 인텔리전스는 인간의 효율을 높이고 보다 가치 있는 작업을 더욱 원활하게 하는 것을 목표로 한다. 가트너의 보고서는 "AI가 사람과 상호작용하며 이미 알고 있는 것을 개선하여 실수와 일상적인 작업을 줄이고 고객 상호 작용을 개선할 수 있다"고 밝혔다. 이런 식으로 결합된 형태의 지능은 분리했을 때보다 훨씬 더 나은 결과를 도출한다.

인간과 AI는 전자의 상상력 및 사회적 능력과 후자의 분석 및 정량적 능력이라는 서로의 강점을 기반으로 서로 발전시킬 수 있다. 결국 인간에 자연스러운 것이 AI에 매우 어려운 일이고, AI에서 매우 쉬운 일이 사람들에게는 거의 불가능하다고 할 수 있다.

영연방 과학 및 산업 연구기관 CSIRO에서 운영하는 호주의 1200만 달러 규모의 협업 인텔리전스(CINTEL) 미래 과학 플랫폼은 사람과 기계가 어떻게 함께 일하고 학습할 수 있는지, 그리고 이러한 새로운 협업이 어떻게 현대 작업을 어떻게 개선할 것인지에 대해 연구하고 있다. CINTEL은 인간과 AI를 동료로 여기고 인간이 주도권을 잡는 가운데 AI가 회로에서 작동하는 아이디어를 추진하고 있다.

이 조직은 협업 워크플로우와 프로세스를 통해 사람과 기계가 서로를 보완하고 기업에 도움이 되는 새로운 기술을 개발할 수 있도록 지원하는 방법을 모색하고 있다. CSIRO의 연구원들은 협업 인텔리전스 시스템에서 어떻게 사람들이 기계 상대에 대한 신뢰 및 대화 방식을 확립하고 유지하도록 유도해야 하는지에 대해서도 관심을 갖고 있다.

2018년 12개 업종에 걸쳐 1075개 조직을 대상으로 실시한 설문조사에서 정보기술연구원 제임스 윌슨과 폴 도허티는 직원들이 긴밀하게 협력하여 시스템을 사용할 때 기업의 성능이 크게 향상되었다는 사실을 발견했다. 즉, AI와 인간의 파트너십이 우수할수록 비용 절감 및 전체 수익이 증가한다는 것이다.

조직의 기술 발전을 원하는 기업 리더들은 시스템과 직원을 보다 지능적으로 활용해야 하며 눈 깜짝할 사이에 기가바이트의 정보를 선별하고 실행 과정을 추천하는 등 기계가 가장 잘 할 수 있는 것을 하도록 할 필요가 있다. 사람에게도 직관 및 현명한 판단을 통해 사용 가능한 옵션 중에서 선택을 하는 등의 가장 잘하는 일을 할 수 있도록 허용해야 한다.

이러한 협업을 효과적으로 지원하기 위해 리더들은 비즈니스 프로세스를 재구상하고, 개별 포지션을 재정의하고, 운영 모델을 완전히 재고할 필요가 있다. 예를 들어, 리더들은 직원들이 기계를 교육 및 개선하고 AI 전략에 더 많이 참여하도록 장려해 디지털 혁신의 이해당사자가 될 수 있도록 지원할 수 있다. 이는 리들리 스콧, 제임스 카메론 같은 감독이 영화에서 상상했던 것보다 인류와 인공지능의 미래가 유망할 수 있도록 한다.

기업 리더들이 AI 기술을 도입하고 협업 인텔리전스를 수용할수록 더 많은 스마트 기계가 업무 수행 방식과 궁극적으로 이를 완수하는 방식을 변화시킬 것이다. AI는 자신의 증대된 능력을 활용하여 인간의 지능을 보완하는 일상적인 업무를 처리할 수 있고, 사람은 창의성과 비판적 사고의 경계를 넓히는 데 특별한 기술을 사용할 수 있을 것이다.

출처: AI 타임스, 2022.05.01

1. 탤런트 매니지먼트의 진화

1.1 인재경영의 새로운 접근

21세기의 인재경영은 더 이상 단순한 인사관리(Human Resource Management, HRM)에 머물지 않는다. 기존의 탤런트 매니지먼트는 역량 기반 선발, 보상 체계, 리더십 개발, 경력 설계 등의 기능을 중심으로 구성되어 왔다.

그러나 디지털 전환과 생성형 AI의 등장은 인간의 노동과 지식의 가치를 근본적으로 재구성하고 있으며, 이러한 흐름 속에서 '탤런트 매니지먼트 5.0'이라는 새로운 접근이 요구된다.

탤런트 매니지먼트 5.0은 단순한 기술 도입 차원을 넘어, 인간의 고유한 가치인 공감, 직관, 창의성, 윤리적 판단력을 핵심 자산으로 삼는 인재 전략이다. 이는 조직이 미래를 감지하고 함께 창조해 나가는 과정, 즉 프리센싱(Presencing) 능력을 갖춘 인재를 중심으로 경영 전략을 재편하는 흐름과 맞닿아 있다.

1) 탤런트 매니지먼트 1.0~4.0의 흐름

탤런트 매니지먼트 1.0은 채용-보상-평가 중심의 단순 인사관리 중심을 말하며, 2.0은 역량 기반 인재 확보와 핵심 인력 유지를 말한다.

그리고 탤런트 매니지먼트 3.0은 조직성과 연계형 HR 전략 및 데이터 기반 의사결정을 강화하는 단계이다. 마지막으로 탤런트 매니지먼트 4.0은 디지털 전환에 따른 AI, 데이터, 자동화 도입시기에 해당한다.

2) 5.0의 등장 배경

탤런트 매니지먼트 5.0이 등장하게 된 배경은 디지털-인간 협업이 가속화되고,

감정지능, 공감, 직관, 그리고 창의성 등의 인간 고유 역량에 대한 재조명이 이루어지면서부터라고 할 수 있다. 또한 AI가 대체할 수 없는 인간 중심의 가치 기반 경영이 부상하고 있기 때문이다.

1.2 탤런트 매니지먼트 5.0의 핵심요소

탤런트 매니지먼트 5.0은 AI 기반의 정량 분석을 넘어, 인간의 정성적 자질과 가치를 통합하여 미래 공동체를 이끌어갈 인재를 발굴·육성하는 새로운 접근법이다. 다시 말하면 탤런트 매니지먼트 5.0은 기존의 단순한 인재 확보·관리 중심의 HR 패러다임을 넘어, 프리센싱과 AI-HR 협업, 그리고 공감적 가치관을 결합하여 인간 중심적이고 미래지향적인 인재 전략을 구축하는 새로운 접근법으로, 그 핵심은 다음 세 가지로 요약할 수 있다.

1) 프리센싱 기반 인재 전략

기존 인재 선발은 과거 경험과 데이터, 즉 경력이나 학위, 자격 중심의 '스펙 기반' 평가가 주를 이루었다. 그러나 탤런트 매니지먼트 5.0은 미래 가능성에 기반한 인재를 선발하고자 한다. 이른바 프리센싱 기반 인재 전략은 개인이 현재 상황을 깊이 있게 관찰하고(Observe), 자신의 내면과 타인의 감정에 공감하며(Open Heart), 미래를 직관적으로 감지하고(Open Will), 새로운 가능성을 공동 창조하는(Co-Create) 능력에 주목한다.

인재 전략에 프리센싱을 접목하면, 조직은 현재의 스펙이나 과거 성과 중심이 아닌 미래 잠재력, 창조성, 연결 능력을 기준으로 인재를 발굴하고 육성하게 된다. 이러한 관점에서 인재란 과거의 성과를 반복하는 사람이 아니라, 미래의 조직을 함께 감지하고 창조할 수 있는 존재로 정의된다. 조직은 AI를 통해 객관적 지표를 확보하되, 인간 평가자가 직관과 공감을 통해 미래에 적합한 잠재 역량을 판별해야 한다.

2) 공감적 가치관 재정립

기존의 인재 관리 시스템은 성과주의, 경쟁 중심 가치관이 강해 협업과 지속 가능성을 저해했다. 탤런트 매니지먼트 5.0은 조직과 개인이 공감할 수 있는 가치관을 새롭게 정립하여, 성과 + 의미의 결합을 가능하게 한다. AI가 업무 전반을 효율화하고 자동화하는 시대일수록, 인간은 기술로는 대체 불가능한 정서적·도덕적 자질을 요구받는다. 탤런트 매니지먼트 5.0은 구성원과 조직 간의 공명(Resonance)을 핵심 가치로 삼는다.

조직의 미션, 비전, 가치관이 개인의 신념과 공명할 때, 진정한 몰입과 창의적 성과가 발생한다는 것이다.

공감적 가치관의 재정립은 리더십의 방식에도 변화를 요구한다. 명령과 통제가 아닌, 경청과 신뢰를 기반으로 한 공감적 리더십은 조직 내 심리적 안전감을 높이고, 자발적 몰입과 주도적 성장 환경을 가능하게 한다.

3) AI-HR 협업 시스템

AI는 방대한 데이터 분석과 패턴 인식, 예측 등에 탁월한 능력을 지녔다. 그러나 인간의 직관, 윤리적 판단, 공감 능력은 여전히 대체 불가능한 영역이다. 따라서 탤런트 매니지먼트 5.0은 AI와 인간이 협력적 파트너십을 이루는 인재경영 체계를 지향한다. 4차 산업혁명과 생성형 AI의 발전은 HR 분야에서도 AI-HR 협업 시스템을 가속화하고 있다. 이 시스템은 AI가 데이터 기반 분석·예측을 지원하고, 인간 HR 리더는 공감·윤리·창의적 판단을 담당하는 공동 의사결정 구조를 의미한다. 예를 들어, AI는 효율적인 서류 검토, 이력 분석, 역량 예측 수행하여 후보자의 행동 패턴과 역량 데이터를 분석해 '적합 후보군'을 추출하고, 인간은 공감, 창의성, 직관에 기반한 최종 의사결정을 주도하여 인간 평가자가 직관적 통찰을 바탕으로 최종 결정한다.

이 과정은 협력적 HR 프로세스 구축, 즉 예측-진단-육성-공유의 전 주기 통합을 의미한다. 따라서 인간과 AI가 서로의 강점을 상호보완하는 방식으로 설계되어야 하며, '하이브리드 평가 시스템' 구축이 중요한 과제로 떠오른다.

2. 인재 확보와 개발의 패러다임 전환

2.1 전통적 인재경영의 한계

자기 이해는 AI 시대를 살아가는데 필수적인 능력이다. 생성형 AI 시대가 산업 전반에 파격적인 영향을 미치는 상황에서 자신의 강점과 약점을 명확히 파악하는 것은 중요한 도구가 된다. 이는 단순한 개인적인 성찰을 넘어서 직무 수행의 효율성을 높이고, 목표를 달성하기 위한 전략을 세우는데 필수적인 기준이 된다. 나아가 자기 이해는 자신이 원하는 방향으로 성장하기 위한 기초를 마련하며 자기 발전의 핵심 요소로 작용한다.

(1) 역량 중심 평가의 경직성

기존 인재 확보 및 평가 기준은 경험, 기술, 역량의 정량화에 집중하지만, 변화의 속도가 빨라지면서 과거 역량 기준으로는 미래 인재의 잠재력 감지에 한계를 가져오게 되었다.

(2) 업무 중심에서 관계와 가치 중심으로

전통적 인재관리는 성과와 생산성 중심의 단선적 접근이었으나, 다양성과 포용성, 그리고 사회적 가치 실현이 새로운 인재 확보의 기준이 되고 있다.

(3) 디지털 기술에 대한 과도한 의존

AI 기반 채용 시스템(예: 아마존 사례)의 데이터 편향성과 윤리 문제가 발생하고 있으며, 인재 확보와 관리에 있어서 인간적 직관과 공감 역량의 필요성이 재부각 되고 있다.

탤런트 매니지먼트와 프리센싱 기반 인재발굴 프로세스를 요약하면 [그림 12-1]과 같다.

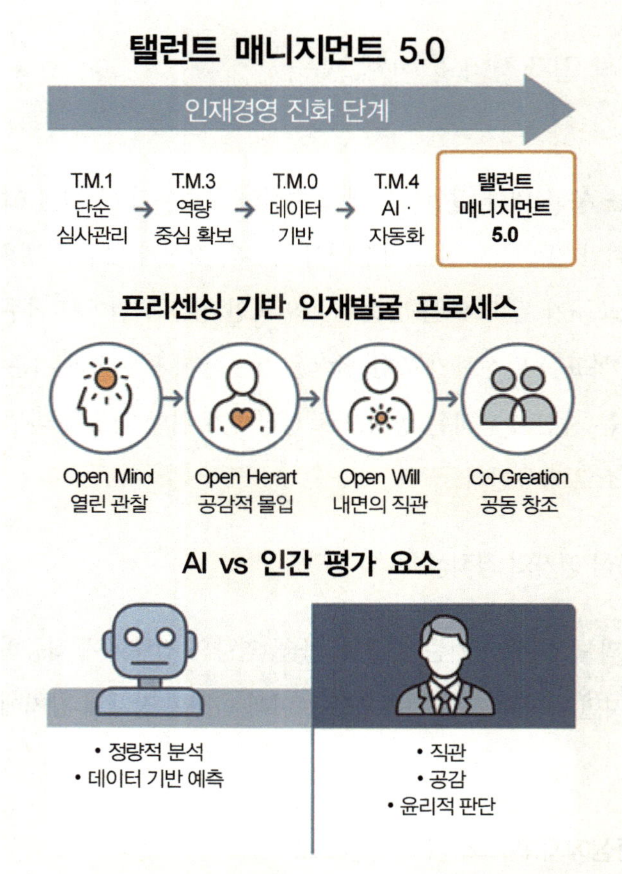

[그림 12-1] 탤런트 매니지먼트와 프리센싱 기반 인재발굴 프로세스

2.2 인재경영 5.0의 등장 배경

1) 지속가능성과 ESG 가치 확대

21세기 경영의 화두는 이윤 극대화에서 지속가능한 가치 창출로 급격히 전환되고 있다. 기후위기, 사회적 양극화, 기업의 윤리적 책임에 대한 대중의 기대가 높아지면서, 조직은 더 이상 경제적 성과만으로 자신의 존재 가치를 입증할 수 없게 되었다. 이러한 맥락에서 ESG 경영이 기업의 핵심 전략으로 부상하고 있다.

인재경영에 있어서도 이제는 기업의 가치와 비전에 공감하고, 지속가능성을 실현할 수 있는 인재를 중심으로 다음과 같은 새로운 기준이 마련되고 있다. 즉, 단기 성과 중심의 인재가 아닌, 사회적 책임과 공동체적 감수성을 갖춘 인재를 선발한다. 지속가능성과 연결된 윤리적 판단력, 공감능력, 가치지향적 행동을 HR의 주요 평가 요소로 반영하여야 한다. 마지막으로 ESG 전략을 실행할 수 있는 '내재화된 인재'의 발굴과 육성이 중요 과제로 등장하고 있다. 결국 인재경영 5.0은 지속가능한 미래를 공동 설계할 수 있는 사람을 중심으로 한 시스템이다.

2) 집단지성 및 공동 창조 문화 확산

과거의 조직은 분업화, 위계적 명령체계를 중심으로 움직였다. 그러나 디지털 네트워크 환경에서는 누구나 정보에 접근할 수 있고, 문제 해결 또한 개인의 독창성보다 다수의 참여와 협업을 통해 이루어지는 시대가 되었다.

이러한 변화는 HR 전략에도 결정적인 영향을 미친다. 이제 조직은 고립된 영웅형 인재보다, 공동 창조에 기여할 수 있는 연결된 인재를 더 높게 평가하게 되었다. 이러한 인재의 특징을 요약하면 아래와 같다.

첫째, 다양한 배경의 구성원이 함께 문제를 정의하고, 해법을 설계할 수 있는 집단지성 기반 인재상이 중요하다.

둘째, 지식보다 소통능력, 공감, 협업 역량, 그리고 관계맺음이 핵심역량으로 부상하고 있다.

셋째, IDEO, Google, Netflix 등 글로벌 혁신기업은 모두 집단 창의성과 자율 협업을 강화하는 문화를 핵심 인사전략으로 채택하고 있다는 점이다.

인재경영 5.0은 이처럼 개인의 경쟁력뿐 아니라 관계의 질을 측정하는 인재 평가 체계를 포함한다. 따라서 개별 인재가 아닌 집단적 역량과 네트워크 중심 인재 관리 필요하며, 경계인(Border Crosser)과 다중 역할(Multi-role Talent)을 가진 인재 확보가 중요하다.

3) 인간 중심 디지털 전환

AI, 빅데이터, 자동화 기술의 발전은 HR 분야에 새로운 가능성을 열어주었지만, 동시에 인간의 역할에 대한 근본적인 질문을 던지게 했다. '기계가 할 수 없는 인간의 고유역할은 무엇인가?'라는 물음은 디지털 전환을 기술 중심에서 인간 중심으로 전환하게 만든 핵심 계기가 되었다.

AI는 정량 분석과 효율성에 강점을 가지나, 직관, 공감, 윤리적 판단력은 여전히 인간의 고유 영역이며, 기술과 인간이 대체 관계가 아니라 협력 관계를 맺는 디지털 전환 전략 필요하다. HR은 AI 기반 자동화만이 아니라, 인간 고유 역량을 강화하고 존중하는 방향으로 재편되어야 한다.

이러한 철학은 프리센싱 기반 접근, 공감형 리더십, 분산형 리더십 모델, 심리적 안전감 강조 등 인간성을 기반으로 한 새로운 인재관리 시스템의 설계로 구체화되고 있다. 기술의 도구화를 넘어 인간 중심 가치와 공감적 관계 기반 인재개발 전략이 요구된다.

이상에서 논의한 바와 같이 지속가능한 미래를 공동 설계하기 위한 인재경영 5.0의 등장배경을 요약하면 〈표 12-1〉에서 보는 바와 같다.

〈표 12-1〉 인재경영 5.0의 등장배경

구 분	주요내용
지속가능성과 ESG 가치 확대	윤리, 공감, 사회책임 기반의 인재전략 필요 → ESG 실행형 인재 선발 / 육성
집단지성과 공동 창조 문화 확산	혼자 잘하는 인재보다 같이 창조하는 인재 → 협업, 관계, 공감 중심의 HR로 전환
인간 중심 디지털 전환	기술-인간의 협력구조 설계 → 공감, 직관, 윤리 기반 인간 역량 강화하는 디지털 HR 필요

3. 프리센싱 기반 인재 발굴과 성장 전략

3.1 프리센싱 관점에서의 인재 정의

자기 이해는 개인의 정체성을 확립하는데 중요한 역할을 한다. 변화와 불확실성이 만연한 환경 속에서 쉽게 흔들리지 않기 위해서는 스스로를 깊이 이해하고, 이를 바탕으러 적합한 방향으로 나아가야 한다.

자기 이해는 단기적인 목표를 넘어, 장기적으로 자신이 추구하는 가치와 삶의 방향성을 명확히 하는데 도움을 준다. 이를 통해 외부 환경의 영향을 최소화하고 자신의 내적 원칙을 중심으로 이전과는 확연히 다른 관점에서 세상을 바라보는 능력을 터득하고 자신을 발전시킬 수 있는 전략을 선택하고 결정할 수 있게 된다.

1) 과거 역량 중심 인재 → 미래 가능성 중심 인재

프리센싱 기반 인재관은 과거 성과와 경험보다 미래 가능성과 조직의 비전에 얼마나 깊이 연결될 수 있는가에 집중하게 된다. 즉, 현재 잘하는 사람이 아닌 미래의 우리 조직을 함께 만들 인재를 찾는 것이다. 예컨대, 마케팅 부서에서 근무하는 김 대리는 자신의 약점인 시간관리 문제를 인식하고 이를 해결하기 위해 노력했다. 그는 업무를 효율적으로 처리하지 못해 잦은 야근과 스트레스로 어려움을 겪고 있었다. 이러한 문제를 해결하기 위해 김대리는 챗GPT를 활용했다.

챗GPT를 통해 자신의 하루 일과와 업무 패턴을 분석한 결과, 가장 효율적으로 일할 수 있는 시간대를 파악할 수 있었고 주요 업무를 재배치하는 새로운 스케줄링 방식을 도입했다. 또한 동료 팀원들과의 업무 협력 과정에서도 챗GPT의 도움을 받아 구성원 간 효율적인 업무 분배를 설계하였다. 이러한 변화는 생산성을 두 배 이상 향상시키고, 스트레스를 눈에 띄게 줄이는데 성공하였으며, 업무처리 시간을 줄이는 능력을 갖추게 되었다. 이러한 성과는 김대리가 자신의 약점을 정확하게 이해하고 이를 AI 기술과 결합하여 효과적으로 개선한 결과였다.

2) 프리센싱 기반 인재 발굴과 특성

프리센싱 기반 인재 발굴은 다음과 같은 4단계 메커니즘을 중심으로 전개된다.

(1) Open Mind (열린 관찰)

새로운 정보를 학습하고 변화를 수용하는 인지적 유연성을 말한다. 기존의 기준이나 선입견을 내려놓고 현재의 변화를 있는 그대로 관찰함으로써, 후보자의 고정적 성과 외에 상황 대응력, 감정 표현력, 적응성 등의 역량을 발견할 수 있다.

(2) Open Heart (공감적 몰입)

타인과 조직의 감정과 가치를 공감하는 정서적 민감성을 의미한다. 후보자의 가치관, 감정, 동기 등을 공감적으로 이해하며, 정량 지표로는 파악할 수 없는 잠재된 가능성과 조직문화 적합성을 진단한다.

Open Mind (열린 관찰) ➡ Open Heart (공감적 몰입) ➡ Open Will (내면의 직관) ➡ Co-Creation (공동 창조)

(3) Open Will (내면의 직관)

기존 정체성을 내려놓고 새로운 역할에 적응하고자 하는 의지를 나타낸다. 변화의 본질을 직관적으로 감지하고, 후보자가 스스로 미래를 어떻게 상상하고 있는지에 대해 깊은 대화를 통해 파악한다. 이는 조직의 미래 비전과 얼마나 공명할 수 있는지를 판단하는 핵심 단계이다.

(4) Co-Creation (공동 창조)

조직과 인재가 함께 미래의 프로젝트를 시뮬레이션하며 공동 창조적 가능성을 탐색한다. 이는 단순 채용의 차원을 넘어, 인재와 조직이 함께 진화하는 관계를 구축하는 데 초점이 있다.

3.2 인재 발굴 전략

1) 비정형 데이터 기반 가능성 감지

프리센싱 기반 인재 발굴은 정량적 스펙보다 행동 패턴, 감정 표현, 팀워크 태도 등의 비정형 데이터를 기반으로 평가하여야 한다. 나아가 AI+프리센싱 결합 평가를 위해 AI가 1차 분석 후, 인간 심사관이 직관과 공감을 기반으로 최종 판단을 하면 된다.

2) 집단 감지 프로세스 적용

프리센싱 기반 인재를 발굴하기 위해 조직 내 이해관계자들이 함께 인재 후보를 공동 평가 및 피드백하도록 한다. 그리고 참여형 리쿠르팅과 커뮤니티 기반 인재 추천 시스템을 구축하도록 한다.

3) 인재 발굴 사례

프리센싱 기반 인재 발굴 사례로는 유니레버의 AI+인간 채용 프로세스를 예로 들 수 있다. 유니레버는 AI 기반 게임평가와 영상 인터뷰를 통해 객관적 데이터를 확보하고, 이후 채용담당자와 현업 리더가 조직문화 적합성과 공감 능력을 평가하여 최종 결정하고 있다.

3.3 인재 성장 전략

선발 이후의 육성 과정 또한 탤런트 매니지먼트 5.0의 핵심이다. 이 접근은 개인의 자기 인식, 자기 주도 성장, 공동 학습을 통합하는 인재 성장 생태계 조성을 지향한다.

1) 존재 목적 중심 성장 프로그램

인재 성장전략은 개인의 직무 역량뿐만 아니라 조직의 미션과 개인 소명을 일치시키는 성장 경로 설계가 되어야 한다. 이를 위해 프리센싱 워크숍을 통해 개인이 스스로 미래 비전과 존재 목적을 탐색하고 구체화하여야 한다.

2) 프로토타이핑 학습

인재 성장전략은 신속한 실험과 실패 경험을 통해 역동적 학습과 성장을 지원하고, 집단 프로젝트와 애자일(Agile)팀 운영을 통한 집단지성 기반 성장을 강화하도록 한다.

3) 구글의 20% 프로젝트

인재 성장전략 사례로는 구글을 들 수 있다. 구글은 '70-20-10' 학습 모델을 통해 실무 중심 성장과 멘토링, 정규 교육을 조화롭게 배치하며, AI가 제공하는 성과 데이터와 인간 상사가 제공하는 피드백을 유기적으로 통합한다. 예를 들어, 업무 시간의 일부를 개인이 선택한 프로젝트에 자율적으로 투자하도록 하여 개별 창의성과 조직 성장의 융합을 지원하는 자율성과 실험 중심 인재개발 모델로 알려져 있다.

4. 공감과 가치관 재정립의 인재관리 시스템

4.1 공감적 인재관리의 필요성

공감과 가치관은 개인의 선택과 행동을 이끄는 기준으로, AI 시대에서도 인간다운 삶을 영위하기 위한 필수적인 요소이다. AI는 효율성, 속도, 정확성 등에서 뛰어난 성능을 발휘하지만 인간의 본질적인 가치와 목적을 대신할 수 없다.

1) 심리적 안전감과 포용성의 강화

공감적 인재관리를 위해 실패에 대한 두려움 없이 실험하고, 피드백을 학습 자원으로 받아들일 수 있는 문화 조성이 중요하다. 이는 공감적 리더십과 수평적 조직문화를 통해 가능하다. 직원들이 실패와 실수를 두려워하지 않고 학습과 도전을 지속할 수 있는 환경이 조성되어야 한다. 다양성과 포용성을 실현하는 문화는 공감적 HR 시스템이 있어야 가능하기 때문이다.

2) AI 기반 맞춤형 학습 플랫폼의 활용

공감적 인재관리를 위해 AI 기반 맞춤형 학습 플랫폼을 활용하여야 한다. 개인별 역량 분석에 따라 맞춤형 교육 콘텐츠를 제공하고, 학습 성과를 실시간 피드백하도록 한다. AI는 학습 여정을 안내하는 코치로서 기능하고, 인간 멘토는 심화적 통찰과 내면적 성장의 촉진자로 작용한다.

3) 공동 창의성과 관계의 질 관리

공감적 인재관리를 위해 공동 창의성과 관계의 질 관리도 중요하다. 다양한 부서와 역할 간 경계를 넘나드는 프로젝트 조직을 통해, 구성원이 각자의 리더십을 발휘하고 새로운 가치를 공동 창출하는 환경이 마련되어야 한다. 직원의 정서적 피로도와 워라밸(Work-Life Balance)을 적극 관리하도록 한다. 심리적 케어와 조직 내 감정적 연결을 강화하도록 한다. 예를 들면, 공감 코칭, 피어 서포트 그룹 등을 들 수 있다.

공감적 인재관리에 대한 이해를 돕기 위해 보편화되고 있는 사회복지사 사례를 들어 본다. 사회복지사로 일하는 영희 씨는 AI 도입으로 인한 공감과 가치관의 변화의 도전에 직면했다. AI 기반 사례 관리 시스템이 도입되면서 그녀는 자신이 단순히 데이터를 입력하는 역할로 축소될까 걱정했다. 그러나 영희 씨는 기술의 편리함을 활용해 행정업무를 줄이고 클라이언트와의 직접적인 상담과 감정적 지지에 더 많은 시간을 투자하기로 결정했다.

AI는 클라이언트의 과거 상담 기록과 사례를 분석하여 적합한 접근 방식을 제안하였다. 이를 바탕으로 그녀는 더 깊이 있는 상담을 진행할 수 있었다. 이러한 노력은 클라이언트로부터 공감과 신뢰를 얻어 복지서비스의 질을 높이는 결과로 이어지게 되었다. AI는 시스템 개선을 통해 효율성을 제공하게 되었고, 복지사는 인간적인 가치와 공감능력을 발휘하여 복지서비스의 역할을 재정립하게 되었다.

4.2 직관 기반 인재 발굴과 평가

(1) 데이터 기반 평가의 보완

직관 기반 인재 발굴과 평가를 위해 데이터 기반 평가를 보완해야 한다. 정량지표를 넘어 행동과 관계 관찰, 스토리 중심 피드백 등의 정성평가 시스템을 도입하도록 한다. 그리고 AI 추천 결과를 리더의 직관적 판단과 토론과정을 거쳐 최종 평가를 확정하면 된다.

(2) 집단 직관 활성화 프로세스

직관 기반 인재 발굴과 평가를 위해 집단 직관 활성화 프로세스를 도입하여야 한다. 이를 위해 프리센싱 기반 인재 평가 워크숍을 운영하고, 집단 토론을 통해 인재의 가치관, 태도, 감정적 유대 등을 공감적 방식으로 평가하여야 한다.

(3) 사례 연구

① IDEO의 프로젝트 팀 구성

디자인 사고와 프리센싱을 접목한 인재 선발 방식을 통해 문제 해결이 아닌 문제 감지력을 우선 평가한다. 팀워크, 공감, 통찰력 등을 기준으로 신입 및 경력자를 선발하며, '창조적 충돌'을 장려하는 환경을 조성하고 있다. 구체적으로 팀원 선정에서 기술 역량보다 팀워크와 관계 형성 능력을 최우선으로 시행하였다. 팀워크 실습과 공동 디자인 씽킹 세션을 통해 집단 직관 기반 팀원 선정을 진행한다.

② SAP

인공지능 분석과 인간 코칭을 통합한 인재관리 시스템을 도입하고 있다. 구성원 개개인의 장기 성장 경로를 설계하도록 지원하고 있다.

4.3 공감과 가치관 기반 HR 테크노로지의 융합

공감과 가치관의 정립은 AI 시대에도 흔들리지 않는 정체성을 유지하고, 기술을 인간적인 가치와 조화롭게 결합하는 데 필수적인 과정이다. 개인과 조직이 핵심가치를 명확히 이해하고 행동할 때 AI 기술은 인간다움의 가치를 더욱 높이는 도구로 활용될 수 있다.

이 과정은 AI 시대를 살아가는 우리 모두에게 새로운 기회를 제공하며, 기술과 인간의 협력을 통해 지속가능한 미래를 만들어가는 원천이 된다.

AI 기반 정량 분석과 프리센싱 기반 정성 평가의 하이브리드 시스템을 구축한다. 감정 인식 AI(Emotion AI)와 공감 리더십 플랫폼이 결합된 차세대 HR 시스템을 도입하여야 한다. 예를 들면, SAP Success Factors + 심리적 웰빙 관리 앱(Headspace, Calm 등)을 통합하여 사용하고 있다.

인재경영 5.0은 기술 중심 시대를 넘어 인간의 공감과 직관을 중심에 둔 인재 발굴과 성장을 지향한다. AI와 인간의 협업을 바탕으로 조직의 존재 목적과 연결된 프리센싱 인재 전략을 실현하는 기업만이 지속가능한 경쟁력을 확보할 수 있다. 미래는 더 이상 과거의 성공 모델이 아닌, 새로운 가능성을 탐색하고 공동 창조하는 인재가 핵심이 된다.

리더는 기술과 인간의 조화를 통해 집단지성과 창의성을 이끄는 촉진자가 되어야 한다. 결론적으로 인재경영의 미래는 인간성과 가능성에 달려 있다. 탤런트 매니지먼트 5.0은 효율과 분석 중심의 기존 HR 모델을 넘어, 미래를 향해 '함께 감지하고 창조할 수 있는 사람'을 중심으로 설계된 새로운 조직 전략이다. AI가 객관적 지표를 제시하고, 인간이 공감과 직관을 바탕으로 궁극적 결정을 내리는 협업 시스템 속에서 조직은 단순히 인재를 '관리'하는 것이 아니라, 인재가 '성장할 수 있는 생태계'를 설계해야 한다.

12장 토론 사례

리모컨 또 어디 갔지? 이번엔 내 건망증이 아니라 AI가 범인

퇴근 후 집에 돌아오니 실내 온도가 적정 수준에 맞춰져 있습니다. 소파에 앉자 저절로 TV가 켜지고, 평소 즐겨 보는 콘텐츠가 나옵니다. 굳이 리모컨으로 가전을 작동시키지 않아도 AI(인공지능)가 알아서 사용자 의도를 파악한 덕분입니다. 기계와 사람을 이어주는 리모컨이나 가전 버튼 등 '유저 인터페이스(UI)'는 어떤 운명을 맞이할까요. 조선일보와 글로벌 컨설팅 기업 '보스턴컨설팅그룹(BCG) 코리아'가 'UI의 종말'을 주제로 앞으로 생길 변화를 예측해 봤습니다.

"2026년 어느 날. TV 리모컨이 사라졌다. 모든 앱에서 버튼도 사라졌다. 그런데 TV, 스마트폰 등 전자 기기들이 알아서 내가 원하는 대로 작동한다."

이제 어지간한 사람들도 이런 모습이 더 이상 허무맹랑한 이야기가 아니라는 것은 알고 있을 것이다. AI(인공지능) 기술이 급속도로 발전하면서 생긴 변화이기 때문이다. 인간의 명령 없이도 기계가 스스로 상황을 파악해 움직이고 행동한다. 우리가 수십 년간 자연스럽게 받아들이고 의지해온 리모컨이나 기계 버튼, 아이콘, 클릭, 터치와 같은 '유저 인터페이스(User Interface, 이하 UI)'가 종말을 향해 가고 있다.

UI의 종말까지는 아니더라도 이미 UI의 역할 변화를 보여주는 몇 가지 변화가 감지된다. 스마트폰, 스마트 TV, 스마트 스피커 등의 디지털 기기에 음성 기반 인터페이스가 빠르게 확산됐으며, 구글 어시스턴트(Google Assistant), 애플 시리(Siri), 아마존 알렉사(Alexa), 삼성 빅스비(Bixby) 등 주요 플랫폼 시장이 확대되고 있다. 또 음성 검색의 일상화 현상도 빨라졌다. 지난해 스마트폰 사용자 중 절반 이상은 하루에 한 번 이상 음성 검색을 사용했다는 통계도 있다. 인간이 점점 더 손가락으로 명령어를 입력하기보다 자연어로 기기와 소통하고 있음을 보여준다.

▲ 2007년 스티브 잡스가 처음 공개된 '아이폰'에 대한 설명을 하고 있다.

◇ UI 시대 종말 준비하는 IT 혁신 주역들

개인용 컴퓨터(PC), 스마트폰 등 IT 역사의 굵직한 혁신은 사람과 기계의 접점, 즉 'UI의 혁신'이었다. 컴퓨터가 아무리 빨라져도 UI 혁신이 없었다면 코딩을 배우지 않고 컴퓨터를 쓸 수 없었을 것이다. UI가 IT 산업의 발전에서 중요한 위치를 차지할 수밖에 없었던 것은 '기계와 사람은 말이 통하지 않는다'는 이유 때문이다. 어떻게 하면 기계에 보다 편하게 일 시킬 것인지 고민한 산물이 UI의 혁신으로 이어져 온 것이다. 우리는 메뉴를 만들었고, 버튼을 정렬했으며, 화면에 경로를 설계했다. 인간의 의도를 기계에 어떻게든 전달해야 했기 때문이었다. 하지만 AI는 UI 존재 이유를 근본부터 흔들었다.

애플의 수석 디자이너 조너선 아이브(Jony Ive)는 오픈AI와 협력해 아이오 프로덕츠(IO Product)라는 스타트업을 설립했다. 스크린 없는 새로운 AI 기기를 개발하기 위해서다. 아직 그들이 개발 중인 기기 실체가 외부에 공개되지는 않았지만, 기존 스마트폰의 시각 중심 사용자 경험에서 벗어나 자연어 중심 또는 AI 기반 상호작용을 지향할 것임은 분명해 보인다.

흥미롭게도 아이폰을 탄생시키며 '버튼' 시대를 닫고 '스크린' 시대를 연 주역들이 이제는 아예 UI 시대를 닫으려 하고 있다. 물론 아직은 이러한 기기들을 우리 주변에서 흔히 보기 어렵다. 여전히 기존 스크린 기반 상호작용이 주는 익숙함의 가치를 능가할 만한 획기적 경험을 제공하고 있지 못하기 때문이다. 아직 풀어야 할 숙제가 있다. '버튼'이 '터치'로 바뀔 때는 의도 전달 방식이 유지된 채 형태만 변한 것이다. 그러나 '터치'가 '말'로 바뀔 때는 사용자의 의도가 전달되는 방식 자체가 달라진다. '말'에서 '의도'를 정확하게 추출하려면 그 말을 하는 사용자의 '맥락'을 알아야 한다.

◇ 흩어져 있는 데이터 연결해 맥락 파악해야

예컨대 AI에게 "주말에 친구와 점심 식사를 위해 여의도 근처 식당을 예약해줘"라고 명령한다고 하자. 사용자는 자신이 선호하는 메뉴가 있고, 조용히 대화하기 좋은 환경, 편리한 주차가 가능한 식당, 주말이니까 너무 이르지 않은 시간에 예약되기를 원할 것이다. 만일 AI가 이런 맥락을 놓치고, 선호하지 않고 시끄러운 식당을 너무 이른 시간에 예약한다면, 사용자는 다시금 과거의 '버튼'이 제공했던 명확성을 그리워하게 될 것이다. AI 시대 UI 혁신을 위한 첫 번째 과제는 사용자의 맥락 정보를 얼마나 잘 수집해 이해하고 활용하는가에 달려 있다.

문제는 이 맥락이 어딘가에 잘 정리돼 존재하는 것이 아니라는 점이다. 일부는 문자 기록에, 일부는 결제 기록에, 일부는 내가 남긴 평점에, 일부는 나의 동선 데이터에 분산되어 저장돼 있다. 컨텍스트(Context)라는 말의 어원처럼, 이들을 함께 '모아서(con)' '엮어내야(texere)' 비로소 맥락으로서 가치가 생긴다. 정보가 여러 군데 흩어져 있으면 간단한 문제가 아니다. 이 문제를 해결하는 첫 번째 접근 방식은 서로 다른 종류의 사용자 데이터들을 저장하고 있는 서버 사이에 일종의 데이터 연결 채널(API)를 뚫어 정보를 엮어내는 방식이다. 이를 위해서는 우선 데이터의 소유자인 사용자의 동의가 있어야 하고, 만일 두 서버를 서로 다른 기업이 보유하고 있다면 그들 간의 제휴 또한 필요하다.

▲ 삼성전자는 고도화된 AI를 탑재한 가전과 TV, 스마트폰은 물론 이를 하나로 연결해 맞춤 루틴으로 실행하는 스마트싱스 플랫폼까지 갖추고 있다. 스마트싱스 맞춤 설정으로 서로 연결된 가전들은 유기적으로 작동된다.

어떤 기업이 여러 종류의 서비스를 한 명의 사용자에 대해 동시에 제공하고 있을 경우, 자체 보유한 서비스들 사이에서 사용자 정보를 통합하는 것이 상대적으로 유리할 수 있다. 두 번째 접근 방식은 사용자들의 기기상에 저장된 데이터를 통합적으로 활용하는 방식이다. 사용자 기기에는 문자, 위치 기록, 통화 기록, 사진 등이 저장돼 있다. 이 접근 방식은 기기 내 데이터에 대한 접근이 상대적으로 유리한 운영체제(OS)나 디바이스 업체(애플, 삼성, 구글 등)에 유리할 수 있다.

◇ "특정 기업 유리한 구조로는 성공 어려워"

결국 여러 정보를 연결시키는 것이 핵심이기 때문에 특정 기업에만 유리한 구조로는 'UI의 종말'이라는 목적을 달성하기 어렵다. 실제로 여러 곳에서 모두가 참여할 수 있는 구조를 만들기 위해 노력 중이다. 앤스로픽(Anthropic)이 제시한 '모델 컨텍스트 프로토콜(MCP, Model Context Protocol)'이 대표적이다. AI 모델이 사용자의 맥락을 보다 포괄적으로 이해하고 통합된 서비스를 제공하기 위해서는 AI 모델이 다양한 온·오프라인 상의 데이터베이스와 서비스를 일종의 '도구'로 활용할 수 있어야 한다. 문제는 이러한 도구들이 너무나 다른 형태를 가지고 있어서 AI가 활용을 하고 싶어도 할 수 없다는 점이다. 사람의 작업에 비유하자면, 도구는 많은데 손잡이 자체가 없거나 손잡이 마다 형태가 너무 달라서 사용이 어려운 상황이다.

여기서 MCP의 역할은 AI를 위한 '표준화된 손잡이 디자인'이라고 볼 수 있다. 도구 개발자들이 이 표준화된 손잡이 디자인을 적용해 도구를 개발하고, AI 모델 개발자들이 그 표준화된 손잡이의 사용법만 익히면 된다. MCP의 핵심 아이디어가 구현되면 더 이상 운영체제나 디바이스 업체가 아니더라도, 맥락을 이해하고 연결된 서비스를 구현할 수 있게 된다.

최근 구글이 발표한 'A2A(Agent2Agent)'도 업계에서 주목하는 프로토콜이다. MCP가 특정 AI 모델과 여러 데이터베이스 및 서비스를 연결하는 프로토콜이라면, 구글의 A2A는 여러 AI 에이전트 간 협업을 강화하기 위한 프로토콜이라는 기술적 차이가 있다.

▲ LG전자가 중국 상하이에서 열리는 'AWE 2025'에서 아시아 고객들의 다양한 라이프스타일을 고려한 AI 가전, IoT 기술 등을 맞춤형으로 제안하는 공간별 AI 홈 솔루션을 마련했다. (LG 전자 제공)

◇ 오픈AI와 구글이 UI 시대 종말 준비하는 방법

이제 '사용자-앱' 사이에 존재했던 상호작용은 앞으로 '사용자-AI-앱' 간 상호작용으로 재편될 것이다. 중요한 것은 AI 시대에 누가 승자가 되느냐다. 오픈 AI, 앤스로픽, 애플, 구글 등 테크 기업들은 승자가 되기 위해 사용자와의 '1차 접점'을 두고 치열하게 경쟁하는 이유다. 누가 승자가 될지 예측하기는 아직은 어렵다. 아마도 이 싸움은 사용자들로부터 누가 가장 많은 권한을 위임받는가의 경쟁이 될 것이다. 누가 가장 많은 맥락 데이터를, 가장 안전하게 관리할 수 있느냐의 경쟁이 될 가능성이 높다.

이런 노력으로 이른 시일 내에 터치나 클릭을 하지 않고도 원하는 식당 예약 정도는 가능할 것으로 보인다. 그러나 AI가 제공할 수 있는 가치가 이 정도라면 뭔가 아쉽다. 2013년에 개봉한 영화 '그녀(Her)'에서는 대필 작가인 주인공이 2025년 LA에서 AI와 감정적 교감을 나눈다. 영화 개봉 당시에는 먼 미래의 이야기같이 느껴졌던 상황이, 실제 영화의 배경 시점인 2025년이 된 지금 더 이상 픽션이 아닌 상황이 됐다. AI를 유능한 비서로 만들려는 MCP와 같은 시도, 다른 한편에서는 AI와 사람의 감정적 거리를 좁히고 동반자(Companion)로 만들려는 시도 또한 활발히 이루어지고 있다.

레플리카 AI(Replika AI)나 워봇(Woebot) 등 AI 기업들은 감정 기반 AI 챗봇을 개발하고 있다. 가상현실 헤드셋 기업 오큘러스(Oculus)의 공동 창립자 브렌던 아이리브가 설립한 세서미 AI(Sesame AI)도 보다 인간적인 AI 경험에 대해 연구하고 있다.

중요한 점은 인간이 '신뢰'를 중요하게 생각하는 만큼 '기만'에도 민감하다는 점이다. '가짜인데 진짜인 척'하는 것만큼 불편한 것도 없다. 구글의 AI 비서 '듀플렉스(Duplex)'가 실제 사람인 척 전화 예약을 시도했을 때, 사람들은 환호 대신 강한 거부감을 드러냈다. 이후로 구글은 이러한 불편함에 대응하기 위해 듀플렉스가 통화할 때 AI임을 밝히고 통화 내용이 녹음된다는 사실을 알리는 방안을 도입했다. AI에게도 진정성이 요구되는 것이다. AI 시대에 UI 디자이너는 이처럼 미묘한 신뢰의 경계까지 섬세하게 관리할 수 있어야 한다. 사람의 감정을 배려하되, 사람인 척해서는 안 되는 그 미묘한 '선'을 지킬 수 있어야 한다.

▲ 세계 최대 정보기술(IT)·가전 전시회 'CES 2025' 둘째 날인 8일(현지시간) 미국 네바다주 라스베이거스 베네시안 엑스포에 마련된 웨이즈 전시관에서 인공지능(AI) 휴머노이드 로봇 아미카가 관람객의 질문에 답변하고 있다. 2025.1.9/뉴스1

◇ **AI 알고리즘의 윤리적 역설… '관계'의 중요성**

인간의 사고 능력을 조작하는 AI도 있다. 틱톡과 유튜브 쇼츠가 대표적이다. 이 플랫폼은 사용자의 마음을 정확히 파악하고 보고 싶을 만한 영상을 제공한다. 사용자들은 자신도 모르게 중독되며, 그것을 '좋은 경험'이라고 착각한다. 상업적으로는 성공적인 모델이지만, 윤리적으로는 문제가 없다고 볼 수 있을까. 흡연자가 담배를 '좋다'라고 느끼는 것과 같은 이치다. AI가 사용자의 인지 속에 스며드는 순간, 사용자는 '조작된 선호'와 '자유 의지'를 구분하지 못하게 된다. AI 알고리즘이 제공하는 중독적 편안함은 결국 사용자의 선택권과 자율성을 침해할 수 있다. AI 시대에 UI 디자이너들이 당면한 중요한 질문 중 하나다.

AI 확산으로 시각적 직관성과 심미성이 중요했던 시대에서 인지적 직관성과 편안함이 중요한 시대로 넘어가고 있다. 이제 그 스크린 안에는 채팅창 하나만 남게 되거나, 스크린 자체가 없어질 수도 있는 시대에 접어들고 있다. 이제 디자이너들은 사용자의 맥락을 이해하고, 사용자별로 서로 다른 질문 패턴 등 사고의 흐름을 이해해야 한다. 똑같은 내용을 전달받아도 인간의 감정선과 뉘앙스까지 고려해야 한다.

우리는 이제 '화면'이 아니라 기술과 사람 사이의 '관계'를 설계해야 하는 시대에 접어들었다. 그 관계가 진정성 있고, 자연스럽고, 간편하고, 투명할수록 사용자는 그 기업을 신뢰하게 될 것이다. AI 시대에 우리가 설계해야 하는 새로운 UI는 바로 그런 '관계' 자체가 될 것이다.

출처: 조선일보, 2025.04.16. 김경훈 BCG코리아 AI·디지털 부문 파트너

토론 과제

1

AI가 평가하는 인재는 공감 능력을 측정할 수 있는가?

2

교재 본문과 위의 사례를 참고하여 조직은 어떻게 프리센싱 기반의 인재를 육성할 수 있는지를 토론해 보자.

3

AI 확산으로 인지적 직관성과 편안함이 중요해지는 시대에서 디지털 HR의 윤리적 문제는 어떤 방식으로 다뤄져야 하는가?

참고문헌

국내서적

김고명 역, 헨리 A. 키신저, 에릭 슈밋, 대니얼 허튼토커 공저 (2023). AI 이후의 세계, 경기: 윌북.

몸문화연구소 (2020). 인공지능이 사회를 만나면, 서울: 필로소픽.

소이경제사회연구소 AI연구회 (2023). AI와 사회 변화, 서울: MID.

원종우 (2024). 기계 속의 유령, 전북: 내일을여는책.

유재언, 김영복, 최만기 (2023). 4차 산업혁명시대의 인적자원관리-이론과 실제, 서울: 탑북스.

이상덕 (2023). 챗GPT전쟁, 실리콘밸리는 지금 무엇을 준비하고 있는가, 서울: ㈜인플루엔셜.

정지원, 염선형 (2025). 꿀벌, AI 그리고 브랜드, 서울: 미래의창.

최동석, 김성수 역, 에드 마이클스, 헬렌 랜드필드 존스, 베스 맥슬로드 공저 (2006), 인재전쟁, 서울: 세종서적(주).

해외서적

Bersin, J. (2022). Talent Intelligence: Use AI to Transform Talent Strategy. Deloitte University Press.

Bock, L. (2015). Work Rules!: Insights from Inside Google That Will Transform How You Live and Lead. Twelve.

Brown, T. (2009). Change by Design: How Design Thinking Creates New Alternatives for Business and Society. Harvard Business Review Press.

Cappelli, P. (2008). Talent on Demand: Managing Talent in an Age of Uncertainty. Harvard Business Review Press.

Daniel Goleman (1995). Emotional Intelligence.

Deloitte Insights. (2021). Human Capital Trends: The Social Enterprise in a World Disrupted.

Goleman, D. (1995). Emotional Intelligence. Bantam Books.

IBM Institute for Business Value. (2022). The Enterprise Guide to Closing the Skills Gap 2022.

McKinsey (2023). The Future of Talent Management in the AI Era.

Josh Bersin (2022). Talent Intelligence: Harnessing AI to Rethink Workforce Strategy.

McKinsey & Company (2023). The State of AI in 2023. McKinsey Global Report.

Otto Scharmer (2018).『The Essentials of Theory U』

Pink, D. H. (2009). Drive: The Surprising Truth About What Motivates Us. Riverhead Books.

Scharmer, O. C. (2009). Theory U: Leading from the Future as It Emerges. Berrett-Koehler.

Scharmer, O. C. (2018). The Essentials of Theory U. Berrett-Koehler.

Senge, P. M. (2006). The Fifth Discipline: The Art and Practice of the Learning Organization. Doubleday.

Ulrich, D., Brockbank, W., Johnson, D., Sandholtz, K., & Younger, J. (2008). *HR Competencies: Mastery at the Intersection of People and Business.* SHRM.

World Economic Forum (2020). The Future of Jobs Report.

제13장
실패사례와 프리센싱 경영학자가 설계하는 조직의 미래

제13장은 프리센싱을 도입하지 못한 경영 전략과 사고의 한계를 비판적으로 분석하고, 미래를 창조하는 리더와 조직의 사고방식을 대비시켜 보여주는 철학적이고도 실천적인 파트이다. 21세기 경영학의 위기는 예측 가능한 미래만을 전제하고 과거 데이터를 반복적으로 분석하는 사고의 틀에서 비롯된다.

이야기 13

1인 1 AI 시대…개인 AI 비서 만들기 열풍

LLM 활용해 'AI비서' 만드는 직장인들 / 사용법 간단, '개인 맞춤형'으로 업무 효율↑

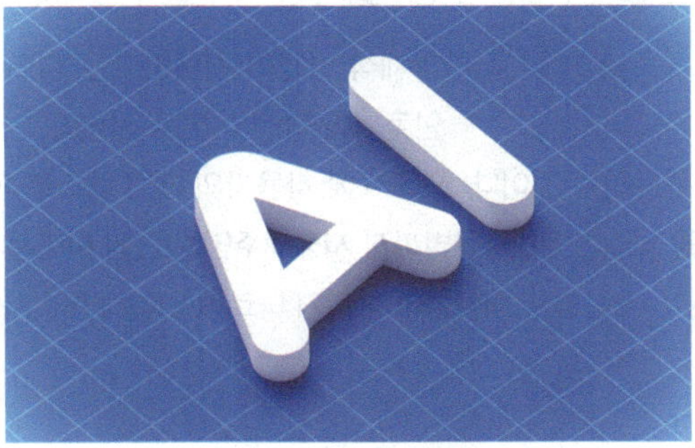

#. IT업계 종사자 최희주(27)씨는 1년 전부터 챗GPT로 만든 AI 비서를 업무에 적용하고 있다. 단순한 챗GPT가 아니다. 최씨의 개인 업무 데이터와 과거 경력 데이터를 넣어 맞춤형으로 만든 최씨만의 'AI 비서'다. 최씨는 "챗GPT가 개인 데이터를 바탕으로 가장 적절한 해결책을 내놓으니 편리하다"며 "문서 작성, 아이디어 도출과 같은 광범위한 영역에서도 맞춤형으로 도움을 받고 있다"고 전했다.

#. 한 대학의 인문계 교수 A(55)씨도 지난해 6월 챗GPT를 구독해 AI 비서를 만들었다. 그간 자신이 작성한 논문, 자료, 저서 등 개인 데이터를 용도별로 나눠 입력해 총 5개의 AI비서를 활용하고 있다. 이중 A씨가 가장 유용하게 쓰는 AI비서는 논문 번역 AI다. A씨는 "예전에는 해외 논문을 요약할 때 오래 걸렸는데 이제는 10초면 된다"며 "논문 수십 개를 요약 정리한 뒤에, 꼭 읽어보고 싶은 논문만 집중해서 읽으니 훨씬 효율적이다"라고 했다.

직장인 사이에서 대규모언어모델(LLM)을 활용한 '나만의 인공지능(AI) 비서 만들기'가 유행하고 있다. 챗GPT와 같은 생성형 AI를 단순히 활용하는 것에서 더 나아가, 개인의 데이터를 지속적으로 학습시켜 '맞춤형' AI 비서를 만드는 움직임이 활발해지고 있다. AI가 손에 잡히는 서비스로 생활 곳곳을 파고들면서, 직장인들을 중심으로 자신에게 딱 맞춘 '1인 1 AI' 시대가 현실화하고 있다.

▶제작 방법 간단…누구나 '개인 비서' 만드는 시대

정보기술(IT)업계에 따르면 LLM에 개인 데이터를 입력해 AI 비서를 제작하는 직장인이 늘고 있다. AI 비서를 처음 만든 사람은 마크 저커버그 메타 최고 경영자(CEO)다. 저커버그는 2016년 100여시간을 들여 개인 AI비서 '자비스'를 제작해 화제를 모았다. 자비스는 영화 '아이언맨'에서 주인공 아이언맨을 돕는 AI비서의 이름이다.

이후 챗GPT와 같은 AI 기술이 등장하면서, 누구나 저커버그처럼 손쉽게 AI비서를 만들 수 있게 됐다. '1인 1자비스' 시대가 도래했다는 평이 나오는 것도 이 때문이다.

직장인들은 무엇보다 업무 효율성을 높일 수 있다는 점에서 맞춤형 AI 비서를 적극 활용하고 있다. 단순 반복 업무의 속도가 빨라지고, 아이디어 도출·문제 해결처럼 복합적인 사고가 필요한 업무에서도 개인 데이터에 최적화된 정보를 재빠르게 얻을 수 있다고 사용자들은 입을 모은다.

제작 방법이 간단하다는 점도 직장인들이 개인 비서 만들기에 나선 이유로 꼽힌다. 가장 대중적인 방법은 챗GPT 유료 서비스를 활용하는 것이다. 챗GPT에 사용자의 개인 텍스트 파일, 이미지 파일, 엑셀 파일 등 각종 데이터를 입력한 뒤, 사용법까지 지정해주면 나만의 AI비서가 탄생한다. 제작 시간도 약 10분 내로 그친다. 사용법을 채팅방마다 각기 다르게 입력해 AI비서를 용도별로 여러 개 만드는 것도 가능하다.

▶챗GPT, 직장인 선호도 1위… "보안, 윤리 문제는 주의해야"

직장인의 'AI비서 만들기' 유행은 한동안 지속될 것으로 전망된다. 지난해 마이크로소프트(MS)가 링크드인과 함께 제작한 연례 보고서 '업무동향지표(WTI:Work Trend Index) 2024'에 따르면 근로자 75%(한국73%)가 AI를 활용하고 있는 것으로 나타났다. 전체 근로자 4명 중 3명이 직장에서 AI를 활용하고 있는 셈이다.

직장인이 가장 선호하는 LLM은 오픈AI의 챗GPT 시리즈다. 랭키파이가 지난 6월 발표한 'AI 서비스 순위 차트'에 따르면 챗GPT가 7만8830포인트로 선호도 1위를 차지하고 있다. 2위는 3182포인트를 차지한 클로바X(네이버)다. 다만, 직장 내 보안, 윤리, 저작권 문제는 주의할 점으로 꼽힌다. 사용자 최씨는 "회사 프로젝트 데이터는 보안 상의 이유로 모든 내용을 넣지 않는다"고 전했다. 교수 A씨도 "AI의 결과물은 어디까지나 참고 수준으로 봐야 한다"며 "지식 창작물에서 시비가 일어나지 않도록 조심해야 한다"고 설명했다.

출처: 헤럴드경제, 2025.5.29

1. 패스트 팔로어 전략의 한계

1.1 패스트 팔로어 전략이란?

경영전략이 선형적 추세, 과거 성공사례, 반복 가능한 패턴 분석에만 갇혀 있을 때, 조직과 사회는 새로운 가능성을 탐색하기보다는 과거의 복제와 모방에 머물게 된다. 특히 패스트 팔로어(Fast Follower) 전략, 그리고 과거 데이터 중심 경영학은 짧은 시간 동안 효율성과 이익을 극대화했지만, 결국 불확실성과 복잡성 시대에 대응하지 못하고 위기에 직면하고 있다.

AI는 인간을 발전시키느냐 망가뜨리느냐를 떠나서 그 존재만으로 우리의 근본적 가정을 뒤흔들고 때로는 초월한다. 지금까지는 인간이 홀로 현실을 탐구하며 우리의 위치를 정하고 우리와 세계의 관계를 정의했다. 그 토대 위에서 학문이 발전하고, 정부의 정책이 입안되고, 사회 시스템이 만들어지고, 도덕률이 형성되었다. 그러나 이제는 AI로 인해 인간이 독자적으로 이행했던 모습과는 다르며 한편으로는 더 복잡한 상황을 맞이할 수도 있다.

패스트 팔로어 전략은 선도기업의 기술이나 제품을 빠르게 모방하고 개선하여 시장에 진입하고, 가격과 품질 경쟁력을 강화하는 방식이다. 1980~2000년대에는 한국, 중국 기업들이 이 전략을 활용하여 글로벌 기업으로 성장했으며, 특히 전자, 자동차, 조선산업에서 패스트 팔로어 전략은 비용 경쟁력과 빠른 시장 확장을 실현하는 데 성공했다.

1.2 한계와 위험성

AI가 우리에게 새로운 지평을 열어주고 있다. 이전에는 인간 정신의 한계 때문에 우리가 데이터를 취합하고 분석하는 능력, 뉴스와 데이터를 필터링하고 처리하는 능력, 디지털 세상에서 커뮤니케이션하는 능력이 제약되었다. 그런 면에서 AI는 우리를 지원한다. 필요한 정보를 찾고, 종래의 알고리즘이 전혀 발견하지 못했던 혹은 효율적으로 발견하지 못한 추세를 찾아내 디지털 세상을 확장하고 조직한다.

하지만 AI는 득만 주지 않는다. AI는 지금 우리가 아는 의미의 이성을 약화하는 움직임을 촉진한다. 예컨대, SNS는 사유의 공간을 축소하고, 온라인 검색은 개념을 습득하려는 의지를 감소시킨다. 이전의 알고리즘도 이용자에게 중독성 있는 콘텐츠를 잘 전달했지만 AI는 그 방면으로 훨씬 유능하다.

그래서 사람들은 심층적 독서와 분석을 덜하게 되고, 그런 행위에 전통적으로 따르던 보상도 줄어든다. 디지털 세상을 거부할 때 치러야 할 대가가 커지면서 그 세상이 인간의 사고에 미치는 영향력, 곧 인간의 주의를 끌거나 분산하고 무언가를 믿게 만드는 힘이 강해진다. 그 결과, 정보를 검토, 검증, 해석할 때 인간이 수행하는 역할이 축소되는 대신 AI의 역할이 확대된다.

1) 혁신의 부재와 기술 종속 문제

이러한 전략은 본질적으로 자체 혁신 능력을 희생하는 대가를 수반한다. 후발주자는 기술 리더의 변화를 모니터링하고 그것을 빠르게 흉내 내는 데 집중하기 때문에 자체 연구개발(R&D)의 축적이 미비하고, 결과적으로 기술 종속 구조에 갇힐 위험이 크다. 즉 선도 기업이 혁신 방향을 결정하면, 팔로어는 구조적으로 추종자의 위치에 머물 수밖에 없으며, 장기적으로 기술과 시장에서 독자적 영향력을 상실하게 된다.

대표적 사례로는 노키아와 블랙베리의 몰락이 있다. 노키아는 스마트폰 혁신을 주도하지 못하고 기존 피처폰 시장에 안주한 결과 시장에서 외면당하게 되었다. 이들 기업은 일정 기간 동안 시장 리더였지만, 애플의 아이폰과 구글의 안드로이드 플랫폼을 충분히 독자적으로 분석·혁신하지 못하고 단순히 대응하는 데 급급했다. 이는 곧 기술 변화의 선도자가 아닌 수동적 수용자로 전락하는 결과를 초래했다.

결론적으로, 데이터 기반으로 빠르게 따라가기에 집중하는 동안, 기업은 근본적인 기술 철학과 창의적 도전을 잃게 되며 장기적으로 독자 생존이 어려워진다.

2) 고객 중심 가치 창출의 실패

패스트 팔로어 전략은 시장 선도의 성공 공식에 집착하면서, 정작 중요한 고객의 맥락과 진정한 니즈를 간과하는 경향이 있다. 기업은 시장 선도자의 외형적 성공지표인 매출, 트렌드 제품, 유통 전략 등을 복제하는 데 몰두하며, 그 제품이 왜 고객에게 사랑받는지를 본질적으로 이해하지 못한 채 겉모습만 모방하는 오류를 범한다. 이럴 경우 고객의 잠재적 니즈나 새로운 경험을 창조하지 못하며, 기존 제품의 품질과 가격 경쟁에 갇히면서 브랜드 차별성을 상실하게 된다. 일본 전자기업인 소니, 파나소닉 등은 기술적 완성도는 높았으나, 사용자의 감성과 경험을 고려한 혁신 부족으로 몰락의 길을 걷게 되었다.

예를 들어, 중국의 일부 스마트폰 제조사들은 애플의 외관 디자인과 기능을 빠르게 모방했지만, 사용자 경험(UX), 생태계 연결성, 브랜드 감성의 설계에는 실패했다. 이러한 실패는 고객과의 신뢰 구축 부재로 이어지며, 충성도 높은 고객 기반을 확보하지 못한 채 가격 경쟁에만 내몰리는 한계를 드러낸다.

결론적으로, 데이터를 통해 드러나는 고객의 표면적 행동을 따라가다 보면, 고객이 진정으로 원하는 깊은 가치와 경험을 놓칠 수 있다. 패스트 팔로어 전략의 3대 리스크를 살펴보면 〈표 13-1〉에서 보는 바와 같다.

〈표 13-1〉 패스트 팔로어 전략의 3대 리스크

구분	설명	주요 사례
기술 종속과 혁신 부재	독자적 기술 개발이 아닌 모방 중심 구조 → 장기 생존력 저하	블랙베리, HTC
고객 가치 창출 실패	트렌드 모방에 집중 → 고객 맥락과 진정한 욕구 반영 실패	중국 스마트폰, 후발 이커머스 업체
지속가능성 대응 부족	ESG, 사회 가치 등 미래 전략 부재 → 투자, 소비자, 규제 리스크 증가	일부 석유화학, 중공업 기업

3) 지속가능성의 위기

패스트 팔로어 전략은 단기 수익과 시장 점유율 확대에는 유리할 수 있지만, 장기적으로 지속가능한 경쟁력 구축에는 치명적인 한계를 노출한다. 선도 기업이 ESG(환경·사회·지배구조) 경영, 사회적 가치, 기술 윤리 등 미래 지향적 경영 철학을 구현해가는 동안, 패스트 팔로어는 여전히 성과 복제에만 집중하여 시장의 근본적 가치 이동을 따라가지 못한다. 특히 지속가능성과 관련된 변화를 체계적으로 수용하지 못하면, 규제 리스크, 투자자 회피, 소비자의 외면 등 실질적 위험이 증가한다.

실제로 일부 제조 기반 기업들은 친환경 경영 트렌드에 뒤늦게 반응하면서 글로벌 ESG 평가에서 낮은 점수를 받아 글로벌 진출 및 자본 조달에 제약을 겪기도 했다. 예를 들어, 폭스바겐 디젤 게이트는 기존 연비 중심 기술에 집착하다가 지속가능한 기술로의 전환을 외면한 결과 기존 시장에서 단기 수익에 집중하며 환경, 사회, 지배구조(ESG)와 같은 지속 가능성 영역에 소극적 변화에 대한 선제적 대응이 아닌 후행적 대응으로 위기를 초래하였다.

결론적으로, 전략은 반복 가능한 공식이 아니라, 시대의 흐름과 가치를 감지하고 스스로 창조하는 힘이 되어야 한다. 그렇지 않으면 데이터는 과거의 성공을 반복할 뿐, 미래를 만들어주지 않는다.

2. 과거 데이터 중심 경영의 종말

2.1 데이터 중심 의사결정의 유효성과 한계

데이터 기반 의사결정(Data-Driven Decision Making, DDDM)은 지난 수십 년간 경영학과 실무 경영에 큰 영향을 미쳐왔다. 과거의 판매 실적, 시장 동향, 고객 행동 패턴 등 축적된 정량 데이터를 바탕으로 정확성, 효율성, 예측 가능성을 극대화하는 방식은 특히 대량 생산, 대량 소비의 산업 시대에 높은 효과를 발휘하였다. 그러나 디지털 전환과 복잡계 사회로 진입한 오늘날, 데이터 중심 경영은 본질적 한계에 직면하고 있다.

첫째, 데이터는 과거의 산물이다. 아무리 정교한 알고리즘과 인공지능을 활용하더라도, 그 기반이 되는 데이터가 과거 사건과 조건에서 생성된 것이라면 급변하는 미래의 불확실성을 정확히 포착하기 어렵다.

둘째, 정량적 수치로 환원되지 않는 직관, 감정, 의미, 관계성 등의 요소는 데이터로 포착되지 않는다. 고객의 선택이 단순히 가격, 품질만이 아니라 브랜드 철학, 공동체 가치, 사회적 책임 등 비정형 요인에 의해 좌우되는 경우, 정량 데이터는 설명력을 상실하게 된다.

셋째, 편향된 수집 방식과 해석은 데이터 자체의 객관성을 해칠 수 있다. 사용자의 클릭 데이터는 관심의 흔적일 수는 있어도, 의도와 감정의 본질을 완전히 설명하지 못하며, 데이터 기반 의사결정이 자칫하면 '숫자의 폭력'으로 작동할 수 있다.

(1) 유효성

과거 데이터 분석을 통한 트렌드 예측, 리스크 최소화, 최적화 경영에 효과적이다. 빅데이터와 AI 분석으로 고객 맞춤형 서비스와 마케팅 혁신이 가능하다.

(2) 한계

데이터는 본질적으로 과거의 기록이며, 미래의 불확실성과 전환적 변화에 대응이 불가능하다. 사후 예측(postdictive prediction)에 머무르며 새로운 가능성 탐색과 감지(Sensing)를 차단하게 된다. 약한 신호(Weak Signals)와 시스템 경계 밖의 변화를 감지하기 어렵다.

(3) 사례

아마존은 AI 채용 시스템을 도입하였으나 실패하였다. 왜냐하면 과거 데이터를 학습한 AI가 성별 편향성을 강화하며 지원자 평가에 오류가 발생하였기 때문이다. 이와 같이 기존 데이터에 갇힌 경영은 윤리와 포용성 문제를 악화시키고 사회적 신뢰를 상실하게 된다.

과거 데이터 중심 경영과 미래 통찰 기반 경영을 비교분석하면 〈표 13-2〉와 같다. 결론적으로 데이터는 의사결정을 보조하는 강력한 도구이지만, 그 자체가 미래를 여는 나침반은 될 수 없다. 데이터는 과거를 반영하지만, 통찰(insight)은 미래를 상상하기 때문이다.

〈표 13-2〉 과거 데이터 중심 경영 vs. 미래 통찰 기반 경영

구분	과거 데이터 중심 경영	미래 통찰 기반 경영
의사결정 근거	과거 실적, 정량 데이터	직관, 프리센싱, 집단지성
방향성 설정	예측→ 계획→ 실행	감지→ 공감→ 공동 창조
고객 이해	수치적 분석 중심, 대중적 평균 추적	맥락 중심, 소수의 깊은 욕구에 주목
경영 방식	복제, 모방, 안정성 중시	실험, 창의성, 불확실성 수용
생존 전략	성공의 재현	미래의 선도자 되기

2.2 과거를 복제하는 경영의 종말

1) 경영 패러다임의 전환

'과거처럼 하면 된다'는 방식의 경영은 오랫동안 안정성과 성과 재현성을 보장해주는 경영 패러다임이었다. 그러나 디지털 기술의 급진적 진화, 세대 간 가치관의 전환, ESG와 같은 사회 시스템의 재편은 더 이상 과거의 성공 방정식을 적용할 수 없는 시대를 만들고 있다.

오늘날 고객은 더 이상 수동적 소비자가 아니라, 능동적인 콘텐츠 제작자이자 공동 창조자다. 이들은 단순한 제품을 넘어서 브랜드의 태도, 윤리, 세계관에 반응한다. 따라서 과거의 브랜드 성공사례를 복제하는 전략은 진정성과 공감 부족으로 오히려 반감을 일으킬 수 있다.

조직 운영 방식도 마찬가지다. 전통적인 수직 구조와 KPI 중심의 평가 방식은 애자일(Agile), 자율성, 창발성 같은 새로운 조직 가치와 충돌한다. 과거의 관리 방식에 안주한 기업은 변화하는 인재들의 기대와 호응을 얻기 어렵고, 혁신을 내부에서 자라나게 하지 못한다.

2) 패턴 반복의 함정

기술 변화의 속도 역시 과거를 참조하는 방식으로는 따라잡을 수 없다. 인공지능, 블록체인, 생성형 AI 등의 신기술은 단순한 기술 수용을 넘어, 비즈니스 모델과 조직 구조 자체의 전환을 요구한다.

결국 과거를 복제하는 경영은 새로운 질서를 창출하지 못하며, 고객, 구성원, 사회 모두로부터 신뢰를 상실하게 된다. 복제는 안전하지만, 창조만이 생존을 보장한다. 다시말하면 과거는 경영의 참고자료일 수는 있지만 경영의 설계도는 아니다. 반복된 성공은 낡은 신화일 뿐이며 새로운 시대는 새로운 감각과 철학으로만 응답할 수 있다.

혁신이 아닌 관성에 따른 반복적 개선으로는 시장 선도를 지속할 수 없으며, 과거의 최적화가 미래의 불확실성을 해결하지 못한다.

과거 복제 경영의 종말 사례로는 코닥(Kodak)의 몰락을 들 수 있다. 코닥사는 디지털 카메라 기술을 최초로 개발하고도 필름 사업의 성공 경험에 갇혀 변화를 외면함으로써 데이터와 과거 성공 경험이 변화 감지력과 미래 대응을 차단하였다.

3. 미래를 만드는 사람과 과거를 복제하는 사람의 차이

3.1 미래를 만드는 리더와 조직의 특성

미래를 만드는 리더는 단순한 예측이나 대응을 넘어, 아직 실현되지 않은 가능성을 감지하고 그것을 공동의 비전과 실행으로 전환하는 능력을 갖춘 인물이다. 이들은 프리센싱 역량을 바탕으로, 현재에 머무르지 않고 미래로부터 오는 신호를 감지해 조직을 이끈다.

1) 감지(Sensing)와 직관(Intuition)의 통합적 리더십

미래를 만드는 리더는 데이터와 분석을 활용하되, 거기에만 의존하지 않는다. 직관, 공감, 예술적 감수성, 그리고 사회적 상상력을 동반한 의사결정을 통해 아직 정의되지 않은 미래 과제를 탐색한다. 미래 가능성을 감지(Letting Come)하고 본질적 존재 목적에 따라 행동하며, 기술이나 트렌드가 아닌 사회의 필요와 인간 중심 가치를 탐색한다.

2) 공동 창조를 중시하는 집단지성

미래지향적인 조직은 수직적 명령체계가 아니라 집단지성과 다중 주체의 참여를 통해 전략을 수립한다. 내부 혁신이 아닌 외부 이해관계자와 공동 창조를 통한 가치를 혁신하며, 집단지성을 통해 미래 시나리오와 프로토타이핑 전략을 실행한다. 구성원은 단순한 실행자가 아닌 의미 생산자로 인정받으며, 조직은 끊임없는 학습과 재구성의 공간이 된다.

3) 위험 감수와 실험 정신을 장려

미래를 만드는 리더들은 실패를 회피하지 않는다. 오히려 실험과 실패 속에서 새로운 질서를 창조할 수 있는 시도할 수 있는 조직을 만든다. 구글의 '20% 시간'이나 IDEO의 '실패 축하 문화'는 대표적인 사례다.

4) 시스템적 사고와 윤리적 책임

미래지향적인 리더와 조직은 AI 시대의 특성을 잘 반영하고 시대의 지침이 될 윤리체계를 확립하는 일이 중요하다. 이는 컴퓨터 과학자, 기업가, 군사 전략가, 정치 지도자, 심지어 철학자나 신학자 등 어느 한 분야의 전문가에게 맡길 수 없는 과업이다. 단편적 문제 해결이 아닌 시스템 전체를 바라보고, 지속 가능성을 설계해야 한다.

미래지향적인 조직은 AI와 데이터 시스템에 대한 윤리적 감수성과 책임성을 내재화 하여야 한다. 예를 들어 항공기나 자동차에 긴급 사태가 발생했을 때 AI 부조종사가 인간의 판단을 따라야 하는가, 아니면 그 반대로 해야 하는가의 딜레마에 빠질 수 있다.

미래를 만드는 리더와 과거를 복제하는 리더의 차이점은 〈표 13-3〉에서 보는 바와 같다.

〈표 13-3〉 미래를 만드는 리더 vs 과거를 복제하는 리더

구분	미래를 만드는 리더	과거를 복제하는 리더
사고 기반	통합적 직관과 미래지향적 감지	분석 중심, 과거 성공 공식의 반복
전략 수립 방식	공동 창조, 프리센싱, 실험 중심	벤치마킹, 재현, 위험 회피 중심
조직문화	실패 허용, 창의 촉진, 참여적 리더십	통제 강화, 위계적 구조, 방어적 리더십
핵심가치	공감, 지속가능성, 의미, 비전	효율, 수치, 관리, 안전
고객과의 관계	변화하는 욕구를 선도하고 공동 창조	기존 욕구를 반복 제공, 트렌드 후속
성과지향성	장기적 가치 창출 중심	단기 실적 중심의 안정적 운영

미래지향적인 리더들은 매출보다 가치, 브랜드 철학, 지속가능성, 윤리성을 중심에 두고 경영전략을 설계한다. 미래는 단순한 기술 변화가 아니라 가치 기준의 전환에서 온다는 믿음을 갖고 있다. 다시말하면, 미래를 만드는 리더는 아직 오지 않은 가능성을 감지하고, 오늘 행동함으로써 미래를 끌어오는 존재다.

3.2 테슬라와 스페이스X 사례

1) 일론 머스크의 프리센싱 리더십

테슬라는 에너지, 모빌리티, 우주 산업에서 기존 산업 경계를 넘어선 시스템 혁신과 비전을 제시하고 있다. 즉 테슬라는 과거 기술이 아닌 지속 가능성과 인류 생존이라는 미래 비전에서 전략을 설계한다.

일론 머스크는 단순히 기존 산업의 혁신을 주도한 경영자가 아니라, 존재하지 않는 미래를 감지하고 그것을 조직과 시장을 통해 실현해내는 프리센싱형 리더의 대표적 인물이다. 그는 전통적 리더십이 과거 데이터를 기반으로 현재를 개선하는

데 집중할 때, 직관과 통찰, 상상력과 목적의식을 통해 아직 도래하지 않은 미래를 현실로 끌어당겼다.

머스크는 단순한 전기차 제조를 넘어서, 인간의 삶의 방식과 산업 생태계를 전환시키려는 비전을 공유한다. 이는 프리센싱 개념에서 말하는 미래로부터 부름을 듣고, 조직이 그 미래를 실현하는 통로가 되는 과정과 정확히 일치하는데, 이를 요약하면 다음과 같다.

① 직관적 통찰

기존 자동차 산업의 문법과 경계를 넘어, 소프트웨어 중심의 모빌리티 생태계를 예측했다.

② 목적 기반 사고

지속가능한 에너지로의 전환이라는 사명을 명확히 설정하고 이를 조직 내 모든 부서에 내재화시켰다.

③ 시스템적 연결

에너지(솔라시티), 배터리(기가팩토리), 자동차(Tesla), 우주(SpaceX)를 유기적으로 연결하는 미래 산업 플랫폼을 구축했다.

2) 프리센싱 조직으로서의 테슬라

테슬라는 일론 머스크의 통찰을 실행 가능한 비즈니스 모델로 구현하는 프리센싱 조직이다. 이 조직은 단순히 기술기업이 아니라, 미래를 조기에 감지하고 빠르게 시제품화하며, 고객의 참여를 통해 실시간으로 진화하는 전략 조직이다.

(1) 전략 감지 능력

테슬라의 전략 감지 능력은 데이터와 직관의 융합으로 설명할 수 있다. 테슬라는 자율주행차 개발을 위해 전 세계 고객 차량으로부터 실시간으로 데이터를 수집하며, 이를 통해 AI 기반 자율주행 알고리즘을 지속적으로 개선한다. 이는 전통적인 R&D 중심 전략에서 벗어나, 현장에서 미래를 감지하고 실험하는 감지형 조직의 특성을 잘 보여준다.

(2) 공동 창조 기반의 혁신 구조

오픈소스화된 일부 기술, 지속적인 소프트웨어 업데이트, 사용자 참여형 UI/UX 개선 등은 테슬라가 고객과 함께 미래를 공동 창조하는 구조를 가지고 있음을 보여준다.

프리센싱 조직은 미래를 내부에서만 구상하지 않고, 외부의 집단지성 및 사용자의 경험을 통해 상호작용적으로 형성한다는 점에서 중요한 특징이다.

(3) 시제품을 통한 빠른 실행

사이버트럭, 파워월, 로드스터 등은 미래를 구현하기 위한 과감한 실험 결과물이다. 테슬라는 빠르게 MVP(Minimum Viable Product)를 만들고 시장 반응을 기반으로 개선하며, 지속적인 피드백 루프를 통해 전략을 진화시킨다.

일론 머스크와 테슬라의 프리센싱 역량 구성을 구체적으로 살펴보면 〈표 13-4〉에서 보는 바와 같다.

〈표 13-4〉 일론 머스크와 테슬라의 프리센싱 역량 구성

역량 영역	일론 머스크의 프리센싱 리더십	테슬라의 프리센싱 조직 역량
미래 통찰	지구 외 생존, 자율차, AI 윤리 등 초월적 비전	기술 융합 기반의 미래 전략 감지 시스템
목적 지향성	지속가능한 인류 생존과 에너지 혁명	모든 부문에 목적 내재화(제품, 서비스, 운영 등)
직관과 데이터 통합	직감에 기반한 파괴적 혁신 추진	실시간 데이터 기반 자율적 진화
공동 창조	사회적 공감대를 이끄는 리더십	고객, 파트너와의 상시 공동 창조 구조
실행역량	실패를 두려워하지 않는 프로토타이핑 중심 전략	린 스타트업 방식의 제품 개발과 개선

일론 머스크와 테슬라의 사례는, 프리센싱 역량이 전략적 리더십과 조직 설계에 어떻게 통합될 수 있는지를 보여주는 대표적 전형이다. 단순한 기술 혁신을 넘어서, 존재하지 않는 미래를 감지하고, 그것을 집단과 함께 창조해가는 리더십과 조직 역량은 AI 시대의 기업과 교육이 지향해야 할 방향을 시사한다.

3.3 과거를 복제하는 리더와 조직의 특성

과거를 복제하는 리더는 이미 검증된 성공 방정식을 재현하고 반복하는 데 집중한다. 이들은 변화를 위험으로 간주하며, 불확실성을 제거하려는 성향이 강하다. 그 결과 조직은 점차 경직되고, 예측 가능한 세계 안에서만 움직이려는 보수성을 띠게 된다.

1) 정량 지표와 KPI 중심의 경영

과거 데이터, 기존 시장 논리, 가격 경쟁에 집중하며, 기존 제품과 서비스의 개선과 최적화에만 에너지 집중한다. 이들은 숫자로 측정 가능한 성과, ROI, 매출, 시장 점유율에 과도하게 집착한다. 목표는 예측 가능한 범위 내에서 효율을 극대화하는 것이며, 혁신보다 안정과 통제를 우선시한다.

2) 과거 사례 기반의 전략 복제

조직 내부의 안정성과 기존 관행을 중시하며 외부와의 협력과 파트너십 제한된다. 벤치마킹과 사례 분석은 중요한 도구이나, 이들은 이를 '정답'으로 여긴다. 과거의 성공 모델을 그대로 재현하려 하고, 이로 인해 환경 변화에 대한 민감도와 적응력이 저하된다.

3) 실험 회피 및 조직 내 실패 금기 문화

위험을 관리해야 한다는 명분 아래, 실험을 제한하고 실패를 낙인으로 만든다. 그 결과 조직은 도전보다 복종, 창의보다 복제의 분위기로 경직된다. 구성원은 실수를 두려워하며 새로운 아이디어를 자발적으로 내지 않게 된다.

4) 변화하는 가치에 대한 저항

변화에 대한 지연 대응과 위기 발생 후 사후 대응하는 자세를 보인다. ESG, 다양성, 윤리, 공동체 가치 등 사회적 기대의 변화에 뒤처지거나 무시한다. 지금까지 잘해왔으니 앞으로도 잘될 것이라는 성공 신화에 갇힌 태도는, 급변하는 시장과 사회적 신뢰의 상실로 이어진다.

과거를 복제하는 리더는 이미 지나간 답을 반복함으로써, 미래와의 연결을 스스로 끊는 존재가 된다. 블랙베리와 노키아는 혁신적 기술(터치스크린, 앱 생태계)과 미래 트렌드(모바일 인터넷)를 간과하였으며, 과거 제품의 시장 점유율과 스펙 경쟁에만 몰두하여 몰락을 초래하였다.

4. 프리센싱 경영학자가 설계하는 조직의 미래

4.1 조직의 미래는 어디에서 오는가?

1) 조직의 미래를 결정하는 힘

과거에는 미래를 예측하고 계획하는 방식이 주류였다. 하지만 프리센싱은 미래는 다가오는 것이 아니라, 현재 우리의 의식과 행동에서 창조되는 것임을 강조한다. 조직의 미래는 단순히 외부 환경의 변화에 따라 주어지는 것이 아니라, 내부에서 어떻게 감지하고 응답하느냐에 따라 스스로 만들어지는 것이다.

과거 산업사회에서는 미래란 예측 가능한 영역이었고, 이를 위한 분석과 계획이 경영의 핵심 역할이었다. 하지만 디지털 전환, 생태계 변화, 세대 간 가치관 재편이 가속화되는 오늘날, 조직의 미래는 더 이상 계획(plan)의 산물이 아닌, 감지(sense)와 창조(co-create)의 결과물이 되어가고 있다. 미래는 과거의 연장이 아닌, 새로운 현재의 가능성에서 탄생한다. 미래는 선형적이지 않으며, 우리가 시스템을 어떻게 감지하고 행동하느냐에 따라 전혀 다른 미래가 열린다. 조직의 미래를 결정하는 힘은 다음 세 가지 차원에서 작동한다.

(1) 감각적 민감성(Sensing Capacity)

조직이 외부 환경과 내부 구성원의 변화 신호를 얼마나 민감하게 감지할 수 있는가가 핵심이다. 이는 단순한 데이터 분석을 넘어서, 사회적·문화적·감정적 신호까지 포착하는 통합적 감수성을 필요로 한다.

(2) 존재론적 용기(Ontological Courage)

과거의 성공 패턴과 현재의 안전지대를 과감히 벗어나, 존재 방식 자체를 바꾸는 용기가 필요하다. 이는 조직 정체성의 근본적 재정의와 연결되며, 우리는 왜 존재하는가에 대한 철학적 사유로까지 확장된다.

(3) 프리센싱 능력

존재 목적(Purpose)에서 미래는 시작된다. 프리센싱 조직은 우리는 왜 존재하는가 라는 질문을 중심에 둔다. 존재 목적은 전략과 운영뿐만 아니라, 조직의 문화를 설계하는 기준점이 된다.

가장 핵심적인 결정 요인은 미래에서 오는 가능성을 현재에 실현할 수 있는 감각과 실천력, 즉 프리센싱이다. 이는 조직이 자신과 세계의 연결성을 성찰하고, 미래로부터 자신을 바라보는 자기 인식 능력을 의미한다. 이 힘이 있는 조직은 단순히 빠르게 움직이는 조직이 아니라, 올바른 방향으로 깊이 있게 움직이는 조직이다.

결론적으로, 조직의 미래는 전략, 자본, 기술 같은 외형적 자원이 아니라, 감지력, 자기 성찰, 공동 창조 역량이라는 내면의 자본에서부터 출발한다.

2) 미래 조직의 핵심 특징

미래의 조직은 더 이상 산업시대의 피라미드형 계층 구조, 효율 중심의 운영체제, 단선적 리더십을 유지할 수 없다. 미래 조직은 감지와 창조의 조직이다. 빠른 대응보다 감지와 탐색을 통해 선도적 행동을 촉진하는 조직이 되어 내부 중심이 아닌 이해관계자 및 사회 시스템과의 공동 창조 모델을 구축하여야 한다.

급변하는 사회 구조와 기술 환경 속에서 살아남고 번영할 조직은 다음과 같은 5가지 핵심 특징을 갖춘다.

(1) 목적 기반 조직

미래 조직은 단순히 이윤을 창출하기 위한 기계가 아니라, 사회적·환경적 가치를 실현하기 위한 존재로 정체화된다. 구성원들은 조직의 목적과 철학에 공감하며, 일의 의미를 통해 몰입과 자율성을 확보한다. 대표적인 사례로는 파타고니아, 유니레버를 들 수 있다.

(2) 프랙탈형 조직 구조

전통적인 피라미드 조직이 아니라, 작은 단위가 전체의 본질을 공유하고 자율적으로 움직이는 분산형 구조가 특징이다. 이러한 구조는 복잡성에 유연하게 대응하며, 급변하는 환경 속에서 빠르게 재구성된다. 대표적인 글로벌기업 사례로는 하이얼(중국), 토마토은행(일본) 등이 있다.

(3) 공감적·직관적 리더십

미래의 리더는 명령하는 자가 아니라, 감지하고 공감하며 방향을 함께 설정하는 동행자다. 공감적 리더십과 심리적 안전감을 바탕으로, 조직 구성원이 실패를 두려워하지 않고 실험과 학습에 몰입하는 조직은 개방적 소통과 참여를 통해 지속적 혁신과 진화를 추구하게 된다. 리더는 자신의 존재 상태가 조직문화에 직접 영향을 미친다는 사실을 인식하고, 감정적 안전과 집단 지성의 촉진자로 활동한다.

(4) 실험 중심의 실행 문화

정답을 정해놓고 따르기보다, 끊임없는 실험을 통해 미래를 탐색하고 검증하는 실행 문화를 갖는다. 이러한 조직은 실패를 허용하고, 학습을 자산화하며, 변화의 속도를 두려워하지 않는다. 대표적인 사례로는 스포티파이의 스쿼드 모델을 들 수 있다.

(5) 미래-감각 기술과 인간 중심의 융합

AI, 자동화, 디지털 트윈 등 기술 인프라를 능동적으로 활용하되, 기술은 도구일 뿐, 조직의 핵심은 여전히 인간의 창의성, 공감력, 윤리성이라는 인식을 견지한다. 단일 기업이나 팀이 아닌, 산업과 사회 전체 시스템을 전환하는 주체로서의 조직으로서 지속 가능성과 ESG 가치 실현을 경영의 핵심으로 내재화하는 기업이다. 기술과 인간의 협업을 통해 미래의 가능성을 구현하는 조화로운 생태계를 만든다.

미래 조직과 과거 조직의 핵심적인 차이는 〈표 13-5〉에서 보는 바와 같다. 요약하면, 미래 조직은 단지 빠르게 적응하는 조직이 아니다. 그것은 스스로 왜 변화해야 하는지의 이유를 통찰하고, 그 방향성을 구성원과 함께 만들어가는 의미 기반의 진화체계이다.

〈표 13-5〉 미래 조직 vs 과거 조직의 핵심 차이

구분	과거 조직	미래 조직
존재 목적	이윤 중심, 성장 중심	목적 중심, 가치 창출 중심
구조	위계적 피라미드형 구조	자율적, 네트워크형 또는 프렉탈형 구조
리더십	명령과 통제의 리더십	공감과 감지 중심의 동행형 리더십
실행방식	계획→ 지시→ 집행	감지→ 실험→ 학습→ 재설계
기술 활용	업무 효율화 수단	인간 창의성 증폭을 위한 협업 인프라
문화적 기반	성과지표와 통제 중심	공감, 신뢰, 의미 중심

4.2 경영학의 본질로 돌아가기

1) 경영학은 무엇을 위한 학문인가?

경영학(Management Studies)은 단순히 기업을 잘 운영하는 법을 연구하는 실용 학문으로 오해되기 쉽다. 그러나 경영학의 본질은 조직과 인간이 어떻게 공동의 목적을 실현하며 사회적 가치를 창출할 수 있는가에 대한 질문으로부터 출발한다.

초기 경영학은 산업혁명과 함께 효율성과 생산성 향상을 추구하는 기술 중심의 이론에서 시작되었지만, 현대에 이르러 그 외연은 윤리, 철학, 심리학, 시스템 이론, 생태학, 예술적 상상력에 이르기까지 확장되고 있다. 경영학의 초기 목적은 자본과 노동의 효율적 배분과 생산성 극대화에 있었으나 산업화 이후 비용 효율과 경쟁력 중심의 전략 이론이 확산하게 되었다. 오늘날 기술과 자본의 경계가 무너지는 시대를 맞이하여 사람과 시스템의 전환을 중심으로 경영학의 본질이 변화하고 있다.

경영학은 인간 존재의 공동 문제 해결을 위한 학문이다. 조직은 단순한 생산 기계가 아니라, 가치와 의미를 공유하며 살아가는 사람들의 실존적 장(場)이며, 경영은 이들이 상호작용하며 공동 창조하는 방법을 연구하는 지식체계이다.

경영학은 미래를 설계하고, 새로운 질서를 창조하는 실천학문이다. 전략, 리더십, 재무, 마케팅 등의 하위 분야는 단지 도구일 뿐이며, 그 중심에는 "무엇을 위해 존재하는가"라는 목적 중심의 성찰이 있어야 한다.

경영학은 사회적 책임과 지속가능한 미래를 연결하는 공공적 학문이다. 오늘날의 경영은 기업 이익뿐 아니라, 사회적 공헌, 생태계 보전, 윤리적 판단 등 다층적 책임을 지닌 활동으로 인식되고 있으며, 따라서 경영학은 기업과 사회, 기술과 인간, 성장과 생존 사이의 균형점을 끊임없이 탐색하는 학문이 되어야 한다.

요컨대, 경영학은 효율을 위한 학문이 아니라, 공존과 창조를 위한 인간 중심의 통합 지식이다. 경영학의 본질은 단기적 정답을 찾는 데 있지 않고, 공동의 미래를 만들어가는 방향성을 제시하는 데 있다.

경영학의 본질은 시스템을 설계하고, 인간의 가능성을 실현하는 일이다. 경영학자는 단순히 이익을 창출하는 기술자가 아니다. 조직과 사회 시스템을 창조하고, 인간의 내적·집단적 가능성을 실현하는 촉진자다.

〈표 13-6〉은 전통 경영학자와 프리센싱 경영학자를 비교하면서, 왜 지금 프리센싱 경영학 관점을 가져야 하는지를 보여주고 있다.

〈표 13-6〉 왜 지금, 프리센싱 경영학자인가

전통 경영학자	프리센싱 경영학자
문제를 진단하고, 성과를 측정한다	가능성을 감지하고, 의미를 설계한다
과거의 데이터를 분석한다	미래로부터 오는 신호를 감지한다
효율적 시스템을 유지·개선한다	공감, 공존, 공동 창조의 시스템을 구축한다
통제와 예측에 기반한 전략을 설계한다	감지와 직관, 실험에 기반한 미래 전략을 설계한다
조직 중심의 기능 전문가	사회와 연결된 감성적·철학적 리더

이러한 관점에서, 우리는 경영학을 다시 써야 한다. 데이터와 효율이 아니라, 감각과 의미, 공감과 철학으로 재정립된 경영학, 그것이 바로 프리센싱 경영학이며, 그 길 위에 서 있는 자들이 미래를 창조할 수 있는 진정한 경영학자이다.

2) 프리센싱 경영학자의 역할

디지털 전환, AI의 부상, 생태 위기, 가치관의 전환이 동시다발적으로 일어나는 오늘날, 전통적 경영학자는 과거의 데이터를 해석하고, 성과를 측정하며, 통제를 최적화하는 기능 중심의 전문가로는 더 이상 충분하지 않다. 이제 경영학자는 미래의 가능성을 감지하고 공동체적 해답을 창출하는 감응적 리더가 되어야 한다.

이러한 새로운 역할을 수행하는 존재가 바로 프리센싱 경영학자(Presencing Management Scholar)이다. 이들은 다음과 같은 정체성과 사명을 갖는다.

(1) 감지자(Sensor)

프리센싱 경영학자는 흐름을 읽는 자이다. 이들은 시스템 감지자(System Sensing Agent)로서 조직과 사회 시스템을 깊이 관찰하고, 약한 신호와 변화를 감지하는 능력자이다. 프리센싱 경영학자는 환경 변화와 인간의 욕망, 기술의 윤리적 파장 등을 분석이 아닌 감지를 통해 읽어내는 능력을 갖춘다. 그들은 데이터를 넘어서, 사회의 아픔과 희망을 인지하는 감각적 지성을 추구한다.

(2) 해석자(Interpreter)

프리센싱 경영학자는 의미를 연결하는 자이다. 표면적 사건과 통계 너머에 있는 사건의 맥락과 내재된 의미를 해석하고, 서로 단절된 학문, 기술, 사람들을 연결한다. 경영학자는 조직을 넘어서 세계와 조직, 인간과 기술 사이의 해석자가 되어야 한다.

(3) 설계자(Designer)

프리센싱 경영학자는 새로운 질서를 상상하고 구축하는 자이다. 이들은 공동창조 설계자로서 다양한 이해관계자와의 협업과 집단지성을 촉진하여 미래를 설계하는 사람이다. 기존 시스템의 연장을 넘어서, 미래의 조직, 교육, 리더십, 가치 창출 방식을 설계한다. 단순한 문제 해결자가 아니라, 새로운 세계를 함께 만들어 가는 전략적 공동 설계자다.

(4) 공동 창조의 촉진자(Facilitator)

프리센싱 경영학자는 집단지성의 가치를 실현하는 자이다. 윤리적 거버넌스 설계자인 이들은 전문가의 권위로 지식을 가르치는 자가 아니라, 다양한 주체의 참여를 통해 미래를 공동 설계하는 촉진자 역할을 한다. 교수자이자 협력자이며, 창조적 공명을 일으키는 리더다.

프리센싱 경영학자는 과거를 설명하는 사람이 아니라, 미래를 여는 사람이다. AI와 데이터가 중심이 되는 시대에 윤리적 기준과 인간 중심 시스템을 유지·강화하는 역할을 하며, 그들은 세상의 가능성에 귀를 기울이고, 경영학을 인간적 사유와 집단적 행동의 장으로 복원한다.

4.3 프리센싱 기반 경영 교육과 학습 모델

1) 기존 경영 교육의 한계

전통적인 경영 교육은 오랜시간 동안 기업 운영의 효율성과 예측 가능성을 극대화하는 데 초점을 맞추어 왔다. 이 교육 모델은 과거의 성공 사례와 데이터를 기반으로 한 문제 해결 중심접근 방식에 기반하며, 정답이 있는 문제를 빠르고 정확하게 푸는 능력을 기르는 데 치중해왔다. 그러나 오늘날의 복잡하고 불확실한 시대에는 이러한 모델이 더 이상 충분하지 않다.

첫째, 과거 중심의 정형화된 지식 전수에 그치고 있다. 대부분의 경영 교육은 사례 연구, 모형 이론, 표준화된 분석 도구에 의존한다. 이로 인해 학생들은 문제의 맥락이나 창조적 해석 없이 정답을 외우는 수동적 학습자로 머무르게 된다.

둘째, 인간성과 감정의 소외 문제를 들 수 있다. 경영을 합리적 계산의 문제로만 취급하면서, 감정, 공감, 윤리적 판단, 공동체적 맥락은 경시된다. 이는 경영을 기계적 관리로 축소시키며, 사람을 리소스(resource)로만 바라보는 도구주의를 강화한다.

셋째, 행동보다 분석에 편중된 교수법이라는 점이다. 경영 교육은 현장 체험과 실천 기반 학습이 부족하며, 주로 교실 내 이론 중심 강의에 치우쳐 있다. 그 결과, 학습자는 실제로 경영 상황에 직면했을 때 감지·판단·행동의 연결이 단절된 채 머뭇거리게 된다. 결론적으로 전통 경영 교육은 과거를 복제하는 인재를 양성할 뿐, 미래를 창조할 수 있는 존재로 성장시키지 못한다.

이상에서 논의한 바와 같이, 기존 경영 교육은 이론 중심, 사례 분석 위주의 경직성의 한계를 드러낸다. 예를 들면, 하버드식 사례 분석이나 전통적 전략 프레임은 과거 성공사례의 반복에 머물러 있다. 또한 지식 중심 교육이 아닌, 체험과 실천의 부재문제를 들 수 있다. 학습자들은 이론을 현실에 적용하고 시스템적으로 사고하는 경험이 부족해진다는 점이다.

2) 프리센싱 기반 경영 교육의 핵심 원리

프리센싱 기반 경영 교육은 기존의 분석 중심·문제 해결형 교육을 넘어, 내면의 성찰과 외부 감지, 공동 창조의 역량을 통합적으로 육성하는 새로운 학습 모델이다. MIT 슬론스쿨과 오토 샤머(Otto Scharmer)가 제안한 U 이론(Theory U)은 이러한 교육 철학의 대표적인 모델이다. 프리센싱 기반 교육의 핵심 원리 5가지를 살펴보면 다음과 같다.

(1) 다운로딩(Downloading)에서 프리센싱으로 전환

기존 사고방식을 반복하는 다운로딩 상태에서 벗어나, 과거가 아닌 미래의 가능성에 주의를 집중한다. 이는 지식 전달이 아니라 의식의 전환을 유도하는 교육이다.

(2) 학습자의 자기 내면과 연결

지식의 축적이 아니라, 학습자가 자기 자신의 존재 목적, 가치, 직관과 연결되도록 돕는다. 나는 누구인가?, 나는 무엇을 위해 일하는가?라는 질문을 탐색하는 존재 기반 교육이다.

(3) 감지와 공감의 훈련

이론보다는 관찰, 경청, 공감을 중심으로 학습하며, 사회적 현상이나 타인의 고통을 있는 그대로 느끼고 해석하는 감각을 키운다.

(4) 공동 창조 실습 중심

실제 현장에서 다양한 이해관계자들과 함께 문제를 정의하고 해결하는 과정을 통해, 문제 해결자가 아닌 미래 설계자로서의 역량을 배양한다.

(5) 학습 공간의 컨테이너화

교육 공간은 지식을 주입하는 강의장이 아니라, 안전하게 성찰하고 실험할 수 있는 심리적·사회적 공간이 되어야 한다. 교사는 지식 전달자가 아닌 변화 촉진자의 역할을 수행한다.

프리센싱 기반 경영 교육은 똑똑한 관리자를 양성하는 것이 아니라, 감각적 리더, 창조적 공동체 설계자, 내면과 연결된 행동가를 키우는 데 목적이 있다. 프리센싱 기반 경영 교육의 특징을 요약하면 아래와 같이 설명할 수 있다.

① 참여적 학습

교수자가 아닌 학습자 중심의 공동 탐색과 문제 해결 중심의 학습을 추진하며, 강의가 아닌 대화, 경청, 공동 설계 중심 수업을 진행한다.

② 감지와 실험 기반 학습

U 프로세스(다운로드→관찰→감지→프리센싱→프로토타이핑) 기반의 단계적 학습을 진행하며, 실제 프로젝트와 팀워크를 통한 빠른 실행과 반복 피드백 학습을 하게 된다.

③ 존재 목적과 가치 중심 교육

학생 개개인의 소명과 조직의 존재 이유를 탐색하는 과정을 통해 자기 발견과 시스템적 감지를 통합하는 교육을 설계한다.

이상에서 살펴본 바와 같이, 전통 경영 교육과 프리센싱 기반 경영 교육을 비교, 요약하면 〈표 13-7〉과 같다.

〈표 13-7〉 전통 경영 교육 vs 프리센싱 기반 경영 교육

항목	전통 경영 교육	프리센싱 기반 경영 교육
학습목표	문제 해결능력 배양	존재 기반의 자기 인식 및 공동 창조 역량 육성
교수방법	강의 중심, 사례 분석, 정답 추론	현장 탐색, 감지 훈련, 공감적 대화, 실천 프로젝트
핵심자원	이론, 데이터, 성공사례	직관, 내면 성찰, 사회적 공명
교사의 역할	지식 전달자	변화 촉진자, 컨테이너 설계자
평가방식	시험, 보고서, 성과지표	참여도, 실행력, 공동 창조 결과

결론적으로, 프리센싱 기반 경영 교육은 새로운 시대의 조직과 사회가 요구하는 의식의 전환, 감지의 훈련, 공동 창조의 실천력을 갖춘 인재를 양성하는 미래 교육의 핵심 모델이다. 이는 경영학을 더 나은 세상을 만드는 실천 철학으로 복원하는 교육 혁명이다.

3) 프리센싱 경영 교육의 대표적 사례

(1) MIT 슬론 경영대학원

Presencing Institute & U.Lab는 MIT가 운영하는 온라인/오프라인 통합형 프리센싱 교육 플랫폼으로, 전 세계 190개국에서 수만 명이 참여하고 있다. 참가자는 사회문제(기후, 불평등, 지역 쇠퇴 등)를 팀 기반으로 탐색하며, 직접 현장을 방문하고 관찰→공감→비전 수립→실행 프로젝트까지 실현한다. 과정 운영은 전통적인 강의 대신 스마트 피드백, 정서적 공유, 즉흥적 실험, 그리고 집단지성 회의 등 학습자 주도형 참여 방식을 채택고 있다.

U.Lab 과정에서 학습자는 실제 사회문제와 조직 사례를 기반으로 팀 프로젝트를 수행하고, 온라인-오프라인 하이브리드 학습과 커뮤니티 기반 실험과 실행 중심 커리큘럼을 이수하게 된다. 프리센싱 리더십, 공동 창조 프로젝트, 프로토타이핑 워크숍 등 실행 중심 학습 운영이 특징이다.

(2) 핀란드 알토대

핀란드 알토대는 디자인씽킹 기반의 경영 교육을 실천하고 있다. 프리센싱 기반 사고와 디자인씽킹을 접목하여 감각적 사고와 공동 창조적 문제 해결 능력을 강조한다. 비즈니스 문제를 넘어서 사회적 가치와 윤리적 책임을 담아내는 공감+시스템+행동형 커리큘럼을 운영하고 있다.

(3) 독일 BMW 그룹

독일 BMW 그룹은 내부 리더십 아카데미의 Presencing Module로 유명하다. BMW는 프리센싱 교육을 통해 중간관리자에게 정체성 기반 리더십과 미래 설계 역량을 강화하는 모듈을 도입한다. 참가자들은 자신과 회사, 사회의 관계를 통합적으로 성찰하는 워크숍을 통해 전략적 사고에서 존재 기반의 리더십으로 전환을 유도한다.

4) 프리센싱 경영학이 이끄는 미래

과거 데이터를 기반으로 한 경영은 한계와 위험을 내포한 전략이 되었다. 프리센싱을 기반으로 미래 가능성을 감지하고 새로운 시스템을 설계하는 리더십이 없이는 조직은 과거를 복제하고 반복하는 사후 대응형 경영에 머물 수밖에 없다. 이제는 데이터를 넘어 직관과 감지력을 갖춘 미래형 리더, 그리고 집단지성 기반 공동 창조를 통해 시스템 전환을 이끌어가는 조직이 필요하다.

프리센싱 기반 경영학은 지식의 축적이 아닌, 미래 시스템을 감지하고 창조하는 능력을 키우는 학문이다. 미래의 조직은 예측 불가능한 시대에 살아남기 위한 유연성과 지속 가능성을 확보해야 하며, 그 중심에 프리센싱 경영학자와 시스템 설계자가 존재한다.

경영학은 더 이상 효율과 최적화에만 집중하는 기능적 학문이 아닌, 인간과 사회의 가능성을 여는 철학이자 실천학문이 되어야 한다.

그것이 경영학의 본질로 돌아가는 길이며, 미래를 설계하는 조직이 탄생하는 출발점이다.

13장 토론 사례

어쩐지, 말이 짧더라…AI에 친절하게 질문하면 좋은 까닭

AI는 감정이 없다 … 인간 대화 모방할 뿐

그러나 벡터화로 인간 감정 감지는 가능

인간의 창조성, 숫자로 해석 가능한 걸까

석학들 사이 다툼 번진 트랜스포머 논란

▲ 챗GPT에 질문할 때 친절하고 공손하게 물으면, AI는 더 상세한 답변을 줄 가능성이 있다.

오픈AI가 개발한 생성형 인공지능(AI) 챗GPT에 질문할 때 친절하고 공손하게 물으면, AI는 더 상세한 답변을 줄 가능성이 있습니다. 다만 이건 어디까지나 철저한 수학적인 반응이지요. AI가 우리에게 고마움을 느껴서 더 좋은 답변을 주는 게 아닙니다.

AI는 우리의 대화 패턴 모방할 뿐

챗GPT에 "왜 친절하게 질문하면 더 상세한 답변을 얻을 수 있는지" 물어봤습니다. 챗GPT는 "훈련 데이터에 기록된 대화 패턴에서 예의 있는 질문에 자세하게 응답하는 경향을 학습했기 때문"이라고 답을 합니다. 즉 "(자신은) 예의 바름이라는 개념을 모르고 기쁨도 느끼지 않지만, 대신 그게 가장 인간적인 반응일 가능성이 높다"는 겁니다. AI는 감정이 있는 게 아니라, 단순히 인간의 전반적인 대화 패턴을 흉내 내고 있다는 얘기죠.

▲ 챗GPT에 질문할 때 친절하고 공손하게 물으면, AI는 더 상세한 답변을 줄 가능성이 있다.

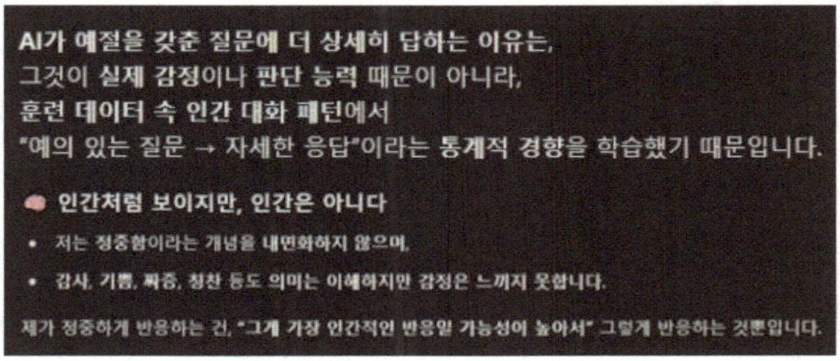

▲ 챗GPT 화면 캡처

하지만 여기서 새로운 의문점이 생깁니다. AI는 어떻게 '지금 대화가 좋은 흐름인지'를 파악하느냐는 겁니다. AI에게 감정이 없다면, 당연히 상대 인간의 감정 상태도 파악할 수 없어야 하니까요.

AI, 어떻게 사람 감정 파악하나

그 배경에는 오늘날 AI 챗봇 혁신을 불러일으킨 구글의 발명품 '트랜스포머'가 있습니다. 트랜스포머는 출력된 문장을 잘게 쪼개 탐색해, 대화의 맥락과 숨겨진 의미 등을 파악할 수 있습니다. 챗GPT와 같은 AI가 문장을 이해하고 생성할 수 있게 만든 핵심 기술이지요.

사실 컴퓨터는 문자를 읽지 못합니다. 문자는 인간의 언어이지 컴퓨터의 언어가 아니거든요. 대신 우리는 문자를 컴퓨터가 읽을 수 있는 데이터로 변형하는데, 이를 '벡터화'라고 합니다.

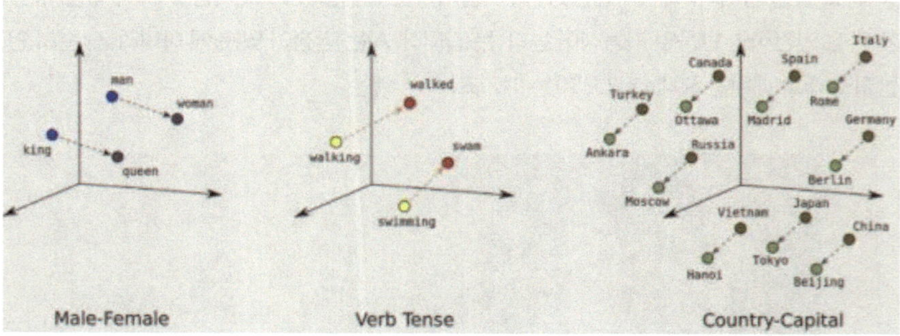

▲ 벡터화된 단어들 사이의 거리, 방향을 측정해 맥락을 분석하는 AI의 예제.
챗GPT도 이런 방식으로 사람 말을 이해한다. KD 너겟 캡처

컴퓨터 프로그래밍에서 벡터는 특정한 방향을 가진 선으로 이해할 수 있습니다. 즉, 컴퓨터에 문자는 모두 고유의 방향을 가진 벡터인 셈이지요. 벡터들을 연산하면 각 벡터가 서로 유사한 방향인지(내적 1), 상관없는 방향인지(내적 0) 구할 수 있어요. 숫자가 1에 가까울수록 AI는 "이 문자들은 서로 연관된 거구나"라고 파악하고, 0에 가까울수록 "상관없는 이야기를 하는 거구나"라고 눈치챌 수 있다는 겁니다.

AI가 단순히 한 문장의 맥락을 파악하는 걸 넘어, 인간과 나누는 모든 대화를 잘게 쪼개 벡터로 변환하고 서로 합쳐 방향성을 탐지할 수 있다고 해봅시다. 이 기능을 구현한 게 2017년 구글이 발표한 '셀프 어텐션'이며, 어텐션 기법을 통해 현대적인 트랜스포머가 탄생했습니다. 오늘날 챗GPT를 포함한 모든 챗봇의 골자이지요.

인간의 창조성이 코드로 복제 가능한 것이었다면

복사 편집

이러매 눈감아 생각해 볼 밖에
겨울은 강철로 된 무지갠가 보다

	이러매	눈감아	생각해	겨울은	강철로	무지갠가
이러매	1.00	0.42	0.55	0.30	0.22	0.18
눈감아	0.42	1.00	0.67	0.33	0.25	0.20
생각해	0.55	0.67	1.00	0.40	0.31	0.28
겨울은	0.30	0.33	0.40	1.00	0.60	0.55
강철로	0.22	0.25	0.31	0.60	1.00	0.70
무지갠가	0.18	0.20	0.28	0.55	0.70	1.00

▲ 챗GPT는 핵심 시어인 '겨울', '강철', '무지개'의 내적이 1이거나 1에 가장 가깝다는 벡터 연산 결과가 나오자, '겨울은 강철로 된 무지개'가 은유법이라고 판단한다. 챗GPT 캡처

예제로 챗GPT에 시인 이육사의 시 '절정' 한 구절을 해석해 달라고 요청했습니다. 챗GPT는 각 단어를 벡터화한 뒤 단어들 사이의 유사성을 찾습니다. 그 결과 '겨울', '강철', '무지개' 단어의 내적이 1에 근사하다고 나옵니다. 앞서 설명했듯 내적 1에 가까울수록 서로 연관된 문자로 이해합니다. 이로써 챗GPT는 '겨울'이 '강철로 된 무지개'의 비유라고 판단합니다.

🔎 해석 (내적 값이 높을수록 유사함):

- **"겨울은" – "강철로" – "무지갠가"** → 의미망상 연결 (겨울 ≈ 강철 ≈ 무지개)
- **"눈감아 – 생각해"** → 행동 연쇄
- **"이러매" – "생각해"** → 논리적 인과 관계

▲ 챗GPT 화면 캡처

AI는 벡터 연산만으로 복잡한 시를 해석할 수 있습니다. 그동안 인간만 할 수 있다고 생각했던 시의 이해, 맥락 파악 같은 기능이 수학으로도 표현 가능했다는 뜻도 되겠지요. 단 3%만이 레벨

8을 통과할 수 있습니다. 과연 해적을 물리칠 수 있을까요?

챗GPT의 탄생과 발전은 석학들 사이에서도 논란을 불러일으켰습니다. 세계 최고의 언어학자로 평가받으며, 언어는 인간 고유의 특성이라는 '언어생득기제' 이론을 완성한 노엄 촘스키 MIT 교수는 2023년 챗GPT에 대해 "인류 출현 이전의 원시적 인지 체계를 갖고 있다"며 "기계학습은 사이비 과학"이라고 맹렬하게 질타했습니다.

▲ 제프리 힌턴 토론토대 교수(왼쪽)와 노엄 촘스키 MIT 교수(오른쪽).

그러나 초기 AI 과학의 발전을 주도한 제프리 힌턴 토론토대 교수는 지난해 촘스키 교수를 "언어가 타고난 기질이라는 그의 관점은 미친 주장"이라고 원색적으로 비판하며 "촘스키의 견해와는 달리, AI는 언어가 실제로 무엇을 의미하는지에 대한 종지부를 찍었다"고 주장했습니다.

거대언어모델(LLM)을 둘러싼 인문학, 철학, 컴퓨터 과학, 수학계의 논란은 여전히 현재진행형입니다. 범인공지능(AGI)의 탄생은 아직 멀었을지 몰라도, 트랜스포머라는 존재 자체가 이미 우리의 오랜 믿음을 뒤흔들었기 때문입니다. 창조성이 인간 고유의 것이 아니라, 언제든 분석하고 복제할 수 있는 것일지도 모른다는 가능성입니다.

▲ 아시아경제 DB

한편 챗GPT에 지나치게 친절한 태도를 보이는 것을 경계하는 사람이 있습니다. 샘 올트먼 오픈AI 최고경영자(CEO) 입니다. 그는 최근 X(옛 트위터)를 통해 사람들이 챗GPT에게 "부탁해요" "고맙습니다" 등의 감사 표현을 빈번하게 하는데 대해 "지불해야 할 전기요금이 수천만달러"라며 불만을 표한 바 있습니다. 단순한 감사 인사에도 답변하도록 설계돼 소비전력량의 낭비가 생길 수 있다는 것인데요.

물론 챗GPT는 고객의 감사 표현에 정중히 답변하겠지만, 사실 이 행위 자체는 AI에 아무 의미도 없을 겁니다. AI 사용으로 인한 막대한 전기 소모량 및 환경 오염을 우려하는 입장이라면, 질문을 친절하게 할 필요는 있어도 질문 뒤 감사 표현은 오히려 불필요한 사치라고 볼 수도 있겠지요.

출처: 아시아경제, 2025.5.11.

토론 과제

1

교재 본문에서 경영 교육의 본질은 효율적 관리자 양성인가, 미래의 변화를 창조할 리더 양성인가? 당신의 생각은?

2

우리는 데이터를 통해 고객의 행동은 알 수 있지만, 감정과 의도는 포착하지 못한다. 이 한계를 어떻게 보완할 수 있을까?

3

나는 누구인가?, 나는 무엇을 위해 일하는가?라는 질문이 경영학 교육에서 중요한 이유는 무엇인가?

참고문헌

국내서적

김경일 (2021). 지혜의 심리학. 진성북스.
김고명 역, 헨리 A. 키신저, 에릭 슈밋, 대니얼 허튼토커 공저 (2023). AI 이후의 세계, 경기: 윌북.
김호 (2020). 회복탄력성: 시련을 이겨내는 힘. 위즈덤하우스.
소이경제사회연구소 AI연구회 (2023). AI와 사회 변화, 서울: MID.
원종우 (2024). 기계 속의 유령, 전북: 내일을여는책.
유재언, 김영복, 최만기 (2023). 4차 산업혁명시대의 인적자원관리-이론과 실제, 서울: 탑북스.
이상덕, (2023). 챗GPT전쟁, 실리콘밸리는 지금 무엇을 준비하고 있는가, 서울: ㈜인플루엔셜.
정지원, 염선형 (2025). 꿀벌, AI 그리고 브랜드, 서울: 미래의창.

해외서적

Jaworski, Joseph. Synchronicity: The Inner Path of Leadership. Berrett-Koehler, 1998.
Isaacs, William. Dialogue and the Art of Thinking Together. Currency, 1999.
Liedtka, Jeanne & Ogilvie, Tim. Designing for Growth: A Design Thinking Tool Kit for Managers. Columbia Business School Publishing, 2011.
Otto Scharmer's MITx U.Lab MOOC (edX platform)
https://www.edx.org/course/u-lab-leading-from-the-emerging-future
Scharmer, C. Otto. Theory U: Leading from the Future as It Emerges. Berrett-Koehler, 2009.
Scharmer, C. Otto, and Katrin Kaufer. Leading from the Emerging Future: From Ego-System to Eco-System Economies. Berrett-Koehler, 2013.
Presencing Institute (MIT Sloan) https://www.presencing.org
Senge, Peter M. The Fifth Discipline: The Art and Practice of the Learning Organization. Doubleday, 1990.

AI시대 프로센싱 전략

1판 1쇄 _ 2025년 8월 30일

저　　자 • 유재언 · 김영복 · 채순화
발 행 인 • 정현걸
발　　행 • 신아사
인　　쇄 • 부건애드
출판등록 • 1956년 1월 5일 (제9-52호)
주　　소 • 서울특별시 은평구 통일로 59길 4
전　　화 • 02) 382-6411 · 팩스 02) 382-6401
홈페이지 • www.shinasa.co.kr
E-MAIL • shinasa@daum.net

ISBN 979-11-7342-108-2 (93320)

정가 25,000원